KB269166

동북아 평화를 위한 패러다임의 전환

＊이 연구는 연세대학교에서 학술연구비를 지원받아 실시했다.

Paradigm shift for the Peace of Northeast Asia

동북아 평화를 위한
패러다임의 전환

북핵 해결과 한반도 평화 정착을 위한 제언

노정선 지음

동연

2008년 1월 영국의 BBC 방송은 필자에게 질문을 했다. "새 정부가 통일부를 없앤다고 하는데, 당신 생에 통일이 될 수 있다고 생각하는가?" 하는 질문이었다.

나는 앞으로 20년 이내에는 통일이 될 수 있다고 생각한다고 답하면서, '우리의 소원은 통일, 꿈에도 소원은 통일, 이 목숨 바쳐서 통일, 통일이여 오라'를 목 놓아 부르는 남한의 국민이 있고 북한의 인민이 있다. 개성공단에 입주하기를 지원하는 기업이 1500개가 넘고, 남북의 교류협력과 경제협력으로 서로 살아남을 수 있다고 생각하는 중소기업이 있는 한, 통일의 방향이 꺾이지는 않을 것이며, 그 강력한 힘은 살아서 진행되고 있다고 말했다.

1989년 세계 개혁교회연맹총회가 연세대학교에서 열렸다. 전 세계에서 1000여 명의 대표가 모였고 동독과 서독 대표도 참석했다. 기자회견 자리에서 기자들은 끈질기게, 독일이 통일될 것인가 하는 질문을 던졌다. 서독 대표는 이에 대해 장황하게 답변했다. 동독 대표는 진땀을 흘리면서 답을 하지 못했다. 한 시간여의 긴 기자회견이 끝나갈 무렵, 겨우 입을 뗀 동독 대표는 간단히 답했다. "독일의 통일은 국경을 바꾼다는 것인데, 그것이 어떻게 가능한가. 군사적인 분단을 바꿀 수는 없을 것이다"라고 말하는 그의 얼굴은 곤혹스러움에 일그러져 있었다. 답을 한다는 것조차 불편한 심정이 얼굴에 그대로 드러났다. 서독 대표는, 한

국은 이미 1988년 한국교회의 평화와 통일에 대한 선언을 발표함으로써 통일에 대한 절차
와 준비상황에 대한 그림을 그려놓고 차분히 준비하고 있는데 독일은 그러한 그림을 그리
지도 못하고 있다면서 부러워했다. 우리 한국 대표는 은근히 자부심을 느꼈다.

그러나 몇 달 후 독일은 통일이 되었다. 우리는 20년이 지났음에도 분단이 지속되고 있다.
미국 민주당 대선주자인 오바마는 북한에 대해 강력한 발언을 하고 있으나 일단 조심성 있
게 발언 수위를 조절하고 있다. 공화당 대선주자인 매케인은 "북한을 생각하면 화가 난다.
북한은 테러지원국 명단에서 절대로 빼지 않을 것이다"라고 못박으면서 북한에 대해 강경
한 발언을 하고 있다. 북한을 경제 · 금융 봉쇄로 더욱 압박하고, 인권 규탄을 하면, 북한이
내부적으로 폭발해서 붕괴하거나, 외부 압박에 의해서 붕괴하도록 할 수 있다는 의미의 강
력한 반(反)북한 발언이다.

미국 · 중국 · 일본 · 러시아 등의 군사 강대국들은 남과 북을 신속히 통일하는 데 동의하
지 않는다. 오히려 남북의 분단체제가 자국의 이익을 추구하는 데 도움이 된다고 생각하고
있다.

영국의 대처 총리는 리근 미국 대통령에게 전화해서 독일이 통일하려고 하는데 이것을
막아야 한다고 강경하게 요구하는 전화를 독일 통일 3일 전에 했다고 한다. 그럼에도 불구
하고 독일은 통일을 이루었다. 용기인가? 배짱인가? 독일의 전쟁범죄에 대해서 분단으로
처형을 당하고 있었던 상황을 독일 스스로 거부하고, 더 이상의 간섭을 봉쇄해버린 것인
가? 차근차근 준비해온 것인가? 동독이 서독에 흡수되는 것을 찬성한 것인가? 러시아 등이
통일을 지원하는 대가로 돈을 받은 것인가? 동독이 물질적 지원과 돈을 받고서 그 대가로
흡수된 것인가? 여기에 대해서는 수많은 억측과 가설이 존재한다. 그러나 분명한 것은 독
일은 통일되었다는 점이다. 남과 북은 통일의 과정을 진행하고 있으나, 갈 길이 얼마나 남았
는가? 문익환 목사는 "통일은 이미 됐어"라고 말했다.

얼마 전 베이징에서 북측과 남측의 농업협력 전문가들이 모였다. 그들은 "통일은 이미 됐
다"라고 고백했다. 북한의 농업을 살리기 위해서 남한의 농업 전문가들이 총력을 기울이면
서 지원과 협력을 하고 있다는 것이 증거다.

군사 초강대국들은 남한과 북한의 간격을 벌려놓으려는 일을 그치지 않고 있다. 우리에
게 필요한 것은 지략이며, 지혜이며, 용기이며, 끊임없는 남과 북의 협력이다. 서로 살고, 서

로 이익을 내고, 서로 번영하는 공생 공영 공리를 택하지 않으면, 민족이 다시 재난을 당할 수 있다는 강한 신념이 있어야 한다.

지그프리드 해커 박사는 미국에서 핵무기를 많이 만들었던 최고의 핵무기 전문가다. 그는 얼마 전 평양을 방문하고, 북한의 영변에서 핵 불능화가 진행되고 있는 현장을 방문하고 나서 북한의 입장에 대해 말했다. "북한은 테러지원국 명단에서 이름이 아직 제거되지 않고 있고, 미국이 테러지원국에서 이름을 빼려는 증좌는 별로 보이지 않고 있다. 게다가 약속한 대로 중유를 시간에 맞추어 공급하겠다는 약속을 지키지 않고 있는 국가(일본)가 있으니, 그에 따라서 핵 불능화 속도를 서서히 줄이고 있다고 했다. 이쪽에서 먼저 행동하면 상대도 행동하는 방식으로 진행하는, 소위 '행동 대 행동의 원칙'이 지켜지지 않고 있다는 불만을 토로하고 있다."

2007년 북한은 이미 핵에 대한 신고를 다 했다고 주장하고 있다. 그러나 미국은 북한의 신고를 신뢰하지 않는다. 북한은 미국이 약속을 지키지 않고 있다고 생각한다.

이러한 악순환의 고리를 풀 수 있을 것인가?

남측과 북측은 개성에 6600만 제곱미터(2000만 평)의 공단을 조성하겠다고 했으나 지금까지 132만 제곱미터(40만 평)만 개발되고 있다. 북한은 답답해하면서 약속이 이행되지 않고 있다고 주장한다. 몇 년이 지났지만 불과 2%밖에 공단 개발이 안 되고 있는 것이다. 그럼에도 불구하고 그 2%가 남과 북을 바꾸고 있다. 어쩌면 그 2%가 평화의 불꽃이 될 것이다. 그 2%는 경제력이다. 경제력은 통일의 물꼬다.

그 2%가 세계의 희망이 되고 있다. 남과 북은 그 2%를 신속하게 100%로 채워나갈 수 있다. 누구도 방해하지 못하게 제갈량의 지략을 신속히 써야 한다. 그 지략의 초점은 남과 북의 경제통일이다. 경제교류를 활성화하고, 한 걸음 나아가 경제통합을 하고, 다시 한 걸음 더 나아가 경제통일을 해서 1945년의 분단 이전의 통일된 경제공동체를 회복하는 것이다.

북한이 고립주의를 택하고 있다고 비판하는 사람들이 오히려 북한을 더욱 고립시켜야 한다고 주장한다. 북한은 이제 세계화하려는 움직임을 보이고 있다. 그러나 그 길목에는 거의 예외 없이 장애물이 놓여 있다. 미국 뉴욕 유엔본부에 대표로 가 있는 북한의 대사급들이 워싱턴에서 열리는 국가조찬기도회에 초청을 받았다. 그들은 워싱턴 국가기도회에 참석하려고 했으나, 미국 국무성은 여행 허가를 내주지 않았다. 종교의 자유가 북측에게는 부여되고 있지 않은 것이다. 북한 대사급들이 '자유롭게' 워싱턴에서 열리는 기도회에 참석할 수 있도록 하는 것이 미국이 자유 국가라는 증거가 될 것이다. 미국에 기도회에 참석할 수 있는 종교의 자유가 있는가 하는 질문을 미국 국무성이 스스로 하고, 북한에 자유를 부여해야 한다. 돈이 드는 일도 아니다. 북한을 적국으로 규정하고 있는 법안을 폐기해야 이 기도회에 참석할 수 있을 것이다. 북한은 친미국가가 되려고 안간힘을 쓰고 있으며, 친구로서 전쟁을 종식시키고, 종전선언을 하기를 원하고 있다. 북한이 친미를 하려고 해도 미국은 북한을 적국으로 규제하고, 압박작전과 봉쇄작전을 펼치고 신뢰하지 않는다. 북한과 미국은 서로 신뢰하고, 친구가 되고, 친선을 하고, 국교정상화를 해야 한다. 그것이 재난과 비극을 막는 길이다.

비극은 막을 수 있다.

미국은 월남을 침공했다. 민주당의 케네디 정권 시절이었다. 미국이 전쟁을 통해 얻은 것은 무엇인가? 5만 명의 미군과 수백만 명의 무고한 사람들이 목숨을 잃었다. 그리고 월남은 공산주의 월맹이 점령했고, 지금은 국교정상화 수준으로 친미 월맹이 존재한다. 미국은 역시 친 월맹정책을 즐기고 있다. 수많은 사람의 목숨을 빼앗기 전에 왜 미리 서로 친구로 지내지 못한 것일까.

한반도에서 월남전과 같은 일이 일어나서는 안 된다.

인간이 만든 전쟁이 인간을 파멸로 몰아넣는 어리석은 일을 막아야 한다.

매케인이 대통령이 된다면, 한반도에서 월남전쟁과 같은 전쟁이 일어날 확률은 5% 정도다. 이 5%는 대단히 큰 확률이다. 한반도에서 300만 명 이상이 사망할 확률이 5%라는 말이므로 심각하게 생각해야 한다.

최근 헨리 키신저는 "북한이 핵을 폐기하고 나면 통일이 될 수도 있다"라고 발언했다. 미국에서 유태인 협회 회장을 지낸 경력이 있는 그가 노벨평화상 후보자에 오르자, 당시 하버드대 교수들은 "키신저는 평화상을 받을 자격이 없다. 그는 전쟁을 즐기고, 전쟁을 일으키는 사람이며, 평화와는 반대되는 인물이다. 월남에서 미군은 즉시 철군을 해야 한다"고 주장하면서 연판장에 서명했다. 당시 하버드대 학생으로 있던 나는 이 광경을 생생하게 기억한다. 키신저의 하버드대 연구소 내 국제문제센터(Center for International Affairs)는 디비니티홀 기숙사의 바로 옆에 있었고, 나는 6개월간 그 연구소 도서실에서 소련과 미국의 전략 핵무기 감축에 대한 연구 논문을 작성했다(SALT I, SALT II).

키신저의 말에는 일단 북한의 핵무기를 제거하려는 뜻이 나타나 있고, 그 다음 통일될 수 있다는 말은 북한을 현혹하려는 유혹적인 수준의 말이라고 볼 수 있다. 이스라엘과 미국의 이익을 염두에 둔다면, 북한의 핵무기가 중동 국가 이슬람의 손에 들어가지 못하게 하고, 이스라엘을 보호하기 위해서는 수단을 가리지 않고 북한의 핵을 제거하려고 할 것이다. 그러나 북한이 키신저를 신뢰할 것인가 하는 문제는 남아 있다. 북한의 핵무기를 완전히 제거하고 난 다음 미국은 북한을 이라크처럼 대량살상무기가 없다는 것을 확인한 후에 군사점령할 수도 있다는 것을 북한은 계산하고 있을 것이다. 그리고 남한은 이 전쟁 속에서 엄청난 사망자와 부상자가 발생하고 전 지역이 초토화될 것을 계산하고 있다.

일본의 후쿠다 총리는 "평양선언, 즉 김정일 국방위원장과 고이즈미 전 일본 총리의 평양선언"을 꼭 이루어내고 싶다고 했다(〈중앙일보〉 2008년 2월 23일자). 평양선언이 꼭 이루어져야 일본과 북한의 불필요한 갈등과 적대관계를 끝내는 데 결정적으로 도움이 된다. 북한과 일본은 이제 친구로 지내야 한다.

후쿠다 총리의 이 소망이 달성되도록 해야 한다. 북한과 일본이 국교정상화를 신속히 이루도록 후쿠다를 지원해야 할 것이다. 그리고 전 총리 무라야마 같은 사람이 총리가 되도록 하여서 북-일 간의 전쟁을 확실하게 막고, 상호 친구의 관계를 설정하도록 해야 한다.

큰 그림을 그려야 한다.

2020년

2030년

2040년

2050년의 그림을 그려야 한다.

북한은 친미 성향의 국가가 되고, 자유롭게 미국을 여행하고, 유학도 가고, 경제 투자를 하거나 투자를 받아내기도 하고, 평화공동체 · 경제공동체를 함께 이루어낼 수 있다. 미국도 북한을 적대적으로 대하는 것을 그만둬야 한다.

미국은 북한이 핵무기를 폐기한 후에 친구가 되는 길이 있다. 동시에, 미국은 북한이 핵무기를 소유하고 있는 상태에서 친구가 되고 종전선언을 하고 평화협정을 하는 방식도 있다. 핵무기를 보유하고 있는 러시아, 인도, 파키스탄 등과 미국은 평화를 유지하며 잘 지내고 있다.

북한에 대해서도 다소 불편하지만 동반자가 되어 평화와 경제 번영을 함께 추구할 수 있다.

북한과 미국이 동시에 승리하는 길을 찾을 수도 있다. 북한 사람들은 미국 상품들의 품질이 좋다는 것을 잘 알고 있다. 그 물품을 사고 싶어 한다. 따라서 미국이 부자가 되기 위해서는 북한을 부자가 되게 하면서, 북한이 미국 제품을 구입할 수 있는 능력을 키워주면 된다. 북한 경제가 부유해져야 미국 경제에 더 도움이 된다. 북한 경제를 목 조르기 하는 것이 미국이 승리하는 것은 아니다.

북한이 핵무기를 가지고 있는 상태가 지속되면서도 세계은행에서 투자받을 수 있도록 미국이 협력하는 것이 지혜로운 길이다. 북한을 완벽하게 경제봉쇄 하는 것이 미국 경제에 이익을 주지는 못할 것이다. 적대적인 쌍방이 경제를 서로 승리(윈-윈)하게 하면서, 경제전략으로써 전쟁을 막아내는 전략, 즉 예방경제(preventive economy) 전략을 써야 한다.

헬싱키 협약으로 소련과 동구라파의 인권을 수정하는 조건으로 경제지원을 했던 것을 북한에 적용하려면, '새로운 헬싱키 투(Helsinki II)'를 통해 비공산권 국가들에게도 자국 내 인권을 존중하지 않는 상황을 고치지 않으면, 경제압박, 경제단절, 경제봉쇄를 가해서 비공산권 국가 내에서 있어온 엄청난 인권유린을 고백하고 수정해야 국제사회에서 함께 존중받으면서 살게 될 것이라는 것을 교육해야 한다. 인권유린은 공산권에서만 일어나고 있다는 착각을 유도하는 것이 헬싱키 협약일 수는 없다. 비공산권에도 인권유린이 자행되고 있으며, 어떤 면에서는 더 강력한 쾌락 추구가 이루어지면서 약자들을 누르고 착취하고 살해하고 있음을 부인해서는 안 된다. 정의를 말살하면서도 마치 인권을 존중한다는 것은 말이 안 되는 소리다. 정의로운 세계를 건설하기 위한 기초로서 인권을 존중해야 하며 '정의로운 인권(Just Human Right)'을 성립시켜야 하는 것이다.

요즘 들어 비공산권의 소위 서방 아시아, 아프리카, 라틴아메리카 국가 내에서 엄청난 인권유린을 하면서도 마치 가장 도덕성이 있다고 '착각'하는 지도자들과 시민이 너무도 많다. 공산권에서보다 더 잔인하고, 혹독한 인권유린을 하고 있었던 히틀러뿐 아니라 그와 유사한 지도자들이 '착각' 속에서 잘못된 정신적 질환을 앓고 있다. 인권을 존중하는 것은 공산권만이 할 일이 아니라 비공산권도 동일하게 해야 한다.

한두 사람을 살인하고서 괴로워하는 사람이 있다. 그러나 10만 명을 살해하고도 웃으면서 사는 사람도 있다. 정신질환자인 것이다. 도덕이 붕괴된 것이다. 도덕적인 무정부 상태가 된 것이다. 양심이 무규범 상태(moral anomie)가 된 것이다.

경제대국들은 약소민들을 대량으로 살상해왔으면서도 자국이 자유와 민주를 존중한다고 생각하는 경우가 많다. 자유와 민주는 약한 자들이 자유롭다고 말해야 하는 것이고 약한 자들이 민주가 되었다고 말해야 하는 것이다.

한반도에 평화가 이루어지기 위해서는 무너진 도덕적인 양심을 회복시켜야 한다. 수십만, 수백만의 약소민들을 죽이고서 웃으면서 사는 것이 정신병이라는 단순한 사실을 강대국들이 깨닫게 해야 한다.

# 새로운 시대가 시작되고 있는 것인가?
# 새로운 패러다임이 시작되고 있는 것인가?

북한은 남한으로부터 경공업 분야의 지원을 받게 된다. 북한의 10개 핵시설은 동결되었다.

남한은 한때 주가가 치솟았고, 스탠더드 앤 푸어스(Standard and Poors)는 한국의 경제 지표를 상향조정하겠다고 발표했다. 그에 따라 외국인의 국내 투자도 증가할 것이다. 남한에서는 2007년 상반기에만 7만 명이 방북했고, 6억 달러의 경제 교류가 이루어졌다. 경제 통일이 되는 것인가?

북한이 핵무기를 보유하고 있는 상황에서도 남한 사람 누구도 북한의 핵을 두려워해서 대량 이민이 발생하지는 않고 있으며, 오히려 남과 북의 삶의 질은 나아지고 있다.

새로운 시대에는 새로운 논리가 필요하며, 전환시대에는 전환시대의 패러다임이 필요하다. 새로운 패러다임이 도출되고 있는 상황에서 이를 수용하지 못하면 파멸할 수도 있다.

2006년 CNN은 조지 W. 부시 대통령이 특별한 강의를 듣고 있다고 보도했다. 강의 내용은 '선과 악'에 관해서다. 대통령 자신이 무엇이 악의 축인지 선의 축인지 알아야 할 필요

---

[1] 이 저서는 총체적 접근법(holistic method)을 사용하여 기술했다. 또한 역사적 접근과 자서전적 · 사회적 접근법(social biographical method), 참여관찰자법(participant observer) 등을 모두 사용했다. 나는 이것을 '노아방법'(NOAH Method)이라고 명명했다. 이 방법은 www.freechal.com/nohjong의 '자료실'에서 자세히 설명하고 있다.

를 느끼고 있다는 말이다. CNN은 또 미국 국민의 48%가 부시 대통령은 '이라크 침공에 대한 책임을 지고' 물러나야 한다는 의견을 가지고 있다고 전했다.

토니 블레어 전 영국 총리는 이라크전에 영국군을 참전시킨 것에 대한 잘못을 인정하고 사임했다. 영국의 이라크 침공은 분명 잘못된 것이다. 영국과 미국의 이라크 침공으로 수십만 명이 죽거나 부상했으며, 지금도 수많은 목숨이 죽어가고 있다. 블레어 전 총리는 이에 대한 책임을 지고 사임한 것이다.

당시에는 영국과 미국이 이라크가 아니라, 2003년 1, 2월에 핵을 보유하고 있다고 천명한 북한을 침공했어야 한다는 지적이 많았다. 하지만 이들 국가가 북한을 침공하지 못한 까닭은 아이러니하게도 북한에 핵이 있었기 때문이라는 해석도 있다.

미국과 영국의 이라크 침공은 북한에 대한 침공으로 이어질 수도 있었다. 그리고 그 가능성은 지금도 열려 있다.

이들 국가가 북한을 침공한다면 남한도 초토화되는 것은 물론이고, 수백만 명에 이르는 사상자가 발생하는 지옥이 될 수 있음은 자명하다. 이미 1994년 윌리엄 페리 전 국방장관 팀은 북한을 침공할 경우 24시간 만에 100만 명이 사망할 것이라는 계산을 해보기도 했다. 살상을 부르는 전쟁으로 갈등을 제거하기보다 경제 분배와 조절로 갈등을 해소하는 것이 더 나은 전략이다. 부시 대통령은 전쟁에 대한 의지를 버리고 전쟁을 하지 않고 갈등을 풀 수 있는 방법을 모색해야 한다. 예방경제(preventive economy)는 살상을 극소화할 수 있는 비폭력적이고 인간적인 갈등 해소 전략이다.

1965년부터 1975년까지 월남을 침공한 미국과 주변 국가들은 고엽제(Agent Orange)를 뿌려 나무를 죽이겠다는 생화학전으로 수백만의 인명을 잔혹하게 살상했다. 당시 참전한 사람들은 지금까지도 치료 불가능한 고엽제 질병에 시달리면서 죽어가고 있다.

이 같은 잔인한 전쟁이 2008년대 한반도에서 일어나서는 안 된다.

지금도 수십만의 이라크 아동들은 방사능에 노출되어 백혈병과 암 등이 발병했으며, 수많은 군인이 고통을 당하면서 죽어가고 있다. 미국이 걸프전쟁에서 우라늄탄(DU, Depleted Uranium 혹은 열화 우라늄탄)을 사용했기 때문이라는 의심을 받고 있다. 우라늄탄을 사용한 지역의 어린아이 50여 만 명이 백혈병 등에 걸렸다는 의심을 받고 있으나, 그 원인에 대해 과학적으로 증명할 수 없다는 주장도 있다.

이러한 제2의 걸프전, 제2의 월남전이 한반도에서 발생하는 것을 사전에 막아야 한다. 그러기 위해서는 예방외교(preventive diplomacy)도 필요하지만 예방경제가 더 효과적이다.

남북한 경제는 무엇으로도 부수거나 파괴하거나 단절시키기 어렵다. 남북 분단의 갈등은 경제의 힘으로 풀어나가야 한다. 그것이 평화를 가져다줄 수 있는 힘 있는 방식이다.

외교문서라는 것은 한 번에 찢어버릴 수 있고, 국가 간 맺은 수많은 조약과 약속은 한순간에 위반하거나 잊거나 파기할 수 있음을 우리는 과거의 역사를 통해 배워왔다. 따라서 분단의 갈등을 해소하고 전쟁을 방지하기 위해서는 경제 통일을 이루어야 한다. 경제 협력과 경제평화가 남과 북의 평화적인 통합을 보장해줄 것이다. 이를 위해 인내심을 갖고 노력해야 한다.

남북은 종과 주인의 관계를 허물고, 민과 민의 평등에 기초한 사회를 구성해야 하며, 민주주의를 이루어야 한다. 가진 자와 못 가진 자의 갈등을 복지 분배를 실현함으로써 절대 빈곤의 고통과 기아로 인해 죽는 사람이 없는 한반도로 재구성하고, 경제성장과 경제효율을 고도화하는 전략을 남북이 힘을 합쳐서 성취해야 한다. 이와 더불어 평등과 효율을 동시에 이룰 수 있는 윈-윈(win-win) 개념이 될 수 있도록 전략을 만들어야 한다. 재화의 평등분배와 생산성장을 극대화하는 것은 적대적 개념이 아닌 상호 윈-윈 하는 전략 개념으로 만들어야 한다. 그래야만 빈곤과 억압과 고통에서 벗어나 더 나은 '복지 한반도'를 건설할 수 있다. 복지 한반도를 건설하기 위해서는 군사적으로나 경제적으로 외세에 정복당하지 않을 전략과 전술, 전력을 모두 갖춰야 한다.

미국은 2001년 9·11 테러로 극심한 정신적 충격을 받았다. 당시의 충격은 미국 사회에 심각한 후유증을 남겼고 '9·11 PTSD(post-traumatic stress disorder)'라고 불리는 증후군을 안겨주었다. 예컨대 '9·11 충격증후군'이다.

2002년 1월 29일 부시 대통령은 북한, 이란, 이라크를 악의 축이라고 선언했다. 6월에는 북한, 이란, 이라크를 핵무기로 선제공격할 수 있다고 말했다.

이 발언은 1994년 10월의 '제네바합의구도'를 정면으로 위반한 것이었다. '핵무기를 소유한 국가는 핵무기를 소유하지 않은 국가에 선제공격하겠다고 위협할 수 없다'는 항목을 위반한 것이다.

이 선언이 나오고 8개월 후, 이라크는 무장해제를 시작했다. 반면 북한은 다른 길을 갔

다. 대량 살상 무기가 없었던 이라크는 그나마 보유하고 있던 미사일 몇 기를 해체해 트럭
에 실어서 이라크 밖으로 보내고, 국제사찰을 받고 대량 살상 무기가 없음을 공개했다.

그해(2002년) 10월 언론에서는 북한이 "우리도 핵 능력을 가질 권리가 있으며, 핵보다
무서운 것도 가지고 있다"고 말했다고 보도했다. 11월 초 도널드 그래그 전 주한미대사와
돈 오버도퍼 존스 홉킨스 대학교수가 평양을 방문했다가 서울 프레스센터에서 기자회견
을 한 것이 11월 16일이었다.

이 자리에서 나는, 제임스 켈리가 베이징에서 리근(핵협상 북측 대표)을 만나고 나서 "북
한이 핵무기를 보유하고 있다고 했다"라고 언론에 말한 것은 통역과 해석에 문제가 있었
다고 지적하면서 미국은 결국 한반도에서 '제2의 월남 침공'을 하려는 것이냐고 물었다.

도널드 그래그 전 주한미대사는 미국 중앙정보국(CIA)에서 파견해 월남전에 참전한 경
험이 있다고 알려진 인물이다.

당시 리근의 발언은 무엇인가. 그는 미국의 핵공격에 대비해 북한은 핵무기를 가질 수
있는 권리가 있고, 자국의 생존권을 위해 핵을 가질 권리가 있고, 핵보다 무서운 것도 가지
고 있다고 말했다. 동양과 서양은 생각하고 표현하는 법이 다르다. 같은 동양인이라도 '평
양' 말이 지닌 의미(뉘앙스)를 수십 년 동안 외국에서 살아온 통역자가 충분히 이해했다고
보긴 어렵다. 하물며 서양사람인 제임스 켈리가 정확히 이해하기는 더 어려웠을 것이며,
여기서 오해가 생길 수 있다고 지적했다. 핵무기보다 더 무서운 것에 대해 그들에게 어떻
게 설명하고 그들을 이해시킬 수 있을까? 핵무기보다 더 무서운 것은 무엇인가?

핵무기보다 무서운 것은 '인민의 힘'이라고 해석하는 북한 사람들도 있었다.

나는 한반도에서 통킹만(월맹군이 미해군 함정을 공격했다고 주장하면서 미국은 월맹을 군사
공격했다) 사건을 조작해서, 월남전과 같은 비극을 낳는 일은 없어야 한다는 절체절명의
명제를 도널드 그래그와 돈 오버도퍼와 기자들에게 전달하려는 의미로 그런 발언을 한
것이다.

기자회견이 끝나고 엘리베이터에서 만난 영국 BBC 방송의 여기자는 "한 마디 한 마디
다시 통역해야 한다"라고 소리쳤다.

그날 저녁 집으로 전화가 왔다. 아직도 흥분이 가라앉지 않은 듯 BBC 여기자는 "You
are the best!(네가 최고다)"라고 여러 차례 말하면서 당장 인터뷰를 하자고 했다. 다음 날 아

침 7시에 방송을 하자고 약속했다. 밤잠을 좀 설쳤다. 아침에 영국에서 전화가 걸려왔다. BBC 월드 뉴스가 생방송으로 진행되고 있었다.

나는 한반도에서 월남전 같은 일이 다시 일어나선 안 된다고 분명하게 말했다.[2]

〈뉴욕 타임스〉는 11월 17일자에 수정 보도기사를 실었다. BBC의 방송 내용을 근거로 16일에 나간 해설기사를 수정한다는 것이었다. 11월 17일 한국시간으로 아침 7시 5분쯤에 BBC와 생방송으로 인터뷰했으니, 미국시간으로 12시간 후에 〈뉴욕타임스〉가 이를 수정 보도한 것이다. 숨 막히는 시간이었다.

어떻게 해야 한반도에서 발생할 수 있는 거대한 대량 살상 전쟁을 막을 수 있을 것인가. 머릿속엔 오직 이 생각뿐이었다.

2002년 12월 미국은 북한에 공급하던 중유를 중단했다. 1994년 북한은 원자력발전소를 짓고 있었고 약 30%의 공사가 진행되었다. 전력에너지 약 250만 킬로와트를 생산해서 북한의 산업을 지원하려던 공사였다. 이 공사는 일설에 의하면 미국이 1994년 6월 17일 선제공격을 한다는 위협 속에서 중단되었다. 그러나 미국의 주도로 북한(신포)에 경수로 원자력발전소를 지어서 2003년부터 가동한다고 제네바 합의에도 기록된 이 공사는 폐쇄되었다. 경수로 공사도 취소되었다. 중유 공급은 그 손실을 채워준다는 것이었는데 중유 공급도 끊어졌다. 북한은 전력에너지를 생산하기 위한 중유도 없어지고, 경수로 원자력발전소 공사마저 취소되고 말았다. 북한에 대한 경제제재를 완화하겠다던 제네바 합의와는 달리 경제제재는 오히려 더욱 강화되었다. 미국이 북한을 침공할 것인가 하는 문제만 남아 있었다. 그러나 미국은 북한을 침략하지 않았다.

2003년 3월 20일 미국은 대량 살상 무기를 가지고 있지 않은 이라크를 침공했다. 이로 인해 수십만 명의 사망자가 나왔고, 지금까지 양국의 문제는 해결될 기미가 보이지 않고 있다. 우리는 이러한 현실을 남의 나라 일로만 바라볼 수 없는 처지다. 미 행정부가 제2의 월남전을 한반도에서 시작하지 못하도록 단단히 인식시켜야 한다.

평양과 워싱턴은 해석학적인 능력에서 아주 먼 거리에 있다. 이 거리를 단축시키는 역할

---

2) 이 부분은 내가 행동연구방법을 사용하고 있는 것이다(**transactional studies**). 전략적으로 행동함으로써 상황을 통제하면서 평화를 실현하는 방법으로 사용했다. 예컨대, 제2의 월남전을 한반도에서 시작하려고 하느냐는 질문을 던짐으로써 상대방이 스스로 무엇을 하고 있는지 다시 생각하게 하는 것이다. 이것은 인지상담전략(**cognitive counseling technique**)과 같다. 참여관찰자의 방법을 사용해 이야기를 기록는 이 같은 연구방법은 "질적 연구"의 일환이다.

은 결국 남한이 주도적으로 담당해야 한다. 그러기 위해서는 패러다임을 혁명적으로 바꾸겠다는 결심과 이를 실현할 수 있는 충분한 상상력과 실력 그리고 추진동력을 확보할 수 있다는 확신이 필요하다.

한반도에 지속가능한 평화를 정착시킬 수 있는 철두철미한 전략을 구축해야 한다. 그러지 않으면 민족의 멸종으로 이어질 수 있고, 한반도는 핵전쟁이 일어나 생명이 살 수 없는 처참한 방사능 오염지대로 전락할 수도 있다.

앨런 그린스펀(Alan Greenspan), 18여 년간 미국 연방기금은행(Federal Reserve Bank)의 총재를 지내고 여러 명의 미국 대통령을 모신 경험이 있는 그는 미국의 실질적인 힘을 가진 경제대통령이라고 불려왔다.

그는 2007년 『격동의 시대(The Age of Turbulence)』라는 자서전을 출간했다. 이 책에서 "조지 부시는 이라크의 오일 때문에 전쟁을 일으켰고, 나는 미국이 오일을 차지하기 위해서 부시가 이라크를 침공하는 것을 지지했다"라고 고백했다.

미국은 북한에 오일이 없다는 것을 알 것이다. 그런데도 북한을 선제공격할 것인가?

# 차 례

# 제2부 미국의 심리적 측면에서의 대북 정책 및 인권 문제




# 제3부 북한의 친미전략과 미국의 선린우호전략

# 참조 자료와 해석

# 제1부
## 패러다임의 전환

# **1장** 미국과 북한의 패러다임 전환

북한과 미국은 평화협정을 체결해야 한다. 부시 대통령은 북한에 대해 종전선언을 하고,[1] 대북 경제협력공동체를 형성하며, 핵과 관련한 대북 압박을 철회해야 한다. 개성의 경제 발전은 곧 미국의 경제 발전에도 도움이 된다. 북한의 경제가 살아나면 미국으로부터 수입이 증가하고 이는 부채에 시달리는 미국의 경제 회복에도 도움이 될 것이다. 북한 경제가 발전해야 미국의 경제에도 이익이 될 것이라는 점을 미국 국민들에게 확실히 알려 줘야 한다.

부시 대통령은 북한을 친구로 대해야 하고, 국교정상화는 물론 대통령의 북한 방문도 이루어져야 한다.

북-미 간의 정상회담이 열리고 콘돌리자 라이스 미 국무장관의 평양 방문도 성사되어야 한다. 크리스토퍼 힐 미 국무성차관보는 이미 평양을 방문했다. 〈뉴욕 타임스〉는 힐 차관보의 평양 방문을 마치 커다란 잘못을 저지른 것으로 평가하고 있는 존 볼턴 전 유엔 미국 대사 등의 견해를 보도한 바 있다. 존 볼턴도 평양에 가서 눈으로 확인하겠다는 용기가 있어

---

1) 한국국방연구원에서 한국 주도로 종전선언을 추진하는 것을 제안하는 연구를 진행하고 있다는 보도가 있다(〈동아일보〉, 2007년 7월 9일 1면, '한국 종전선언 추진' 윤성호 기자).

야 한다.

존 볼턴 전 대사는 초강경 정책으로 북한을 경제적 · 문화적 · 군사적으로 압박해야 한다고 주장해온 네오 콘(신보수주의자들)이다. 그런 그가 해임되었다. 미국의 부시 대통령이 임기 말에 정책을 전환하려는 것인가? 럼스펠드 전 국방장관 역시 이라크 전쟁을 주도한 책임을 물어 해임되었다. 그리고 북한을 선제공격하자고 강력히 주장한 일본의 아베 전 총리도 물러났다. 혹자는 이를 두고 '신이 하신 일'이라고 했다.

미국 정책 결정자들은 백문이 불여일견(백 번 물어보는 것보다 한 번 보는 것이 낫다)이라는 진리를 새겨들어야 한다. 직접 가서 보지 않고 북한을 악의 축이라고 상상하며 그 상상을 더 키우고, 다시 그 위에 상상을 고착화하면, 결국 '십자군전쟁'으로 중동지역 사람들을 대량살상하고도, 정당하고 선한 일을 한 것이라고 여기는 정신적인 착각을 일으키고, 정신질환으로까지 발전하게 된다. 집단적 정신병으로 발전할 수 있다는 것은 월남전과 걸프전, 이라크 침공을 통해 충분히 경험해왔다. 이러한 정신적인 증상을 치료하는 혁명적인 패러다임을 적용해야 한다. 그래야 미국도 살고 북한도 살고, 동시에 남한도 살게 될 것이다. 그야말로 사느냐 죽느냐의 문제다.

북한을 왜곡해서 해석하지 말아야 한다. 북한에 대한 그릇된 해석을 기초로 한 대북정책은 미국의 안보를 해칠 우려가 있다. 미국은 대테러 법에 따라 북한을 테러지원국으로 지정한 것을 취소하고, 테러지원국 명단에서 북한을 삭제해야 한다.

평화협정 체결의 책임은 반기문 유엔 사무총장에게도 있다. 중국, 북한, 유엔이 휴전협정을 했고, 이를 풀어내는 일은 역시 유엔에 책임이 있는 것이며, 동시에 중국과 북한에 책임이 있다는 점을 인식해야 한다.

그럼에도 불구하고 유엔은 평화협정과 관련하여 제 역할을 하지 못하고 있는 듯하다.

북한이 일본인을 납치한 것이 사실로 확인되면 일본은 북한에 그에 대한 배상을 요구하고 보상과 사과를 받을 수 있다. 동시에 일본은 일제강점기에 남북한 양민과 독립운동지사 수십만 명을 살해하고 강제 징용, 일본군위안부(성노예)로 희생시킨 데 대해 100억 유로를 북한에 지불하고, 배상을 끝내야 한다.

미국의 북한에 대한 경제봉쇄, 금융봉쇄와 압박은 불필요한 긴장감을 높일 뿐이고, 이것은 미국의 이익에 반하는 결과를 초래할 수 있다. 경제봉쇄는 곧 인권유린이라는 것을 인식해야 한다. 대북 경제제재를 풀면 북한의 인권은 부분적으로 좋아질 것이다. 미국이 북한이 원자력발전소를 보유하지 못하도록 20년간 봉쇄하는 것은 곧 북한에 대한 인권유린과 마찬가지다. 따라서 미국은 북한이 원자력발전소를 보유하는 것을 더 이상 방해하지 말아야 한다. 미국의 안보, 평화, 인권에 도움이 될 것이다.

미국은 자국과 월남의 관계를 타산지석으로 삼아 미국과 북한의 관계를 돌아보고, 즉시 국교정상화를 선언해야 한다. 국교정상화를 선언한 후 북–미 간의 경제, 교육, 문화, 사회, 의료, 군사 등의 자유로운 교류협력을 시작함으로써 기존 패러다임을 180도 전환해야 한다. 적을 우방으로 만드는 것만이 최선의 길이다.

미국은 자국에서 수백 년 동안 인권유린이 계속되어 온 사실을 반성하고, 진실을 밝히고, 근본적인 문제를 치료하지 않으면, 미국 내 인권문제가 극도로 악화할 것임을 깨달아야 한다. 일 년에 만 명 이상이 총에 맞아 죽고 있는 최악의 인권유린 상황을 치료하기 위한 도덕무장, 정신개혁, 신앙 내용 개조에 온 힘을 다해야 한다. 미국 시민들이 서로 총으로 살해하는 것은 최악의 인권 상황이 미국 내부에서 진행되고 있음을 의미한다.

미국은 수백 년 동안 아메리카 원주민들과 흑인 노예들을 살상, 억압하고 인권을 유린한 것에 대해 보상, 배상하고 근본적으로 회개하고 나서야 비로소 미국의 양심이 인권을 존중하게 될 것이라는 사실을 인식해야 한다. 원주민에 대한 보상, 배상을 하지 못하면서 북한의 인권을 빌미로 군사적·경제적으로 봉쇄하고 압박하는 것은 바람직하지 않다.

제 눈의 들보는 보지 못하면서 남의 눈의 티를 탓하고 있는 것을 세계가 지켜보고 있음을 알아야 한다.

한국 정부는 신속히 남북경제 협력을 강화하고, 개성공단과 같은 공단을 10개 정도 확대해야 하며, 현재 개성공단을 최대 6600만 제곱미터(2000만 평) 모두 건설해야 한다. 이후 경제통일을 향한 다음 단계의 도전을 실현해야 한다. 경제통일은 결국 전쟁을 예방하고, 남북한의 극심한 빈부 격차를 부분적으로 줄여주면서 상호 공존·공영의 단계로 진입하는 기반이 될 것이다.

개성공단 남측 군사분계선 아래에 연계공단을 건설하고, 이곳에서 생산된 제품이 남한 생산품으로 인정받아 자유롭게 수출할 수 있도록 해야 한다. 또한 파주공단을 만들어서, 개성과 연계지역 공단으로 확장해야 한다. 파주공단의 생산품은 자유무역협정(Free Trade

Agreement, 이하 FTA)을 비롯한 UN 1718 등의 규제에 대응해서, 합법적으로 해외로 수출할 수 있게 될 것이다. 남북 군사분계선 이남 지역에 있는 비무장지대 2킬로미터 내의 지역을 활용하는 방안을 연구해야 하고, 2킬로미터 이내에 직접 연결된 지역에 공단을 건설하여 개성 – 파주공단을 하나의 단일 공단으로 만들어나가야 한다. 이렇게 해야 통일산업 단지로 의미가 있으며, 동시에 해외 수출의 합법성을 국제법상으로 확보할 수 있다. 다시 말해 메이드 인 코리아(Made in Korea)의 합법성을 확보하는 것이다. 현재 개성공단 생산품은 미국에서는 남한 제품으로 인정받지 못하고 있고, FTA 및 기타 관련 상황에서도 인정받는 데 엄청난 장애가 있다. 이 문제는 북–미 관계가 180도 바뀌기 전에는 해결되기 어려울 수도 있다. 따라서 북–미 관계를 180도 전환시키는 작업을 해야 한반도에 평화를 정착하는 데 도움이 될 것이다. 북한 노동자들이 굳이 파주에 와서 노동을 하지 않더라도, 생산과정을 조정하여 파주 제품으로 인정받을 수 있도록 해야 한다.

정상회담은 공식 또는 비공식을 가리지 말고 최대한 신속히 그리고 여러 차례 하도록 하고, 남측 대통령이 개성이나 평양 등으로 방문하는 것을 권한다. 정상회담은 형식논리보다 실질적인 우호관계를 다지는 데 의미를 두고, 경제협력에 초점을 맞추는 것이 도움이 될 것이다.

정상회담에서 중대한 결정을 하겠다는 접근보다 초기단계에서 서로 친교와 우호관계를 다지는 형태의 방문 형식이 좋다. 그리고 점진적으로 그 심도를 구체화해나가겠다는 마음의 여유를 갖고 남북한 정상이 자주 만나 식사를 함께 하면서 상호 심리적인 장애를 넘어서는 단계가 필요하다.

남한은 북한의 식량 및 비료 문제와 관련해 '선 핵 포기 후 식량 공급'이라는 명제로 접근하지 말아야 한다. 차관, 인도적 지원 혹은 생산체계 지원, 자재 및 기술용역 공급 등으로 식량 문제를 근본적으로 해결할 수 있는 조치를 취해야 한다.

식량은 곧 인권이다. 식량을 차단하는 것은 인권유린이다. 북한이 식량 부족으로 인명 피해가 발생하고 있는 데 대해 전 세계는 공동 책임을 느끼고 이를 극복하기 위한 방안을 함께 모색해야 한다.

북한 정부는 전국에 밤나무 150만 정보 심기 운동을 하고 있다. 이를 적극 지원하고 기술과 자재 등을 공급하기 위해 2007년에 10억 원을 지원하고, 2008년에도 계속 지원해서

2009년 이후에는 북한이 밤 생산으로 식량문제와 홍수 방지, 토양보존 등에 성공하도록 적극 협력해야 한다.[2] 북한이 식량난에 봉착한 것은 세계가 일정 부분 북한에 대한 인권유린을 자행하고 있기 때문이다.


## 1. 북한 폭격 주장자의 변화


윌리엄 페리 전 국방장관은 과거 북한을 폭격해야 한다고 강력히 주장한 바 있다. 1994년 6월, 2006년 6월, 2006년 11월이었다. 한반도가 폭격으로 초토화되고, 수백만 명이 사망할 수 있음을 잘 알고 있는 윌리엄 페리 전 국방장관은 북한 폭격을 계속해서 주장해왔다. 북한이 원자력발전소를 보유하지 못하게 하고, 핵무기를 생산하지 못하게 하기 위해서다. 북한이 핵무기와 핵발전소를 소유하는 까닭은 이스라엘에 직접적인 위협이 되는 이란, 이라크 등의 국가에 핵무기를 이전할 것이라고 판단했기 때문이다. 이스라엘의 전쟁에 북한이 직결되어 있다고 판단했기 때문이다. 따라서 이란과 이라크와 북한을 '악의 축'으로 규정하고 있는 2002년 1월 29일 조지 부시 대통령의 발언은 사실상 미국에 있는 전략가들의 판단과 동일선 상에 있는 것이다. 일본의 아베 전 총리도 2006년에 대북한 폭격을 포함한 선제공격을 주장했다.

페리에게 인식의 전환이 일어나고 있는가?

2007년 초 개성공단을 방문하면서 페리는 "개성은 한국의 미래"라고 말했다. 남북한을 폭격할 것이 아니라 적극 지원해야 한다는 입장으로 변한 것이다. '백문이 불여일견' 전략이 성공한 것이다. 페리가 중생(重生)한 것인가? 하지만 이 단순한 발언을 과장해서 해석하거나 축소해서 해석해서도 안 될 것이다.

---

2) 한민족어깨동무재단은 2007년 4월 28일~5월 2일 평양 임업연구소 종묘연구 소장을 만나 북한 지역 150만 정보(헥타르)에 밤나무를 심어 150만 톤의 밤과 110만 톤의 꿀을 생산하는 계획을 수립했다. 밤 1톤은 미화 300달러이며 월남 쌀 1톤은 130달러여서 월남 쌀 280만 톤과 바꿀 수 있으므로 북한의 식량문제는 해결될 것이며, 산간지역에 밤나무를 심으면 홍수를 방지하고 토양을 살찌워 밭과 논에 질 좋은 토양을 공급할 수 있다. 밤은 북한이 원산지이고, 함경북도 이외의 전 북한 지역에 심을 수 있다. 연평균 섭씨 6도 이하에는 밤을 재배할 수 없다. 이 사업은 북한 정부가 추진하되 남한은 기술 등을 지원한다. 상임이사 백승인이 전문적인 기술로 이미 2년 여 전에 심은 2만 주의 밤나무가 만수대지역 평양 등에서 자라고 있다.

부시의 인식에도 변화가 일어나고 있는 것인가?

북한이 핵실험에 성공한 2006년 10월 9일 이후 하노이에서 정상회담을 한 부시 대통령은 북한과 종전을 하자고 노무현 전 대통령에게 제안했다. 부시 대통령이 바뀌고 있다. 북한과의 긴장관계와 갈등을 전쟁으로 풀기보다 전쟁을 끝내는 것으로 풀어야 한다고 생각하는 것이다. 일시적인 전술일까?

전봉준은 패전했으나, 이순신과 권율은 승리했다. 믿을 수 있는 전략가는 이순신과 권율이다. 이 세 사람의 전쟁 전략은 한반도의 안보, 국가 안보와 민간 안보에 중요한 교훈을 주고 있으며, 이에 대한 연구는 반드시 필요하다.

콘돌리자 라이스 국무장관에게도 역사교육을 해야 한다. 한국인들을 존중하는 습관을 갖도록 가르쳐야 한다. 반대로 한국 정부에서도 콘돌리자 라이스라는 인물에 대해 심층 연구를 해야 할 필요가 있다. 외교적 실익을 얻기 위한 전략을 세우는 데는 상대에 대한 분석과 연구가 도움이 된다.


## 2. 북핵과 베이징 합의

2007년 베이징에서 2·13 합의가 성사되었다.[3]

2005년 9월 19일에 있었던 6자회담의 합의문을 다시 읽어 보면, 오늘의 문제가 왜 꼬이고 있는지 알 수 있다.

북한은 모든 핵무기와 생산 프로그램을 증명할 수 있는 방식으로 폐기하고 파기하겠다고 약속했고, 미국과 다른 나라들은 북한에 경수로(LIGHT WATER REACTOR, 가벼운 물을 사용하는 원자력발전소)를 공급해서 핵에너지를 평화적으로 사용할 수 있도록 지원하겠다고 서약했다. 미국은 북한과 경제협력을 하고 평화공존을 하며 북한을 침공하지 않겠다고 약속했다. 따라서 북한은 5개국이 북한에 경수로를 완공한 후에야 핵을 폐기하겠다고 생각하고 있는 것이다.

---

3) 2·13 합의서 참조.

미국이 약속한 대로 북한에 경수로를 마련해주면 북한은 핵무기를 폐기할 수도 있을 것이다. 1994년 북한은 태천과 영변에 핵발전소를 자체 힘으로 건설하고 있었다. 그러나 같은 해 6월 북한은 미국 클린턴 행정부가 이곳을 폭격하겠다고 하자 공사를 중단했다. 그리고 미국이 제네바 협약대로 신포에 발전소를 지어준다는 약속을 지킬 것을 기대했으나 신포는 완전히 파기되고 말았다. 태천에 핵발전소 건설이 성공적으로 완공되었다면 1996년부터는 전기 250만 킬로와트를 생산할 수 있어서 북한 경제가 살아나고 350만 명이 굶어 죽는 일도 막을 수 있었을 것이다. 반대로 말하면, 북한의 발전소를 봉쇄한 것은 북한의 인명을 죽게 한 보이지 않은 집단 살해(genocide)라고도 할 수 있다. 가장 악랄한 방법의 인권 유린인 것이다.

전기가 절대 부족한 북한은 수출품 생산이 차단되고 공장이 멈추었다. 이로 인해 350만 명이 기아로 사망하는, 전쟁 피해보다 더 큰 피해를 본 것이다. 따라서 발전소를 확보하려는 북한의 의지는 곧 북한의 인권을 살리는 일과 직결되어 있다. 남한은 20기 정도, 일본과 미국은 각각 50기 정도의 원자력발전기를 보유함으로써 경제적인 부를 창출하고 있다. 미국의 아이젠하워 전 대통령은 가난한 나라에 핵 발전 기술을 공급해야 세계의 빈곤을 퇴치할 수 있다고 했다. 그는 북한의 인권을 존중하고 살리는 전략을 세웠다. 부시 대통령은 아이젠하워의 방식을 배워야 한다.

2005년 9월 19일 베이징 6자 합의문에 따라서 북한은 다시 경수로를 공급받을 수 있다고 믿었다. 그러나 미국은 이를 묵살하면서 그런 약속을 언제 했느냐며 따지고, 일본과 단합하여 북한에 최대한의 제재를 가하는 것은 물론, 북한을 빌미로 군사대국화하고 군수산업으로 돈 버는 일을 추구하는 것처럼 보인다. 미국과 일본은 1905년에 단합했던 모습을 다시 반복하고 있다. 이른바 가쓰라-태프트 밀약이 되풀이 되는 것이다.

문제를 평화적으로 푸는 길은 한 가지뿐이다. 본래 베이징 회담의 합의문대로 북한에 경수로 공급을 끝내고, 경제협력을 하여 북한이 다시 기근에 빠지지 않도록 하는 것이 북한의 '인권'을 살리는 길이다. 경수로 완공과 태천의 흑연감속로 어느 하나라도 건설을 완료하지 않으면 북한과 미국은 서로 적대관계를 청산하지 못하고 전쟁의 부담과 대량 인명살상 위험이라는 부담을 안은 채 불안정한 삶을 살아가야 할 것이다. 2005년 9월 19일 베이징 합의에서 약속한 것을 지켜야 한다. 즉 전 세계가 북한에 핵발전소를 공급하도록 추진해나가는 것이 북한이 핵무기를 폐기하게 하는 길이 될 것이다. 따라서 북측에 경수로를 공급하면 북한은 약속을 지켰다고 생각할 것이다. 이 약속을 지키는 것만이 현재 상태의 장애를 제거하는 길이다.

### 스리 스트라이크 아웃(3 Strikeouts)

**첫째 스트라이크** 1994년 태천과 영변의 200메가와트와 50메가와트의 발전소 공사는 북한이 자체 능력으로 30% 완료했으나 미국에 의해 완전히 봉쇄당했다. 예정대로 공사가 1996년에 완공됐다면, 350만 명이 기근으로 사망하지 않을 수도 있었다.

**둘째 스트라이크** 2003년 북한의 원자력발전소는 신포에 가벼운 물로 처리하는 경수로 2기로서 200메가와트를 생산하도록 합의해 이를 진행하는 것이 1994년 10월 제네바 합의 구도였다. 그러나 2001년 9·11 테러가 일어나면서 미국은 태도를 바꿨다. 미국은 2002년 1월 29일에 북한을 악의 축으로 선언했고, 같은 해 6월 조지 부시 대통령은 핵무기로 북한을 선제공격할 수 있다고 발언했다. 이 발언은 제네바 합의구도를 위반한 것이다. 핵무기를 가진 국가는 핵무기를 갖지 않은 국가를 핵무기로 선제공격하겠다고 위협하지 않는다는 조항을 위반한 것이다.

이라크는 미국의 요구에 따라 계속해서 무장을 해제해가면서, 미사일도 해체하고 미국이 침공하지 않으리라고 믿었으나 결국 침공당했다. 대량 살상 무기가 없다는 것을 알고 있었던 미국은 대량 살상 무기가 없기 때문에 승리를 자신할 수 있었고, 따라서 미국이 석유를 확보하려는 기본 전략을 실천한 것이라는 해석이 설득력이 있다.

미국이 북한을 악의 축으로 지목하면서, 6월에 핵무기로 선제공격할 수 있다고 발언한 이후 북한은 꾸준히 핵물질을 재처리하기 위해 국제원자력기구(IAEA) 감시원들을 추방하고, 감시카메라의 작동을 중지하고, 핵무기 제조에 박차를 가했다. 그러고는 미국의 군사 공격을 막기 위해서라는 당위성을 주장했다. 미국은 2003년 3월 20일 북한이 아니라 이라크를 공격하여 석유 자원 공급의 확실한 계기를 만들어가기 시작했으며, 이를 본 북한은 핵무기를 제조하는 데 더욱 매진했다. 미군은 한반도에 주둔하는 것처럼 이라크에 거의 영구 주둔하는 방식으로 오일 확보와 중동 지배를 해나갈 계획을 추진하고 있는 듯하다.

미국은 9·11 테러의 충격으로 북한의 신포 경수로 공사를 중단하고, 공사 계획을 완전히 백지로 돌려버렸다. 북한은 2003년 원자력발전소를 가동해서 에너지를 얻고 생산품을 만들어 식량난도 해소할 수 있으리라는 계획이 완전히 무너지는 것을 보았다. 미국이 약속만 지켰더라도 기아에 따른 대량 사망은 막을 수 있었다. 원자력발전소는 인권의 문제다.

**셋째 스트라이크** 미국은 러시아, 중국, 일본, 남한, 북한의 6자회담을 구성하고, 2005년 9월 19일 6자 합의서를 도출하는 데 성공했다. 이 합의서 1조에는 북한이 핵을 포기하고, 적절한 시기에 북한에 경수로발전소를 마련하는 데 합의했다고 적혀 있었다.

그러나 합의서가 공개되고 나서 24시간도 안 되어 이 합의서는 물거품이 되는 듯했다. 미국은 북한의 핵 폐기를 주장하면서, 경수로 공급에 대해서는 적극적으로 토론하지 않은 채 2007년 6월에 들어선 것이다. 북한은 이를 공정하지 않은 행위라고 판단했다.

북한은 원자력발전소를 확보할 수 있는 계기가 베이징 6자회담, 즉 2005년 9월 19일에 마련한 것으로 판단하고 만족해했으나 그 만족감은 24시간을 넘기지 못했다. 미국은 방코델타아시아(BDA, Banco Delta Asia)에서 북한이 위폐 세탁을 하고 있다고 주장하면서, 북한이 세계의 은행들과 거래하지 못하도록 초강경금융거래 차단을 시작했다.

미국은 경수로를 제공한다는 표현을 쓰지 않고, 완전히 검증할 수 있도록 핵을 폐기하면, 에너지와 경제협력 평화를 보장한다고 썼다. 그 어느 곳에서도 경수로를 제공하는 것으로 핵 폐기와 맞바꾼다는 이야기는 나오지 않았다. 원자력발전소가 아닌 다른 자원을 주로 암시하고 있느니만큼 미국의 근본적인 전략은 '대북 원자력발전소 건설 봉쇄'임을 의미하고 있는 것이다.

북한은 경수로 원자력발전소를 확보할 수 있으리라는 희망이 무너진 것을 알았다.


## UN의 결정 1718호

게다가 유엔은 1718호를 통과시켰다. UN 회원국가가 북한에 대해 전면적인 봉쇄를 실시하여 북한의 경제차단, 군사차단, 상거래중단, 금융차단 등의 강력한 제재를 결정한 것이다. 군사공격을 제외한 거의 모든 제재를 가할 수 있도록 하는 결의가 통과된 것이다.

2006년과 2007년 북한은 유엔, 중국, 러시아, 미국, 일본 등으로부터 총체적인 압박을 받고 있다. 게다가 마카오의 방코델타아시아 은행에 있는 2400만 달러가 동결되었다. 위폐를 제조한 것이라는 미국 재무성의 압박이 들어갔기 때문이다. 9 · 11 테러 이후 새롭게 마련한 애국법(Patriot Act) 311조를 적용한 것이 결국 북한이 전 세계 금융거래를 봉쇄당하는 결과로 나타나고 있다.

북한은 거의 전 세계에서 은행 거래가 끊어지기 시작했다. 미국이 다시 이를 회복하려고 하고 있으나, 311조를 적용하는 것이 취소되었을 뿐 그 외에는 별다른 방안이 보이지 않으며, 현 부시 행정부의 힘으로 311조 적용을 취소할 만한 행정능력은 보이지 않는다.

이러한 상황에서 북한이 대응하는 방식에는 한계가 있었다. 결국 북한은 핵실험을 실시했다. 군사력으로 국가의 존재를 지킨다는 전략인 것이다. 소위 선군정책, 즉 군대를 먼저 중요시한다는 정책을 보여준 것이다.

2006년 10월 9일 북한은 핵실험에 성공한다. 북한에 대한 경제제재, 금융제재를 강력히 이어가고 있던 조지 부시 대통령은 종전선언을 할 수 있다는 새로운 카드를 추가했다. 그리고 경수로 공사에 대해서도 토론할 수 있다는 이야기를 흘리고 있다. 북한이 원자력발전소를 가질 수 있는 계기가 오는 것인가? 아니면 북한은 자체 능력으로 태천과 영변의 250메가와트급 발전소를 계속해서 완공해갈 것인가? 북한은 영변의 5메가와트 원자로 가동을 중단하면서 동시에 중유 등 50만 톤을 행동 대 행동으로 받을 것인가? 미국은 이에 합의했다.

북한은 다시 2500킬로미터의 미사일을 해상과 잠수함에서 발사할 수 있는 정교한 능력을 보유하게 될 것이라는 보도가 나오고 있다. 일부 전문가 사이에서는 검증할 수 있고 돌이킬 수 없도록 완전하게 북한의 핵무기를 폐기시키는 것(Completely, Verifiably, and Irreversibly, Dismantle)은 불가능하다는 추측도 나오고 있다.

그렇다 하더라도 미국이 북한을 기습공격할 가능성은 희박하다. 대량사망이 발생할 것이라는 눈에 보이는 사실을 두고서 북한을 침공하기로 결정하는 것은 무모한 일이다.

2007년 2월 6일 6자회담 대표인 크리스토퍼 힐 미 국무성차관보는 북한이 중유를 원하면, 핵 거래에서 손을 떼야 한다고 말했다. 또한 중유를 제공하더라도 여러 나라가 비용을 분담해야 한다고 주장했다.

세 개의 스트라이크를 맞은 북한의 선택은 핵무기를 실험하는 데 성공하는 방식으로 나타난 것이다. 미국이 북한으로 하여금 원자력발전소를 보유하지 못하게 하는 초강수를 둠으로써 1994년부터 2007년 5월까지 북한은 13년간 절대적인 전기 부족에 시달리고 있다. 미국은 2013년까지는 북한이 원자력발전소를 소유하지 못하도록 압박을 가하고 있고, 이러한 원자력발전소 봉쇄 전략은 성공하고 있다. 북한은 1994년 이래 원자력발전소를 소유할 수 있는 기회가 세 차례 있었으나 모두 미국의 압박과 핵 선제공격 등 초강수 전략으로 무산됐다. 전기가 절대적으로 부족한 북한은 결국 350만 명이 기아로 사망하는 인류 역사에 없는 고난의 행군을 하고 있다. 미국이 북한에 원자력발전소를 봉쇄하고 있는 것은 인권유린과 다름없다.

미국은 2006년 괌에 F-22 스텔스 최신예기를 배치했고, 그 대대장급이 텔레비전에 출연하여 공공연하게 "우리는 어떠한 핵시설도 파괴할 수 있다"라고 발언했다. 이 사실이 남한 뉴스에 보도됨으로써 미국은 실질적으로 심리전의 효과를 얻고 있으며, 동시에 북한에 대해서도 구체적인 메시지를 전하고 있다. 로널드 레이건 항공모함도 일본의 기지(요코스카)에 정박하여 북한과 중국에 대한 압박 임무를 수행할 것이다.

2008년 3월 부산에는 핵무장 항공모함 니미츠와 핵무장 잠수함 오하이오 등 북한을 충분히 초토화할 수 있는 전투력이 훈련을 하고 있으며, 러시아는 핵공격 미사일을 발사할 수 있는 항공기들을 이 훈련 지역에 보냈다. 미국과 러시아의 공중대결 긴장도 발생했다(키 리졸브 훈련). 미군과 한국군 전투기 6대 이상이 출동하여, 러시아의 핵무장 항공기 베어를 밀어냈다.


## 3. 북핵과 관련한 주요 인사들의 주장

### 콘돌리자 라이스와 버시바우

2006년 10월 9일 북한이 핵실험을 하던 날 나는 영국 BBC 방송과 인터뷰했다. 그리고 콘돌리자 라이스 미 국방장관이 서울에 오던 날 역시 BBC와 방송했다. 콘돌리자 라이스에게 몇 마디한 것이다.

몽고메리 앨라배마(Motgomery Alabama)에서 흑인인권운동가 마틴 루터 킹 목사의 친구를 아버지로 둔 딸로서 라이스는 한국에 와서 무엇을 할 것인가. 그는 과연 한반도 문제를 어떻게 풀어야 할 것인가.

1905년 미국과 일본은 밀약을 맺어 한반도를 식민지로 만들고, 수십만 명의 여성을 일본군위안부로 희생시키며 대량 살상했다. 나는 라이스 국무장관이 이러한 사실을 알아야 한다고 방송에서 말했다. 그리고 일본과 미국이 군사연대를 맺고 공동작전을 펼치면서 한국인들에게 이래라 저래라 하는 것은 조심해야 한다고 말했다. 2007년에 또다시 가쓰라-태프트 밀약을 실천하려는 것인가? 그에게 한국인의 견해를 존중해야 하고, 한국인의 역사 경험을 존중해야 한다고 말했다.

2006년 11월 나는 허버드 전 대사와 서울YMCA에서 3시간 동안 토론하면서 개성공단을 저지하지 말 것을 강조했다. 허버드 전 대사는 개성공단에 대한 미국의 반대 견해를 밝혔다. 당시 크리스토퍼 힐 전 대사에게도 같은 제안을 했다. 힐 역시 개성공단에 대한 반대 견해를 표했다. 그는 지금 미 국무성 대표로 베이징 회담을 주도하고 있다. 그리고 새로 온 대사가 버시바우다. 나는 세 명의 미국 대사들을 만나 대화를 계속했다. 인식의 칩을 박아주자는 전략이다. 개성공단에서 북한이 돈을 벌면, 미국 제품을 많이 사게 되고, 미국의 경제에 도움이 될 것이다. 따라서 북한의 개성공단과 미국의 경제 발전이 상호 호혜관계로서 윈윈할 수 있을 것이라고 주장했다. 글로벌 시장경제에서는 북한 개성공단의 발전은 곧 미국의 경제 발전과 연계하여 발전하는 결과가 될 수 있다는 것을 인식시킬 필요가 있다. 그리하여 북한이 개성공단에서 시장경제로 나가는 길을 열어주어야 할 것이다.

버시바우를 만나러 롯데 호텔 36층으로 갔다. 예일대 동창회가 있는 자리에서 미국 대사 버시바우가 강연을 했다. 그는 예일대를 졸업하고 콜롬비아대에서 석사 과정을 마친 후 모스크바에서 러시아 대사를 지내고 서울에 대사로 왔다.

아침 일찍 일어나서 버시바우에게 질문지를 주기 위해 프린트로 뽑았다. 그러나 질문지를 주지 않았다. 그 대신 말로 질문을 던지면서 인식의 지도를 넓혀보려고 시도했다.

다만 영문으로 된 내 책 『제삼의 전쟁(*The Third War*)』(서울 연세출판국, 2000)와 『피압박자의 이야기 하나님(*Story God of The Oppressed*)』(한울, 2003)를 주었다. 그리고 에모리(Emory) 대학에서 발표한 논문도 함께 주었다. 어쩌면 다 읽을 시간이 없을지 모른다. 관심이 없을 수도 있다. 그러나 기회를 주겠다는 생각이었다.

내가 에모리 대학에서 발표한 논문의 논찬자는 전 주한미대사 제임스 레이니(James Laney)다. 그는 당시 에모리 대학교 명예총장이었다. 더 중요한 것은 1994년 6월 미국이 북한을 폭격하려고 했을 때, 주한미국대사로서 박한식 교수와 협력해 지미 카터 전 대통령과 김일성 주석이 만나도록 주선하여 전쟁을 막은 당사자다. 1994년 통일원 장관 정책자문이었던 나는 박한식 교수[4]와 당시 카터센터에서 미국이 북한을 폭격하려는 상황을 함께 고민했다. 박 교수는 당시 제임스 레이니와 작업하여 카터 전 대통령을 설득했고 북한의 김일성 주석과 만나도록 준비했다.

나는 북-미 간에 평화협정을 맺고, 1953년의 휴전협정을 종식시키는 것이 모든 갈등을 해결하는 최선의 첩경이 아니겠느냐고 버시바우 대사에게 물었다.

버시바우 대사는 평화협정(Peace Treaty)이라는 말을 평화체제(Peace Regime)라고 표현하고 싶다고 정리하면서, 핵 폐기 없이는 평화체제는 불가능하다고 말했다.

2005년 9월 19일 베이징 6자회담 합의서에는 5자가 경수로를 북한에 마련하는 것에 대해 적절한 시기에 토론하기로 합의했다고 기록되어 있다. 그러나 아직까지 경수로 구축과 관련해 5자가 만나 토론하는 것을 보지 못했다. 이것은 6자회담 합의를 무시한 것이 아니냐고 물었다.

버시바우는 적절한 시간이 안 되었고, 핵을 폐기하지 않는 한 절대로 경수로 공급 이야기는 하지 않을 것이라는 단호한 입장을 전했다. 그것도 적극적으로 정책을 말한 것이 아니라 임기응변식으로 답한 것일 뿐 언젠가는 경수로 사업을 실천하겠다는 책임감 있는 답변은 아니었다. 2008년 3월 열린평화포럼에 버시바우를 초청했을 때, 나는 사회자로서 "대사 임기를 마치고 미국으로 귀국하기 전에 평화협정을 체결하는 것이 좋겠다"고 권면했다(서울, 성공회성당 3월 7일).

박한식의 역할은 의미가 있다. 북한을 40회 이상 방문했고, 특히 1994년 미국이 북한을 공습하려는 계획을 실제로 검토하고 있을 때 제임스 레이니 당시 주한미대사와 협력해 카터 전 대통령을 평양에 가도록 하면서 '가정교사' 식으로 카터를 도와 김일성 주석과 협상을 성공시킨 경험이 있는 것으로 알려져 있다. 미국이 영변 핵시설을 폭격하는 것은 취소되

---

4) 조지아대학 명예교수이고 전 북미주기독학자대회 회장이자 정치학자다. 그는 카터 전 대통령에게 60여 쪽 분량의 북한에 대한 정보를 적어주어 평양에 방문하기 전에 읽게 했다고 한다(1994년 6월 17일 이전).

었다. 박한식 교수의 평양 방문과 관련한 〈한겨레신문〉의 보도는 중요한 점을 시사한다.



"북 전쟁대비" (〈한겨레 신문〉 2006년 8월 6일자)

북한이 미사일을 시험 발사한 뒤 방북한 박한식 교수는 2007년 (8월) 2일 (현지시각) "북한이 전쟁에 대비하고 있다"며 "악의 축의 일원으로서 공격을 당할 것에 대비해 만반의 준비를 하고 있다는 뜻"이라고 밝혔다. 7월 중순 방북한 박 교수는 이날 '아시아자유방송' 과 회견에서 이렇게 밝히고, "북한이 미사일 시험 발사를 강행한 이유는 군사력을 과시하려는 게 아니라 북한 문제의 심각성을 국제 사회에 알리고, 또 이를 조속히 해결해야 한다는 점을 표현한 것"이라고 분석했다. 그는 "북한 군부가 '우리가 미국으로부터 공격당할 것이다' 라고 철저히 믿게 되면 지금까지 허리띠를 졸라매고 만들어놓은 무기가 그대로 파괴되는 것을 보고만 있지는 않을 것"이라면서 "미사일을 더 쏘는 것은 얼마든지 가까운 장래에 있을 것으로 생각한다"라고 전제했다.

그는 북핵문제와 관련해 "북-미 국교가 정상화하기 전에 (북한의) 완전한 핵 포기를 기대할 수 없다고 생각한다"라고 말했다. (이용인 기자)

이러한 해석은 2007년 7월 이후에도 유효한 해석으로 볼 수 있으며, 비교적 가장 정확한 경험에 의한 분석을 내놓는 학자가 박한식으로 볼 수 있다.

2007년 초에도 평양을 방문한 직후, 연세대학교 세미나에서 그는 결국 북측이 김일성 주석의 유훈에 따라서 비핵화에 응할 것이며, 비핵화를 하더라도 북측은 핵무기를 만들 수 있는 '인력을 보유' 하고 있을 것이며, '우라늄 광산도 보유' 하게 될 것이며, 따라서 북측은 상당한 전쟁 대응 능력을 보유하게 될 것이라고 분석했다. 핵무기 제조 능력을 갖춘 인력과 핵물질을 보유하고 있는 북측은 일정한 방어능력을 계속 유지할 것이라고 보았다(2007년 2월 12일 이전의 분석임).

앞으로도 박한식 교수의 분석과 제안을 신중하게 읽어나가는 것이 북-미 간 전쟁을 방지하는 데 기여할 수 있을 것이다.

## 윌리엄 페리의 강제력 압박외교(coercive diplomacy)와 태천폭격

윌리엄 페리 전 국방장관은 2007년 1월 18일 미국 하원 외교위원회 '북한 청문회'에서 증언을 통해, 북한이 핵시설을 확대하면서 핵무기를 대량생산할 경우 미국은 북한 핵시설을 폭격해서라도 이를 사전에 막아야 한다고 주장했다. 핵실험을 마친 북한이 핵시설을 확대해 매년 10여 개의 폭탄 제조능력을 갖추면 미국에 큰 위협이 될 것이라며, 외교적인 노력이 통하지 않으면 원자로를 가동하기 이전에 이를 파괴하는 게 유일한 대안이라고 말했다.

공화당 다나 로라버커 의원은 북한의 정권교체를 추진해야 한다고 말했다.

민주당 도널드 페인 의원은 젊은이들이 갈수록 반미, 친북 성향을 보이는데, 이런 식으로 가면 한-미관계가 어떻게 될지 모르겠다고 우려를 표명했다.

이 청문회에는 제임스 릴리가 증언했다. 그는 "핵무기가 북한 지도자와 군부의 손에 들어가서는 안 된다"라고 강력히 주장했다.

중국은 인공위성을 쏘아 올리는 데 성공했다. 미국과 러시아만 가지고 있던 기술을 중국도 보유하게 되었다. 미국의 군사용 인공위성을 전시에 파괴함으로써, 미국을 일부 마비시킬 수 있는 능력을 갖게 된 것이다.

러시아의 푸틴 전 대통령은 미국의 미사일방어체제(MD)에도 불구하고 미국 본토를 공격할 수 있는 대륙간탄도탄에 3발의 수소폭탄을 장착하여 발사할 수 있는 기술을 보유하고 있다. 일본은 지구상 최대량의 플루토늄 보유국으로 부상했다. 수천 발의 핵무기를 제조할 수 있는 물질을 보유하게 된 것이다. 이러한 상황에서 북한이 가지고 있는 몇 발의 핵무기는 무슨 기능을 갖고 있는 것인가?

북한에 대한 지렛대로 중국을 이용해서 압박을 가하고 있는 미국의 역할에 부분적인 변동요인이 발생한 것이다. 미국은 일본이 야스쿠니 신사를 방문하는 목적이 미국에 패한 태평양전쟁을 다시 기억하면서 결의를 다지는 것이며, 다시는 패전하지 않을 것이라는 의지를 심리적으로 강건히 하는 데 있다는 것을 별로 인식하지 못하고 있는 듯하다.

### 페리의 변화: 개성은 한국의 미래다

페리와 애슈턴 카터는 2007년 2월 개성을 방문한 뒤 개성이야 말로 한국의 미래라고 말했다. 개성의 필요성을 강력히 인정한 것이다. 개성은 미국의 경제 회복에 이익을 줄 것이다. 북한의 경제 회생은 결국 미국의 물품을 북한이 더 많이 수입하면서 미국 경제에 도움을 주고, 미국과 북한이 경제협력하는 단초가 될 것이다.

남북한도 경제공동체를 형성함으로써 한반도 문제를 평화로 이끌어갈 것이다.

## 민주당 힐러리와 공화당 매케인

매케인과 힐러리가 대통령 선거에서 대결하면 당선 가능성은 47 대 47이라는 보도가 나왔다(2007.1.27). 〈타임〉지는 이론적으로는 두 사람이 무승부라고 판정했다. 일부 보도에서는 힐러리가 매케인을 앞지르는 것으로 나타나기도 한다. 그런데 2008년 들어 민주당 버락 오바마 후보가 힐러리의 강력한 경쟁자로 등장하면서 대선 결과는 예측 불허의 상황이 되고 있다. 누가 대통령에 당선하든 한반도를 바라보는 이들의 시각과 정책은 우리의 주된 관심사일 수밖에 없다.

매케인과 힐러리는 모두 다 강성전략을 구사할 것이다. 민주당 힐러리는 경제적인 미국의 이익을 성급하게 챙기기 위해서 남북한을 강력히 압박할 수 있으며, 윌리엄 페리, 애슈턴 카터, 스티븐 솔라즈 등의 제안대로 북한의 핵시설을 폭격할 우려가 있다.

매케인 공화당 상원의원은 수년 전부터 북한 핵시설을 폭격할 것을 제안해왔다. 그러므로 그의 입장은 변하지 않을 것이다.

따라서 힐러리가 대통령이 되든지 매케인이 대통령이 되든지 간에 한반도에 미국의 군사 공격이 발생할 가능성은 매우 높다. 미국이 주도한 전쟁의 상당수는 민주당 행정부가 시작했으며, 공화당 행정부가 마무리지었다. 따라서 비교적 비둘기 같은 이미지의 민주당 정권이 국민의 지지를 획득하기 위해 강성으로 돌변하면서 군사공격을 시작하는 경우가 있었다.

다만 힐러리는 처음에는 대화를 추구하면서 외교로서 문제를 풀기 위한 작업을 시도할 것이고, 과거의 민주당들이 여러 경우에 전쟁을 시작했듯이 2008년 이후에도 전쟁을 시작할 수 있다는 가능성을 인정해야 한다. 이러한 민주당의 전쟁 유형에 대한 대응책을 마련하지 않는 한 한반도의 전쟁을 방지하기는 어려울 것이다.

오바마는 어떨 것인가? 오바마도 북한에 대해서 강경하고 확실한 입장을 천명했다. 북한은 긴장할 수밖에 없을 것이다. 다행히 그는 세부적인 발언에는 조심하고 있다. 북한은 민주당이든 공화당이든 근본적으로는 모두 비슷하다고 판단하고 있다. 그렇다 해도 민주당이 조금 낫다고 판단하는 듯하다.

북한은 신속하고 꾸준하게 친미적인 자세를 보이고 있다. 뉴욕필하모닉 오케스트라가 연주를 하고 미국의 성조기가 평양에 걸리는 등 적극적이고 능동적인 친미 행동을 하고 있다. 미국 군용기들이 평양 순안공항에 내리는 모습은 이미 수없이 보아왔다. 북한은 열심히 친미 행동을 하는 방식을 택하고 있는 것이며, 미국에서 핵무기를 가장 많이 생산했던 과학자 중 한 사람인 로스알라모스 핵 연구소 전 소장, 지그프리드 핵커 박사 팀은 영변의 핵불능화 과정을 촬영해 언론에 공개하도록 하고 있다.

### 팔리오마베거의 혈통과 판단

미국 하원 아시아태평양위원장 애니 팔리오마베거는 미국령 사모아 출신으로 2007년 선거에서 미국 민주당이 하원의 주도권을 장악하면서 위원장이 되었다. 친척 중 여러 명이 한국인과 결혼했고, 한국인 사촌도 있다. 그는 2007년 1월 북핵 문제와 미국의 대북한 정책과 관련해 이렇게 말했다.

"북한 핵무기와 장거리 미사일 문제를 해결하기 위한 방법은 미국 – 북한 간 직접 대화밖에 없다." "북한의 100만 군대에 비해 주한미군 2만여 명은 너무 작다." "한국 정부가 원하지 않으면 미군은 언제든 철수해야 한다. 주한미군은 세계적인 군사 환경의 변화에 따라 필요한 곳으로 언제든지 움직일 수 있어야 한다. 더 효과적으로 활용하고, 유연성도 가져야 한다. 부시 행정부가 계획하는 수준이 아니라 전면적인 기능과 임무의 재편이 있어야 한다. 주둔지 변경에 따른 비용을 감당할 수 있고, 군사력 유지가 전제된다면, 주한미군을 한반도 밖으로 이동하는 것도 무방하다." "지난해 말 미국 의원으로는 처음으로 개성공단을 방문했다. 개성공단은 북한 주민들에게 일자리를 주고 남북관계를 증진시키는 뛰어난 아이디어다. 남북한은 모든 것을 동원해 긴장을 줄이도록 해야 한다." "한 – 미관계는 매우 소중하고 계속 발전되어야 한다. 양국은 자유세계를 공산 침략에서 지켜냈으며 많은 희생을 함께 했다. 그러나 양국관계는 변해야 하고 변하고 있는 중이다. 북한 핵무기 문제는 좋든 싫든 직접 대화하는 것 외에는 방법이 없다. 조지 부시 대통령이 6년간 북한과 대화하지 않은 결과, 북한은 핵무기를 만들었다. 북한이 앞으로 매년 핵무기를 추가로 비축할 수 있게 한 부시 행정부야 말로 진정한 실패다. 6자회담도 분명한 실패작이다."

### 스티븐 솔라즈: 대북 폭격 주장자

미국 민주당 전 하원의원으로 아시아태평양위원장을 지낸 스티븐 솔라즈는 북한의 영변 원자로를 기습폭격해서 파괴해야 하며, 북한은 전면전을 할 능력이 없어 국지전만 일어날 것이므로 문제가 없다고 여러 차례 주장해왔다. 반면 민주당의 현 위원장은 이와는 전혀 반대되는 견해를 천명하고 있다. 팔레오마베거의 견해가 더 합리적이라고 평가할 수 있다. 솔라즈는 미국 시민으로서 유대인의 혈통을 가지고 있으며, 이스라엘의 국방을 위해서는 북한의 핵을 파괴하는 것이 최선의 방안이라고 제시해왔다. 그는 이명박 대통령 당선인을 2008년 1월 면담했다. 북한 선제공격을 주장하는 윌리엄 페리와 함께였다.

사모아는 아시아의 일부기 때문에, 그 출신과 혈통에 따라서 군사 대응 입장이 달라지는 것이 아니냐는 질문을 던질 수 있는 부분이다.

폭격 파괴를 주장하는 민주당 인물로는 그 외에도 애슈턴 카터 등이 있다. 공화당에는 대통령 후보로 최고의 지지도를 획득하고 있는 매케인 의원이 일찍부터 북한 핵시설을 파괴하자고 주장하고 있다.

이렇듯 미국 정치가들이 북한 핵시설 파괴를 주장하는 상황에서 한반도의 평화는 남북한의 섬세하고, 용의주도한 단결 전략만이 지킬 수 있을 것이다.

한반도를 희생시키는 것이 자국의 이익이라고 판단하는 미국인과 일본인, 이스라엘인들에 대한 시각을 바로잡지 못하면, 한반도는 수백만 명이 사망하고, 핵 공해로 인해 인간이 살 수 없는 땅이 될 것이다.

|  | 정당 | 위원장 | 친척 혈통 | 대북한 핵시설 폭격 파괴 |
|---|---|---|---|---|
| **애니 팔레오마베거** | 민주당 | 아－태위원장,<br>2007년 하원의원 | 사모아 혈통(아시아)<br>한국 친척 있음 | -폭격 파괴 반대, 대화 찬성(2007) |
| **스티븐 솔라즈** | 민주당 | 전 아태위원장,<br>1980년 하원의원 | 유대 혈통 | -기습 폭격 파괴 주장(1980년대~ )<br>-북한을 폭격해도 국부전밖에 안 일어나는데 왜 북한을 폭격하지 않느냐고 주장함<br>-이스라엘 국방을 위해서 북한 공습을 주장함 |
| **윌리엄 페리** | 민주당 | 전 국방장관,<br>대북담당관 |  | -기습 폭격 파괴 주장(1994년 6월, 2006년 7월 등 3회 이상)<br>-2007년 1월 개성공단이 한반도의 희망이라고 전향 발언함 |

## 카마라와 강세영

헬더 카마라는 브라질 주교였다. 그는 비폭력 저항을 주장하여 예일대에서 명예 박사학위를 받았다. 카마라 주교는 폭력에는 세 가지가 있다고 말했다. 첫째는 가진 자, 권력을 소유한 자, 착취하는 자들이 자기의 이익을 확보하고 지속하기 위해서 약자들을 소리 없이 누르는 폭력이다.

둘째는 이 억압과 폭력에서 벗어나려는 피압박민들, 소작인들, 약자들, 소외당한 이들, 착취당한 이들이 하는 저항이다. 이 저항에서 폭력적인 방법이 사용되기도 한다. 셋째는 이 약자들의 저항을 진압하기 위해서 사용하는 폭력이다. 이는 악한 정부나 집단, 악한 제국세력이나 권력자들, 조직폭력배들이 하는 진압폭력이다.

한반도의 역사에는 가난한 소작인들에 대한 지주 세력의 부당한 착취와 억압이 존재해 왔다고 생각하는 사람이 있었다. 그들은 토지개혁을 시도해왔으나, 여러 차례 부분적으로 성공하기도 하고 실패하기도 했다. 과거 가진 자들에 의한 조용한 억압이 존재했고, 토지개혁은 이 억압에 대한 저항이었다. 이 저항은 진압되었으나, 진압 과정에서 강병석 목사는 수류탄을 맞고 목숨을 잃었다.

당시 그의 딸 강세영은 17세였다. 그의 존경하는 아버지요 목사님은 장로교 신앙생활을 하면서 1945년 해방 이후 토지개혁 운동으로 이어지는 저항에 참여했다. 토지개혁은 일제의 압박에서 벗어나는 것은 물론 지주제의 해체로 소작인들을 해방시키려는 노력이었다. 그러나 가진 자들은 토지개혁에 참여한 강병석 목사에게 수류탄을 던져 살해하는 방식으로 이 같은 저항을 진압했다. 이러한 폭력은 다시 상대방에 대한 폭력을 낳았다.

맥아더 장군은 이 토지개혁에 대응하는 토지개혁을 제안하여 남한이 공산화하는 것에 대한 맞불작전을 시도했다. 남한에서는 1949년부터 1961년 혹은 1963년까지 유상몰수와 유상분배 형식으로 토지개혁을 했으나, 실제로는 약 30%만 성공하고 70%는 실패한 것으로 평가한다.

남북한의 경제공동체는 개성공단이 성공함으로써 촉진될 것이며, 개성공단을 10~15개 더 만들어 신속하고 견실한 공동체를 구성하는 것이 좋은 전략이 될 것이다.

북한은 이미 1992~2002년에 경제개혁법을 통과하고, 신속하게 경제개혁을 추진하고 있으며, 개성공단의 속도가 늦어지는 것에 불만을 토로하고 있다. 그리고 남한이 더 많이 투자하기를 원하고 있다.

핵무기로 북한을 선제공격할 수 있다고 주장하는 자가 믿는 하나님과, 이에 대해서 피선제 공격자가 믿는 하나님은 어떤 분일까? 두 하나님은 같을까? 아니면 같지도 다르지도 않을까?

이 질문을 신학적으로 던지는 이유는 한반도를 핵무기로 선제공격할 경우 수십, 수백만 명의 사망자가 발생할 수 있기 때문이다. 그리고 핵공격으로 얻는 것과 잃는 것을 비교해 볼 필요도 있다. 양자가 믿는 신은 어떤 분일까?

핵무기로 선제공격하는 것을 막아야 한다는 명제가 현실적으로 타당성이 있다. 핵으로 선제공격하는 자 역시 핵으로 사망할 수 있다는 것을 생각해야 한다.

**아이젠하워 전 대통령: 원자력 제공**

미국의 전 대통령 아이젠하워는 제2차 세계대전 이후에 인류의 비극을 막기 위한 두 가지 경고를 했다. 첫째는 앞으로 인류에게 가장 큰 파괴 세력은 군산(軍産) 복합(군부와 산업 권력의 결합)이며, 이 세력은 국가의 힘을 능가할 것이며, 이 세력을 통제할 수 있는 세력이 없을 경우가 발생할 수 있다는 것이다. 둘째는 세계가 빈곤에서 벗어나기 위해서는 핵 국가들이 가난한 나라에 에너지로서 핵기술과 핵능력을 분배해서, 핵을 평화적으로 이용함으로써 가난에서 벗어날 수 있도록 지원해야 한다는 것이다. 강대국은 약소국이 핵으로 전기를 생산할 수 있도록 지원해야 한다. 지원하지 않더라도 방해하거나 폭격해서는 안 된다.


## 4. 재처리 시설 확보와 종전선언

북한은 남은 재처리 시설을 확보해야 한다. 약 20톤의 플루토늄을 축적해놓아야 국방이 될 것이다. 일본이 축적한 플루토늄 43톤에 대응 조처를 해야 일본의 군사적인 작전에 방어할 수 있다. 현실적으로 일본이 한반도를 군사공격할 수 있는 가능성을 대비하는 것이 군사적인 대안이다. 일본을 원자력 플루토늄 축적의 절대우위에 두는 것은 한반도 군사전략의 정신질환적인 암이 될 것이다.

이순신과 권율의 전략 없이 일본으로부터 한반도 평화와 안보를 유지할 수 없다.

현재의 대안 중 하나는 미국에 조건 없이 즉시 종전선언을 하라고 주장하는 것이다. 남한이 짓고 있는 KSTAR(Korea Superconducting Tokamak Advanced Research)[5]를 신속히 완성하고, 더 큰 태양 즉 KSTAR Ⅱ를 추진해야 한다. 나라가 힘이 없으면 강대국에 정복당하고 눈물로 살면서 한탄만 하게 된다.

1991년 한반도 비핵화 선언에서는 핵의 재처리 시설까지도 보유하지 않기로 되어 있다. 그러나 이것은 잘못된 것이고 지나친 것이었다. 일본은 레이건 대통령 시절에 강력한 로비를 해서 재처리 시설을 확보했고, 현재 43톤의 플루토늄을 소유하고 있다고 셀리그 해리슨은 말한다. 이는 핵무기를 수백, 수천 개까지 만들 수 있는 양이다.

일본은 유전이 없기 때문에 플루토늄을 확보함으로써 완벽하게 에너지를 보충하고 있다. 우리는 유전도 없을 뿐 아니라 핵 재처리 시설도 없어 에너지를 확보하는 데 자주성을 상실하고 있으며, 외국에 거의 전적으로 의존하고 있는 종속적인 상태다. 북한이 이미 핵실험을 성공한 가운데 남한은 최소한 원자력발전소에서 나온 폐기물을 재처리하여 플루토늄을 확보하고 이를 다시 에너지로 사용할 수 있는 시설을 확보하는 것이 합당하다. 일본과 경쟁에서 절대적인 열세로 지는 일은 막아야 한다.

부시 대통령은 1953년의 한반도 휴전협정을 종전선언으로 바꿀 의사가 있다고 하노이에서 말했다. 조건은 북한이 핵을 폐기하고 포기하는 것이다. 어리석은 전쟁 분위기로 끌고 가는 것에 대해 한국인들은 피로감이 축적되어가고 있고, 북한도 마찬가지다. 피로가 지나치게 많이 쌓이면 치명적인 병을 앓게 될 소지가 많듯이, 한반도는 강대국들의 전쟁 놀이터가 될 수 있고, 초토화될 수도 있으며, 강대국들은 자국의 이익만 챙길 것이 분명하다. 더는 정신병적인 도박을 그대로 두고 끌고 갈 수 없다. 현재 상태에서 우선적으로 종전선언을 하도록 미국과 중국과 북한에 요구해야 한다. 그리고 유엔은 1953년 휴전협정의 당사자로서 지위를 인식하고, 휴전을 종전으로 풀어야 한다. 유엔이 자신의 의무를 인식하지 못하고, 일방적으로 제재를 가하는 데만 전력을 다하면서 평화협정 의무를 망각하는

---

[5] 수소를 사용해서 작은 태양을 만드는 것으로, 2007년 독자 개발에 성공한 한국형 핵융합연구로이다.

것은 비극적인 실수다. 너무 늦어졌다. 이별이 너무 길다. 이제는 끝내야 한다. 미국은 현재의 핵 갈등 상황을 전제하고서라도 조건 없이, 그리고 즉시 '종전선언 하기를 부시 대통령에게 권고'한다.

나머지 일들은 다음 단계에 처리하면 된다. 미국이 북-미 갈등을 종전선언으로 한 단계 상승시키는 것이 피로가 더 이상 쌓이지 않도록 막는 길이며, 다른 한편으로는 미국의 안보와 경제에 도움이 되는 길이다.


## 5. 앞으로의 과제

에너지 자원으로서 핵은 가난을 퇴치하는 데 사용해야 하며, 특정 소수 집단의 이익을 위해서 대량 살상하는 수단으로 사용해서는 안 된다. 전 세계가 핵무기를 모두 없애야 한다. 선후가 있을 수 없다. 강대국들은 먼저 핵무기들을 폐기해야 한다.

미국은 디스에이블먼트(disablement), 중국은 불능화(不能化), 평양방송은 '임시중단'이라는 용어를 사용하고 있다. 이 용어들에 대한 해석은 앞으로 커다란 갈등 요인이 될 수 있다.

다음과 같은 몇 가지 구체적인 대안을 두고, 이에 대한 적극적인 토론을 시작해야 한다.

① 미국과 북한은 평화협정을 해야 한다. 평화협정을 2008년 12월 이전에 체결하는 것을 목표로 해야 한다.

② 미국은 북한을 테러지원국 명단에서 제거하고, 2008년 12월 이전에 하는 것을 목표로 해야 한다.

③ 미국은 북한에 대한 적대관계를 중단하고, 적성국가교역법(Trading with Enemy Act)의 적용을 중단해야 하며, 친구 관계로 전환해야 한다.

④ 유엔과 북한과 남한과 중국이 평화협정을 체결함으로써 1953년의 휴정협정을 종식시켜야 한다. 유엔사무총장은 유엔이 휴전협정의 3자 중 하나라는 것을 인식하고 책임을 결자해지로 풀어야 한다.

⑤ 남한과 북한은 평화체제를 구축해야 한다.

⑥ 남한과 북한은 개성공단을 10개 정도로 확장하고, 남북경제공동체를 성공시켜야 한다.

⑦ 북한이 원자력발전소를 자체 힘으로 건설하는 것을 주변 5개국은 방해하지 말아야 한다(태천발전소).

⑧ 북한이 경수로를 공급받도록 해야 하며, 2005년 9 · 19 합의와 1994년 10월 제네바합의 구도를 실천해야 한다.

⑨ 유엔은 2008년 이내에 1718호에 대한 취소 결정을 해야 한다.

⑩ 미국과 북한은 핵무기를 동시에 폐기해야 하며, 이를 위해 협의해야 한다. 만약 동시 행동이 지연될 경우에는 현재 상태를 상호 인정해야 한다. 자국의 핵무기를 폐기하지 않으면서 미국이 일방적으로 북한의 핵을 폐기하려고 압박을 가하는 것은 도덕적 정당성이 없다.

⑪ 북한은 일본인 납치에 대해서 일인당 100만 달러씩 총 1500만 달러를 지불하고, 일본은 북한에서 강제 동원한 일본군위안부, 노동자들, 군인 등의 사망, 자원 자산의 수탈에 대해 총체적으로 유로 100억 달러를 지불하여 과거를 청산해야 한다.

⑫ 일본과 북한은 2008년 말까지 국교정상화를 해야 한다.

⑬ 남한은 일본의 43톤에 달하는 플루토늄 축적에 대응하고, 자체 에너지를 확보하기 위해 재처리 시설을 건설해야 한다. 남한은 20톤 정도의 플루토늄을 축적하고 우라늄도 20톤 정도 확보하고 있어야 일본의 핵능력에 대응할 수 있을 것이다.

⑭ 6자는 각국 내의 '인권유린'을 제거하고 빈익빈부익부를 제거하며 굶주리는 자들과 절대빈곤층을 없애는 데 공동 노력해야 한다. 북한뿐 아니라 다른 5개 나라에도 절대빈곤이 문제이며, 전 세계에 존재하는 굶주림의 주된 책임은 경제 대국들의 빈익빈 전략이다. 이는 경제 대국들의 인권유린이다.

⑮ 개성공단 제품에 대한 제재를 해제하고 전 세계에서 불이익을 당하지 않게 하며, 이를 2008년 12월 이전에 실시해야 한다.

⑯ 모든 인간은 원자력을 평화적 에너지원으로 활용할 권리를 보장받아야 한다. 원자력 발전을 독점하거나 일정국가가 활용하지 못하게 하는 것은 불공정한 행위이며, 만약 비핵화하려면 수십 기의 원자력 발전기를 활용하고, 핵무기를 가지고 있는 국가가

솔선해서 비핵화해야 한다.

⑰ 남한, 북한, 미국 정상들이 함께 만나서 심리적인 장애를 제거하고 친구 관계로 미래를 토론하는 일은 빠를수록 그리고 잦을수록 좋다. 서로 만나는 일을 추진하고, 외교적인 합의사항을 도출하는 일은 적절한 여유를 가지고 2차적인 단계로 하는 것이 좋다. 이명박 대통령도 언제 어디서든지 만나도록 하겠다는 실용적인 입장을 밝혔다. 핵을 폐기할 경우라는 단서를 달았으나, 적절하고 유연성 있게 실리를 추구하면서 공영 공리 공생의 원칙을 우선하고, 당분간 북한이 핵무기를 보유한 상태가 지속되는 것을 인정하면서 시기 및 장소, 스케줄을 결정하는 지혜가 필요하다.

⑱ 남북은 경제공동체, 원자력 에너지공동체, 외교공동체, 군사공동체, 문화공동체, 생명공동체, 운명공동체를 회복하고 강화하도록 해야 한다. 남북에 다차원적인 공동체 건설은 남북한의 민족 안보와 남한 측의 민중인권, 북한 측의 인민인권을 보장하는 윤리전략적인 첩경이 될 것이다.


참조 2007. 02 .13(목)

북핵 대타결, 2 · 13 합의문 전문 [폴리뉴스] 2007/02/13 19:05


북한 핵 문제가 드디어 극적 대타결을 보았다.

남북한과 미국, 중국, 러시아, 일본 등 6개국은 13일 베이징에서 제5차 6자회담 합의문 〈9 · 19 공동성명 이행을 위한 초기 조치〉를 채택, 발표했다.

또 합의문 발표에서 '대북지원 부담의 분담에 관한 합의 의사록' 도 채택했다.

6자회담 합의문은 북한이 핵시설 '불능화' 조치와 국제원자력기구(IAEA)의 사찰 복귀를 수용할 경우 최대 중유 100만 톤으로 환산되는 에너지와 경제적 · 인도적 지원을 북한에 제공하기로 했다.

또 북한이 60일 내 폐쇄(shut down)할 경우 중유 5만 톤에 달하는 에너지를 우선 지원하고 불능화하기까지 나머지 95만 톤을 5개국이 균등분담하기로 하고 이를 합의의사록에 명시했다.

〈9 · 19 공동성명 이행을 위한 초기 조치〉

I. 참가국들은 2005년 9월 19일 공동성명의 이행을 위해 초기 단계에서 각국이 취해야 할 조치에 관하여 진지하게 생산적인 협의를 했다. 참가국들은 한반도 비핵화를 조기에 평화적으로 달성하기 위한 공동의 목표와 의지를 재확인했으며 공동성명 상의 공약을 성실히 이행할 것이라는 점을 재확인했다. 참가국들은 '행동 대 행동' 원칙에 따라 단계적으로 공동성명을 이행하기 위해 상호 조율된 조치를 취하기로 합의했다.

II. 참가국들은 초기 단계에 다음과 같은 조치를 병렬적으로 취하기로 합의했다.

1. 조선민주주의인민공화국은 궁극적인 핵포기를 목적으로 재처리 시설을 포함한 영변 핵 시설을 폐쇄, 봉인하고 IAEA와 합의한 바에 따라 모든 필요한 감시 및 검증 활동을 수행하기 위해 IAEA 요원을 복귀하도록 초청한다.

2. 조선민주주의인민공화국은 9 · 19 공동성명에 따라 포기하게 돼 있는 사용 후 연료봉으로부터 추출한 플루토늄을 포함, 성명에 명기된 모든 핵 프로그램의 목록을 여타 참가국과 협의한다.

3. 조선민주주의인민공화국과 미국은 양자 간 현안을 해결하고 전면적 외교관계로 나아가기 위한 양자 대화를 개시한다. 미국은 조선민주주의인민공화국을 테러지원국 지정으로부터 해제하기 위한 과정을 개시하고, 조선민주주의인민공화국에 대한 대적성국 교역법 적용을 종료시키기 위한 과정을 진전시켜 나간다.

4. 조선민주주의인민공화국과 일본은 불행한 과거와 미결 관심사안의 해결을 기반으로 평양 선언에 따라 양국 관계의 정상화를 취해 나가는 것을 목표로 양자 대화를 개시한다.

5. 참가국은 9 · 19 공동성명의 1조와 3조를 상기하면서 조선민주주의인민공화국에 대한 경제 · 에너지 및 인도적 지원에 협력하기로 합의했다.

   이와 관련해 참가국들은 초기 단계에서 조선민주주의인민공화국에 대한 긴급 에너지 지원을 제공하기로 합의했다.

   중유 5만 톤 상당의 긴급 에너지 지원의 최초 운송은 60일 이내에 개시한다.

   참가국들은 상기 초기 조치들을 향후 60일 이내에 이행하며 이러한 목표를 향하여 상호 조율된 조치를 취한다는 데 합의했다.

III. 참가국들은 초기 조치를 이행하고 공동성명의 완전한 이행을 목표로 다음과 같은 실무그룹

(W/G)을 설치하는 데 합의했다.

1. 한반도 비핵화

2. 미-북 관계 정상화

3. 일-북 관계 정상화

4. 경제 및 에너지 협력

5. 동북아 평화 · 안보 체제

실무그룹들은 각자의 분야에서 9 · 19 공동성명을 이행하기 위한 구체적 계획을 협의하고 수립한다. 실무그룹들은 각각의 작업 진전에 관하여 6자회담 수석대표회의에 보고한다. 원칙적으로 한 실무그룹의 진전은 다른 실무그룹의 진전에 영향을 주지 않는다. 5개 실무그룹에서 만들어진 계획은 상호 조율된 방식으로 전체적으로 이행될 것이다.

참가국들은 모든 실무그룹 회의를 향후 30일 이내에 개최하는 데 합의했다.

Ⅳ. 초기 조치 기간 및 조선민주주의인민공화국의 모든 핵 프로그램에 대한 완전한 신고와 흑연감속로 및 재처리 시설을 포함하는 모든 현존하는 핵시설의 불능화를 포함하는 다음 단계 기간 중, 조선민주주의인민공화국에 최초 선적분인 중유 5만 톤 상당의 지원을 포함한 중유 100만 톤 상당의 경제 · 에너지 및 인도적 지원을 제공한다.

상기 지원에 대한 세부사항은 경제 및 에너지 협력 실무그룹의 협의와 적절한 평가를 통해 결정한다.

Ⅴ. 초기 조치가 이행되는 대로 6자는 9 · 19 공동성명의 이행을 확인하고 동북아 안보협력 증진방안을 모색하기 위한 장관급회담을 신속하게 개최한다.

Ⅵ. 참가국들은 상호 신뢰를 증진하기 위한 긍정적인 조치를 취하고 동북아에서의 지속적인 평화와 안정을 위해 공동 노력할 것을 재확인했다. 관련 당사국들은 적절한 별도 포럼에서 한반도의 항구적 평화체제에 관해 협상한다.

Ⅶ. 참가국들은 실무그룹의 보고를 청취하고 다음 단계 행동에 관한 협의를 위해 제6차 6자회담을 2007년 3월 19일에 개최하기로 합의했다.


### '대북 지원부담의 분담에 관한 합의의사록'

중국, 미국, 러시아, 한국은 각국 정부의 결정에 따라 Ⅱ조 5항 및 Ⅳ조에 규정한 조선민주주의

인민공화국에 대한 지원 부담을 평등과 형평의 원칙에 기초하여 분담할 것에 합의하고, 일본이 자국의 우려사항이 다뤄지는 대로 동일한 원칙에 따라 참여하기를 기대하며 또 이 과정에서 국제사회의 참여를 환영한다.



＊(필자 주) 나의 제안을 영문으로 적으면 아래와 같다. 독자들에게는 한글과 영어를 혼용하는 것이 불편할 수 있다. 그러나 사안이 중요하며 국제적인 이해를 도모해야 하므로 영문을 추가하는 것을 이해하기 바란다. 별도의 영문 저서를 앞으로 출판할 생각이지만 시간이 촉박한 사안이어서 우선 이곳에 영문을 병용한다.

## A Revolutionary Paradigm Shift: for US-North Korea Friendship

The US and North Korea have a good chance to be friends and stop the enemy making each other. Victimizations and global alienations against the weak is the problems of the psychiatry in the inhumane world of today.

The psychiatry of the global disease of the killings, massacres, annihilations of the weak under the pre-colonial, colonial and new colonial powers need a revolutionary paradigm shift from their insensitive and immoral prejudices. The poor, the servants, the slaves, the outcasted, the colonized and the hungry are not to be regarded as the sinners, and the axis of evil. The rich and the powerful people and the empires are to be regarded the axis of good in this psychiatrically unhealthy planet earth.

A revolutionary paradigm shift is the natural outcome for the future of humane world.

There are some policy suggestions and recommendations for the actions by the party involved.

1) The US and North Korea should make a peace treaty, and/ or peace regime. The first target day would be sometime before this coming December of 2008.

1.1) The US should eliminate the name of North Korea in the list of the terrorist countries, and or the terrorist supporting countries, before this coming December of 2008 by the special session of the Senate and the House.

1.2) The US should stop applying 'The Trading with Enemy Act' to North Korea by the decisions of the new ratification of the Congress and the White House and the Treasury Department.

The US should change the enemy relations with friendly relations with North Korea.

2) The UN, China, South Korea and North Korea should make peace treaty out of the armistice of 1953. The three parties are responsible for the peace treaty(General Clark was simply a representative of the UN Forces of the 16 countries).

The UN(General Secretary Ban Ki Moon) is the responsible party.

3) North Korea and South Korea should make a peace system, or peace regime.

4) South Korea and North Korea should develop some 10 Industrial Park, like the Gaesung Industrial Park(개성공단), for economic cooperation and common prosperity for economic reunification.

5) North Korea has the right to have Nuclear Power Plant for economic and human rights for life and survival. Electricity is the matter of human rights in North Korea, where many died of no food. Electricity is the basic for food productions and the heating and the industry. Perfect Sanctions against the North to have nuclear power plant for the last 40 years for peaceful energy is the critical violations of the right for life and right for minimum quality of life for survival and human right.

No one should threaten the nuclear plant have - nots, when they try to build the nuclear power plants for electricity, by preemption, or by economic sanction, or by demonizing them as an axis of evil.

No one should threaten them, psychologically, religiously, militarily, diplomatically and economically. It is a human right violation.

6) According to September 19, 2005 Beijing agreement, and Geneve Agreed Framework of 1994, North Korea has the right to have the Light Water Reactor. The Countries involved should supply the Light Water Reactor immediately.

Feb. 1 2002, The US violated the Geneve Agreed Framework(1994), by threatening the preemptive attack on North Korea, Iran, Iraq. It is the violation. Nuclear Weapon Haves should not threaten the nuclear weapon have - nots by preemption.

7) UN should lift the UN resolution 1718.

before 2008.

8) For the reciprocity, US should dismantle, completely, verifiably, irreversibly(CVID) her all nuclear weapons and the programs, together with North Korea for the nuclear free world. It may not be realistic.

Otherwise, both parties should respect their status as it is.

9) Japan should pay compensation and reparations of 10 billion Euro, to North Korea, for the sex slavery, forced laborers and the victims of the massacres during the time of 1910-1945. North Korea should consider the kidnapped victims per one million dollars compensations, if any.

10) Before the end of 2008, Japan and North Korea should establish the normal diplomatic relations with lifting the economic sanctions without any conditions.

11) Japan should abandon some 43 tons of Plutonium(i.e. Selig Harrison), which may be turned into some 2 thousand nuclear bombs.

South Korea should accumulate and acquire some 20 tons of Plutonium and some 20 tones of Uranium for future defence and energy, if Japan does not abandon her large amount of plutonium.

12) All six parties, Russia, China, US, Japan, North Korea, South Korea should eliminate all the human right violations in their countries, specially the right for the poor, and the weak. There are widening gap between the rich and the poor. The powerful eats the weak in this world of inhumanity.

13) The products of the Gaesung Industrial Park should be respected for export to all the countries. The US should not apply economic sanctions against the Gaesung product.

14) All human beings and the nation states have the right for nuclear power energies for peace. The poor and hungry countries have the right to have nuclear power plants.

No one should block them to have the plants and nuclear energies.

15) North and South Korea should have summit as soon as possible for unofficial and official meetings to share the future of Korea.

16) North and South Korea should establish the economic community, nuclear community, social, cultural, military cooperations for common prosperity and common interest for the future of peaceful recovery of one people, one language, one culture, one history of Korea, which has been divided by the foreign powers.

This is the ultimate protection of the human rights of the people in Korea.

# 2장 일본의 우경화와 패러다임 전환

일본의 우경화를 문제 삼는 이유는 무엇인가? 이를 알기 위해서는 우경화의 내용을 역사적으로 분석해야 한다. 일본이 생존하기 위한 패러다임 전환은 무엇인가?

일본은 1910년대에 동북아시아를 침략하여, 최첨단의 무력으로 대량 살상을 하고, 정복했으며, 군사적·정치적 지배, 문화말살, 인권유린, 경제찬탈 등 총체적으로 생존권을 말살했다. 그리고 또다시 이러한 과거의 부도덕한 지배 구조를 2008년도 이후에 실행하기 위해 우경화를 진행하고 있다.

## 1. 일본의 핵무장 및 플루토늄 축적

현재 일본은 핵무기를 만들 수 있는 모든 준비를 거의 완료했고, 24시간에서 몇 달 이내에 핵무기를 제조할 수 있다고 평가받는다. 또한 권력 지도층도 핵무기를 만들려는 의지를 내비치고 있다. 특히 외국 언론에 노출되지 않도록 내부적으로 표현하면서 정신적으로 핵무기를 제조해야 한다고 주장하고 있다.

미국의 셀리그 해리슨은 일본이 43여 톤의 플루토늄을 이미 축적하고 있다고 말했다. 이 양은 핵무기를 2000개 정도 만들 수 있는 양이다. 무기급의 플루토늄 7킬로그램으로 핵무기, 나가사키 형을 만들 수 있다는 기준을 적용한 것이다.

일본은 당시 집권 중인 레이건 대통령을 설득해서 자국 내 재처리 시설을 확보하는 데 성공하고, 에너지 자원이 부족한 일본 경제에 핵 발전소가 필수라는 점을 설득해 현재의 50기 정도를 확보했다는 설이 있다. 이 설은 매우 설득력이 있다.

이에 대한 대가로 레이건 대통령이 무엇을 받았는지는 입증하기도 어렵고 입증할 생각도 없다.

한반도는 미국의 레이건 전 대통령이나 다른 대통령에게서 이와 동일하거나 유사한 허락을 받아내지 못했다. 미국은 완전하고 돌이킬 수 없고 증명할 수 있는 방식으로 핵무기와 핵 프로그램을 폐기하라고 북한을 압박하고 있고, 남한은 무기급의 프로그램이 전혀 진전되지 않고 있다는 것을 IAEA에 입증하고 있는 상황이다. 지금도 일본과 한반도는 핵무기 능력에서 현격한 차이를 나타내고 있다.

CNN의 간판 프로그램인 래리 킹 라이브 쇼에 전 미국 대통령 닉슨이 나왔다. 2007년 4월 13일 서울에서도 이를 방영했다. 래리 킹이 닉슨에게 질문했다. "레이건 대통령이 재직 당시에 일본으로부터 거액을 받았다고 하는데…."

닉슨은 "레이건이 200만 달러를 받았다고 하는데, 그 돈을 받았다고 해서 레이건이 일본에 보상으로 해준 것은 전혀 없다. 따라서 200만 달러를 받은 것은 전혀 문제가 되지 않는다"라고 답했다.

정말로 레이건 대통령은 일본에게 해준 것이 없을까? 그렇다면 일본은 아무런 대가 없이 레이건 대통령에게 돈을 주었단 말인가? 일본이 레이건 대통령에게 돈을 주었다는 사실을 CNN은 입증할 수 있을까?

일본은 제2차 세계대전 이후 플루토늄을 축적하고, 재처리 시설을 확보하고 싶어했다. 그러기 위해서 일본은 레이건 대통령을 적극적으로 설득했고 로비에 성공하여 30여 년간 원자력을 사용할 수 있고 플루토늄을 축적해서 에너지로 활용할 수 있는 재처리 시설을 건설하게 되었다는 설이 지배적이다.

어찌되었든 일본이 43톤의 플루토늄을 이미 축적하고 있다는 사실은 셀리그 해리슨 등이 확인해주었다. 이는 핵폭탄 2000개를 만들 수 있는 규모다.

한국이 레이건 대통령이나 다른 미국 대통령을 설득하고 로비해서 일본처럼 핵발전소 시설에 대한 허용을 받아내지 못한 이유는 무엇이고, 비핵화의 대상이 된 이유가 무엇인가 하는 문제는 중요한 질문이 될 수 있다.


## 2. 제2의 가쓰라-태프트 밀약

1905년 6월 일본은 미국과 밀약을 맺었다. 7월에는 영국과도 맺었다.

일본은 한반도를 점령 통치하며 경제적으로 착취하고 대량의 인명을 살해했으며, 13만에서 20만 명의 여성을 일본군의 성노예로 전락시켜 치욕적인 인권유린을 자행했다.

2008년 일본과 미국은 강력한 군사동맹 구조를 더욱 긴밀히 하고 동북아시아와 세계의 헤게모니를 확장하는 데 상호 협력하고 있다.

제2의 가쓰라-태프트 밀약이 진행되고 있는 것인가?

북한은 미국과 일본에 대해 적대적인 관계 단절(delinking) 구조이고, 남한은 미국과 일본에 대해 비교적 밀접한 연계(linking) 구조로 되어 있다. 남한은 소위 한-미-일 공조 구조가 이루어지고 있다고 생각하지만 이 공조는 미국과 일본과 대등한 수준의 공조가 아니라 미국의 지배적인 구조를 확장해나가는 틀 내의 부분적이고 종속적인 요소가 존재하고 있는 부분공조라고 평가할 수 있다. 일본 역시 남한과 완전한 상태의 공조가 아니라 일본의 헤게모니를 확장하는 하부구조로서 부분공조를 진행하고 있다. 게다가 우경화가 진행되면 더욱 남한을 하부구조로 종속시키고 힘으로 지배하려 할 가능성이 높다. 이런 과정이 현재 일본이 벌이는 우경화의 내용이다.

남한과 미국의 공동 협력구조가 있으나, 일본의 우경화에 대응하는 협력구조는 아니다. 현재 미국의 군사패권 확장화는 일본의 군사패권 확장화와 맥을 같이하고 있고 양국이 상호 협력하면서 한반도를 1905년 가쓰라-태프트 밀약의 대상으로 처리하고 있다고 판단된다.

러시아와 중국은 이러한 일본의 군사 및 경제 확장 전략에 대응하고 있다. 남한과 북한도 이에 대응하는 다양한 전략을 추구하고 있지만 적절하고 충분한 공동보조(공조)를 취하지 못하고 있다.

1907년 이준 열사는 고종의 밀사 자격으로 일본이 조선을 침략하여 강점하고 있다는 것을 외교로서 호소하기 위해 헤이그에서 열린 만국 평화회의에 갔다. 이 열사는 회의장에 입장하는 것을 거부당하고 이에 저항하는 방식으로 단식하여 자결했다고 한다.

만국회의 주최 측과 러시아 등은 조선을 무시하고 일본을 지지했다. 외교라는 수단에는 한계가 있는 것이다.

우리 민족은 멀리 중국으로 건너가 독립군을 조직하여 독립전쟁을 하고, 조선 내에서도 다양한 군사적 · 문화적 · 경제적 · 정신적인 독립운동을 전개하였고, 마침내 1945년 8월 15일 해방을 맞았다. 그러나 해방의 기쁨도 잠시, 곧 미국과 소련에 의한 분단으로 이어지는 비극이 찾아왔다. 우리는 이 비극을 막지 못했다. 한반도의 분단은 결국 거의 영구적인 분단으로 지속되고 있다. 강대국들은 약소국을 분열시키고 정복하는 전략(divide and conquer)을 사용하고 있으며, 일본의 군사경제 패권화는 이 과정을 더욱 심화하려고 노력하고 있는 듯하다.

1894년 한반도 공격을 시작으로 일본의 군사 패권화는 현재까지 한반도와 동남아, 동북아, 전 세계를 상대로 지속적으로 추진되고 있다. 때로는 군사적으로, 평화군의 이름으로, 이라크에서는 다국적군으로 혹은 심리전으로(WHAM, winning heart and mind), 문화점령 전략으로, 경제지배 전략으로 또는 역사교육을 왜곡하거나 매스 미디어를 통해 세계 패권을 노리고 있다.

현재 일본이 미국에 대해 진주만을 공습하던 방식을 택할 수는 없다. 그러나 진주만의 실패를 다른 방식과 전략으로 만회하려고 할 수는 있다.


### 제2의 한반도 침공 전초전

1894년 일본군은 한반도를 점령하고 식민통치를 시작했다. 현재 그와 같은 군사 침공을 할 수는 없다. 그러나 상황이 일본에 유리해지고, 세계적인 여론이 지원해주고, 미국이 일본의 군사작전을 요청하거나 공조할 필요가 있을 경우가 발생할 수도 있다. 그리고 평화헌법을 완전히 전쟁지원 헌법으로 변경하거나 변경하지 않고서라도, 현재 미국의 한반도 전쟁 시나리오에 협력하는 과정의 일환으로 한반도에 제2의 군사작전을 펼칠 가능성도 배제할 수 없다.

특히 북한은 이에 대응하는 군사력을 확보하려고 할 것이다. 일본이 북한지역을 점령하고 통치한 적은 있지만 북한이 일본 본토를 침공하고 통치한 적은 없다. 북측은 이 기억을 잊지 않고 군사대응을 하고 있는 것이다.

### 제2의 러 – 일 전쟁

동북아에서 러시아는 일본에 패한 과거가 있으나 현재의 러시아는 충분한 핵무장으로 대응하고 있다. 따라서 제2의 러 – 일 전쟁이 발발할 가능성은 거의 없다.

### 제2의 일본 – 중국 전쟁

과거 일본은 중국의 일부를 군사점령하고 남경학살 등 대량 살상을 자행했다. 현재의 중국은 이 과거사가 반복되지 않도록 충분한 핵무장을 하고 있을 것이다.

### 제2의 동남아시아 점령 전쟁

동남아는 과거 일본에게 군사점령을 당했으나, 지금도 강력한 군사력으로 일본을 대응하는 구조를 만들 만한 경제력을 갖추지 못하고 있다. 다만 외교, 국제공조, 군사동맹 등 다양한 전략으로 대응세력을 갖추어가고 있다.

### 제2의 도요도미 히데요시

1592년 도요도미 히데요시는 군대를 동원해 한반도 전체를 점령하고 찬탈했다. 그리고 한국인들의 코를 배어 코 영수증을 만들었고, 지금도 그 무덤이 일본에 있다. 관동 대지진 때는 조선 민족이 대량으로 학살당했다.

일본군 위안부를 포함한 부도덕하고 반인륜적인 역사적 사건들은 일본 청소년들의 교과서에도 제대로 실려 있지 못하고 있다. 일본은 과거의 잘못을 반성하고 각성하기보다 자국의 정당한 영토 확장이라고 교육하고 있어서, 일본의 다음 세대에게 독일의 반성과 같은 교육이 제대로 이루어지지 못하고 있다.

한반도에 대한 침략 점령은 일본의 영토 확장의 일부이며, 지금도 일본은 독도가 자기들 영토라고 주장하고 있다. 이러한 징조는 또다시 한반도를 점령해가려는 부분적인 노력이며 작전이다. 오늘의 일본이 야스쿠니를 참배하는 심리는 각오를 다지는 것이다. 또다시 기회가 되면 과거 일본의 대동아 공영권 제패를 추구하기 위한 심리전이다. 사회당인 무라야마 전 총리는 일본의 과거에 대해 철저히 사과했다. 그러나 그는 집권을 쉽게 내어주는 전략적인 실패를 함으로써 일본의 도덕성 회복을 완결 짓지 못했다.

일본은 아베 정권과 고이즈미 정권의 과거정책에 대한 패러다임을 혁명적으로 전환해야 한다. 아베는 실각했다. 무라야마 전 총리의 패러다임을 사용해야 한다.


### 일본 – 북한의 평화

일본과 북한은 평화조약을 맺어야 한다. 일본은 과거사의 강제점령, 납치, 착취, 살상, 강압, 인권유린 등을 청산하기 위해 북한에 100억 유로를 지불하는 것을 권고한다. 북한도 납치한 일본인들이 있다면 일인당 100만 달러의 보상금으로 이에 대해 사과하고 배상함으로써 사건을 마무리해야 한다.

일본은 미국으로 하여금 북한을 '테러지원국' 명단에 넣도록 압력을 가하고, '적성국교역법'을 북한에 적용하도록 압박하면서 북한에 원자력을 평화적으로 이용하지 못하게 하면서 북한이 경수로를 가지려는 것도 막고 있다. 2007년부터 약 7년간 경수로 공사를 완료하면 2014년 이후 북핵 폐기가 가능할 것이다. 일본이 원하는 북한 핵 완전 폐기에 도달하려면, 북한을 적성국거래법에서 해제하고, 테러지원국 명단에서 빼고, 1994년 제네바 합의구도에 따라 경수로 공사를 완료하도록 도와줘야 한다. 결국 일본은 신속하게 북한과 선린우호관계를 맺고 평화협정을 체결하고 국교정상화를 해야 혁명적인 새 패러다임을 갖게 될 것이다.

일본은 북한 경제가 절대빈곤으로부터 탈출할 수 있도록 근본적으로 정책을 전환하고, 북한에 대한 경제봉쇄를 풀어주고, 주변의 아시아 빈곤국들의 경제성장과 안보를 위해 본질적인 정책전환을 하는 것이 공생의 번영과 평화를 가져올 것이다.

## 3. 일본의 미사일 발사훈련

일본이 태평양훈련(RIMPAC) 기간 중에 미사일을 발사해서 목표를 명중시켰다는 사실이 보도된 바 있다. 이 훈련에 대해 국제 사회는 북한의 미사일 발사에 대한 비판과 견제와는 전혀 다른 반응을 보였다. 이 훈련에는 로널드 레이건, 에이브러햄 링컨, 키티호크 등 항공모함 3척이 동원되었고, 적어도 1993회의 비행기 출격이 있었으며, 2만2000명의 육ㆍ해ㆍ공군과 해병대가 동원되었고, 미국ㆍ일본ㆍ한국ㆍ영국ㆍ호주ㆍ캐나다ㆍ칠레ㆍ페루 등이 참여했으며, 월남전 이래 최대의 군사훈련 중 하나로 평가되었다.

괌을 중심으로 진행된 6월 19일에서 23일까지의 훈련은 '용감한 방패(Valiant Shield)'로 명명되었다. 한국도 이 훈련에 함께 했지만 입장이 다르다. 일본의 핵무장 능력과 대륙간탄도미사일(ICBM)에 해당하는 H2A가 지구를 돌면서 상업적ㆍ군사적으로 사용되고 있는 상황이다. 따라서 일본이 한반도를 군사적으로 공격할 경우에 대비해서 한반도가 어떻게 방어할 것인지 대응 방안을 준비해야 한다.

대만은 600킬로미터 미사일을 개발하는 데 성공했다. 남한은 300킬로미터 이상의 쿠루즈 미사일(순항) 개발에 성공했다고 발표했다.


## 4. 한반도 침공과 패러다임의 전환

1592년 도요도미 히데요시는 한반도 전역을 침공했으나, 이순신 장군에 패하여 퇴각한 후 다시 공격해 들어왔다. 1597년 정유재란 때 일본군은 남원을 철저히 파괴했다. 이들은 남녀노소를 가리지 않고 죽였으며 코를 베어 도요도미 히데요시에게 보내 '코 영수증' 등을 받았을 정도로 잔인했다. 이 잔인한 학살 방식과 심리는 변하지 않는다고 할 수 있다. 이 같은 방식이 변했다는 증거는 아직 발견되지 않았다는 점에서, 잔인성을 제거하거나 녹여낼 수 있는 '혁명적인 패러다임의 변혁'을 다차원적으로 추구할 필요가 있으며, 이것이 이루어질 때라야 한반도의 평화는 좀 더 견고하게 정착될 수 있을 것이다.

1894년 동학혁명군을 진압한다는 명분으로 침공한 일본군은 실제로는 한반도를 점령하고 식민 통치로 경제적인 이익을 얻기 위해서 침공했다. 같은 명분으로 지원을 요청한 중국군을 패전시키고, 약 20만 명의 동학농민군을 살해했다. 명성황후를 시해하고, 미국과 가쓰라-태프트 밀약을 체결하여 한반도 점령과 식민지화에 대해 미국의 지지를 받았다. 또 수십만 명의 일본군위안부를 학살했고, 남자들을 징용과 징병으로 희생시켰다. 이 구조가 2008년의 한반도에 시사하는 바가 무엇인지 생각해야 한다.

전봉준은 승승장구하는 장군이었다는 점에서 그 위대성을 인정해야 한다. 그러나 그는 일본이 천진조약을 지키리라고 믿고서 무장해제하고, 무기를 정부에 반납한 후 평화가 이루어지도록 노력했고, 일본이 귀국하리라고 생각했다. 평화와 화해의 협정이 이루어지고, 동학군은 무기를 반납하고 비무장화했으나, 일본군은 이를 기회로 동학군을 완전히 섬멸해버렸다. 전봉준이 화해(화의) 협정을 하고 무기를 반납한 것이 잘못이었음이 증명된 것이다. 일본이 외교조약을 지키리라고 믿은 것은 그의 뼈아픈 실수다.

동학군을 섬멸한 일본군은 조선의 정부군도 제압하고, 해산시켜 한반도를 강점하는 수순을 밟아나갔다. 이들은 명성황후를 시해하고 고종을 독살했다. 이준은 헤이그의 만국평화회의에 가서 고종의 특사로 이를 호소하려고 했다. 그러나 회의장에 입장하는 것조차 거부당했다. 미국, 러시아 등은 이미 일본과 합의하여 일본이 조선을 먹어버리는 과정을 지지하고 있었던 것이다. 러시아도 조선을 버렸고, 미국도 조선을 버린 것이다. 당시 뉴욕의 유니온신학대학원을 졸업한 미국인 허버트(Hubert)[5]는 고종의 밀사로 워싱턴에 와서 로비를 했으나, 이미 미국은 일본과 비밀협약을 맺고서 조선을 일본의 식민지로 강점하는 것을 지원하고 있었다. 허버트의 노력은 수포로 돌아갔다.

다만 이 두 사람의 외교적인 노력은 역사에 기억될 것이다. 이준의 죽음을 두고 자결했다거나 단식으로 사망했다는 설이 있다. 자결보다 마지막까지 항일투쟁을 다양하게 전개했다면 또 다른 역사가 전개되었을 것이다. 상상의 틀을 넓히는 것도 하나의 전략을 개발하는 데 도움이 된다.

일본의 과거 침공은 오늘의 침공과 직결되어 있다. 일본의 과거 식민지 학살과 오늘의 현상은 같은 성격을 가지고 있다. 일본의 도덕성은 과거와 현재에 별 변화가 없다고 볼 수

---

5) 2006년 5월 뉴욕 유니온 신학대학원 총장 휴 허프는 연세대학교 특강에서 이를 입증하는 내용을 발표했다. 유니온신학대학원은 조선의 일본 식민지화를 저지하기 위해 노력했던 졸업생 허버트를 배출한 것을 자랑스러워 했다.

있다.

일본의 군사전략은 근본적으로 과거와 현재가 별 차이가 없다. 활이 미사일로 바뀌었고, 우주선 H2A로 대륙간탄도 미사일 능력을 갖추고 있고, 한반도를 24시간 감시하고 있다. 또한 43톤의 플루토늄을 축적하여 수천 개의 핵폭탄을 제조할 수 있는 준비가 되어 있다. 일본은 레이건 전 대통령으로부터 핵 보유를 인정받은 후 핵 재처리 공장을 가동하고, 플루토늄을 축적하고 있으며, 준 핵무장 국가로 UN의 평가를 받은 상태다.

사무라이 정신은 과거나 지금이나 그대로 살아 있어 자국의 경제 이익을 위해서 한반도를 비하하고 규탄하고 점령하려는 숨어 있는 심층심리의 욕망은 그대로 살아 있는 것이다.

일본이 보는 북한과 중국이 보는 북한은 성격이 다르다. 중국과 북한의 관계 해석은 동북아 상황을 이해하는 데 매우 중요하다.


〈北미사일〉 "중국은 강한 북한을 원하고 있다"〈호주 신문〉

[연합뉴스] 2006/07/08 10:05

(오클랜드) 고한성 통신원= 북한 미사일 위기로 중국의 대북(對北) 영향력이 다시 주목받고 있는 가운데 호주의 한 신문이 "중국은 강한 북한을 원하고 있다"라는 분석을 내놓았다.

시드니 〈모닝 헤럴드〉는 8일 조지 부시 미 대통령, 존 하워드 호주 총리 등이 중국 지도자를 만날 때마다 북한 핵문제를 외교적으로 해결하기 위한 6자회담에서 보여주고 있는 중국의 노력에 찬사를 보내고 있지만 중국은 북한에 대해 상당히 다른 목표를 갖고 있다고 지적했다.

미국과 그 동맹국들은 북한이 핵무기와 미사일을 갖지 못하게 하고 개방으로 유도함으로써 체제 변화와 궁극적인 한반도 통일로 이어지기를 희망하고 있는 반면 중국은 북한이 더 강해짐으로써 자기모순에 의해 붕괴되는 일이 일어나지 않기를 원하고 있다고 이 신문은 주장했다.

이 신문은 김일성과 김정일 개인 숭배로 점철된 북한 정권을 중국 지도부에서는 미국이나 일본에서 보는 것만큼 이상하게 보지 않는다면서 2004년 8월 중국 공산당 중앙위원회에서 있었던 비공개 연설에서 후진타오(胡錦濤) 중국 국가주석은 실제로 북한의 정치적 통제와 관련해 북한 지도자들에게 찬사를 보낸 것으로 알려지고 있다고 밝혔다.

중국 공산주의자들은 북한 주민의 기아나 정치범 수용소의 참상에 대해 크게 신경을 쓰지 않고 있으며 심지어 북한과 접경하고 있는 1400킬로미터 국경선을 넘어오는 난민들을 불법 입국자로 모두 송환하고 있다고 이 신문은 전했다.

후진타오 주석의 북한 문제 전문가 집단이 북한 정권의 붕괴와 변화 가능성, 그리고 중국의 대응 방안 등을 검토했으나 그 같은 과정은 통제 불능상태가 될 것이라는 결론이 나왔다고 신문은 소개했다.

외부 세계에서 볼 때 중국의 가장 큰 우려는 난민들이 만주로 대거 유입되면서 이 지역의 시장경제 개혁 노력을 어렵게 만들 것으로 생각하기 쉽지만 사실 중국은 전략적 측면에서 움직이고 있는 것으로 보인다고 신문은 추정했다.

그것은 한반도 통일이 이루어질 경우 궁극적으로 주한미군의 철수로 이어질 가능성이 높다고 할지라도 북한이라는 완충지역을 상실할 경우 압록강과 두만강을 사이에 두고 미군과 접경하게 되는 상황을 염두에 두지 않으면 안 되기 때문이라고 신문은 설명했다.

중국이 최근 몇 년 동안 국경지역의 위협을 제거하는 데 중점을 두어왔다고 소개한 이 신문은, 인민해방군을 대만과 일본 쪽의 연안 지역에 대거 집결시킨 것도 그 같은 맥락이라고 강조했다.

이 신문은 중국이 북한의 미사일 발사에도 인내심을 잃지 않은 것으로 보인다며 중국은 유엔의 대북 비난 강도를 완화하는 데 앞장섰을 뿐 아니라 다음 주 중국 부총리의 북한 방문도 예정대로 이루어질 것이라고 말했다.

북한의 미사일 발사는 중국이 인내할 수 있는 한계 안에 들어 있으나 핵실험은 그렇지 못할 것이라고 전망한 이 신문은, "북한의 핵실험은 일본, 한국, 대만 등 주변 국가들의 연쇄적인 핵무장을 초래할 위험이 크기 때문"이라고 주장했다.

koh@yna.co.kr

# 제2부
# 미국의 심리적 측면에서의 대북 정책 및 인권 문제

# **3장** 미국의 심리안보

## 1. 9 · 11 테러와 미국의 심리안보

영화 〈루스체인지(loose change)〉[1]는 9 · 11 테러와 관련하여 새로운 시각을 보여준다. 9 · 11 테러가 조작된 정보에 의해 왜곡 보도되었다고 폭로하고 있는 이 영화[2]는 실제 자료를 다수 사용하여 사실성을 높이려 했지만 확실한 해석을 했다고 보기 어려운 면을 가지고 있다. 그러나 검토해볼 가치가 있는 해석학적인 문제를 제기하고 있는 것은 사실이다.

〈루스체인지〉의 제작자는 미국 행정부가 조작해서 9 · 11 테러를 만들었고, 세계무역센터 건물이 파괴되도록 했다고 주장한다. 이는 미국 시민들의 사회심리가 현 정부를 의심하고 있음을 반증하는 것이며, 미국 시민들의 안보심리 상태를 알려주는 증거라고 볼 수 있다.

미국과 북한 관계가 막다른 골목에 놓여 있다고 평가하는 이 작품은 너틸러스 연구소에

---

1) 미국 정부에 필요한 것은 혁명적인 변화(revolutionary change)인데도 이에 반대되는 개념인 엉성한 변화(loose change)가 진행되고 있다는 뜻이다.
2) 이 영화는 누구나 보도록 공개되어 있으며, 저작권 위반이 아니라고 게시하고 있다(www.loosechange.com 참조).

서 나온 것이다. 우리는 피터 헤이스 소장을 비롯해 이곳에서 일하는 전문가들을 높이 평가해야 한다. 그들의 영향력은 대단하다.

북한과 미국을 두고 마치 달리는 토끼가 절벽에서 자유낙하하고 있는 상황이라고 표현한 이 글은 실제 인물들을 그대로 등장시켜 말을 시키는 방식으로 기술되어 있다. 사실은 소설식으로 써본 것이라는 것이 너틸러스의 해명이다. 이 글로 인해 국내 여러 일간지가 이를 사실로 보도했다가 봉변을 당하고 나서 다음 날 이를 수정, 사과하는 글을 줄줄이 발표하는 사태를 빚었다. 이런 현상은 무엇을 말하는가? 북한과 미국의 전쟁이 발발할 경우를 생각하면서 전 세계가 얼마나 긴장하고 불안해하고 있는지 그 심리상태가 잘 표출된 것이다.

빈 라덴은 미국으로부터 알카에다 훈련 비용을 받아 구소련과 대결하는 군사작전을 한 사람이다. 전적으로 미국에 충성을 바쳤던 군사정보통이었으며, 구소련이 물러간 이후에는 미국의 세력을 물리치려고 한 이중 전략을 모색하고 있었다. 그에 대한 미국인들의 심층적인 문제를 해체시킨 자료 중 하나는 '우리의 일등병 빈 라덴(our own private bin Laden)'[3] 일 것이다. 그러나 미국이 빈 라덴을 그들 군대의 일등병으로 여기고 있었다는 자료의 결론은 지나치게 단순화되어 있어서 논리적으로 일반화(generalization)의 오류를 범하고 있는 듯하다.

북한에 대한 미국의 작전은 빈 라덴과는 달라야 한다. 우선 빈 라덴과 북한은 관련이 없다. 특히 9 · 11 테러와 북한은 관련이 없다는 보고가 신빙성이 있다. 따라서 빈 라덴의 알카에다와 북한을 같은 무리로 몰아서 대결하려는 심리적 군사작전은 수정해야 한다.

미국은 막대한 예산을 빈 라덴에게 지원했고, 미국의 대 러시아 전략을 수행하기 위해서 그를 이용했다. 그러나 미국은 북한에 거금의 군사비를 지원한 적도 없으며, 북한을 이용해 대 러시아 전략을 수행한 적도 없다.

미국은 빈 라덴에 대한 심리적인 거리를 북한에 대입하지 말아야 한다.

일본이 야스쿠니를 참배하는 행동은 어떻게 판단할 수 있을까?

여기에는 보복심이 분명히 존재한다. 미국과의 전쟁에서 패전한 것을 유감으로 생각하는 일본인 중에는 아직도 미국에 대해 보복심을 가지고 있는 사람이 있다. 따라서 이 전쟁

---

3) owrownpriv@tebinladen(빈 라덴에 대한 정보를 제공하고 있는 주소임).

의 패전을 다시 승전으로 만들기 위한 결의를 다지는 행동이라고 볼 수도 있다.

심리적인 깊이를 그 숨겨진 깊이에 따라서 1단계에서 5단계로 나눌 수 있다고 가정하면 일본의 미국에 대한 보복심은 현재 가장 바닥인 5단계에 숨겨져 있다고 할 수 있다.

5단계를 어떻게 분류할지는 앞으로 더 연구하기로 하자.


## 2. 안보심리학과 평화심리학

**심리와 안보: 안보심리학**

세계는 '코리아'에 대해 어떠한 심리적인 평가를 하고 있을까?

세계는 남한에 대해 어떠한 심리적인 평가를 하고 있을까?

세계는 북한에 대해 어떠한 심리적인 평가를 하고 있을까?

전 세계인들이 북한과 남한을 구분할 수 있을 만큼 한반도에 대해 심리적인 정확성을 가지고 있을까? 그들은 남한과 북한을 구분하여 심리적인 느낌을 가지고 있을까, 아니면 남한과 북한을 분화시키지 못하고 한꺼번에 '코리아'로 심리적인 평가를 하고 있을까?

이러한 질문을 던지는 이유는 심리는 곧 전략적인 문제이기 때문이다.

적이 누구냐?

왜 적이라고 생각하고 느끼는가?

적에 대응하는 군사전략이 어떻게 진행되고 있는가?

역사적으로 적을 얼마나 살해했는가? 그리고 그 살해에 대해 정당하다고 느끼는가?

인류의 평화와 정의와 도덕을 위해서 적을 죽이는 것은 옳은 일이라고 생각한다면 이러한 현상이 얼마나 개인의 이기주의적인 목적으로 나타날 수 있는지, 혹은 자기가 속한 '집단의 이익'을 위해서 이루어지고 있는지 질문을 던지는 것은 매우 중요하다. 또한 '적'을 '친구'로 전환시키는 방안을 찾아낸다면, 한반도의 평화는 180도로 전환되고 안정적인 평화를 누리면서 삶의 질도 대단히 높아질 수 있다. 이러한 전략, 즉 적을 친구로 전환시키는 심리전술은 무엇인가?

이러한 심리전술을 개발하고 실천하면, 인류가 더 높은 차원에서 서로 대량 살상을 하지 않고서도 살아갈 수 있는 생명공동체를 만들 수 있을 것이다.

만약 실패한다면, 북한과 미국의 관계는 이리와 늑대, 사자와 악어의 관계보다 더 악화된 관계, 즉 서로 죽이고, 먹고 먹히는 비도덕적인 혹은 도덕적인 무정부상태가 되고 말 것이다. 인류의 역사는 약육강식의 세계가 지배해왔다. 약한 동물의 고기를 강한 동물이 먹어버리는 것이다. 그 약육강식의 인류를 도덕적으로 한 차원 더 높일 수 있을까 혹은 이것은 단순히 한 차원(a dimension)을 높여서 해결되는 것이 아니라 인간의 본성(human nature)을 변화시켜야 하는 것일까?

본래 인간의 본성과 야성적인 동물의 본성(animal nature)에는 본질적인 차이가 없을까?

인간은 갈등 상황을 해결하는 수단으로 ‘전쟁’과 ‘살육’이라는 방식을 사용해왔다. 이 방법은 야수와 다를 바 없다. 서로 영역을 쟁탈하는 방식으로 ‘전쟁’이라는 수단을 사용해온 것도 야수의 행동과 별 차이가 없다.

이 방식을 변화시키는 본질적인 변화가 일어날 수 있다면, 한반도 평화는 분명 기대할 수 있을 것이다. 종교적인 신앙이나 철학적 가치가 이 야수의 대결을 높은 차원으로 전환시킬 수 있을까?

부시 대통령이 북한을 악의 축이라고 말한 것은 미국의 세계무역센터가 2001년 9월 11일 공격을 당하고 붕괴된 이후 극도의 심리적인 충격을 받은 상태에서 새해 국정연설을 한 2002년 1월 29일쯤이었다. 이어서 미국의 국무장관 콘돌리자 라이스는 북한을 ‘폭정의 전초기지(Outpost of tyranny)’라고 말했다.

북한은 이를 되받아서 공격적인 발언을 퍼부어 심리전에 대응하는 것에서 한걸음 더 나아가 2006년 10월 9일 핵실험에 성공하는 단계까지 이르고 미국의 심리적인 적대 발언에 또 하나의 압박 카드를 확보하는 방식으로 대응했다.

부시 대통령은 김대중 전 대통령이 자신보다 나이가 훨씬 많고, 고난의 투쟁을 거친 노련한 정치가임에도 불구하고, 김 전 대통령을 ‘디스 맨(this man)’이라고 불렀다. ‘이 친구, 이사람’이라고 대단히 격하시킨 용어를 한국 대통령에게 던진 것이다. 동양의 도덕적 관점에서는 연령이 높은 분에게 사용할 수 없는 말로써 상대를 비하한 것이라고 일부 미국인도 평가하고 있다. 페기 슈라이버(Peggy Shriver)[4]는 “어떻게 일국의 대통령을 그런 불경스런 말로 비하할 수 있나?”라며 분노했다.

셀리그 해리슨[5]은 이를 가리켜 "부시는 깊이 생각하지 못하는 사람(He is not a deep thinking man)"이라고 평가했다.

해리슨은 1975년쯤 서방 기자로는 처음으로 북한의 김일성 주석을 인터뷰해서 〈워싱턴 포스트〉에 실었고 그 후 한반도 평화에 대한 가장 전문적인 분석을 하는 언론인 중 한 사람으로 평가받는다. 그의 판단에는 경험에서 비롯한 신빙성이 있다. 혹자는 그를 단순히 "미국 내에서 주류를 이루지 못하는 소수파"라거나 "좌파"라고 폄훼하기도 하지만 이것은 그렇게 말하는 사람의 상대적인 위치를 말해줄 뿐이다. 셀리그 해리슨이 실용적인 중도 입장을 가지고 있다면, 상대적으로 극우익에 있는 사람은 그를 좌파라고 규정하는 상대성이 있다고 분석할 수 있다.

L 교수는 해리슨을 가리켜 좌파라고 말했다. 하지만 이것은 그 교수의 상대적인 위치가 해리슨보다 우파의 위치에 있다는 의미와 같다. 상대적으로 극우익에 있는 사람이 그를 자신의 위치에 따라 상대적으로 평가한 것으로 볼 수 있다.

예컨대, 중국 칭화대학의 한 교수에게 해리슨이 좌파냐 라고 묻는다면 그는 해리슨을 중도적인 좌파라고 할 것이다. 중국에서는 주류세력을 이루고 있는 것이 '공산당'이다. 따라서 중국의 입장에서는 공산당이 우파이며, 비공산당이나 반공집단, 미국식의 자유자본주의가 좌파이기 때문이다. 이렇듯 대부분 자신의 위치에 따라서 우파냐 좌파냐를 결정한다.

그러나 셀리그 해리슨은 중도 우파로 해석할 수 있는 많은 증거를 지니고 있다. 그는 자유시장경제 논리로 한반도 문제를 해결하려고 한다. 따라서 그는 좌파라기보다 중도 우파로 평가할 수 있다. 물론 이 평가는 미국과 남한의 주류를 이루고 있는 '자유시장경제'를 기준으로 볼 때의 평가다. 해리슨은 비교적 합리적인 자리에서 판단을 하는 것일 뿐이므로 남한의 기준에서 좌파라고 단정하는 것은 문제가 있다.

중국 베이징을 축으로 놓았다면, 해리슨의 위치는 아마 반대의 평가가 나왔을 것이다.

미국이 북한을 지칭하는 용어는 많다. 〈뉴욕타임스〉는 보통 리클루시브(reclusive), 아이솔레이티드(isolated), 스탈리니스틱(stalinistic) 등이다. 이 표현들은 북한을 부정적이

---

4) 미국교회협의회(National Council of Churches in Christ, U.S.A., NCCC, USA)의 부총무를 지냈으며, 남편 도널드 슈라이버(Donald Shriver)는 예일대 석사, 하버드대 박사를 받고, 18여 년간 뉴욕시의 유니온 신학대학원 총장을 지냈다. 한반도에는 여러 차례 방문했다.
5) www.imbc.com 참조.

고, 국제공동체에서 적응하지 못해 외톨이가 되고 있으며, 스스로 골방에 처박혀서 나오지 않고, 사교를 하지 않으려는 심리적인 장애자 집단이며, 나치와 스탈린 같고, 컬트 같은 집단으로 평가하고 있음을 나타낸다. 이러한 표현들이 북한을 규정하는 데 타당한가?

반대로 북한을 '폐쇄적'이라고 말하는 국가 권력 집단이 '폐쇄적'일 수도 있다. 북한을 '고립'되었다고 말하는 집단이 오히려 '고립'되었을 수 있다. 북한을 '스탈리니스트'라고 표현하는 집단이 실제로 '스탈리니스트'일 수 있다.

'대량 살상이라는 수단'을 사용해서 '자유'와 '민주'와 '인권'을 얻어내려는 방식은 '스탈리니스트'라고 규정할 수 있으며, 라인홀트 니버는 이를 '하드 유토피안(Hard Utopian)'이라고 평가한다.

하드 유토피안 방식으로는 유토피아를 건설할 수 없다는 것이 인류의 경험이며, 수많은 인권유린이 발생하고 살상이 따른다는 것을 경험한 것이 과거 100년의 역사적 교훈이다.

미국인들의 심리적인 거리(Psychological distance)는 한반도 전체의 안보에 지대한 영향을 미친다. 불행하게도 미국인들에게 수십 년간 축적된 심리적인 거리가 있다는 것이 아래 조사에서 다시 한 번 확인되었다. 이 사실은 한반도 평화 정착에 중요한 요인으로 인식되어야 한다.

편견의 본질을 분석한 하버드대의 알포트(Allport) 이론들이 이 문제를 분석하는 데 도움을 줄 것이다.

미움이나 증오는 범죄로 연결된다. 유대인들이 대량으로 학살된 요인 가운데 하나는 증오에 의한 범죄라고 할 수 있다. 물론 유대인들의 경제권을 해체시키기 위해서 아돌프 히틀러가 유대인들을 대량 살상했다는 분석도 일리가 있다.

'매시(MASH)'라는 시리즈 드라마는 미국인들에게 지대한 영향을 끼쳤다. 한국인과 북한인 전체를 부정적인 이미지로 보여준 이 드라마는 6 · 25 전쟁 때 야전병원에서 일어난 일을 보도하면서 미국인들의 심층에 한국인들에 대해 매우 부정적인 심리를 심어준 것으로 평가된다.

조지 부시 대통령이 북한을 악의 축이라고 평가한 것은 우연한 일이라고 말하기는 어렵다. 여기서 북한이라는 개념은 남한도 포함되는 포괄적인 개념으로 미국인들의 심층심리에 박혀 있는 것이 아닌지 연구해볼 필요가 있다. 이러한 심리를 적절히 치유하지 못하면,

한국의 안보는 위태로울 수도 있다. 이 치유는 총체적으로 접근해야 한다.

알포트[6] 같은 학자들의 이론을 적용하지 않는다고 해도, 이러한 레이블링은 인권을 유린하거나 한 집단을 실제보다 더 소외시키고 제거하려는 힘의 전략으로 악용되는 경우가 많다. 또한 심리적으로 상대방을 정복하는 전략, 즉 '심장과 마음을 정복하는 전략 (WHAM, winning heart and mind)'[7]으로 평가될 수 있다. 힘의 대결 구도에서 상대방을 제압하고 소외시키고 약화시키고, 결국 상대를 정복하기 위한 전초적인 심리 전략이다. 상대에게 부정적인 의미의 이름을 붙여주는 것은 그렇게 함으로써 자신이 도덕적으로 우위에 있다는 것을 확고하게 굳혀나가려는, 의도적이고 심리 전략적인 작업이다.

반면 일본에 대해서는 긍정적이고, 적극적이며, 신뢰가 가득한 용어를 많이 사용한다는 사실을 〈뉴욕타임스〉 등 미국의 주류를 이루는 신문에서 발견하게 된다. 미국인들이 일본에 상당히 친근감을 가지고 있다는 조사 결과도 있다.

일본이 하와이의 진주만을 폭격하고 미국과 대규모 전쟁을 주도했다는 사실을 상기해 보면 미국인들이 일본에 더 친근감을 느끼고 있다는 점은 상식적으로 이해하기 어렵다. 그러나 실제로 미국인들은 일본인을 심리적으로 가깝게 느낀다.

사회 심리는 합리와는 상관이 없을 수 있다. 그리고 경우에 따라서 심리가 합리보다 훨씬 더 강력한 힘을 갖는다. 미국인들은 도덕성 여부와는 관계없이 강력한 힘을 가진 자들을 심리적으로 좋아하는 걸까?


## 3. 시큐리티 블랭킷

미국인들이 북한을 좋아하는지 싫어하는지와 같은 심리적인 거리를 측정하는 일은 쉽지 않다. 또한 어떤 특정한 기구가 조사했다고 해서 전적으로 신뢰할 수 있는 것도 아니다. 그러나 여론조사 전문기관인 갤럽이 이를 조사했다. 갤럽의 조사를 완전한 것으로 보기는

---

6) 골든 알포트는 하버드대 교수로 있을 때 『편견의 본질(*Nature of Prejudice*)』(1956)을 저술했다.
7) 노정선의 *The Third War*와 *Liberating God for Minjung* (London, British Council of Churches) 중 'Road to Damascus: Kairos and Conversion'에서 WHAM을 설명하고 있다.

어렵지만 하나의 연구대상은 될 수 있을 것이다.

2007년 2월 22일자(목) 〈연합뉴스〉의 보도를 소개한다.


## "미국인에게 북한(北)은 비(非) 우호적이지만 중요한 국가"〈갤럽〉

[연합뉴스] 2007/02/22 06:13

비호감도, 이란에 이어 세계 2위… 중요도에선 이라크, 이란에 이어 3위

(워싱턴=연합뉴스) 김병수 특파원 = 미국인들은 이란 다음으로 북한에 대해 비우호적이지만 이라크, 이란에 이어 미국의 국익에 아주 중대한 영향을 미치는 중요한 국가로 평가하고 있다는 여론조사 결과가 21일 나왔다.

미국의 여론조사 전문기관인 갤럽이 지난 1일부터 4일까지 미국의 성인 남녀 1007명을 대상으로 세계 25국에 대한 호감도와 중요도를 전화 조사로 실시한 결과 호감도 면에서 북한(우호적 12%, 비우호적 82%)은 이란(우호적 9%, 비우호적 86%)에 이어 세계에서 둘째로 미국인들에게 비우호적인 국가로 조사됐다.

이라크(우호적 15%, 비우호적 82%), 팔레스타인 자치정부(우호적 16%, 비우호적 75%), 시리아(우호적 21%, 비우호적 66%), 아프가니스탄(우호적 23%, 비우호적 71%) 등에 대한 미국인들의 호감도도 북한보다 앞섰다.

반면 미국인들이 가장 호감을 갖는 국가는 캐나다(우호적 92%, 비우호적 5%), 호주(우호적 89%, 비우호적 5%), 영국(우호적 89%, 비우호적 8%), 독일(우호적 83%, 비우호적 11%), 일본(우호적 82%, 비우호적 13%), 브라질(우호적 71%, 비우호적 15%) 순이었다.

이어 응답자들에게 각 국가가 미국의 국익에 미치는 영향을 '아주 중요하다', '중요하다', '중요하지 않다', '전혀 중요하지 않다' 라고 구분해 물은 결과 '미국의 국익에 아주 중요하다' 는 답변이 이라크가 70%로 가장 많았고, 이란(65%), 북한(64%), 중국(58%), 이스라엘(55%), 아프가니스탄(54%), 파키스탄(47%), 영국(43%) 순으로 나타났다.

갤럽은 전체적으로 볼 때 이란, 북한, 이라크, 아프가니스탄, 중국 등 5개국이 미국인들에게 비우호적이지만 중요한 '관심지역(HOT SPOT)' 으로 분류됐고, 베네수엘라, 파키스탄, 쿠바, 시리아 등은 비우호적이지만 중요하지 않은 국가군으로, 이스라엘은 미국인들에게 우호적이면서 중요한 국가로, 캐나다, 호주, 영국, 일본 등은 우호적이지만 중요하지 않은 국가로 각각

인식하고 있는 것으로 나타났다고 평가했다.

이번 조사의 신뢰도는 95%이며 오차범위는 ±3%라고 갤럽은 덧붙였다.



이 갤럽의 결과를 심리적인 전략이라는 시각에서, 한반도 전체의 평화 정착을 위해 어떻게 분석할 수 있을까? 또 갤럽 자체가 북한에 대해 가지고 있는 정체성은 무엇일까? 갤럽은 어떤 목적으로 이 조사 결과를 작성했나? 어떤 조직이 이 조사에 자금을 공급했으며, 그 조직의 이익을 추구하는 과정에서 득을 얻는 사람들은 누구일까? 우리는 이러한 질문을 제기해야 하며, 이 질문을 통해서 비교적 이해관계를 초월한 해석이 필요하다. 해석학적인 단절(phenomenological epoche)을 하고서, 이를 능가하는 적절한 해석을 찾아내야 할 것이다. 이 과정을 거쳐서 진정한 평화의 단계를 밟아나가야 한다.

안보는 국가안보, 인간안보, 민족안보, 집단안보 등의 다양한 면으로 분화될 수 있다. 따라서 심리적인 요인들을 처리해서 안보심리학을 발전시킬 수 있다.

시큐리티 블랭킷(security blanket)이라는 개념이 있다. 어린 아이가 항상 끼고 자던 담요를 놓지 못하고 가지고 다니는 것은 그것이 심리적으로 안정감을 주기 때문이다. 항상 덮고 자던 담요를 덮어주지 않으면 불안해서 칭얼거리고 잠을 제대로 자지 못하기도 한다. 그런데 12세가 되어서도 담요가 다 해져 너덜너덜한데도 항상 끌고 다녀야 불안을 떨쳐버릴 수 있는 상태가 되는 경우가 있다. 이 담요를 '시큐리티 블랭킷'이라고 한다.

이 개념은 국가 단위, 집단안보체제의 단위, 소규모의 집단, 가정, 어디에도 적용될 수 있다. 한반도 안보에서 이 개념은 어떻게 활용될 수 있을까? 미국은 어떤 시큐리티 블랭킷을 가지고 있을까? 일본은 어떤가? 이 질문은 한반도 평화 정착에서 대단히 중요한 연구의 실마리를 열어준다. 두 가지 명제를 제시할 수 있다.

첫째, 미국은 한국에 안보를 제공한다.

둘째, 미국은 한국인들에게 심리적인 의존을 불러일으키고 있는 '시큐리티 블랭킷'이다.

이 두 가지 가운데 진실은 어떤 것일까?

모두 진실일까?

모두 진실이 아닐까?

모두 부분적인 진실일까?

하나의 명제만이 진실일까?

동일한 질문을 중국, 러시아, 일본 등에도 동시에 던져야 이 심리적인 종속에서 벗어날 수 있다. 6자회담, 4자회담이 가지고 있는 구조는 심리적 · 군사적인 시큐리티 블랭킷으로써 한반도 문제를 풀어야 한다는 '의존'적인 사고일 뿐이다. 부분적으로는 6자, 4자 구도의 현실권력의 구조를 인정해야 하기도 하겠지만, 6자, 4자 구도가 성숙하지 못한, 종속적이고 의존적인 발상인 것은 분명하다.

6자와 4자 구도에 의존하지 말고, 남북이 문제를 용기 있게 처리하는 것이 평화를 정착하는 지름길이다. 그리고 일본은 주변 강대국들의 침공을 방어할 수 있도록 평화헌법 9조로써 묶어놓는 작업을 하고, 양식 있는 시민과 관료들을 중심으로 9조 방어 운동에 참여하게 해야 한다.

미국은 미국인들이 스스로 평화체제를 구축하도록 도와주어야 한다. 미국이 스스로 내부를 평화체제로 만들지 못하고 있는 것이 오늘의 현실이다. 가장 불안한 생활을 하고 있는 것이 미국 시민들이라는 점을 미국인들이 깨닫지 못하고 있을 뿐이다. 총기 소지로 스스로 평화를 지켜야 하는 시민들의 삶은 대단히 낮은 수준의 삶의 질이라는 것을 깨닫고, 풍부하고 막강한 미국의 힘으로 자국민의 삶의 질을 향상시키도록 해야 한다. 1년에 수만 명이 총에 맞아 죽는 시민들의 안보 상황은 상향되어야 한다. 상향조정될 수 있는 자원을 가지고 있음에도 잘못된 방향으로 나가고 있다는 점을 미국인들이 모두 인식하는 것이 첫 단계다. 이러한 극한적인 불안 상태에서 살아온 시민들이 세계의 평화를 추구한다는 명목으로 아프가니스탄, 레바논, 이라크, 이란, 유럽, 아시아 등지에서 최첨단 무기를 들고 오늘도 군사작전을 한다는 것은 깊은 성찰이 필요하다.

평화를 이루려는 것인지 아니면 세계를 더 불안하게 만들고 있는지에 대한 심층적인 성찰이 필요하다.

미국 시민들의 정신 속에 깊이 자리 잡고 있는 '평화'의 개념을 재검토해야 한다. 그리고 혁명적으로 패러다임을 전환시켜야 한다. 이러한 성찰은 일본 · 중국 · 러시아 시민들에게, 그리고 유럽의 식민지 세력들에게도 필요하다.

# 4장 인권

## 1. 미국, 중국, 일본의 인권 비교 연구

중국의 '2005년도 미국의 인권기록(Facts and figures: Human Rights Record of United States in 2005)'을 보면 미국의 인권 상황은 별로 좋지 않은 수준이 아니라 대단히 나쁜 것으로 나타났다.

"미국은 개인의 총기 소유율이 전 세계에서 가장 높다. 2004년 현재 미국에서는 1억 9200만 개의 총기를 개인이 소유하고 있고, 총기 관련 범죄는 33만 9200건으로 나타났다. 9·11 테러 이래, 미국 대통령은 수십 개의 도청을 허락했고, 이에 따라 500여 명의 시민이 정부로부터 도청당했다.

또한 미국은 감옥에 수감된 시민 수에서도 세계 1위다. 2004년 말 현재 226만 7800명이 수감되었다. 10만 명당 724명이 수감되어 있는 것이다. 이는 지난 10년간 18% 증가한 것이며, 다른 나라와 비교해 25% 높은 수치다. 마이클 블룸버그 뉴욕시장은 7789만 달러의 선거비용을 들여 투표 한 장당 100달러 이상씩 사용했다.

흑인 가정은 백인 가정의 수입에 비해 10분의 1을 벌고 있다. 복지 혜택은 흑인 가정이 백인 가정의 4분의 3정도다. 2004년 흑인의 24.7%, 히스패닉 21.9%, 비히스패닉 백인들 8.6%가 빈곤층이다. 미국 여성은 인구의 51.1%이지만 상원의원 100명 중 14명에 불과하며, 하원의원 435명 중에 67명인 15.4%에 불과하다. 109회 의회에서 총 89석을 차지할 정도로 차별받고 있다.

해마다 1232명의 여성이 남편이나 애인, 친구 등 가장 가까운 사람들에게 살해당했고, 530만 명의 여성이 성폭행당했다. 2003년에 미국이 주도한 이라크전쟁에서 이라크인, 주로 여성과 어린이 약 10만 명이 살해되었다. 2003년 쿠바 관타나모 미국 감옥에서는 수감자 350명이 자해했다. 그 중 23명은 8월 한 주 동안 목매달아 자살을 기도했다. 2005년 8월 미군들의 비인간적인 대우에 항의하며 단식을 한 수감자 수는 131명이다."[8]

미국에서 집행된 사형인 수는 지난 몇십 년간 1000명을 넘어섰다. 사형은 전기나 약물로 집행하는 것으로 알려졌다. 미국 경찰이 범죄 용의자를 체포하는 과정에서 총격으로 살해하는 경우는 대단히 많다. 물론 경찰도 사망자가 다수에 이른다.


미국 프린스턴대 교수 리처드 포크(Richard Falk)는 대표적인 인권유린 사례로 다음을 열거한다.[9]

1. 전제정권이 테러로 통치하는 것(Totalitarian Terrorism)

2. 대량 살상(Massacre)

3. 공식적인 인종차별(Official Racism)

4. 생태학적인 살해(Ecocide)

5. 식량, 공기, 물 등 인간의 삶에 기본적인 물자를 차단함으로써 인간이 살 수 없도록 하는 행위(Basic Human Need)

6. 고문에 의한 통치(Torture)

7. 전쟁을 일으켜서 범죄적으로 살상하고 파괴하는 일(War Crime)


이러한 기준들을 적용할 경우 미국의 인권 상황은 별로 좋지 않다. 2003년 미국이 일으

---

8) www.chinaview.cn 2006년 3월 9일자 참조.
9) 리처드 포크의 『지구촌 인권 신장(*Enhancing Global Human Rights*)』을 참조.

킨 이라크 전쟁으로 4600명 이상의 미국 청년이 사망했고, 사망자 수는 매일 증가하고 있다. 또한 1만 5000명 이상의 부상자가 생겼고 사망한 이라크인은 수만에서 10만 명 이상이라고 추정된다. 미국이 전쟁을 일으킨 명분이었던 대량 살상 무기는 찾지 못했다. 일부 미국 회사는 200억 달러 이상의 수익을 올렸다는 보도가 있으며, 영국도 높은 수익을 올리고 있으나, 한국이 수익을 올렸다는 소식은 아직은 알려지지 않았다. 조지 부시 대통령의 아버지인 조지 H. 부시가 이라크를 공격했을 때도 수십 만 명의 이라크인이 사망했다. 그 중 대다수는 선량한 비전투원, 아동, 노인, 여성 들이었다.

우라늄을 대포알과 기관총알에 넣어서 탱크를 파괴하고, 철판을 통과하는 총탄을 열화우라늄탄 혹은 DU(Depleted Uranium)라고 한다. 의사들은 이 탄환에서 방사능이 나와 피부암, 백혈병 등과 이름을 알 수 없는 병의 원인이 되고, 기형아 출산, 조산 등을 일으키는 것으로 추정하고 있다. 미군은 걸프전에서 엄청난 양의 우라늄탄을 사용한 것으로 알려졌다. 이 탄환은 아프가니스탄 등 미군의 현대 전쟁에서 사용되어왔다. 걸프전 지역에서 적어도 50만 명의 아동이 백혈병 등의 질병으로 죽어가고 있다는 보도가 있다. 그러나 미국 정부는 걸프전과 아이들의 사망에 대한 상관성을 부인하고 있다.

월남전에서는 고엽제가 사용되었다. 당시 전쟁에 참여한 군인과 주민 들이 전쟁 후 질병에 시달리고 있어 고엽제와 질병의 관계를 인정하는 사례도 있으나, 대부분은 법원에서 인정받지 못했고, 환자들은 이미 대부분 사망한 상태다. 최근 들어 일부 재판에서 승소하기도 했으나, 전쟁이 끝난 후에도 30년이 넘는 시간 동안 전쟁의 고통은 지속되고 있다.

리처드 포크는 핵물질, 화학물질 등에 의한 살해나 질병 발생 등을 생태살해(Eco-cide, ecological killings)라고 규정한다. 즉 생태학적인 인권유린에 의한 생태살해라는 것이다. 만약 이 상관관계가 증명된다면, 이를 미국의 인권유린 사례로 지적할 수 있으나 아직은 과학적으로 증명해야 하는 일이 남아 있다.

월남이 공산화하면 아시아가 공산화한다는 도미노 이론은 미국이 주도해서 공격한 월남전에서 증명되지 않았고 수백만 명의 사망자만 냈다. 사망자 중 대다수는 선량한 사람들이었다. 미군도 5만 6000여 명이 사망했고 엄청난 부상자가 발생했는데 전투병으로 참여한 청년들이 주로 인권유린을 당했다고 할 수 있다. 리처드 포크는 전쟁을 일으켜서 인권을 유린하는 것을 인권유린 가운데 전쟁범죄(war crime)라고 규정한다.

역사적으로 보면, 1492년 이래 미 대륙에 이민 온 유럽계 백인들은 대다수 원주민을 살상하고, 그들을 생활 터전에서 몰아내거나 강제로 땅을 빼앗고, 아프리카의 선량한 사람들을 노예로 끌어다가 인권을 유린했다.[10] 미국의 노예제도는 가족을 파괴해 개별 판매함으로써 기본적으로 가정이라는 개념을 아동의 정신에서 파괴해버렸다. 결국 미국 가정이 붕괴되는 요인이 되었고, 미국 내 폭력적인 인간관계가 증가하면서 흑인 폭동이 1960년대에 특히 부각되었다. 이는 마침내 마틴 루터 킹 목사의 암살사건으로 이어졌고, '말콤 엑스(Malcom X)'에게 두드러지게 부각되기도 했다는 보고가, 존슨 대통령 하의 대통령특별위원회에서 제출한 보고서의 핵심 내용이었다.

인권 문제를 합리적으로 해석하기 위해서 필요한 것은 최소한 몇 개 나라나 몇몇 민족의 상황을 비교하는 일이다.

미국의 인권 상황, 일본의 인권 상황, 중국, 러시아, 북한, 남한, 동남아 국가, 아프리카 국가, 유럽 국가를 항목별로 역사적으로 비교해보자.

80쪽의 도표[11]는 하나의 연구 방법을 제시하기 위한 것이며, 공란이 다 채워져 있지 않다. 이 공란을 채우면, 더 다차원적이고 균형 잡히고, 타당성 있는 평가를 할 수 있을 것이다. 일정한 국가의 인권 상황은 타 국가들의 인권 상황과 비교하여 관찰하는 방법이 필요하다. 유엔이 규정하는 인권 개념을 기준으로 하는 분류 방식을 택할 수도 있으나 유엔의 한계 내에 묶여서 더 깊이 분석하는 데 제약이 있을 수 있기 때문에 선택하지 않았다. 유엔인권 개념과 헌장이 대단히 높은 가치 기준으로 설정되어 있다는 것은 인정하지만 동시에 유엔의 성격이 제국적인 권력구조에서 자유롭지 못하며, 특히 미국·영국·프랑스·러시아·중국 등 안전보장이사회원국 중심의 세력구조에서 자유롭지 못하다는 결정적인 약점을 가지고 있다.

따라서 강대국에 적용해야 할 인권유린의 개념이 적용되지 못하는 중대한 오류를 가지고 있다. 특히 약소국에 적용하는 인권유린의 개념은 가혹하며, 강대국의 이익을 충족시키기 위한 '무기'로서 인권 개념이 악용되고 있다. 인권 개념을 강대국의 권력을 확장하기

---

10) 페티 그류(Petty Grew), 미국의 흑인 가정(The Black Family in America)과 존슨 대통령 하의 특별위원회 조사 결과 보고서를 참조.
11) 남과 북이 합의한 관례에 따라서 남측, 북측이라는 용어가 공동으로 사용되고 있으므로 그 용어를 따라 사용했다. ROK, DPRK 등의 용어를 쓰는 것도 남과 북이 수용할 수 있는 용어다.

인권 도표

| | 1) 미국 아메리카 인디언(토착민) | 2) 미국 백인(유럽에서 이주한 사람들) | 3) 미국 흑인(아프리카에서 노예로 이주한 사람들) | 4) 미국 내의 라틴아메리카에서 이주한 사람들 | 5) 미국 내 아시아인들 | 6) 중국의 한족과 소수 인종 | 7) 한반도(남측, 북측) | 8) 일본 오키나와 소수 인종 |
|---|---|---|---|---|---|---|---|---|
| 역사적인 인권유린 사례의 개괄적이고 대표적인 사례들 | 아메리카 토착민 1000만 명 이상이 학살당했다는 사실 확인 필요. 현재까지 원주민들의 토지가 반환되지 않고 있다는 사실 확인 필요. 운디드 니(Wounded Knee) 저항사건과 와키야 찬테 암살사건에 대한 사실 확인 필요. 현재 원주민들이 절대 빈곤 수준의 생활을 하고 있다는 점, 실업의 고통과 총체적인 억압으로 생긴 정신질환 때문에 고통당하고 있다는 점 등 | | 아프리카에서 행복한 가정을 이루고 있던 사람들을 납치 구금하고, 노예로 팔고, 구타 살해하고, 최악의 생체 실험을 하고 차별한 사건. 마틴 루터 킹 목사 암살사건, 로드니 킹 사건 등 | 멕시코 국토를 침공하여 빼앗고, 맥시코인들을 살상, 억압한 사건 (캘리포니아, 뉴맥시코, 네바다, 텍사스 등) | 제2차 세계대전 시 일본계 미국인들을 강제 수용소에 구금한 사건 | 중국이 핵실험 시 소수 인종들의 거주지에 근접한 지역에서 실험했다는 설에 대한 확인 필요 | 동학혁명 시 일본군에 의한 대량 살상. 6·25 전쟁과 1948년 4·3 항쟁, 보도연맹사건의 대량 살상, 광주민주화운동 시 살상, 강제 구금 투옥, 대형 감옥 운영, 정치적·이념적인 구금, 고문, 장기 투옥, 식량부족 사망 등. 강대국에 의한 강제분단과 이산 가족, 거주 이전의 자유 박탈 | 동북아·동남아 침공 점령으로 국토를 빼앗고, 대량 살상, 노예화, 일본군 성노예, 강제 구금, 대규모의 구속, 경제적인 찬탈, 명성황후 시해 사건, 남경 학살 사건, 중국 셴양의 학살 등 2000만 명을 학살하고 1600만 명이 부상당한 중국 침략사건. 오키나와(류큐) 점령과 대학살, 일본 동경 대지진 시 한국인 대량 학살 사건 |
| 타 민족을 침략해서 인권을 유린한 사례(대량 살상 전쟁 등 포함) | | | | | | | | 일본의 한반도 침략 대량 살상, 대만 침략 살상, 동남아 침략 살상, 오키나와 침략 살상, 중국 침략 살상, 인도차이나 침략 살상 등 |
| 식민지시대 이전의 인권유린 사례 | | | | | | | | 명성황후 시해, 동학군 살해 등 |
| 식민지 지배 시대의 인권유린 사례 | | | | | | | | 105인 구금 사건, 신사참배 거부 목사 기독교인 살해, 3·1 운동 시위자 구금 및 고문 살해, 제암리교회 방화 살해 등 |
| 신식민지시대의 인권유린 사례 | | | | | | | | |
| 총기에 의한 시민들의 살해 사례 | 매년 1만 명에서 1만 5000명이 총기 살해당하고 있는 인권(생존권) 유린 상황 확인 필요 | | | | | 총기로 사형 집행 | | |
| 유아, 아동, 노인, 여성, 남성들에 대한 인권유린 | | | | | | | | 일본군 위안부 13만 명에서 약 20만 명 살해, 상해, 구금, 고금 납치 등 |
| 경제·식량·정치·문화·생태인권 등 다차원적인 인권유린 | | | | | | | | 한반도 언어말살정책 |

위한 무기와 수단으로 약소국에 적용해 약소국을 붕괴시키거나, 정치 지도자들을 제거하거나, 특정 정치문화를 와해하고 멸종시키기 위한 수단으로 사용함으로써 해당 국가 내에 거주하는 사람들이 심각하게 '인권유린' 당하게 된다는 점을 인정해야 한다. 따라서 강대국 중심으로 '인권' 개념을 잘못 사용하는 것은 오히려 약자들의 '인권을 침해'할 수 있다. 라틴아메리카를 지배하기 위해서 작성한 일부 전략서 가운데는 특히 이 문제가 명확하게 부각되기도 했다. 유엔이 사용하고 있는 인권선언을 비롯해서, 인권의 원칙을 사용한 결의문을 강대국들이 얼마만큼 자신들의 이익을 방어하기 위한 수단으로 악용하고 있는지 인정하고, 이를 확실히 수정해야 한다. 물론 약소국 내에서 발생하고 있는 인권유린을 정확하게 지적하고 개선을 권고하고 있는 점은 인정해야 하지만 그것 역시 강대국들이 헤게모니를 확장하려고 약소국을 압박하는 수단으로 악용하는 경우가 있음을 동시에 인정해야 한다.

미국은 북한이 인권유린 국가라고 비판한다. 유엔도 결의안을 통과시켰으며, 인권유린의 구체적인 항목이 열거되기도 한다. 이러한 상황에 대해 다양한 인식의 한계를 느끼고 증명의 한계를 인정하게 된다. 쉽게 증명할 수 있는 부분도 있으나 상관관계를 증명하기 어려운 부분도 있다.

무엇보다 인권 신장을 위해 주변 국가와 민족들이 스스로 노력하여 이를 개선하고 있지 못하고 있다는 것을 알아야 한다. 남의 탓이라기보다 온 지구촌 사람이 사랑과 희생과 헌신으로 나누지 못했기에 기아에 의한 사망 등 어려운 상황이 발생했다는 점도 인식하는 것이 도움이 될 것이다. 개개인들이 자신의 책임을 느낄 때 비로소 인권에 대한 인식이 높아질 수 있다. 또한 역사적인 맥락의 반성과 인식도 필요하다. 물론 노예적인 삶과 종살이, 그리고 빈곤을 근본적으로 해결하려는 다양한 시도가 있어왔으며, 다양한 경제체제가 실행되어왔다. 하지만 그 과정에서 인권이 유린되는 경우도 많다. 다양한 국가에서, 각각의 문화적 가치의 다양성 속에서 인권 문제가 발생하고 있다는 점을 충분히 인식하는 것은 서로 아가페의 희생적인 사랑의 정신으로 무장하는 데 도움이 된다.

자기 눈의 들보를 보지 못하면서 남의 눈의 티를 탓하는 것은 아닌지 하는 인식의 깊이에 도달하는 것도 나를 발견하는 데 도움이 될 것이다. 그리고 이를 빌미로 또다시 대량 살상으로 인권을 신장하겠다는 전략을 정당화하기 어렵다는 점도 인식해야 한다.

## 미국, 일본, 중국 등의 인권 개선 대안

미국과 북한, 남한, 일본, 중국, 러시아 영국, 프랑스 등의 인권 상황을 개선해야 한다. 개선책은 근본적이어야 하며, 총체적인 삶의 스타일을 바꾸는 데서 출발해야 한다. 미국인들의 과도한 소비문화, 신흥개발국가의 극소수 현대판 귀족층의 이익을 대변하고 있는 소위 '자유와 민주주의'에 대한 해석을 근본적으로 수정 보완해야 한다. 또한 미국 주류의 가치관, 희망, 욕망, 국가에 대한 기대, 국가의 의무 등등 총체적인 개선과 개혁은 물론 혁신적인 노력을 투입해야 하는 시점이다.

이라크 전쟁에 아들을 보내고 일주일 만에 전사했다는 소식을 접한 신디 시한(Cindy Sheehan)은 이라크 전쟁 반대를 위해 힘껏 저항하면서 미국의 양심을 대변하고 있다. 그는 부시가 거짓말을 해서 아들이 죽었다고 피켓을 들고 다니며 데모하다가 일시 구금되기도 했다. 우리는 신디 시한의 제안과 목소리에 귀를 기울여야 한다.

노예로 납치되어 아프리카에서 끌려와 살고 있는 미국 내 흑인들은 과거 구타당하고 살해당하고 차별당하면서 노예생활을 했다. 그들을 해방시키기 위해 설교하던 마틴 루터 킹 목사는 자신의 교회가 폭파되는 것을 지켜봐야 했고, 공산주의자로 몰려 살해하겠다는 협박과 위협을 받다가 결국 총에 맞아 숨을 거두었다. 그는 노벨 평화상을 받았다.

마틴 루터 킹 목사의 사망 이후 미국은 인권문제에서 많이 개선되긴 했으나, 인종차별 문제는 아직도 심각한 수준이다. 특히 원주민들에 대한 인권유린과 차별은 더 심각하다.

유럽에서 이주해온 백인들의 원주민 인권유린의 실태는 미국의 원주민 수백, 수천만 명이 사라져간 사실로도 알 수 있다. 그 중 잘 알려진 사건으로, 1970년대 원주민들의 지도자였던 한 사람이 미국 정부의 지시를 받은 저격수의 총에 맞아 숨졌다. 그의 이름은 와키야찬테(Wakiachante)다. 천둥의 심장 즉 선더하트(Thunderheart)라고도 불린다.

우리는 운디드 니에서 사망한 원주민 와키야찬테의 외침을 경청해야 한다. 그리고 전 세계 피압박민들의 목소리를 겸손하게 경청해야 한다. 강자들의 목적으로 악용될 수 있는 중세 마녀사냥 신학의 잘못된 전략과 가치를 바꾸어야 한다. 이것이 세계 전체의 인권을 신장하는 길이다.

아래의 자료는 중국이 미국의 인권유린 상황을 비판적으로 출판하여 미국이 중국의 인권유린을 비판하자 이것에 대한 대응으로 다시 중국이 영문으로 보도한 것이다. 중국이 발표한 인권문제의 전문이므로 참고하기 바란다.

BEIJING, March 9 (Xinhuanet) -- The Information Office of China's State Council released a report on Thursday listing a multitude offacts and figures to show serious violations of human rights existing on the homeland of the United States.

The report was titled Human Rights Record of the United States in 2005. The following are the main facts and figures on the report:

The United States has the largest number of privately owned guns in the world. There were approximately 192 million privately owned firearms in the United States and in 2004 the United States recorded 339,200 firearm-related crimes.

After the Sept. 11 Attacks, the U.S. President has for dozens of times authorized the National Security Agency and other departments to wiretap some domestic phone calls. With this authorization, the National Security Agency may conduct surveillance over phone calls and e-mails of 500 U.S. citizens at a time.

In the United States, the total number and ratio of its people behind bars both rank the first in the world. The total number of people incarcerated in the United States was 2,267,800 at the end of 2004.

This meant an incarceration rate of 724 per 100,000, up 18 percent from ten years earlier and 25 percent higher than that of any other nation.

During the mayoral election of New York City in November 2005, billionaire Mayor Michael Bloomberg spent 77.89 million U.S.dollars of his fortune for re-election. That came to more than 100U.S. dollars per vote.

The nation's official poverty rate rose from 12.5 percent in 2003 to 12.7 percent in 2004, with the number of people in poverty rising by 1.1 million from 35.9 million to 37 million.

The income level of African American families is only one-tenth of that of white families, and the welfare enjoyed by black Americans is only three-fourths of their white counterparts. In 2004, the poverty rate was 24.7 percent for African Americans, 21.9

percent for Hispanics, and 8.6 percent for non-Hispanic whites.

Despite the fact that women account for 51.1 percent of the U.S. population, they hold only 81 seats in the 109th U.S. Congress, including 14 or 14 percent of the 100 Senate seats and 67 or 15.4 percent of the 435 seats in the House of Representatives. In the United States, 5.3 million women are abused, and 1,232 women are killed by an intimate partner every year.

It was estimated that about 100,000 Iraqis, mostly women and children, had died in the Iraqi war launched by the U.S. government in 2003.

There occurred 350 self-maiming cases in the prison of Guantanamo, Cuba, in 2003, with 23 prisoners seeking to hang themselves in one week of August. In August 2005, 131 prisoners in Guantanamo went on a mass hunger strike to protest inhuman treatment by U.S. military.

Facts and figures: Human Rights Record of United States in 2005

www.chinaview.cn 2006-03-09 10:50:27


## 신디 시한의 인권

신디 시한의 손에는 피켓이 들려 있었다.

"Bush lied, My son died(부시가 거짓말해서 나의 아들이 죽었다)."[12]

이라크 전쟁에서 아들을 잃고 평화운동에 나선 미국의 어머니 신디 시한은 2006년 11월 23일 서울 주한 미국 대사관 앞에서 시위를 하고 나서, 기자회견을 열어 '미국의 이라크전 종식과 자이툰 부대 철군'을 촉구했다. 그는 아들을 이라크전에 보내고 일주일 후에 전사 통고를 받았다. 그는 부시와 면담을 요청했으나 부시 대통령은 이를 거절했고, 신디는 부시의 별장 크로퍼드 목장 앞에 여러 날 천막을 치고 기다리면서 면담을 요청했으나 계속 거절당했다. 그 후 백악관 앞에서 다시 시위하다가 잠시 구속되기도 했다.

그가 이라크전의 종식을 요구하면서 미국과 북한의 '종전선언'도 촉구했으면 하는 바람

---

12) 〈한겨레신문〉 2006년 11월 24일자.

이다. 종전을 선언하고 경제복지를 위해 쌍방이 우호관계를 맺어 조건 없이 평화체제를 시작하는 것이 미국의 이익이고, 북한의 이익이며, 남한의 이익이 될 것이다.

신디의 전략은 얼마나 효과가 있을까? 2006년 11월 미국의 상·하원 선거에서 공화당이 승리하는 데는 일조했다고 평가할 수 있다. 2006년 10월 이라크에서 민간인 3706명이 사망했다. 2003년 3월 20일 미국이 이라크를 침공하여 전쟁을 시작한 이후 사망자는 계속해서 발생하고 있다. 미국의 정책 실수가 그 원인 중 하나다. 신디의 요구에 따라 부시 대통령이 전략을 바꾸어 전쟁을 끝내고, 진정한 평화를 이루어내도록 중생(conversion) 전략에 전력을 다할 수 있게 길을 만들어야 한다.

일부 통계에서는 10만 명 이상의 순수 민간인이 사망했다고 하며, 다른 자료에서는 60만 명 이상이라고 말하기도 한다. 미군 사망자는 4000여 명이고 부상자가 1만 8000여 명 이상이라고 전해진다. 미군이 사망할 경우 미국 여론이 나빠지는 것을 막기 위해 가난한 여러 나라에서 용병을 고용하고, 개인 회사에 용역을 주어 경비와 전투를 담당하게 하지만, 그들은 사망 통계에 나타나지 않는다. 그들이 사망함으로써 미군의 사망 통계를 줄이고 있다고 볼 수 있다.

이것은 하나의 전쟁범죄라고 말할 수 있다. 그리고 최악의 인권유린 중 하나다. 리처드 포크 프린스턴대 정치학 교수는 인권유린 중에 가장 심한 것으로 대량 살상, 전쟁범죄, 인종차별 등을 들고 있는데, 미국의 이라크 침공은 이러한 여러 가지 인권유린 유형을 망라하고 있다.


## 2. 북한의 인권


북한의 숨통을 죄기 위해서 헬싱키 선언 전략이 사용되기 시작했다. 인권문제를 제기해 압박을 가했더니 동유럽과 구소련이 해체되었고, 공산주의 체제에서 자유민주주의체제나 시장경제체제 혹은 부드러운 형태의 혼합형 사회복지체제의 경제구조로 전환되었다. 정치체제도 경직된 공산정치에서 부드러운 형태의 자본주의 정치구조로 변했다고 평가하고 있다. 이러한 평가 자체는 가설일 뿐 명확히 입증할 수는 없다. 그러나 시장경제 세력권은 이런 주장을 하면서, 이 전략을 북한과 쿠바, 리비아, 이란, 중국 등의 국가권력을 해체시키거나 변화시키거나 붕괴시키거나 친미(親美)적인 국가권에 편입시키기 위한 전략으로 사용하고 있다.

유엔이 북한 인권문제를 제기해 국제적으로 압박하고 있는 것은 사실상 헬싱키 전략을 사용하고 있는 것이라고 할 수 있다.

세계교회협의회가 최근 브라질 포르토 알레그레에서 열린 총회에서 북한 인권문제를 제기하고 선언문에 포함시킨 것도 총체적인 헬싱키 전략을 협조적으로 참여하고 있는 것이라고 해석할 수 있다. 아니면 개신교 세력을 반공산주의 · 반사회주의적인 세력 강화에 활용하고 있는 측면이 강하다.

그 외에도 많은 국제조직 등에서 북한 인권문제를 제기하는 선언이 채택되고 있다. 이는 친미 세력을 확장하기 위한 하나의 제스처이며, 동시에 자유시장경제체제를 권력으로 확장해나가는 전략의 하나로 볼 수 있다. 또한 공산주의체제나 강력한 사회주의체제를 해체시키려는 노력이라고 볼 수 있다.

## 북한 인권: 유엔 61차 총회 선언

이 총회 결정을 전문으로 소개한다.

North Korea: Human Rights Concerns for the 61st Session of the U.N. Commission (Human Rights Watch, 4-4-2005)

North Korea: Human Rights Concerns for the 61st Session of the U.N. Commission

Objective

The Commission on Human Rights should adopt a resolution condemning North Korea (Democratic People's Republic of Korea) for violations of rights to freedom of the press, speech, movement, and religion. The resolution should urge reforms to North Korea's penal code, which criminalizes the act of leaving the country without state permission as an act of treason. The Commission should also urge North Korea to develop direct, meaningful dialogue with U.N. experts on human rights, including Mr. Vitit Muntarbhorn, U.N. Special Rapporteur for Human Rights in North Korea, and invite them to visit North Korea for monitoring.

Background

Despite two consecutive resolutions by the U.N. Commission on Human Rights against its abysmal human rights record, North Korea has largely shunned dialogue with U.N. experts on human rights. Although North Korea has acceded to the International Covenants on Civil and Political Rights and on Economic, Social, and Cultural Rights, it routinely and egregiously violates nearly all international human rights standards. North Korea remains among the world's most repressive governments.

North Korean Refugees. According to various sources, there are between 30,000 and 300,000 North Koreans living in China, after fleeing their home country to avoid hunger or political persecution. Under the North Korean law, it is an act of treason to leave the country without state permission, and North Korean agents hunt them down for forcible repatriation. Once repatriated, if they are found to have crossed the border repeatedly, or have had contact with westerners or South Koreans while in China, especially missionaries, they become subject to harsh punishments including terms in forced labor camps.

Detention and Torture ··
Those arrested or detained in North Korea face harsh interrogation, often accompanied by torture, to extract confessions. No legal counsel is provided or allowed throughout the process. The judiciary is neither independent, nor impartial. All individuals held in

prisons are subjected to forced labor, and face cruel, inhuman, and degrading treatment; many die in prison because of mistreatment, malnutrition, and lack of medical care. Torture appears to be endemic.


Death Penalty and Public Executions ··

Under North Korea's penal code, theft of food is punishable by death, in addition to premeditated murder, so-called anti-state crimes such as treason, sedition, and acts of terrorism. Numerous eyewitness accounts by North Korean refugees have detailed how executions are carried out publicly, often at crowded market places, and in the presence of children, as a lesson to the general population.


Freedom of Press and Religion ··

In North Korea, all media are either run or controlled by the state. All TVs and radios are fixed so that they can transmit only state channels. The simple act of watching or listening to the foreign press or tampering with TVs or radios for this purpose as a crime that carries harsh punishment. All publications are subject to supervision and censorship by the state. All prayers and religious studies are supervised by the state, and often used for state propaganda.

Independent worship is not allowed.


Education and Work ··

Although all North Korean children are required to attend school for eleven years, it is generally children of the core group who are allowed to advance to college and hold prominent occupations.

Those belonging to favering or hostile groups have very limited or no choice in education or work. North Korea has numerous trade unions in all industrial sectors, but the unions are all controlled by the state.

Strikes and collective bargaining are illegal, as are all independently organized labor activities.

Discrimination in Medical Care ··

While hospitals for the elite class are equipped with modern medicine and facilities, those for the rest of the population often lack even very basic supplies such as bandages or antibiotics. Many North Koreans, especially children, suffer from diseases that can be easily treated.

Absence of Civil Society ··

There is no organized political opposition in North Korea. There are no independent nongovernmental organizations of any kind, including human rights organizations. State elections are held periodically, but all candidates are state candidates, and voting is openly monitored by state officials. Expression of dissent against government policy or doctrines is considered a serious offense against the state. For political crimes, whether actual or perceived, collective punishment of entire families is the norm.

Recommendations

The Commission on Human Rights should:

Call on the North Korean authorities to immediately stop the practice of forced repatriation of North Koreans in China;

Urge North Korea to release all those held for the peaceful exercise of rights to freedom of the press, speech, movement, and religion;

Urge North Korea to amend its laws and regulations to make them consistent with international standards;

Urge North Korea to develop direct dialogues with the United Nations High Commissioner for Human Rights, the Special Rapporteur on Torture and Other Cruel, Inhuman or Degrading Treatment or Punishment, the Special Rapporteur on Freedom of Religion or Belief, and the Special Rapporteur for Human Rights in North Korea.

이 인권안은 192개국 회원 중에서 172개국이 참석하고, 찬성 91, 반대 21, 기권 70으로 통과되었다. 한국은 처음으로 찬성표를 던졌다.

북한은 이를 거부한다고 발표했다.


## 3. 인내의 한계이론

### 인내의 한계와 군사작전의 관계

인간이 가지고 있는 인내는 의사 결정에 중요한 요인이 된다. 인내에는 한계가 있기 때문이다. 미국은 북한에 대해서 '인내에 한계가 있다'는 경고를 여러 차례 해왔다. 크리스토퍼 힐 미 국무성 차관보도 이 표현을 사용했고, 빅터 차(Victor Cha)는 물론 백악관도 이 표현을 대변인을 통해서 쓰고 있다. '인내의 한계'는 북한에 대해 심리전의 효과를 얻으려는 목표로 한 발언일 수 있다. 동시에 인내의 한계는 군사적인 침공을 전제로 한 발언일 수도 있다. 트랙 1에서 트랙 2로 넘어가려는 분기점에 와 있다는 것을 표시하는 방식이다. '트랙 1(Track One)'은 외교적으로 문제를 푼다는 의미이며, '트랙 2(Track Two)'는 군사 공격으로 문제를 푼다는 계획인데, 이러한 두 가지 계획은 이미 1994년 윌리엄 페리 국방장관 때 실시해왔고 지금도 유효한 시나리오다.

유럽의 백인들은 미국 대륙으로 이주하면서 수많은 인디언을 살상했다. 그 한 가지 방법은 인디언의 발을 묶고 배를 땅에 대도록 하고서, 그 줄로 목을 매어 인디언이 발버둥칠수록 목에 감긴 줄이 조여 결국 질식해 죽게 하는 것이었다. 이것은 백인들이 인디언에 대한 인내의 한계를 해결하는 방안이었다. 그런데 이러한 방식을 북한의 목을 조르는 데 사용하려고 한다는 소문을 들었다는 사람의 이야기도 전해진다.

1950년 6·25 전쟁 당시 지리산 지역에서는 남부군이 게릴라전을 하고 있었다. 이 남부군은 결국 총에 맞아 죽거나 굶주림과 질병, 추위로 목숨을 잃었고 살아남은 자들은 항복하고 귀순했다'고 전해진다. 이에 따라 '북한은 미국의 압력 하에서 남부군처럼 될 것'이라고 예측하는 전문가도 있었다고 한다. 이것은 1995년쯤 미국 국무성에 방문했을 때 구두(oral history) 역사 증언을 통해서 알게 된 내용이다. 나와 오재식 한국기독교교회협의회 훈련원장, 김동완 당시 한국기독교교회협의회 총무, 김효신 목사(폴 킴) 등 당시 미국감리교 소속이었던 네 사람은 미국 국무성 한국과를 방문했다.

미국이 북한을 군사공격하지 않도록 권고하기 위해 한국기독교교회협의회의 공식적인 대표로 방문한 것이다.

이 자리에는 존 메릴(John Merrill)이 참가했다. 그는 미 국무성의 고참 자문이었고, 1965년에 논문을 발표했는데, 1948년에 일어난 '제주도 4·3 반란(Jechudo Rebellion)'과 관련한 것이었다.[13] 나는 '남부군 이론'이라고 칭하는 것이 이 이론을 학술적으로 공식화하는 방식이라고 생각한다. 이 이론은 1953년 지리산의 빨치산들이 죽고 해체된 것처럼 현재의 북한이 그와 같은 운명에 처할 것이라는 점을 주장하는 일부 미국 관리의 이론이라고 말할 수 있다. 물론 북한은 이러한 이론을 수용하지 않고 오히려 '총대주의' '군사제일주의' 등으로 대응하고 있다. 북한은 남부군 이론에 대응하는 방식으로 강력한 군사력을 키워나가고 있다. 1995년 국무성의 예측에도 불구하고, 2008년 현재까지 북한이 남부군의 운명과 같지 않다는 점에서, 북한에 대한 남부군 이론의 적용 타당성은 앞으로 지켜보면서 다시 평가해야 할 필요가 있다.

'남부군'의 전쟁 역사 자료는 '이태'가 저술했고, 그 후에 영화로 제작되었다. 이태는 본래 역사를 전공했고 남한군으로서 역사를 기록하다 북한군에 포로가 된 후에 북한군이 되어 지리산에서 남부군이 되었고, 그 후 귀순했다. 그의 저술은 역사가로서 남부군의 잊힌 역사를 기록으로 남기겠다는 결의에서 비롯되었다.

---

13) 이 논문은 1965년 Journal of Korean Studies에 실린 것으로 기억하며, 한글 번역은 노민영의 『잠들지 않는 남도』에 실려 있다.

그의 저술은 출판사들의 거부로 출판되지 못하다가, 1988년 2월 28일 한국기독교교회협의회 실행위원회에서 만장일치로 통과된 '한국교회의 평화와 통일에 대한 선언'이 발표된 후 출판되었다. 이 선언서에는 "과거의 전력 때문에 숨어 살아야 했던 사람들의 인권을 존중해야 하며, 미래의 평화와 통일을 위해서 사회가 그들도 수용해야 한다"라는 점이 명시됐다.


## 4. 인권 패러다임의 전환 : 헬싱키 Ⅱ, 대(對) 비공산권 인권 전략

1975년경 헬싱키 협약으로 공산권 소련을 붕괴시키는 데 공헌했다는 주장이 있다. 소련에 인권 개선을 요구하면서, 조건부로 경제지원을 해서 결국 개혁·개방과 정권 붕괴를 유도하는 데 성공했다는 주장이다. 하지만 이것은 하나의 주장일 뿐이며, 인과관계를 확실히 증명하기는 어렵다. 소련이 해체되었다. 그렇다고 해서 헬싱키 협약이 원인이라고 증명된 것은 아니다. 추정일 뿐이며, 소망사항일 뿐이다. 소련이 해체되었으나, 러시아는 미국에 대한 최강국 군사적 대적 관계가 계속되고 있다.

나는 '헬싱키Ⅱ 이론'을 제시한다.

비공산권 국가들이 자행하고 있는 엄청난 인권유린이 있다. 이러한 비공산권 국가들이 인권유린을 중단하는 것을 조건으로 걸고서, 비공산권 국가들에게 경제협력, 사회문화협력, 정치군사협력을 하도록 제시하는 전략이다. 또한 인권과 경제협력을 연계하는 전략이다. 이를 '헬싱키Ⅱ : 대(對) 비공산권 인권 전략'이라고 명명한다.

헬싱키 협약을 적용해 북한의 개혁·개방으로 유도한다는 전략이 있다. 그에 대한 대응전략으로 '헬싱키Ⅱ'를 북한이 아닌 비공산권 국가들에게 적용해야 하며, 비 공산권 국가들이 피압박민들의 인권을 존중하도록 견제할 수 있을 것이다. '헬싱키Ⅱ'는 미국·일본·독일·영국·네덜란드·프랑스 등의 국가들에게 적용하는 방안이다(참조 59, 헬싱키 인권과 안보 합의문).

# **5장** 왜곡된 기독교와 패권 확장 악용[14]

기독교의 진실된 가르침은 종종 권력 세력의 악용에 의해 왜곡(distortion)되기도 한다.

서구 유럽 백인 중심의 식민지 확장세력 중 일부는 왜곡된 기독교의 형태를 강요하면서 라틴아메리카, 아프리카, 동남아시아의 원주민들을 대량학살하고 점령하고 탈취하면서 마치 예수의 정신을 실천하는 듯 위장하기도 했다.

## 1. 기독교 근본주의

여기서 몇 가지 명제를 열거해볼 수 있다.

1) 기독교의 근본을 강조하는 것을 잘못이라고 할 수 없다.

2) 근본주의라는 좋은 용어가 피해를 당하고 있는 상황이다.

3) 이 용어를 악용하거나 부당하게 이용하면서 하나님 중심으로 성경을 해석하지 않고

---

14) 2005년 향린교회에서 발표한 눈문 내용을 토론 주제로 삼았다.

특정한 인간이나 집단의 이익을 옹호하고 대변하는 수단으로 전락시키는 현상이 나타난다.

미국 텍사스의 휴스턴에서 주로 활동하던 헐 린지(Hall Lindsey)의 『지구 사망(*The Late Planet Earth*)』은 2000만 권 이상이 판매되면서 미국 사회에 큰 반향을 일으켰다. 이 저서의 핵심은 선과 악이다. 저자는 미국식 자유민주주의는 선이며, 구소련, 중국, 이라크 등은 악이라고 구약성경이 증명한다고 주장한다. 이 악의 세력과 전쟁을 통해서 악을 제거하고 미국식 민주주의를 심어야 하는 것이 사명이며, 말세에는 미국이 승리한다는 주장이다.

J 장군은 국무성으로 임지를 옮겨 임명된 중장으로 국무성의 총애를 받았다. 국무성으로 오기 전 그는 교회와 외부 기관을 다니면서 강연을 많이 했다. 문제는 그의 성경 해석에 있었다. 그가 강연에서 후세인과 카다피, 북한을 악마와 사탄의 세력으로 지적하며 슬라이드 쇼를 보여준다는 보도가 있었다. 이런 상황이라면 기독교와 이슬람의 전쟁을 선포하는 주장이 나오고, 이슬람을 군사 공격하는 것은 기독교도의 사명이라고 주장하는 집단이 나타날 수 있다. 그에 대한 반대 평가가 나오자, 미국 정부의 럼스펠드 등은 오히려 그를 변호했고, 국방부 정보 분야에서 일하던 그를 국무성으로 이동시켰다. 직책을 높여줌으로써 그에게 더욱 힘을 실어준 것이 아니냐는 해석을 낳게 한 이유도 이 때문이다. 럼스펠드는 그에게 힘을 실어주면서 이라크 정복 전쟁을 더욱 성경적으로 합리화시키는 작업을 했다고 볼 수 있다. 모세의 피압박 민족해방 행동은 정통적인 핵심 메시지다. 이틀을 파괴하는 것이 왜곡된 강대국 패권 확장에 악용되는 사이비 사상이다. 진보와 보수의 명제들을 열거해보자.

1) 보수는 좋은 것이다.

2) 진보는 좋은 것이다.

3) 진보가 있어야 앞으로 나가고, 보수가 있어야 신앙을 지키고 강화된다.

진보적인 보수도 있고 보수적인 진보도 있다.

거짓 기독교는 진보도 아니고 보수도 아닌 것이며, 거짓 종교는 사이비 기독교로서 구분되어야 한다. 기독교인들은 이를 구분할 수 있어야 한다. 그리고 나쁜 것을 버려야 한다.

따라서 사이비 기독교라고 분류할 때, 내면의 논리나 행동을 자세히 분석해서 잘못된 부분과, 편의상 용어를 포괄적으로 사용하면서 근본 신앙을 강조하기 위해 일하는 경우를 구분하는 것이 중요하다. 용어(terminology) 자체가 인권을 유린하도록 쓰이는 경우가 많기 때문에 단순히 용어만으로 선악을 구분하는 것은 피해야 한다.

초기교회시대에 도나티스트(Donatist)를 이단으로 몰아 박해한 경우가 있었다. 도나티스트는 주변에 밀려나 살면서(periphery vs center) 장로직을 중심으로 교회생활을 하던 기독교도들이었는데, 로마제국 중심의 기독교인들은 감독제를 정당하다고 주장하면서 권력과 밀착해 있었다. 이들은 소외당하고 주변으로 밀린 도나티스트들을 억압하기 위해 장로제를 악으로 몰아 결국 전쟁까지 일으켰으며 결국 도나티스트들이 희생되었다는 해석이 존재한다. 헬무트 쾨스터(Helmut Koester)와 하비 콕스(Harvey Cox, Jr) 교수가 하버드대의 '초대교회 이단과 현대 이단'이라는 강좌에서 이를 분석한 것이 1970년대 초였다.

현재는 미국의 남부 텍사스 중심으로 활동해온 헐 린지가 논의 대상이 되었다. 2004년 11월 제임스 레이니 전 주한미대사는 린지의 책이 훨씬 더 많이 팔리고 있다고 일본 도잔소(東山莊)[15] 회의에서 보고했다. 미국의 기독교인들이 헐 린지의 이론을 바탕으로 왜곡되고 있다는 것이다.

애국이 잘못되면 어떻게 되는가? 일본인들은 일본에 대한 애국심으로 약소민들에게 악한 일을 했다. 그리하여 동아시아를 핍박하고 대량 살해하는 중심 세력이 된다. 애국에는 하나님 중심을 지키는 애국이 있고, 하나님을 버리고, 특정한 국가 이익을 위해서만 일하는 신을 버린 애국도 있다. 왜곡된 애국이 있을 수 있다. 미국의 애국은 어떤 성격을 가지고 있는가 하는 점을 세심하게 하나님 중심, 성경 중심으로 분석하고 평가해야 한다. 애국이 하나님을 반역할 경우라면 고쳐야 한다.

복음 중심은 좋은 것이다. 그러나 '주의(ism)'를 붙이면, 복음의 핵심이 약화되면서 잘못된 길로 가는 오류를 범할 가능성이 높다. 근본(fundamental)은 좋은 것이다. 그러나 근본

---

15) 1984년 세계교회협의회(WCC) 국제문제위원회의 니난 코샤이(Ninan Koshy), 필립 포터(Phillip Potter) 전 총무, 에릭 와인가르트너(Eric Weingartner), 빅터 슈 등이 도잔소협의회 20주년 기념으로 마련한 동북아 평화협의회로서 한반도의 통일을 주제로 한 WCC의 첫 모임이었다. 그 후 니난 코샤이와 에릭 와인가르트너는 1985년에 평양을 방문했고, 에릭은 1996년 북한의 식량난이 극심해지자 2년간 가족들과 함께 평양에 거주하면서, 유엔의 WFP(세계식량기구)의 일원으로서 식량분배의 투명성을 지키기 위해 일했다. WCC의 박경서 박사 등과 협력하여 약 4000만 달러 이상의 식량을 지원한 것으로 평가된다.

주의(fundamentalism)로 가면서 살아 있는 근본이 인간의 이익을 위해 악용될 수 있는 죽은 근본으로 변할 위험이 크다는 것을 종종 보게 된다.

이는 복음주의와 근본주의를 자세히 구분하지 못하기 때문이다. 복음을 중심으로 사는 기독교인이 되는 일은 당연히 좋은 것이며 잘하는 것이다. 그러나 자칫 성경을 자기의 이익 중심으로 왜곡해서 해석하면서 하나님 중심의 해석을 버리고, 하나님 편에 서지 않는 경우가 발생한다. 사이비로 복음을 악용하는 경우가 생기고, 소위 사이비 기독교든 유사 기독교든 이단 여부를 가려야 하는 일이 발생한 것이 2000년의 기독교교회 역사다.

라인홀트 니버는 변화시킬 수 있는 것은 있는 용기를 달라고, 변하지 않는 것은 수용하고 변화시킬 수 있는 것과 변화시킬 수 없는 것을 구별할 수 있는 지혜와 능력과 용기를 달라고 기도했다.

거짓 그리스도교의 정체성을 분석해야 한다. 이를 해체시키고 재구성하고 변혁시켜야 한다. 권력 유지용 유사 그리스도교, 사이비 그리스도교를 밝혀내야 한다. 일본 천황을 숭배하기 위해 조작되었던 '일본교단', '히틀러기독교' 등이 이에 속한다. 현대에 이런 일이 다시 일어나고 있다.

최근 미국의 연합그리스도교단(The United Church of Christ)은 미국의 핵실험, 브라보 테스트(Bravo Test)로 인해서 아이가 사산되거나 암 특히 후두암 발생률이 높다고 고발했다. 용기 있는 행동이다.

크리스토퍼 힐은 북측이 핵을 포기하든 더 고립에 빠지든 선택할 것을 촉구하면서, 경제 재건인지 경제 붕괴인지 전략적으로 선택하라고 강요하고 있다. 소위 기독교인이라고 스스로 주장하는 미국 사람들 가운데는 '한반도 분단을 정당한 것'으로 주장하고 압박하는 종교인이 많다. 이런 잘못된 신앙 구조와 조직은 분열시키고 해체시켜야 한다. 미국 기독교교회협의회는 1986년 신앙 고백을 통해서 미국은 한반도 분단에 대해 책임이 있다고 선언하고, 이에 대해 사과한 바 있다.

유럽에서 아메리카대륙으로 이주해온 백인 주도의 자유는 아메리카대륙에 살던 모든 사람에게, 특히 원주민들과 노예로 끌려온 흑인들에게는 완전한 자유가 될 수 없다.

따라서 백인 독점의 '자유'와 '민주'는 비민주적이다. 일부 아프리카에서 노예로 강제 이주당한 후예들 중 유럽에서 이주해온, 백인 이익 중심의 가치관을 형성한 일부 흑인들이 백인 주도의 사회에서 이익을 획득하면서 결합한 구조가 원인 중 하나가 아닌가 하는 의문을 제기해야 할 것이다. 잘못된 기독교적 해석을 기초로 한 백인 정복자들의 침략과 학살과 탈취의 행동에 편승하고 있는 과거 아프리카에서 노예로 이주해온 아프로아메리칸들을 주시해야 한다.

토착 원주민들이 소외당하고 있는 부분을 중요하게 읽어야 한다.

종교가 권력과 밀착하면 오류를 범할 가능성이 크다. 중앙(center)을 점유해온 제국세력으로서의 로마정부와 결탁한 일부 사람들이 주변부(periphery)에 있었던 기독교인 도나티스트를 이단으로 몰아 처형하고, 장로제를 주장한 약소민들을 탄압하고 감독제가 정론이라고 주장하면서 일어난 교리투쟁인 듯이 보이나 사실은 권력 옹호자들이 성경을 악용하여 해석한 것이다. 약육강식의 논리를 성경으로 정당화하려는 제국세력의 술책이다.

이 이단 재판을 다시 평가해보면 장로제를 택하고 있었던 도나티스트를 이단이라고 판정한 것은 잘못이었다. 현대 기독교에서는 오히려 장로제가 대단한 세력으로 성장해 있으며, 동시에 정당성을 가지고 있다.

마드리드 반테러회의는 "미국의 일방주의가 테러를 불러온다"라고 주장했다.

AFP에 따르면 마크 뷔르겐마이어 미 캘리포니아대 국제문제연구소장은 테러리스트에 대한 군사적 공격과 가혹한 조치가 더 큰 테러를 조장할 수 있다고 말했다. 유럽은 미국의 실패에서 교훈을 얻어야 한다.

페르디난도 엔리케 카르도수 전 브라질 대통령도 "한 명의 세계 지도자가 유엔을 약화시키는 정책을 조장하면서 어떻게 자유를 논하나. 일방주의는 안보불안 의식을 조장하고 국제 체제를 약화시킨다"라고 말했다.

제러드 포스트 조지 워싱턴대 교수는 "테러에 대한 강력한 대응은 국내 유권자를 잡기 위한 수단일 수도 있다"라고 했다. 마드리드에서 열리는 3·11 열차테러 1주년 기념 국제회의에서 주장한 내용이다(《중앙일보》 2005년 3월 10일자 20면).

메리 로빈슨 아일랜드 전 대통령은 "미국 정부의 테러 전략이 세계적인 분노를 일으키고 있어 위험하다"라고 주장했다. 당시 23개 정상 및 국가 지도자 34명, 전문가 200명 등이 참석했다.

요엘 3장과 미가 4장의 형제자매 관계를 정리해야 문제를 해결할 수 있는 전략이 나온다.

사이비 신앙을 폭로하고 그들을 참회시키고, 중생시키고, 양심을 회복시키는 방안을 마련해야 한다.

미국은 1905년 6월 일본과 맺은 가쓰라-태프트 밀약으로 한반도를 식민지화했다. 1945년 분단은 이 구조의 연장이다. 독도 문제는 이 구도에서 해석할 수 있는 정복, 침략, 탈취, 거짓의 연장선에 있는 현상이다. 남북한은 이것을 계기로 단결하고 있다. 남북한은 개성 전기 송전, 개성공단 개발로 경제통일을 성취해야 한다.

북한에 최혜국대우 관세(Most Favored Nation)를 부여하는 것이 미국이 살 길이다. 미국은 북한이 핵 발전으로 빈곤에서 벗어날 수 있도록 하려는 계획을 차단하지 말아야 구원받을 것이다. 미국과 일본은 경제제재를 취소하고, 적극적이고 무조건적인 경제 협력을 시작하는 것이 살 길이다. 세계에서 12억 명의 인구가 하루 1달러를 벌지 못하고 굶주리는 데 대해 미국, 일본 등이 책임을 통감하고 발전적으로 전략을 바꾸는 것이 안보와 평화에 도움이 되고 반테러전쟁에서 승리할 수 있는 길이다. "욕심이 잉태하면 사망한다"는 것이 성경의 핵심이다. 욕심을 위장한 개념으로서의 왜곡된 '근본주의', '자유민주'를 청산하고 개념을 바꾸어야 한다. 남을 노예화하면서 자유를 준다는 정신착란은 치료를 받아야 하며, 예수는 그들이 치유하게 도와주는 분이라는 것을 깨닫고, 금식하고 참회해야 한다.

악마와 악의 축과 폭정의 전초기지를 평가할 수 있는 분은 하나님이며, 하나님의 자리에 인간이 올라가서 권력을 행사하는 것은 하나님에 대한 반역이 될 수도 있다는 것을 깨달아야 한다. 권력자와 패권국들은 겸손해져야 살 길이 열릴 것이다.


## 2. 해석학과 해석학적 전환: 불신과 신뢰

신뢰하는 대상에 대한 해석은 어떤 요인 때문에 신뢰하는지 학술적인 연구가 필요하다. 또한 불신의 대상에 대한 판단 요인이 무엇인지도 학술적인 연구가 필요하다.

해석학적인 오류가 발생하는 요인에 대해서도 정밀하게 연구해야 한다. 판단의 오류가 쌓이면 습관화된 판단 유형이 발생한다.

북한의 행태에 대한 판단은 북한에 대한 축적된 관습에 의해 고정적으로 평가되는 면이 있다. 이러한 판단의 고정적인 스테레오 타입은 평화 정착을 위한 노력에 도움을 주는 면도 있고, 방해가 되는 면도 있다. 따라서 방해가 되는 면을 면밀히 추적해서 제거하고 수정하는 작업이 필요하다.

〈뉴욕 타임스〉나 로이터(Reuters) 통신의 경우는 어떠한가? 이들 매체는 북한 보도와 관련하여 일정한 스타일과 해석학을 가지고 있다.

이것은 〈뉴욕타임스〉나 로이터의 입장이 아닐 수도 있다. 아래의 보도에서 '나쁜 신앙(bad faith)'이라는 평가는 지나친 것이다. 핵시설을 봉쇄하기 전에 일부라도 경유를 공급받고 싶어하는 것은 당연한 거래이고 기대라고 본다. 그런데도 부정적으로 평가한다면 이는 스테레오 타입의 평가라고 볼 수 있다. 이런 전형적인 평가를 넘어서야 올바른 관계를 설정할 수 있을 것이다.

아래의 기사는 어떠한가? 판단이 다소 편향적이어서 문제가 된다는 것을 알 수 있다.

사실 이런 보도가 나간 이후에 미 국무성은 영변의 핵시설을 봉쇄하기 전이라도 한 자릿수의 중유를 제공하는 것에 대해 반대하지 않겠다고 발표했다. 이 발표는 훨씬 합리적이며, 실용적이고 유연성 있게 해석하고 있다고 판단된다. 그럼에도 불구하고 중유 몇 톤을 일시적으로 공급하는 것으로 북한의 원자력에너지를 평화적으로 이용하는 기능을 봉쇄하려는 것은 근본적인 문제가 있다.

아래의 〈뉴욕 타임스〉 해설기사는 북한을 믿을 수 없는 불신의 대상이라는 전제하에 보도하는 자세를 보여주고 있다. 〈뉴욕타임스〉의 북한에 대한 고정관념을 알 수 있는 대목이다.

July 2, 2007

N. Korea Puts New Demand, May Delay Nuclear Shutdown

By REUTERS

Filed at 3:49 p.m. ET


WASHINGTON (Reuters) - North Korea has said it wants to get promised shipments of oil before shutting down its Yongbyon nuclear reactor, delaying again a key obligation under a February nuclear agreement, U.S. officials said on Monday.

Administration critics of the agreement said the demand was further evidence of North Korean bad faith, but two other senior officials said they believe the agreement was on track and any delay in shuttering Yongbyon would not be prolonged.

Chief U.S. negotiator Christopher Hill said last week he wanted Pyongyang to shut down Yongbyon, which produces plutonium for the North's main nuclear weapons program, before holding a new round of six-country talks, expected next week.

But U.S. officials told Reuters Pyongyang had informed South Korea, which is providing the heavy fuel oil, and the International Atomic Energy Agency that it wanted at least some of the heavy fuel oil before the reactor is shut down.

"I think there's a sense that the North Koreans do want to start receiving elements of the 50,000 tons of heavy fuel oil as they move toward shutting down Yongbyon," said one U.S. official, who like the others spoke on condition of anonymity.

After the February 13 announcement, a different senior official who briefed reporters said that there would be no shipment of the heavy fuel oil "until we're satisfied that the shutdown, the sealing, is occurring···."

U.S. officials say Yongbyon is continuing to operate and there are no signs of preparations for a shutdown.

'SLOW ROLLING'

A member of the administration who opposes the deal accused Pyongyang of 'slow rolling us again'.

But a supporter urged patience, saying the North Koreans just wanted assurances the fuel oil shipments would happen. "We are down to a couple of weeks" when the nuclear reactor will be shuttered, he said.

South Korea will begin shipping fuel oil in two weeks and try to complete the supply in 20 days, its unification ministry said on Saturday, after two days of talks with the

North on the details of the energy aid.

Under the February 13 deal North Korea is to receive another 950,000 tons of fuel oil or other aid of equivalent value when it completes steps to disable all its nuclear facilities.

North and South Korea, the United States, Japan, Russia and host China struck a deal on February 13 under which Pyongyang would receive aid and security steps in return for moving to scrap its nuclear arms programs.

The deal was stalled for weeks by a dispute over some $25 million in North Korean funds frozen in a Macau bank under pressure from Washington. Following the release of the funds, North Korea agreed to implement the deal.

The IAEA, the guardian of international nuclear safeguards, will monitor and verify the disarmament steps.

After visiting Pyongyang last week, IAEA official Olli Heinonen said the negotiations had achieved an understanding on how to monitor the sealing and shutdown of Yongbyon.

But he said the timing of the long-negotiated shutdown still needed to be worked out between North Korea and its negotiating partners.

On June 21, Hill made a surprise trip to Pyongyang and predicted North Korea could shutter Yongbyon within three weeks, but that target now seems to have slipped.

State Department spokesman Sean McCormack on Monday rejected a six-party meeting to set a date for sealing Yongbyon but said six-party talks to discuss next steps in the Feb 13 agreement would convene 'around the time' the shutdown begins.

He said the administration did not have a specific date in mind, only that the shutdown should be 'as soon as possible'.

# 제3부

# 북한의 친미전략과 미국의 선린우호전략

# 6장 바람직한 로드맵

## 1. 남한 경제 위기와 전쟁

미국은 북핵문제와 개성공단 개발 문제를 연계시키는 대북 정책을 펼치고 있다. 전 주한 미대사 허버드는 2003년 11월 서울 YMCA 주최 협의회에서 "남한 개성공단 개발의 속도를 늦추라(slow down)"고 주문했다. 최근 전 주한미대사 크리스토퍼 힐은 개성공단 개발에 대해서 "환상을 갖지 말라"고 주문했다. 개성에서는 첫 제품으로 냄비를 생산 판매했다. 힐 전 대사는 "북한이 6자회담에 나와서 핵을 제거하면, 북한이 볼 수 있는 '맛(taste)이 이런 것이다"라고 말했다. 마치 미국이 개성공단 개발을 북한 길들이기의 방편으로 여기는 듯한 표현이다. 개성공단에서 북한이 돈을 벌지 못하도록 하는 것이 미국에 대한 대테러 공격을 막을 수 있는 길이라는 논리일 것이다.

미국은 개성공단을 발전시키는 데 적극 협력해야 한다. 북한이 돈을 더 벌면 미국 제품을 더 많이 살 수 있고, 북한과 남한에 있는 실업자들이 개성공단 조성으로 82만 개의 일자리를 갖게 되고, 경제가 살아난다. 남한의 중소기업들은 개성에 진출하는 것만이 살 길이라고 여기고 있다. 중소기업 70%가 망해가는 상황에서 이들 기업은 개성에서 성공하지 못하면 동남아로 공장을 이전하거나 중국으로 가 저임금 노동으로 생산하겠다는 계획이다. 외국에 공장을 세우면, 우리 기술이 다 새나가고, 우리 경제는 장기적으로 더 어려움을 겪게 된다. 남한 경제가 살아야 미국이 돈을 번다는 것을 미국은 알아야 한다. 미국의 강력한 수출 통제는 공장을 짓는 데 큰 방해가 된다. 미국은 이러한 통제를 해제하거나, 바세나르 협정을 위반하지 않는 것은 허용해야 한다. 생산품의 마지막 사용자가 적국이 아니라 한국인이나 비적대국이면 바세나르 협정에 위반되지 않는다. 더구나 바세나르 협정이 모든 국가가 지켜야 하는 절대적인 것도 아니다. 일본은 핵 재처리를 통해서 43톤 정도의 플루토늄을 축적하고 있다. 이미 재처리 공장도 소유하고 있는데다 더 큰 재처리 공장을 시동 중이다. 반면 남한은 불과 0.7그램의 핵물질을 추출하고서도 국제적으로 사찰당하고, 심지어 유엔 안전보장위원회에서 징계가 나올까봐 전전 긍긍하고 있다. 남한은 핵 정책을 근본적으로 바꾸어야 한다. 일본에 대응하는 동일한 '정당성'을 획득해야 한다. 일본은 현재 1년에 1000개의 핵무기를 만들 수 있는 5톤(pu)을 축적해나가고 있다. 남과 북은 '대리전쟁'에 말려들었다는 것을 깨달아야 한다.

미국은 대북 적대정책을 선린우호정책으로 전환해야 한다. 북한의 핵능력을 과대평가하고 북한을 악마로 몰아가면서 미사일방어(MD) 체계 판매 캠페인을 하고, 다음 전쟁의 공격 대상으로 삼는 것은 잘못이다. 일본이 43톤의 핵물질을 보유하는 것을 묵인하면서 일본은 신뢰할 수 있으니 괜찮다는 미국의 논리를 우리는 수용할 수 없다. 수백, 수천만을 학살한 일본의 핵 보유는 허용하고 북한에 제재를 가하는 행위는 합리적이지 않다. 적을 친구로 대하는 것이 미국이 대 테러전에서 승리하는 최선의 방안이다. 미국은 북한에 대해서 무역 최혜국대우를 해주고 미국 시장을 북한에 개방해야 한다. 북한 물품에 대한 관세를 낮추어야 북한을 중국처럼 개방할 수 있다. 미국이 북한에 개방하지 않으면서 북한을 개방으로 유도할 수는 없다.

미국은 개성공단 개발과 북핵을 연계시켜서 개성공단을 죽이거나 목을 조르는 전략을 수정해야 한다. 개성이 살아나야 한반도가 살아난다. 남한 또한 핵처리 능력을 축적하지 않으면 국방 전략에 엄청난 공백이 발생할 것이다. 핵무기는 없더라도 평화적인 핵능력을 축적하고, 처리할 수 있는 정당성을 가지고 있어야 민족이 능멸과 굴욕을 당하지 않을 것이다. 핵과 개성공단 개발은 분리돼야 한다. 미국은 북한 경제에 가하는 압박과 제재를 경제협력으로 전환하고, 적대정책을 선린우호로 바꾸어야 한다. 미국의 평화는 한반도 전체에 대한 선린우호 경협정책을 통해서 이룰 수 있다. 북핵을 미국 MD 판매전략으로 이용하기보다는 북한과 친구가 되는 것이 미국의 경제를 살리는 최선의 길이다. 한반도와 미국이 공존 · 공생 · 공영하기를 바란다.

북한에 대한 미국의 침공은 2003년 3월 20일 이라크를 공격하기 직전에 가장 가능성이 높았다. 당시 이라크보다 북한을 먼저 공격해야 한다는 분위기가 미국 국방성의 강경론자들에게 팽배해 있었다. 이라크에는 더 이상의 대량 살상 무기가 없다는 것이 밝혀졌지만 북한은 대량 살상 무기가 있는 듯 행동했고 이것이 북한을 우선 공격의 대상으로 삼아야 한다는 미국 내 강경파의 입지를 높여주었다.

다행히 이라크 공격 이후 지금 미국은 이라크를 정리하는 데 정신을 쏟고 있다. 그러나 다음 순서로 미국은 북한을 처리하려고 속도를 높일 가능성이 크다. 유엔총회 강연에서 조지 부시 대통령은 이미 "북한의 무기 수출을 저지하기 위한 압박용으로 11개국 이상이 참여해서 해상 검문, 봉쇄작전을 펼치며 대량 살상 무기 확산 저지(PSI)를 추진하고, 또한 유엔 주도하에 다국적군을 구성하는 일도 추진해나가고 있다"고 말했다. 전쟁은 북한 쪽으로 다가서고 있고, 남한은 전쟁터가 될 가능성이 높아졌다. 이라크 공격은 미국의 작전 OPLAN 1003으로 지구의 서쪽 작전(Theatre War-West)이었고, 이제 지구 동쪽 작전(Theatre War-East)은 바로 북한 공격작전이 될 것이다.

사실 대량 살상 무기를 전 세계에 가장 많이 판매하고 확산시키는 국가는 미국, 러시아, 영국, 프랑스, 이스라엘 등이고, 이들 국가가 확산 판매하는 총량에 비해 북한은 0.5%도 되지 않는 연 3000만 달러에서 최대 5억 달러 이하의 미사일과 관련 부품을 수출하는 수준이다. 만약 미국이 북한을 선제공격하면, 스탠더드 앤 푸어스와 무디스가 한국의 국가 신용 평가를 〔A-〕에서 〔B〕로 하향조정할 것이고, 한국 경제는 급속히 몰락할 것이다. 전쟁에서 승리하느냐 패하느냐와 상관없이 전쟁 발발과 동시에 경제 붕괴와 국제 이자 등의 변동으로 국가 경제는 몰락할 것이다. 한국이 13억의 이슬람에 대해 전투병을 파병할 경우, 이슬람 지하드가 남한을 자살폭탄 등으로 공격하면 투자안전지대에서 멀어지고, 국가 신용 등급도 〔A-〕 이하로 내려가고, 외채 이자 증가, 보험 증가 등으로 남한 경제는 급속히 나빠질 것이다. 만약 자살 공격이 발생하면 흥분한 한국인들이 자체적으로 모슬렘을 공격하는 비정규군 전투가 발생할 수도 있다.


## 2. 미국의 로드맵

미국의 추진 방향과 일정표는 우선 북한이 핵무기와 모든 핵 관련 시설을 폐기하고, 다시 되돌릴 수 없는 수준으로 완전히 해체하고 나서, 그 후 북한의 안전보장을 협의할 수 있다는 입장에 근거한 것이다. 악의 축으로 지목한 이라크, 이란, 북한의 핵능력을 붕괴시키는 것은 미국은 물론 이스라엘도 원하는 바다. 미국은 실제적인 압박을 가하면서 북한과 이라크, 이란에 미군을 주둔시키고, 군사 임시정부를 설치하는 단계로 가는 시나리오에 의한

| | 플루토늄 양 (Pu239, Pu240) | 핵무기 제조 가능 수 추정 | 제조 시 살상 가능 수(나가사키탄 기준) | 다른 민족국가 침략 | 타 민족 살상, 침략 | 군대 성노예 운영 |
|---|---|---|---|---|---|---|
| 일본 | 7000~45000kg (혹은 그 이상) | 1000~6400 1(+−) | 7000만~5억 명 (혹은 그 이상) | 있음 | 동북3성 중국에서 만 3600만 명, 미국 하와이 침공 살상, 남경학살 20만, 한반도 침공 살상 동남아 침공 살상(필리핀, 대만, 인도네시아, 월남, 인도차이나, 남태평양 군도들) | 한국과 네덜란드 등 여성을 성노예로 운영 |
| 북한 | 30~50kg | 5(+−) | 50만 (혹은 그 이상) | 타 민족에 대한 침략은 없으나 6 · 25 전쟁 | 약간의 군사고문단, 훈련교관들을 아프리카 등지에 파견, 미지수 | 알려진 바 없음 |
| 러시아 | | 10,000+− (20,000−) | 70억+ | 있음 | | |
| 미국 | | 10,000+− (20,000−) | 70억+ | 있음 | | |
| 중국 | | 650+− | 10억+ | 있음 | | |
| 영국 | | 350+− | | 있음 | | |
| 프랑스 | | 450+− | | 있음 | | |
| 독일 | | 핵무기를 보유한 것으로는 알려진 바가 없으나 실제로는 프랑크푸르트 지역에 핵무기를 조립하는 시설이 있다고 알려져 있으며, 우라늄과 플루토늄 등을 충분히 보유하고 있어서 언제든지 무기 제조가 가능한 수준으로 평가됨 | | 있음 | | |
| 네덜란드 | | | | 있음 | | |
| 이스라엘 | | 200~350+− | | 있음 | | |

로드맵을 작성하고 있을 가능성이 높다. 미국은 전 세계가 미국 이익 중심으로 재구성, 재편성되고, 경제가 미국 이익 중심으로 움직이도록 군사작전과 경제 · 문화작전을 펼치며, 세계와 전면 전쟁을 하고 있다고 할 수 있다.

최근 미국은 핵무기와 핵발전소 프로그램, 관련 시설 등을 완전히 해체하기 전이라도 안전보장 문제에 대해 일정한 수준에서 협의하기 위해 구상 중이라고 콜린 파월 전 국무장관이 말했으나, 실질적으로 제안한 바는 없다.

다양한 선택의 길을 가진 미국 대통령 한 사람의 마음을 바꾸는 것이 지역 평화에 크게 기여할 수 있다. 지금이라도 부시 미 대통령이나 차기 대통령이 북한과 조건 없이 '친구'가 되겠다는 결심을 선언하면, 전쟁은 조용히 그리고 신속히 해결될 것이다. 북한의 핵무기를 제거하는 것만이 미국인에게 이익과 행복과 안전을 가져오리라고 판단하는 것은 C학점 이하의 판단이다. 핵을 보유하고 있는 많은 나라와 미국은 우호관계에 있다.

미국과 대결한 러시아는 2만 발의 핵무기를 소유하고 있지만 단 한 발도 미국을 향해 발사하지 않았으며, 1000발에서 6000발의 핵무기를 만들 모든 준비가 끝난 일본도 아직 미국을 향해 핵무기를 발사하지 않고 있다. 핵능력을 러시아, 중국, 일본은 미국을 초토화할 수 있는 수준으로 가지고 있다. 북한이 보유한 20킬로그램 정도의 플루토늄으로는 미국을 초토화할 수 없다. 일본은 3억 명에 이르는 미국 인구를 전멸시킬 수 있는 양의 플루토늄을 이미 확보하고 있다. 북한은 불과 10만 명 정도의 살상 능력을 지닌 플루토늄을 확보하고 있는 듯하다. 일본은 동북아와 세계의 큰 위협이 되지만 북한은 1000에서 5000분의 1 이하의 아주 작은 핵능력을 가지고 있을 뿐이다.

남한은 북한 영변의 50메가와트급 원자로보다 적어도 400배 수준의 발전용 원자로를 가동해온 지 오래이며, 따라서 상대적으로 상당한 수준의 핵능력(nuclear capabilities)[1]을 보유하고 있다.

미국이 이란, 이라크, 북한을 선제공격하겠다고 압박하면서 이란의 핵발전소도 허용하지 않겠다고 한 데 대해 러시아의 푸틴 전 대통령은 최근 이미 핵공격 수위를 높일 수도 있다고 발언했다. 미국은 이를 주의 깊게 읽을 수 있어야 한다.

---

1) '핵능력'이라는 용어는 핵 전기생산력과 의료용 · 공업용 등의 평화적인 핵능력 그리고 무력 등을 포괄적으로 칭하는 것이므로 무기를 특별히 지칭해서 말하는 것은 아니다.

미국은 석유와 세계 지배에 대한 지나친 집착과 욕심을 버려야 국가안보를 유지하는 데 도움이 되며, 미국 국민이 마음의 평안을 누릴 수 있고, 테러를 극복하고 행복과 평화를 누리게 된다는 이치를 읽어야 한다.

미국은 자국 정치가와 군산 복합의 이익을 위해서 한반도를 희생양으로 삼지 말아야 한다. 혹은 북한을 마녀사냥(witch hunting, demon hunting)하지 말아야 한다.

북한은 그대로 내버려두고 경제 압박만 가하지 않으면 친미 국가가 될 것이다. 미국이 북한에 식량을 보내지 않더라도 최혜국대우를 하고, 경제 · 해상 · 군사제재를 풀어주기만 하면 북한은 친미 국가가 되고, 선린우호국가가 될 것이다. 또한 미국과 이스라엘에 대하여 위협적인 존재가 되지 않을 것이 분명하다. 미국은 더 중요한 요인이 있다는 것을 깨달아야 한다. 그 요인은 미국인들 중 결정권을 가진 사람들이 '인생'의 의미와 '역사와 문화'에 대한 이해를 넓히는 것이다.

노자(Laotze)는 "방방곡곡에 첨단무기를 더 많이 배치하면 할수록 나라의 안전은 더 불안해지며, 안보는 사라질 것이다"라고 말했다. 부시 대통령이 읽어야 할 전략서는 노자다. 미국인은 석유 사용을 줄이고, 식사량과 몸무게를 줄이고, 작은 차, 작은 집에서 살겠다는 마음으로 절약을 실천해야 한다. 미국은 전 세계에 대량 살상 무기 판매를 중단하고, 핵무기를 폐기처분하고, 신형 무기와 소형 핵무기 개발을 중단하고, 무기 수출을 중단하고, 생화학무기 생산과 개발을 중단 혹은 폐기하고, 욕심을 줄이는 것이 세계와 전면전을 막는 길임을 깨달아야 한다. 미국은 변화해야 한다. 미국이 대량 살상 무기를 폐기 · 해체하는 수준에 따라 북한도 평화를 향해 신속히 변화해야 한다.

미국과 북한은 이라크 파병 문제를 해결하고 대북전략과 대미전략의 상관관계를 고려하면서 함께 해결해야 양국의 문제가 평화적으로 풀릴 것이다.


## 3. 북한의 로드맵

미국의 공격과 정복으로부터 생존하기 위해서 북한은 미국과 불가침조약을 맺거나 법적으로 효력이 있는 관계를 설정해야 한다. 미국은 1994년 제네바 합의 구도에서 약속한 대로, 2003년 이후라도 북한이 경수로를 신속하게 완공할 수 있게 하고, 경수로 공사가 지연된 데 따른 손해를 보상하고, 약속한 중유 50만 톤을 다시 공급해야 한다. 1994년 12월부터 경제제재를 완화하기로 한 합의를 준수해서, 북한에 대한 경제 압박을 중지하고 북한 선박에 대한 해상 검문 검색 등으로 인한 해상 전투 발발 가능성을 줄여야 한다. 또한 PSI 조직 및 훈련을 중단하고, 제네바 합의구도 3조 1항에 따라 "핵무기를 소유한 국가는 핵무기를 소유하지 않은 국가를 핵으로 선제공격한다고 위협하지 않는다"라고 한 약속을 실천해야 한다. 2002년 6월 초, 조지 부시 대통령이 핵 선제공격을 선언한 것을 취소해야 하며, 약속한 경수로 2기 공사를 완료하도록 해야 한다. 결국 이러한 제반사항을 포함하여 일본·미국과 외교를 정상화하는 것이 북한이 주장하며 요구할 수 있는 일정표 지도, 즉 로드맵이 될 수 있다.

## 4. 가상의 사태와 시나리오

첫째 시나리오는 미국이 북한을 기습공격해서 정복하는 것이다. 그러나 이 시나리오는 윌리엄 페리나 개스퍼 와인버거 두 전 국방장관이 『더 넥스트 워(*The Next War*)』에서 밝혔듯이 수십만 혹은 수백만 명의 사망자와 엄청난 파괴를 전제로 하며, 한반도는 핵무기 전쟁터로 오염될 수도 있다. 북한은, 남한의 핵 발전기 20기[2] 중에 몇 개를 폭파해 핵무기와 유사한 피해를 발생시킬 수 있고, 미군에 대해 미사일과 자살특공대로 공격할 수 있다. 결국 미국은 북한을 초토화함으로써 얻는 것보다 잃는 것이 더 많은 전쟁을 치르고 북한은 지루하고 간헐적인 게릴라 공격을 지속해 미국을 불안하게 만들고 괴롭힐 수 있다. 이 전쟁은 수십 년에서 백년에 걸친 전쟁이 될 수도 있다.

둘째 시나리오는 북한과 미국이 즉시 평화관계, 국교정상화, 경제·문화적으로 협력하여 전쟁 가능성을 완전히 없애는 길이다.

셋째 시나리오는 현재 상태로 북한에 대해 핵 포기, 파기, 폐기선언을 받아내고, 경제 압

---

2) 발전소 하나에 여러 개의 핵 발전기가 있다.

박과 해상 압박을 계속하고, 국제 사찰을 강화하고, 무기를 해체시킨다. 그리고 몇 년이 지나 대량 살상 무기가 다 해체되었음을 확인하고 나서 기아가 증가하고 경제가 거의 붕괴된 단계까지 끌고 간 후에, 북한이 항복하기 바로 전 단계에서 북한을 서서히 공격해 이라크처럼 정복하는 방안이다.

넷째 시나리오는 북한을 완전히 무시하고 될 대로 되라는 식(benign neglect)으로 내버려 두는 방법이다. 북한의 기아와 가난과 질병에 대해 계속 경제제재를 가하고 심리적으로 과대망상(paranoid)을 조성하는 방법으로, 무작정 무시하면서 지연작전을 쓰는 것이다.

미국의 입장에서 현재 가장 가능성이 높은 방안은 셋째 시나리오일 수 있다. 이미 1991년 이라크에서 전쟁이 발생하여 16만 명에서 19만 명이 전사하고, 백혈병, 기아, 영양실조로 인한 질병으로 50여 만 명의 어린이가 사망하고, 미국의 경제제재로 인해서 이라크 경제가 악화되었으며 빈곤의 고통이 극심해졌다. 2003년 정권은 붕괴되었으나, 13억 명의 모슬렘을 바탕으로 한 게릴라식 저항이 이어지면서 전사자는 계속 늘어가고 있다. 단기적으로 수렁에 빠진 것인지 아니면 앞으로 이어질 백년전쟁의 시작이자 3차 세계대전으로 이어질 것인지 점칠 수 있는 사람은 아무도 없다. '핵무장을 한 인도의 모슬렘'이 세계 이슬람 방어를 위해 제3의 이슬람에 핵무장을 확대하고 확산할 경우 미국은 큰 어려움에 처할 수도 있다.

남한에도 10여 만 명의 모슬렘이 외국인 노동자로 들어와 있으며, 이들은 심정적으로 알라의 명령에 복종하는 '자살공격을 포함한 지하드'가 될 수도 있다. 스탠더드 앤 푸어스가 [A]로 평가할 만큼 남한 경제는 안정되어 있으나, 자살공격 등이 한국인을 대상으로 일어난다면, [B]로 하향조정될 수 있고, 과거 IMF 외환위기와 유사한 방향으로 전개될 가능성도 배제할 수 없다. 당시 1만 5000개 이상의 중소기업이 도산했고, 400명 이상의 중소기업 사장이 자살했다.


## 5. 제3의 바람직한 로드맵


미국은 북한에 대한 경제제재를 중단하거나 완화하고, 수입품에 대한 관세를 내리고,

중국 수준의 최혜국대우를 선언해야 한다. 최혜국선언을 하는 데 돈이 들지 않으니 쉬운 점이 있다. 부시 대통령은 상·하원을 강력히 설득해서 북한에 대한 불가침, 평화조약에 해당하는 법령을 통과시킨다. 2002년에 부시 대통령이 선언한 '악의 축' 명단에서 북한을 제외하고, 핵무기로 선제공격할 수 있는 권리를 주장한 것을 취소하고, 북한 선박에 대한 불시 검문검색이나 나포 등을 할 수 있게 한 것을 중단하고, 대 북한 압박을 가능하게 하는 다국적 조직으로서의 PSI 추진을 중단한다고 선언한다. 또 애초부터 북한 정권을 붕괴시 킨다는 계획도 세우지 말고, 추진하지도 않는다는 것을 천명하고, 북한과 전쟁하지 않을 것을 천명한다. 북한 사람들이 불안해하도록 분위기를 극대화하는 불안조성작전(파라노 이드 작전 OPLAN 5030)을 취소하고, 남한 정부에 알리지 않고 북한을 불시에 단독 공격할 수 있도록 한 OPLAN 5027을 수정해서, 남한 정부의 협의와 동의를 일정한 기간 이전에 얻 지 않고서는 공격할 수 없도록 하는 규정을 명시하여 남한 대통령의 군사지휘 권한을 존중 하도록 조처한다. 군사작전권을 남한 대통령에게 돌려주고, 북한 사람들이 미국을 자유롭 게 방문할 수 있도록 허용하고, 미국에서 사업이나 유학을 할 수 있도록 문호를 최대한 개 방한다. 북한에 대해 개방정책을 천명하고, 이를 입법화하도록 의회가 추진하여서 법을 통과시키고, 북한이 '우방국'임을 선언하고, 평화공영 및 공존의 관계를 만들어나간다. 이 모든 것이 미국이 추진해야 할 바람직한 로드맵이라 할 수 있다.

### '경제통합'으로 전쟁 방지

한반도에서 전쟁을 방지할 수 있는 남한 기업이나 개인들이 북한과 경제협력을 추진하 는 것을 미국이 측면에서 지원하거나 격려하되 방해하거나 저지하지 않는다는 정책을 천 명하고 실천한다면 도움이 될 수 있다. 경의선을 완료하고 개성공단을 추진하도록 미국이 적극적으로 협조, 협력하고 미국의 대북 적대정책이 이 과정에 장애가 되지 않도록 하겠 다고 천명하거나 남북한이 경제공동체를 형성해나가는 모든 과정에 보조적으로 협력하 며, 장애물을 제거하겠다고 천명한다면 전쟁을 방지할 수 있을 것이다. 하지만 과연 미국 이 그렇게 할 것인가?

따라서 남한은 북한과 신속하고 철저하게 '경제통합'을 이루고, 함께 살고 함께 죽는 운 명공동체와 한반도 공동 안보체제를 만들어나가야 한다. 이로써 이스라엘과 미국 혹은 다국적군에 의한 한반도 공격 등 전쟁 발발 속도를 줄이거나 막을 수 있을 것이다.

또한 남한 기업들이 6600만 제곱미터(2000만 평)의 개성공단에서 생산할 수 있도록 하는 것이 결정적으로 전쟁을 방지하는 데 도움이 될 것이다. 2008년 현재 불과 132만 제곱미터(40만 평)만이 공장 건설부지로 활용되고 있다. 약속한 규모가 되려면 갈 길이 멀다. 남한에서는 이미 1500개 기업이 입주를 신청하고 있다. 남한 중소기업의 70%는 개성이 성공하지 못할 경우, 해외로 공장을 이전하고 남한의 공장을 폐쇄할 수밖에 없는, 사활이 걸린 일이라고 말한다. 따라서 한국 경제가 심각한 위기에 처할 수도 있다. 한국은행에서는 개성공단이 82만 개의 일자리를 창출하고 24조 원의 이익을 올릴 것이라고 예측하고 있다.

미국은 남북 경제협력의 속도를 줄이면서(slow down) 경제 압박을 하고 있는 대북정책에 남한도 동참해주기를 바라고 있는 듯하다.

### 북한이 할 일: 친구 혹은 친미 국가 되기

북한은 인민들의 식량 문제를 해결하기 위해 최우선정책을 수행하고, 남한이 요구하는 최대한의 식량 투명성을 확보하고, 개인의 인권을 존중하고 있다는 증거를 보여줘야 한다. 또 어떠한 형태로든 정권적인·억압적인 조건이 형성되지 않는 정책을 수행하고, 경제 복지를 획득하기 위한 과감한 과학·경제 발전계획을 추진하고, 2002년 7월 1일 이후 진전되고 있는 경제개혁을 강력히 추진하고, 복지우선정책을 추진하는 길로 나가야 한다. 북-미 간의 대결을 상호 평화와 호혜의 관계로 천명하고, 전쟁 억지력을 확보한 상태에서 북-미 국교를 정상화하는 정책을 실천해야 한다. 남한도 평화 공존 공영관계를 기초로 상호 경제 번영을 위해서 3~5년 이내에 유로 300억 달러(약 40조 원) 이상의 대북 공동 투자를 포함한 경제공동체 건설을 단기, 중기, 장기로 신속히 추진함으로써 북-미 간의 전쟁을 막아야 한다. 전쟁이 일어나면 유로 3년에서 5년 이내에 3조 달러(4000조 원) 이상의 파괴가 얼마든지 일어날 수 있다는 손익 계산을 해야 한다.

### 전략적 제안

한반도 평화와 국민의 안보를 위해서는 힘이 필요하다. 힘과 전략을 갖춘 인물로 전봉준, 논개, 이순신, 권율 등을 들 수 있다.

전봉준은 잘 싸워 승전했으나, 천진조약을 근거로 정부와 화해를 하면 일본군이 철수할 것이라고 '믿고' 스스로 무장해제를 했으며 무기를 반납하고 화의(화해약속)를 했다. 그러자 일본군은 약속을 어기고 계속 공격했고 결국 전봉준은 패하여 일본군에 사형당한다. 전략적 실수로 패전한 것이다. 일본은 화해조약을 무시하고 계속해서 공격했다. 불가침조약이나 평화조약은 초기단계에서 필요하다. 그러나 그 조약은 상대방이 공격 의사가 있을 때는 언제든지 종잇조각이 될 뿐이며, 위장술이 될 수 있다.

## 북한 목 조르기와 통일 기회

라파엘 펄 미 의회 조사국 연구원은 2006년 1월 26일 "새로운 미국의 대북 금융제재조치는 북한이 불법행위를 포기하도록 서서히 조여가는(squeezing) 것[3]이라고 말했다. 미국이 북한에 압력을 가하는 까닭은 북한을 당장 붕괴시키자는 것이 아니라 서서히 조이는 데 있다. 우리는 북한의 불법행위에 대응하는 여러 수단이 있지만 한꺼번에 사용하지는 않는다. 이는 우리의 목적이 북한을 붕괴시키려는 것이 아니라 행동을 바꾸도록 하는 데 있음을 보여준다.

미국은 북한으로 들어가는 자금을 막는 정책을, 한국은 북한에 자금을 제공하는 정책을 추구하고 있지 않은가. 한국과 미국의 마찰은 불가피한 것인지 모른다.

앞으로 북한의 해외 거래와 관련한 중요한 금융기관들은 갈수록 거래를 중단할 것이다. 이들 금융기관으로서는 북한과 거래할 경우 언젠가는 미국과 거래할 수 없다는 결론에 이를 것이기 때문이다.[4]

펄 연구원은 "이들 금융기관은 은행이나 증권회사, 보험회사 등을 망라하며, 북한의 불법행위뿐 아니라 북한과의 합법적 거래에도 적용된다"라고 말했다. 이 규제안이 최종적으로 완성되어 발표되면, 미국 내에서 활동하는 금융기관들은 북한과 미국 둘 중 하나를 선택해야 한다는 의미라고 덧붙였다.

미국은 2005년 9월 마카오의 방코델타아시아(BDA) 은행을 돈세탁할 우려가 있는 대상으로 지정함으로써, 중국 당국이 북한 계좌를 폐쇄하도록 유도하고 대통령 행정명령을 통

---

3) 허용범, '북한이 불법행위 포기하도록 서서히 조여갈 것', 〈조선일보〉 2006년 1월 28일자, A3면.
4) 위의 글, A3면.

해 두 차례에 걸쳐 11개 북한 무역회사의 미국 내 자산을 동결하는 등 대북 압박 조치를 강화해왔다.[5]

## 풍선이론

풍선의 한쪽 면을 누르면 다른 부분이 부풀어 오르듯 미국이 북한을 누르면 누를수록 남북한 경제는 하나가 될 가능성이 높다. 북한은 경제 생존을 위해서 최대한 노력할 것이고, 북한이 경제 압박을 당하고 있는 것을 애처롭게 바라보고 있어야 하는 남한의 친지들과 동포들은 북한 경제를 살리기 위해 노력할 것이다. 동정에서 시작해서 기존의 증오심을 극복하고 북한 동포를 도와야 한다는 긴박한 심리상태에 도달할 것이다. 그리고 북한의 경제가 살아날 수 있도록 여러 가지 노력을 기울일 것이다.

펄의 '조여가기 전략'은 오히려 부작용을 일으킨다. 이는 남북을 단결하게 하고, 남북 경제가 하나 되게 하는 데 도움이 될 것이다. 북한에서는 이 조여가기 전략을 '고사 전략', '목 졸라 죽이기 전략'이라고 표현한다. 북한은 이를 막기 위해서 '우리끼리' 살아야 한다는 구호를 외치며 단결하여 대응하고 있다.

## 북한의 대응: 남한과 중국 경제의 결합

북한은 살아남기 위한 생존전략 차원에서 남한과 경제 결합을 강화할 수밖에 없을 것이다. 또 중국 경제와 결합을 심도 깊게 강화할 것이다.

중국은 국내총생산(GDP)이 세계 1위를 향해서 질주하고 있으며, 세계의 철광석을 빨아들이고 있다. 중국은 북한의 철광 무산광산의 장기 개발권을 확보했다. 북한의 광물은 2006년도 기준으로 약 2200조 원(2006년도 기준 미화로 약 2조 2000만 달러)의 가치를 가지고 있으며, 남한의 광물은 약 85조 원의 가치가 있다고 추정할 때, 북한의 광물은 곧 미국의 경제 고사 작전을 방어하는 경제적 국방 무기가 될 수 있다. 이미 중국과 북한은 이러한 경제연대체계를 서서히 구축하면서 미군이 압록강과 두만강, 백두산에 육군·공군·통신 레이더 기지를 만들 수 없도록 하는 국방전략을 공유해가고 있다. 두만강변과 압록강변,

---

5) 허용범, '對北(대북)거래금융기관 美(미)서 활동 못하게', 〈조선일보〉 2006년 1월 28일자, A1면.

백두산 정상에 미군의 레이더 기지, 특공대 기지, 미사일 기지가 들어서려면 미국은 북한을 붕괴시키거나 친미적인 정권이 들어서게 해야 하는데, 이러한 변화를 중국은 절대로 허용하거나 환영할 수 없을 것이다. 따라서 미군이 중국을 점령하는 그 다음 단계의 시나리오를 상정하고, 미군의 침공으로부터 방어하기 위해 중국은 북한을 방어할 수밖에 없는 전략을 써야 할 것이다. 중국이 자국을 미국의 공격과 침투로부터 지키기 위해 할 수 있는 가장 비폭력적인 방어 전략은 곧 북한과 중국의 경제가 일정한 수준의 공생관계를 이루는 것이다. 이런 경제 전략 차원에서 중국은 북한의 광산 채굴권을 지속적으로 확보해나갈 것이다. 그에 대응하는 에너지 곧 중유나 가스를 북한에 공급하고, 북한에 필요한 유리 등을 생산하는 공장을 공급해줄 것은 자명하다. 2005년 평양에서는 중국이 제공한 유리공장이 가동되었고 유리창이 부족해서 겨울 바람 속에서 추위에 떨어야 했던 평양 시민들이 유리창을 받아가는 모습을 볼 수 있었다(2006년 1월 20일). 이로써 북한 사람들의 마음에 겨울을 따뜻하게 날 수 있도록 유리공장을 지어준 중국에 대한 애정이 싹트게 되고 더 나아가 심리적인 유대가 강화되는 것이다.

중국이 북한을 동북 제4성으로 흡수할 것이라는 추측도 나오고 있다. 그러나 이 추측에 대한 판단은 시간을 두고 토론할 사안이며, 실제로 북한이 중국의 동북 4성으로 항복할 가능성은 없다고 판단된다. 동시에 러시아는 북한을 지속적으로 지원하고 지지할 것이다.

미국의 압박으로 조이기 작전에 말려 들어갈수록 북한 경제는 중국 경제와 신속히 결합하게 되며, 남한 경제와 결속을 강화하면서, 생존권을 지키려고 할 것이다. 미국이 이를 막기 위해서는 중국과 한국에 대한 조이기를 강화해야 하는데, 문제는 중국과 한국이 미국의 총체적인 조이기 작전에 의해 얼마 만큼 고통을 체감하는 영향(pain effect)을 받게 될 것인지다. 따라서 그 통증을 어떻게 처리하고 견딜 것인지 전략을 세워야 하며, 대응방안에 대한 방향을 설정하여 총체적으로 대처해야 한다.

예컨데 '통증 클리닉'이 구성되어야 한다.

문제는 북한 주민들이 견디는 통증의 수준이 매우 높아서, 미국이나 서구 자본주의 시장경쟁의 약육강식의 질서에서 다루는 잣대로는 측정할 수 없다는 데 있으며, 통증이 오더라도 '우리는 행복해요' 철학으로 넘어간다는 사실이다. 경제 압박이 그들의 행복지수를 떨어뜨리는 데 별로 영향을 주지 못하고 있다는 것이다.

평양 거리에는 큰 표지판이 건물의 꼭대기에 붙어 있다. "우리는 행복해요."

행복의 느낌은 경제적인 고통과 관련이 있을 것이라고 추정해보지만, 방글라데시 사람들이 세계에서 가장 가난한 사람들임에도 행복지수는 세계에서 가장 높다는 사실은 무엇을 말하는가? 경제수준과 행복하다는 느낌은 비례하지 않는다는 것이다. 따라서 경제적인 압박으로 발생하는 통증이 곧 불행하다는 느낌을 높인다고 보기는 어려우며, 따라서 미국의 경제 압박 전략이 주효할 것이라는 판단에도 문제가 있음을 알 수 있다. 곧 미국의 전략을 대폭 수정할 필요가 있다는 것이다. 경제 압박보다는 경제 선린우호 관계를 설정하는 것이 더 효과적으로 북-미관계를 친선 관계로 전환시키고 전쟁을 예방하게 할 것이다.

가장 부유한 국가가 극도로 가난한 국민들에 대해 경제 압박을 가하고 조이기를 하는 것은 대표적인 '인권유린'이다. 인간을 고문하는 것이 인권유린이며, 전제주의 공포통치를 하는 것이 인권유린이며, 대량 살상을 하는 것이 인권유린이다. 초강대국들이 정의 실현이나 평화 실현의 객관적인 명분도 없이 식민지-신식민지 간 침략전쟁을 일으켜서 인간들을 노예로 삼고, 자원을 착취하고, 석유를 차지하면서, 수많은 청년을 전쟁터에서 죽게 하는 것과 같다. 또 전쟁과 관련이 없는 수많은 양민을 습관적으로 죽이는 것이 인권유린이며, 인간이 꼭 필요로 하는 물과 공기와 식량을 차단하고 에너지를 차단하는 것이 인권유린이듯이[6], 가난한 국가와 국민들을 경제적으로 목 조르는 것도 인권유린이다.

미국의 경제 압박 작전은 심리전으로 연계되고, 다시 문화·군사·외교전략으로 연계될 것이 분명하며 이미 이러한 전략이 추진되고 있다.

북한은 자주적인 경제 전략으로서, 외국의 군사 침략이나 점령이나 소규모 전쟁을 비롯해 핵 공격 등도 방어해야 하는 문제를 안고 있다. 그 대안으로 예방경제전략(The strategy for preventive economy)을 쓰기를 권한다.


### 앞으로의 과제

일본은 북한에서 강제로 군 성노예와 징병, 강제노동으로 끌고 가거나 납치한 수십 만

---

6) 프린스턴대 정치학 명예 교수인 리처드 포크의 『지구촌 인권신장』을 참조. 그는 "이 책을 김대중에게 바친다"라고 서문에 기술했다. 그는 1983~1984년께 프린스턴대에서 열린 북미주기독학자대회 강연에서 한반도가 살기 위해 한국 사람들은 "미국 사람 믿지 말고, 소련 사람에게 속지 말고, 일본이 일어난다. 조선 사람 조심하라"는 말을 기억해야 한다고 했다.

명에 대한 배상과 보상으로 유로 100억 달러를 지불해야 한다. 그리고 북한도 이에 상응하여 일본에 대해 합리적인 조치를 해야 한다. 일본은 대북 경제제재, 금융제제, 대량 살상 무기 확산 봉쇄를 위한 해상작전(PSI)에 참여하는 것과 대북 적대정책 등을 중단하고, 북한과 수교를 맺고, 우방이 되도록 해야 한다. 교회를 포함한 일본의 민간단체들도 이 목표를 추진해야 할 것이다. 일본과 북한은 사랑의 관계를 설정해야 한다.

북한에 대한 마녀사냥 신학(witch hunting theology)을 해체하고 바로잡아야 한다. 북한을 악마로 그려 나가는 작업을 해체해야 한다(demonizing theology). 미국, 영국 등 군산 복합체와 정치 집단이 결속하여 북한을 희생양으로 만드는 행위(victimization)를 중단해야 한다.

성서 연구에서 구약의 여호수아 역할과 신약의 예수 역할을 구분하고, 초강대국들의 현대인들이 구약시대의 여호수아와 자신을 동일시함으로써 약소민들을 대량 살상하는 행위를 정당화하는 것을 폭로하고, 여호수아 착각증후군을 해체해야 한다.

북한, 미국, 일본 등은 서로 희생적인 사랑의 관계를 설정하도록 최선을 다해야 한다. 먼저 국교를 정상화해야 한다. 그리고 핵 초강대국들은 북한의 극소의 핵물질이나 수십 킬로그램의 플루토늄 239 핵능력을 마치 전 세계를 초토화할 수 있는 대량 살상 무기를 보유하고 있는 것처럼 심리적으로 조작하고 과장되게 선전하여 마치 정의가 악마를 사냥하는 것인 양 정당화하지 말아야 한다. 이는 결국 세계의 시민들을 잘못된 정보로 길들이려는 (domestication) 속셈이다. 이러한 과장된 길들이기를 하는 것이 잘못이라는 것을 폭로하고 이를 바로잡아야 한다.

이미 핵무기를 다량으로 확보하고 있는 국가들은 핵을 먼저 폐기해야 한다. 수만 킬로그램의 플루토늄 핵물질을 대량 확보하고 있는 일본은 이 핵물질을 파기 또는 폐기하는 것이 평화의 길이라는 것을 인식해야 한다. 세계에서 가장 위험한 국가는 수백, 수천, 수만의 핵무기를 수십 년 동안 보유한 국가다.

일본과 한국, 북한 등의 기독교교회는 약자들을 대량으로 희생시켜가면서 부익부 빈익빈, 약육강식을 추진하는 집단 세력들을 회개시키고 바로잡는 일에 단결하여 초교파적인 작업을 해야 한다. 예언자적인 행동과 함께 요엘서 3장의 실천을 통해서 '희생당해온 약자들'이 강해질 수 있도록 종합적인 대안을 추진해야 한다.

기아와 영양실조로 사망이 증가하고 있는 북한과 북한 시민들에 대해 1950년 1월 이래

50년 이상 강력한 경제 제재를 가하는 것은 인권유린이다. 최근 단독으로 북한에 경제 제재, 금융 제재를 가하고 있는 일본의 행위는 인권유린이다. 이러한 제재는 직접적인 기아와 영양실조의 원인 중 하나다. 일본은 경제 제재를 중단하고 경제 협력과 정상적인 교류로 전환하는 국가 정책을 펼쳐 국경을 넘어선 협력의 길을 열어야 한다.

미국은 북한이 우라늄으로 전기를 생산해서 산업을 일으킬 수 있도록 허용해야 한다. 이를 봉쇄하는 것은 인권유린이다. 전 세계가 우라늄으로 전력을 생산하고 있는 것을 북한만 할 수 없게 봉쇄하는 것은 국제적으로 불법이며 인권유린임을 인정하고 수정해야 한다. 미국은 북한을 1994년, 2003년, 2005~2006년 3차례 원자력 발전소를 건설할 수 있는 계획을 봉쇄했다.

미국과 일본은 북한을 희생양으로 만들어서 특정 정권을 유지하려고 하거나, 대통령 선거에서 승리하기 위해 악용하거나, 특정 기업의 이익을 위해 북한을 악용하는 일을 중단해야 한다. 예수 그리스도의 사랑의 경제를 실천하는 길은 '예방경제'로써 전쟁을 막고 생명을 살리고 평화를 이루는 것이다.

# 7장 예방경제

## 1. 미국과 일본의 변화 유도와 남북평화번영공동체 구상

2000년 6·15 남북정상의 만남과 공동성명의 발표는 1945년 분단 이래 가장 감격스러운 장면이었다. 미국과 소련에 의한 분단이 민족의 비극, 상잔, 억압, 4·3항쟁에서 3만 명 학살과 선량한 시민과 용공분자를 가리지 않고 20만 명이 학살된 보도연맹사건, 6·25 전쟁에서 수백만 명의 사망과 전 국토의 파괴와 기아, 빈곤의 연속, 그리고 반공법에 의한 인권유린과 의문사 사건들, 김신조 게릴라 공격 사건, 아웅산 사건, KAL기 폭파사건, 유신정권을 유지하기 위한 분단 상황의 악용과 국가보안법의 악용 그리고 희생자들의 속출, 분단체제를 거부하는 청년들의 자살, 장준하·최종길 교수 살해와 은폐, 이한열·박종철 살해 등 이루다 말할 수 없는 수난과 희생과 인권유린이 계속되어왔다. 외세에 의한 분단은 일본 제국주의의 강제 합병과 억압의 근본이었다.

식민 통치와 강제 분단의 고리를 끊어버리는 역사가 남북정상의 만남이다. 6·15는 1910년 이전의 조선으로의 복귀와, 세계 10위의 경제대국으로서 첨단 조국을 건설하는 미래를 향한 새 역사의 첫걸음이었다. 남과 북이 서로 다른 체제를 극복하고, 통일

방식을 수렴해가면서, 우리 힘으로 자주적으로 통일의 문을 열자는 합의가 이루어졌고, 남한은 북한의 경제 발전을 적극 도와나가기 시작했다. 우선 경제로서 하나가 되는 지름길을 열어나가기 시작한 것이다. 이 길 이외에는 달리 선택의 여지가 없다.

남북의 통일을 반대한다는 미국의 리처드 펄, 존 볼튼 등의 발언은 미국 정부의 입장을 간접적으로 표출한 것이다. 남북이 경제협력을 하는 것을 막아야 한다는 전략을 행사하는 집단이 있다. 미국은 북한에 대한 보이는 경제제재와 보이지 않는 경제제재를 계속하고 있다. 북한을 결국 압살할 것인가? 북한을 결국 공습할 것인가? 북한을 결국 이라크 식으로 멸망시키고, 정권교체를 할 것인가? 북한에 대한 '악의 축' 발언과 관련해 악마 죽이기를 실천할 것인가? 남북의 전쟁 분위기 고조로, 남북 경제는 붕괴할 것인가?

일본은 이것을 기회로 유사제법을 통과시켜 북한이 일본을 공격할 것이라는 판단이 서면 선제공격할 수 있도록 법적인 준비를 완료했고, 1000~6000개의 핵폭탄을 만들 수 있는 플루토늄 45톤[7]을 재처리한 상태다. 고이즈미 준이치로 전 총리는 전범자들 묘지에 다시 참배했다. 이러한 행동을 통해 심리적인 결의를 하고, 북한 선박을 압박하고, 대북 송금에 압박을 가하고 있다. 납치문제를 해결하라며 국민 전체의 선정적인 대북 증오 전략을 고취하고 있는 것이다. 일본은 먼저 북한에 대해 일제강점기의 강제징용, 강제노동, 일본군위안부 폭행 치사에 대한 보상 및 배상금으로 70억~100억 달러를 지불해야 한다. 그런 다음 납치문제를 북한과 합리적으로 풀어야 한다.

미국은 대북 적개심을 버리고, 북한과 친구 관계를 맺는 일에 전념해야 한다. 국교를 정상화하고, 제네바 합의 정신대로 ① 경제제재를 완화하고 ② 핵무기로 선제공격하겠다는 조지 부시 대통령의 발언을 취소하고 ③ 북한에 대한 전기 손실에 대해 50만 톤의 중유를 공급하기로 한 약속을 실천하고 ④ 경수로 핵발전소 2기를 2003년까지 공급하기로 한 약속을 실천해야 한다. 이 네 가지를 미국은 위반했다.

미국은 북한 핵을 빌미로 해서 무기를 남한에 판매하려는 계획을 취소해야 한다. 예컨대 PAC 3(미사일을 격추시키는 3세대 미사일)를 2조 원에서 3조 3000억 원에 판매하려는 압력을

---

7) 셀리그 해리슨은 일본이 플루토늄 8톤을 국내에 확보하고 있고, 37톤을 해외에 보관하고 있다고 말했다(〈한겨레신문〉 칼럼 참조). 일본 정부는 '도카이'에만 6800킬로그램을 보관하고 있다고 발표했다. 다른 자료에서는 43톤이라고도 추정한다.

취소해야 한다. 남한은 남한대로 자주적으로 무기를 신토불이 방식으로 제조해서, 우리 땅 방어에 맞는 첨단무기를 자주적으로 생산하는 데 2조~3조 원의 세금을 써야 살아남을 수 있다. 25~50센티미터 크기의 카메라를 장착하고, 무장한 첨단무기 무인비행기를 싼 값으로 대량생산해서 한반도의 국방에 투입해야 한다. 이 시스템은 차세대 전쟁에서 필수이며, 우리 지역 조건에 맞지 않는데도 막대한 비용을 들이면서 써온 미국의 무기체계를 대체할 수 있을 것이다. 그리고 10조 원 단위의 국방산업을 통해서 실업자를 구제하고, 군산 복합의 자주적인 생산체계를 확보할 수 있을 것이다.

미국은 100억 달러의 첨단무기를 남한에 가져다놓을 테니 미군 방위비로 100억 달러를 내놓으라며 압력을 가해서는 안 된다. 남한 정부는 이 100억 달러의 비용으로 신토불이 무기를 한국 특허권으로 만들고 그에 맞는 첨단 전략을 세워야 한다.

북한의 핵무기 문제는 선정적으로 과장되고 악용되었다. 북한은 영변, 태천에 핵발전소를 건설해서 1996년부터 전기 생산에 들어갈 수 있었다. 미국은 이것을 차단하고 포기시켰고 신포까지 망쳐놓아 북한의 전기 생산을 결정적으로 파괴했다. 북한의 산업은 한 때 마이너스 성장을 하고 있고, 이미 350만 명이 굶어죽은데다 여전히 기아가 지속되고 있다. 가장 큰 원인 중의 하나는 전기 생산을 차단했기 때문이다. 미국은 북한의 전기 생산을 방해하지 말아야 한다. 경제 협력을 통해 735달러 정도의 GNP를 3000달러 정도로 3~5년이내에 끌어올릴 수 있도록 협조해야 한다. 북한에 대한 군사 선제공격 위협을 중단해야 하며, 해상봉쇄, PSI, CSI 등의 계획을 취소해야 한다. 유엔 안보리 의장성명을 통한 압박을 하지 말아야 하며, 오히려 북한과 친선관계를 맺고, 무역을 활성화하고, 인도적인 교류와 인적 교류를 바라는 북한의 간절한 요구를 받아주어야 한다.

북한이 몇 개의 핵무기가 있다고 해도 미국을 정복하거나 초토화하거나 식민지로 정복할 수는 없으며, 그럴 의향도 없을 것이다. 다만 침공당할 경우에 대비해 최후 방어용 이상으로는 쓸 수도 없는 제한적인 화력을 가진 것뿐이다. 일본도 이 기회에 북한과 국교정상화를 이루고 나머지 일들을 순리대로 풀어나가는 과정을 밟아야 한다.

남북한은 경제 통일을 우선적으로 추진해야 한다. 정치구조의 통일은 전략적으로 복잡한데다 시간이 많이 걸릴 수 있으므로 인내심을 가지고 우선 고려할 사항이다. 남과 북이 경협을 해야 스탠더드 앤 푸어스는 현재의 〔A〕 등급을 계속 유지하다 상향조정하겠다고 한다. 만약 남북이 경협을 줄이고, 전쟁 분위기로 가거나 우발적인 전투가 일어나거나 미국이 북한을 공습하면 〔B〕 등급으로 하향조정하겠다고 존 챔버스 이사는 발표했다. 하향 등급을 받으면, 남북한 경제는 소리 없이 붕괴의 길로 들어갈 것이고, 기업주 400명이 자살하고, 1만 5000개 기업이 도산했던 IMF 외환 위기가 재현될 것은 불 보듯 뻔하다. 군인들은 당분간 북한에 대해서 절대로 발포해서는 안 된다. 교전규칙을 적용해 몇 발 발포함으로써 미군이 북한을 공습하는 빌미를 주면, 민족이 멸망하고 전 국토가 초토화될 것이다. 빈대 잡으려고 교전규칙을 융통성과 유연성 없이 적용하다가 '초가삼간 다 태우는' 어리석은 전술을 써서는 안 된다. 전투에 이기고, 전쟁에서 민족 전체를 멸망시키는 군인이 되서는 안 된다.

북한은 경제 발전을 간절히 원하고 있다. 이것을 보장해주면, 북한은 남침할 이유가 없고 승산 없는 전쟁을 일으킬 이유도 전혀 없다. 남북은 단결해야 지금의 전쟁 위기를 극복할 수 있다. "미국 사람 믿지 말고, 소련 사람에게 속지 말고, 일본이 일어난다. 조선 사람 조심하라"는 옛말을 지금 새겨들어야 한다. 미국과 친선우호정책을 실용적으로 써야 하는 것은 당연한 일이며, 남한은 미국과 적대관계로 나갈 필요가 없다. 미국과 실용적으로 우호관계를 바탕으로 나가야 한다. 일본과도 우호적으로 관계를 맺어나가야 한다. 그러나 일본과 미국에게 한민족이 악용당해서, 한반도가 대리 전쟁터가 되거나, 미국과 일본의 군산 복합체의 이익을 위해서 한민족의 생명과 재산과 명예가 희생당하는 일은 '붉은 선(Red Line)'으로 그어서 명확히 막아야 한다. 남북한이 단결해서 공동운명을 풀겠다는 것을 우선시해야 하며, 경제력이 강한 남한 정부가 이것을 주도적으로 끌고나가야 한다. 친미가 곧 대북 적대정책으로 나타날 필요는 없다. 미국과 친선관계를 유지하면서도 북한과 동시에 공동번영을 꾀하고, 평화를 강화하고, 군사적으로도 남북한이 친선을 유지하고, 향후 남과 북이 공동으로 한민족과 한반도의 국방을 위해서 함께 일하는 일을 성취시켜야 궁극적으로 남북의 전쟁 가능성을 없앨 수 있다.

미국은 곧 남북이 공영 공리 전쟁 방지와 주권 옹호를 우선할 때 우방으로서 의미가 있는 것이다.

## 2. 약자를 강자가 되게 하는 통일전략

요엘서 3장 1절 이하는 약자를 강하게 하라는 예언이다.

요엘은 하나님에게서 명령을 받았다. 약자는 강하게 되어 승리하리라는 말씀이었다. 낫을 쳐서 칼을 만들고, 보습을 쳐서 창을 만들어 나가 싸우면 여호와 하나님께서 장군을 만들어주시어 승리하게 한다는 약속이었다. 미가는 초강대국들이 무장을 해제한다는 계시를 받았다. 1905년 미국과 일본은 한반도를 식민지화하기로 약속했고, 1945년 미국과 소련은 한반도를 둘로 나눴다.

2005년 봄 한반도에는 미국의 새로운 군사 배치가 진행되고 있다.

스텔스 전투기 15대는 한반도에, 칼빈슨 항공모함은 한반도와 일본에 도착하여, 2003년 이라크를 공격하던 규모의 전력이 2005년 6월 한반도 주변에서 유지되고 있다. 괌에서도 24대 편대가 북핵 폭격용으로 수시 배치되고 있다. 2008년에는 핵무장 항공모함 '니미츠'와 핵무장 잠수함 '오하이오'가 부산에 들어왔고, 러시아의 핵무장 항공기 베어가 미국의 니미츠와 오하이오를 근접 감시하기 위해 5킬로미터까지 접근하고 있다. 이 수준이면 충분히 북한을 초토화할 수 있는 전력이다. 미국은 현재 작전계획〔OPLAN 5030, 5026, 5027, 5029, 그리고 8022(지구촌폭격)〕 등을 활용하고 있다고 판단된다.

세계식량기구(WFP)는 2005년 북한에 다시 식량 위기가 오고 있고, 90만 톤의 식량이 부족하며, 350만 명의 인구에게 절대량의 배급이 중단되고 있다고 보고하고 있다. 1990년대 말에는 200만 명에서 350만 명이 기아로 사망한 것으로 보인다(조선그리스도교련맹중앙위원회위원장 강영섭 목사는 350만 명이 사망했다고 보고했다).

보도에 따르면 청진의 공장 80%는 전기부족 등으로 문을 닫은 지 오래다. 2007년 남하한 인민군은 키가 150센티미터에 몸무게가 45킬로그램이었다. 기아와 식량부족은 산모에게 치명적이다. 게다가 모태 내 영양부족은 아이에게 지능 저하 현상을 일으킬 수 있다고 한다.

남한은 대규모 북한 경제 살리기에 나서야 한다. 3~5년 내에 300억 달러(40조 원)를 투자하여 경제 통일을 추진하고, 북한의 경제를 살리기 위해서 남한의 조건을 최대한 활용해야 한다. 경제로서 전쟁과 인권유린을 막아야 한다. 식량 100만 톤, 비료 50만 톤을 차관 등으로 공급하고, 150억 제곱미터(150만 정보)에 이르는 산지에는 밤나무 단지를 조성해서 200만 톤을 생산하게 하고, 개성공단 6600제곱미터(2000만 평)를 신속히 완공하고, 전기 에너지 250만 킬로와트를 준비되는 대로(예: 50만, 100만, 200만을 계절에 따라 조절한다) 차관이나 판매를 통해 북한에 공급하고, 핵 전기생산을 위한 시설을 공동협력하여 신포에 완공해야 한다.

북한이 자체 힘으로 태천에서 건설하는 발전소를 완공할 수 있도록 미국을 설득해야 한다.

미국은 북한이 자체 기술로 태천 영변에 250만 킬로와트급 핵발전소를 건설하는 것을 저지하지 말아야 한다.

1000개 이상의 핵무기를 생산할 수 있는 일본에 대응 세력을 구축해야 하며, 바닷물에서 중수소를 얻어 헬륨 열융합에너지를 확보하는 데(2007년 KSTAR 완공 예정) 정부는 10조 원을 추가로 투입하고, ITER(International Termonuclear energy research, 국제핵융합실험로)를 한반도에 유치하도록 노력해야 한다. 무인비행기(predator형)를 우리의 특허권으로 개발하고, 대량생산하여 첨단 국방기술을 확보해야 한다.

국회는 '전시작전권을 한국 대통령이 소유한다'라는 조항을 입법조치하고 전시작전권을 우리 정부가 소유하도록 해야 한다.

미국과 북한은 국교를 수립하고 선린우호관계를 정립하는 것이 전쟁을 예방하는 최선의 길이다. 미국은 북한에 대해서 경제제재를 중단하고 최혜국 대우를 해야 한다.

미국의 정책과 전략의 후속적인 작업은 인종차별, 약소민족 차별을 초래했다. 이러한 일들이 한반도와 남북한 사람들의 과거와 현재와 미래에 끼칠 부정적인 영향을 검토하고 예방해야 한다.

미국은 태평양에서 마셜 아일랜드의 브라보 테스트(3.1. 1954)와 같은 수준의 핵전쟁과 핵실험을 해서는 안 된다. 브라보 테스트 수소 폭탄 실험으로 원주민들의 극심한 암 발생, 유아 사산, 기형아 출산이 3세대에 걸쳐 진행되고 있다.

일본과 미국은 1905년 가쓰라-태프트 밀약으로 한반도를 식민 점령한 것을 뉘우치고 이에 대한 보상과 배상을 해야 한다. 미국과 일본이 동맹하여 한반도를 또다시 침탈하지 않도록 해야 하며, 어떠한 이유로도 미-일 군사동맹이 한반도에서 대량 살상의 전쟁을 도발시키지 못하도록 해야 한다.

미국과 소련 양국은 한반도를 분단 점령한 일이 한민족의 피해와 비극의 원인이었음을 뉘우치고, 분단 극복 과정에서 다시 방해자의 역할을 하지 말아야 한다. 주변 강국들은 한반도의 통일지향 과정에서 긍정적이고 보조적인 역할을 해야 하며 간섭하거나 저지하거나 방해해서는 안 된다.

전 세계의 핵무기는 완전하고 돌이킬 수 없고 증명할 수 있도록 폐기한다. 그리고 핵무기 보유국과 일본 등 준 보유국들은 동시에 이를 실천한 후 핵 약소국들에게 핵무기를 전파하거나 확산하는 일을 중단해야 한다(선 CVID Nuke-haves, 후 CVID nuke-have-nots).

1950년 미국 아이젠하워 대통령은 약소국을 살리기 위해서 평화적인 핵에너지와 기술을 전파하고 확산시켜야 한다고 선언했다. 핵을 평화적으로 이용하려는 것을 저지하지 말아야 한다는 것이다.

한국은 3%의 농축 핵연료를 2000톤 이상 비축하여, 앞으로 일본이 대량의 플루토늄을 보유함으로써 한반도를 핵능력과 무기로 위협하는 데 대한 예방 차원의 국방능력을 길러야 한다.

남북(북남)통일준비위원회를 대통령 직속으로 남한과 북한에 설치하는 것을 권고한다.

미국은 북한을 기아로 압박하는 경제제재를 중단하고, 북한의 인권을 유린하는 대북 압박, 경제제재를 중단하여 북한의 인권을 신장해야 한다. 또 북한의 식량인권을 신장시키는 식량협력공동체를 구성해야 한다.

일본은 북한에 대해서 100억 유로를 지불하여 일제강점기에 착취, 침탈, 납치, 일본군 위안부 납치, 강제노동, 강제징용한 데 대해 보상 및 배상하고, 평양선언을 준수하고, 북한과 즉시 국교를 수립해야 한다. 미국은 북한에 대한 5029, 5030 군사작전을 중단하고 즉시 북–미수교를 해야 한다. 수교만이 북–미 간 전쟁을 방지하는 지름길이며 대테러전에서 쌍방이 모두 승리하는 길이다. 이 길이 통일로 인도할 것이다.


## 3. 재처리 시설과 예방경제

"남한은 재처리 시설을 확보하고 미국은 즉시 종전을 선언하라"라고 요구하는 것은 현재의 전략으로 긴요한 것이며, 특히 한반도에서 열전을 방지하기 위한 에너지 전략이자

‘예방경제’ 전략이다.

　원자력 재처리 시설을 확보하지 않고 한반도의 경제 인권을 유지하는 것은 심각한 장애가 될 수 있다. 일본의 재처리 시설, 미국의 재처리 시설 등 강대국들의 재처리 능력을 계산할 때, 한반도에는 반드시 남과 북에 재처리 시설을 확보하는 것이 강대국의 침략을 방지할 수 있는 수단이 될 수 있다. 원자력 재처리 시설을 소유한 국가의 에너지 확보 능력과 원자력 재처리 시설을 소유하지 못한 국가들의 에너지 확보 능력에 절대적인 격차가 발생하며, 이 심각한 격차로 전쟁이 발발할 수도 있다. 에너지 강대국들이 그 힘을 축으로 약자를 정복, 침공, 노예화, 지배, 조종하고자 하는 욕망이 증대할 수 있고, 이 욕망을 달성하기 위해 ‘국제적인 정당화 과정’을 확보하려 하고, 결국 침공하여 수백만 명의 인명을 살상하면서 도덕적인 정당성을 확보했다는 착각에 빠질 수 있다. 이러한 ‘도덕적인 해이(moral hazard)’는 결국 습관적으로 발전되고, 습관적으로 약소민족이나 약소국가들을 침공하고, 대략살상을 하면서도 ‘정의’ ‘자유’ ‘민주주의’를 실현하기 위한 실천이라고 ‘정신적인 착각’을 하는 경우가 발생하는 것이다.

　따라서 약소국들도 원자력 에너지를 확보할 수 있도록 보장하고 배려하는 것은 대량 살상의 ‘전쟁 범죄’를 예방하는 예방경제의 전략이 될 수 있다.

　1991년 한반도 비핵화 선언에서는 핵의 재처리 시설까지 보유하지 않기로 되어 있다. 그러나 이것은 잘못된 것이었고 지나친 면이 있다. 셀리그 해리슨은, 일본이 레이건 대통령 시절에 강력하게 로비해서 재처리 시설을 확보했고, 현재 43톤의 플루토늄을 소유하고 있다고 말했다. 이는 핵무기를 수백, 수천 개까지 만들 수 있는 양이다.

　일본은 유전이 없는 대신 플루토늄을 확보함으로써 완벽하게 에너지를 보충하고 있다. 우리는 유전도 없을 뿐 아니라 핵 재처리 시설도 없어서 에너지 확보의 자주성을 상실하고 있으며, 외국에 거의 전적으로 의존하고 있는 종속적인 상황에 가깝다. 북한이 이미 핵실험을 성공한 상황에서 남한은 최소한 원자력발전소에서 나온 폐기물을 재처리해서 플루토늄을 확보하고 다시 에너지로 사용할 수 있는 ‘시설’을 확보하는 것이 합당하다. 일본과 경쟁에서 절대적인 열세에 처해 있다는 것을 인정하고 에너지 확보에서 패전하는 일을 막아야 한다. 라인홀트 니버가 주장한 ‘패배주의적인 전략(Pessimistic defeatism)’을 무비판적으로 수용하는 것은 심각한 문제를 초래한다.

2006년 11월 15일 나는 주한미대사 버시바우와 아침식사 모임을 했다. 미국 예일대학 동창회였다.

대사에게 "평화협정을 맺고 모든 것을 정리하는 것이 어떻겠는가?" 하고 제안했다. 그리고 "2005년 9월 19일 베이징 6자회담 합의서에서 발표한 대로 북한에 대해 경수로를 제공하는 것을 논의하는 게 어떻겠는가?" 하고 덧붙였다.

부시 대통령은 1953년의 한반도 휴전협정을 종전선언으로 바꿀 의사가 있다고 말했다. 단 북한이 핵을 폐기하고 포기한다는 전제가 있었다. 미국이 어리석은 전쟁 분위기로 끌고 가는 것에 대해 한국인들은 이제 피로감이 쌓여가고 있고, 이는 북한도 마찬가지다. 피로가 지나치게 쌓이면 암 발생률이 높은 것처럼, 한반도는 강대국들의 전쟁 놀이터가 될 수 있고 초토화될 수도 있다. 그러면서도 이익은 강대국들이 챙길 것이 분명하다. 정신병적인 도박을 더는 두고 볼 수 없다. 현재 상황에서 우선 미국과 중국과 북한에 종전선언을 요구해야 한다. 그리고 유엔은 1953년 휴전협정의 당사자로서 지위를 인식하고, 휴전을 종전으로 풀어야 한다. 유엔이 자신의 의무를 인식하지 못하고 일방적인 제재만 하면서 자신의 평화협정 의무를 망각하는 것은 비극적인 실수다. 너무 늦다. 이별이 너무 길다. 이제는 끝내야 한다. 미국은 현재의 핵 갈등 상황을 전제하고서라도 조건 없이 그리고 즉시, 우선적으로 종전선언을 하기를 부시 대통령에게 권고한다.

나머지 일들은 다음 단계에 처리하면 된다. 미국은 북-미 갈등을 종전선언으로 해결하는 것이 더 이상 피로가 쌓이는 것을 막는 길이고, 이는 미국의 안보와 경제에 도움이 되는 길임을 알아야 한다.

미국은 대량 살상 전쟁을 다시 발발시킬 만한 능력이 한계에 도달했음을 인식해야 한다.

전쟁으로 욕망을 해결하는 방식보다 경제로 욕망을 충족하면서 대량 살상을 피해나가는 전략을 추구하는 것이 미국이 자국의 이익을 추구하는 길이며, 전 세계의 이익과 생명 공동체를 살리는 길이다. 라인홀트 니버의 전략을 이곳에 적용하는 것은 타당성이 있다. 권력이 집중되는 곳에는 권력 분산을 추구해야 한다.[8]

---

[8] 그는 권력의 분산(Decentralization of Power)이 민주주의를 이루어낼 것이라고 기대하고 있다. 필자는 그의 방법이 앵글로색슨 제국주의적 현실주의를 '덜 악한(lesser evil)' 것으로 선택하고 있는 데 결정적으로 문제가 있으며, 분단지향적인 신학이라고 평가한다(노정선, First World Theology and Third World Critique: Reinhold Niebuhr's Ethie, New York: The Sung, 1983 참조).

## 4. 베이징 6자회담

2007년 2월 13일 베이징에서 6자회담 합의문이 나왔다. 그에 대한 평가는 주식이 올라가고, 한반도 위기 상황이 평화적인 안정 상태로 전환되어가고 있는 것으로 알 수 있다. 북한의 핵 프로그램과 시설을 점차적으로 동결보다 높은 수준으로 올려 결국에는 비핵화하는 것을 목표로, 단계별 행동에 돌입하고, 그에 따라 최초로 중유 100만 톤을 다양한 방식으로 공급한다는 내용이다. 국가의 상황에 따라서 중유나 식량으로 혹은 직접 전기를 송전하거나 가스를 공급하는 것으로 지원한다고 상호 약속을 한 것이다. 이로써 상호 테러지원국의 명단에서 제거하고, 적대국가에 대한 교역 제재(trading with the enemy act)를 풀어나가고, 정상적인 국교를 수립하고, 평화체제를 구축하고, 결국에는 전쟁을 방지하면서 비핵화 과정을 추진하기 위해 북—미 간 5개 실무그룹이 구성되었다. 일본을 제외한 다섯 국가는 만족하고 있으나, 일본은 납치 문제를 해결한 후에야 합류할 수 있다는 방침이다. 일본 역시 북한에서 수십만 명을 납치해 죽이고 폭행한 데 대한 사죄와 보상과 배상을 해야 할 것이다. 그러나 일본이 관망 자세로 있다고 할지라도 나머지 5개 나라는 얼마든지 평화를 정착시킬 힘이 있으니 염려할 것은 없다.

바람직한 목표는 무엇인가?

베이징 6자회담 합의는 아직까지 실현되지 못하고 있으며, 다만 궁극의 목적처럼 되어 있을 뿐이다. 아직도 미국은 적대적인 대응을 하고 있다. 2008년 3월 2일 부산항에 들어온 미국의 핵무장 항공모함 니미츠, 핵 공격 잠수함 오하이오 등등의 대응은 과거보다 몇 배 더 강력한 군사력을 자랑한다. 대북 경제제재도 그대로 진행되고 있으며, 북한은 여전히 테러지원국 명단에 들어 있다.

북한과 미국은 이러한 전쟁 위기 상황을 180도 전환해서 항구적인 평화 상태로 변화시켜야 한다. 북한과 미국은 적대관계를 친선관계로 바꾸고, 휴전협정을 통해 신속히 종전을 선언하고, 이로써 한국과 유엔과 중국과 북한은 휴전협정을 평화협정으로 전환해야 한다. 그러기 위해서는 반기문 유엔사무총장이 총력을 기울여 유엔이 평화협정을 선언하도록 해야 한다. 북한의 기근 상태를 영구히 제거하고, 남북한이 하나가 되어 개성공단 같은 것을 10개 정도로 확대하고, 북한도 충분한 전기와 에너지를 획득해서 산업을 일으키고, 수출을 통해 부족한 식량을 구입할 수 있도록 지원해야 한다. 또한 남북한이 단결해서 경제공동체를 이루고, 정치통일은 천천히 하더라도, 최소한 경제적으로는 하나가 되어서 경제통일을 달성해야 한다. 한반도에서 이라크 전쟁이나 월남전쟁과 같은 불행한 사태는 절대로 일어나지 않아야 한다. 미국의 폭격기는 토마호크 미사일들이 북한을 공습하지 않고, 일본 군대가 미군을 지원한다는 명분으로 북한을 침공하지 않고, 한반도에서 500만 명이 핵 전쟁으로 사망하는 일이 없도록 해야 한다. 비핵화는 함께 노력해야 한다.

문제는 미국이 먼저 핵무기를 다 버려 비핵화하고, 러시아, 중국, 일본이 모두 핵무기를 제거하는 것을 목표로 해야 한다는 것이다. 일본 또한 43톤 정도의 플루토늄을 언제든지 수천 개의 무기로 만들 수 있는 상황을 비핵화하고 나서 북한에 비핵화하도록 요구해야 한다. 자신들은 계속해서 신형 핵무기를 개발하고 축적하면서 다른 나라에 비핵화를 요구하는 것은 자기 눈에 들보는 보지 못하고 남의 눈의 티를 탓하는 것이라는 점을 알아야 한다. 자신들은 수천만 명을 대량 살상하는 전쟁을 해왔으면서 약소국에게 악한 행동을 하지 말라고 주장하는 것은 모순이라는 점을 깨달아야 한다.

미국과 일본이 각각 50개, 그 외 중국, 러시아, 남한 등이 수많은 핵발전소를 운영하고 있다. 따라서 북한도 핵을 가지고 전기를 생산할 수 있도록 허용하는 것을 신중히 논의하고 합의하여 에너지 부족으로 대량 기근 사태가 발행하지 않도록 평등한 대우를 해야 한다. 아이젠하워 전 미국 대통령이 가난한 나라에 핵에너지를 평화적으로 이용할 수 있도록 강대국들이 노력해서 세계의 빈곤을 해결해야 한다고 주장한 것을 지금 실천해야 한다. 북한에서 350만 명이 굶어죽는 것은 강대국들이 1994년 이래 북한을 폭격하겠다고 계속해서 위협하면서 북한의 원자력발전소 건설을 봉쇄하며 13년을 끌어온 것이 중요한 요인 중 하나다. 6자 베이징 합의는 또다시 북한이 원자력발전소를 소유하지 못하도록 추진하는 것이라는 점에서 근본적인 문제점을 안고 있다.

한반도가 이라크 전쟁 이후에 또 다른 전쟁터가 되지 않도록 민족적인 단결이 필요하다.

남북한이 강대국들의 조종과 조작 속에서 서로 희생양이 되지 않도록 하는 지략이 필요하다. 남과 북이 단결하면 한반도에서 대량 살상의 전쟁을 막을 수 있고, 강대국들의 희생양이 되는 것을 막을 수 있다. 또한 빈곤과 기아에서 탈출하고, 강력한 경제 공동체로서 세계화의 물결에서 승리할 수 있을 것이다.

### '불능화'와 '임시중지'와 '디스에이블먼트(disablement)' : 해석이 갈등 요인

문제는 역시 해석에 있다. 중국어로 합의문 전문이 발표되었는데 그 발표문을 북한의 용어로 해석한 것은 상당한 차이가 있는 것으로 평가되고 있다. 5개국은 불능화를 완전히 기계가 작동하지 못하게 하는 공사로 해석하고 있는 듯하나 북한의 평양방송에서는 '임시중지'로 발표했다. 영문판에는 디스에이블먼트(disablement)로 공식적으로 나왔다. 이 해석의 차이를 미리 합의문에서 자세히 규정하는 부칙을 만들지 않은 것이 큰 불씨의 소지가 있다.

이러한 해석 차이는 1994년 제네바 합의구도와 2005년 9·19 합의문제에서 동일하게 나타나고 있으며, 2002년 10월 켈리와 리근의 대화에서도 나타나고 있다. 해석을 잘못한다거나 통역을 잘못할 수도 있으므로 기술적인 용어에 대해 합의문에서 구체적인 낱말의 뜻을 규정해야 한다는 것을 알아야 앞으로 큰 혼란을 막을 수 있다.


## 5. 패배주의와 낙관주의

### 패배주의적 입장과 낙관주의적 입장

패배주의 입장이란 무엇인가? 미국의 핵무기와 핵 프로그램을 완전하고 증명할 수 있고 돌이킬 수 없도록 폐기해야 한다는 입장이다. 이는 비핵화가 비현실적이니만큼 시도할 필요도 없고, 해도 안 되니까 포기하자는 입장이다. 그리고 폐기할 수 있다고 생각되는 북한의 핵무기와 핵 프로그램을 완전하게 폐기하도록 강력한 압박을 가하고, 식량차단, 경제봉쇄, 금융거래 봉쇄, 군사봉쇄, 문화봉쇄, 교류봉쇄 등을 추진해야 한다는 주장이다. 이를 패배주의 입장으로 분류할 수 있다.

영국 민간단체인 그린피스는 강력히, 때로는 생명을 걸고 세계의 비핵화를 위해 일하고 있으며, 특히 핵무기 강대국들의 핵실험과 신형 핵무기 개발에 저항하는 작업을 하고 있다. 미국을 비핵화하여 완전하게 세계의 핵을 다 폐기하는 것을 목표로 추진해야 하며, 결국 할 수 있다는 확신을 갖고 추진해야 한다는 입장이다. 이런 입장은 낙관주의 입장이라고 볼 수 있다. 프랑스가 핵 실험을 남태평양에서 하는 것을 저지하려고 작은 보트로 저항하던 한 그린피스 대원은 군의 공격으로 사망했다.

이러한 분류는 라인홀트 니버[9]의 견해를 원용해서 발전시킨 것이다.

핵 판매와 구입으로 북한의 핵무기를 제거하려는 방안도 제시될 수 있으나, 이는 북한이 완전하게 동의하지 않는 한 불가능하며, 수십 년간 허리띠를 졸라맨 노력으로 만든 핵무기를 미국이나 6자 회담 관련국의 통합된 거래로서 판매하지는 않을 것이라는 해석도 근거가 있다. 결과가 어떻게 될지는 두고 보아야 할 일이다.

우크라이나, 벨로루시 등에 있었던 6000기가 넘는 핵무기와 미사일 등의 장비는 경제적인 대가를 지불하는 조건으로 해체되거나 이전된 경험이 있다.

미국이 북한이 소유하고 있는 것을 구입해서 제거하는 방안이 있다. 크리스토퍼 힐 미국 무성 차관보가 2007년 6월 평양에 갔을 때, 혹시 이런 제안이 있었는지에 대한 궁금증이 일었으나 실제로 그런 제안은 하지 않은 것으로 보도되었다. 진실은 후에 밝혀질 것이다. 파키스탄의 에큐 칸 박사에게서 구입한 것으로 알려진 원심분리기들은 핵무기를 만들 수 있는 수천 기는 아니었고, 불과 20기 정도였다는 추측도 있었다. 북한은 무기급의 고농축 우라늄을 생산한 적이 없다는 주장을 고수했다. 그리고 북한이 수입한 알루미늄을 미국에 증거물로 제시했다.

나는 몇 년 전 에모리대학에서 특강을 한 적이 있다. 2005년이었던 것 같다. 1994년 당시 주한미국대사를 지냈던 제임스 레이니 명예총장이 논찬을 했다. 그는 1994년 미국이 북한 영변을 폭격한다는 소문이 돌던 때, 핵 위기를 해결하고 한반도에서 수백만 명이 죽을 수도 있는 전쟁을 방지하는 데 중심 역할을 했다.

1억 달러나 2억 달러로 북한의 핵무기 한 발을 구입하는 방안으로 미국이 원하는 거래를 할 수도 있다고 했다. 물론 북한이 핵무기를 제조하기 위해서 지금까지 지불해온 것을 돈으로 환산할 수는 없는, 정신적인 부분이 있음을 인정해야 한다. 정신적인 기조는 돈으로 구입할 수 없다. 북한의 강석주 외무성 제1부상은 "핵무기를 해체하려고 만든 것은 아니

---

9) 『도덕적 인간과 비도덕적 사회(*Moral Man and Immoral Society*)』(1932년)의 저자이며, 정치가를 위한 예언자라고 평가받는 정치윤리학자다.

다”라고 발언한 적이 있다. 북한이 핵무기를 완전히 폐기하리라는 것은 예측하기 어려운 일이고, 핵 폐기에 대응하는 북한에 대한 안전보장 장치가 완벽하기가 어렵다는 현실적인 문제가 있다는 것은 북한과 미국, 일본도 다 알고 있는 사실이다. 역사 상 강대국이 약소국의 안전을 완벽하게 보장해준 사례는 없었을 것이다.

빅터 차[10]는 중앙일보와 인터뷰에서 원심분리기를 구입하려 했느냐는 질문에 “금시초 문이다. 그런 방안은 내가 부시 행정부에 있는 동안 한 번도 논의된 바 없다”라고 답했다 (〈중앙일보〉 2007년 6월 23일자 ).

빅터 차는 크리스토퍼 힐이 평양에 간 것은 북–미 정상화가 궁극적인 목표였다고 말했다.

북한의 핵은 단순한 돈의 문제를 넘어서는 것이다. 궁극적으로 북한과 미국의 전쟁을 종식시키고, 외부의 군사력이 북한을 침공하지 않는다는 평화체제를 구축하지 않는 한 북한의 핵을 폐기시키는 일은 극히 어려울 것이 분명하다.

## 탈식민지적 방법과 신식민지 방법

역사적인 한반도 갈등과 억압과 지배와 해방의 문제를 풀어나가는 데는 두 가지 접근 방식이 있을 수 있다. 그것은 탈식민지적 방법과 신식민지적 방법이다.

신식민지적 접근은 과거에 식민지들을 소유했던 세력이나 국가에 또 다시 새로운 식민지 지배의 이익을 가져다줄 가능성이 높다. 그러나 탈식민지적인 접근으로 한반도 문제를 해결한다면, 자연히 과거 식민지로 점령당해서 피해를 입은 사람들에게 해방과 자유와 민주의 이익을 가져다줄 확률이 높다.

일본의 현 정권은 북한의 평화문제와 관련하여 일본의 헤게모니와 이익을 확장하기 위해 신식민지적인 접근을 하고 있다. 고이즈미, 아베 전 총리 등의 자민당 정권이 그러하며, 사회당의 무라야마 전 총리는 탈식민지적인 접근을 하고 있다. 그러나 무라야마 정권은 단기간에 그치고, 해방 이후 전 기간을 자민당이 집권해오고 있다.

2007년 6월 21일 이종구 성공회대 교수는 ‘동북아 평화와 6자회담’이라는 주제로 열린 기독자 교수협의회에서 아래와 같은 견해를 발표했다.

---

10) 조지타운대 교수이고 백악관 국가안보회의(National Security Council)에서 동아시아 담당보좌관으로 한반도정책을 주도해온 바 있다. 2006년부터 6자회담의 미국 차석대표도 했다(〈중앙일보〉 2007년 6월 24일자, 5면).

"학문적인 식민지성을 넘어선 학문이 필요하다. 선과 악의 대결을 넘어 국제기독교대학의 지바 신(Chiba Shin) 선생은 「동북아 평화와 화해 : 일본의 시각에서」라는 논문에서, 일본의 지배 의도를 다시 한 번 짚어가고 있다는 점에서 중요한 제안을 하고 있다. 시민은 선한 존재라는 환상을 버려야 한다. 시민이 보수화되면서 네오 리버럴리즘의 문제가 있다. 일본과 북한의 국교 정상화가 이루어지는 것이 6자회담의 결론일 것이다. 1965년 한-일 국교 정상화는 시민의 목소리가 배제되고, 정치가와 대기업이 주도한 것이었다."

한반도의 핵문제를 해석하고 있는 많은 이론의 문제점 중 하나는 한반도의 문제를 미국과 일본의 이익 중심의 시각으로 판단하려는 심층적인 역학을 벗어나지 못하는 경우가 많다는 것이다.

미국의 핵무기를 완전히 폐기하는 것은 불가능하다는 전제를 수용하는 것이다. 그리고 미국을 비핵화해야 한다는 주장은 상상도 못할 일이라는 전제를 수용하는 경우도 있으며, 미국을 비핵화는 것보다 미국의 핵을 인정하고 국제 경찰로서 미국이 세계 문제를 해결하는 데 도덕적인 축 역할을 하게 한다는 전제를 수용하는 경우도 있다. 미국의 핵무기를 비핵화하는 것은 고려하지 않고, 북한을 비핵화해야 한다고 주장하는 경우가 대부분이며, 이러한 현상은 역시 새로운 식민지 혹은 신식민지 패권 지배 구조를 수용하는 것을 의미한다. 그리고 그것이 도덕적이라고 판단하는 데까지 가는 것을 의미한다. 한반도의 평화는 탈식민지적인 학문으로 분석하는 데서 도출될 수 있다.

방코델타아시아 은행을 제재하면서, 북한의 국제 금융 거래를 봉쇄한 사건은 북핵 해결의 결정적인 사건이었으며 장애였다. 이를 풀어나가는 과정에서 미국과 러시아가 직접 개입하면서 풀리기 시작했고, 이러한 미국-러시아 구조는 1945년 8월 한반도를 분단시킨 주체적인 구조였다는 것을 상기해야 한다. 역사는 돌고 도는 것이다. 1945년 미국과 러시아의 잘못된 판단, 즉 분단 결정이 2007년에도 지속되고 있는 역사적인 증거가 바로 방코델타아시아 은행을 통한 북한 국제 금융 거래 차단으로 나타난 것이다.

미국 혼자서는 이 문제를 풀 수 없었고, 러시아의 개입과 참여로 풀린 것이다.

결국 한반도의 평화를 위해서는 이러한 역사적인 굴레, 즉 식민지시대의 굴레를 구조적으로 탈피하고, 성숙한 구조로 나가야 하며, 거기에서 인간적인 평화(humane peace)와 인간적인 도덕성이 살아나게 되는 것이다(참조 5가 도움이 될 것이다).

주기가주 니시가키 박사(Tsugikazu Nishigaki)는 "히로시마는 원자 폭탄으로 폭격당하기 전에 모든 군수 제조, 사령부가 있어서 죄를 지은 도시였다"라고 고백했다(2007. 6. 9, 감리신학대학교 평화실천과 아시아기독교교육학회, 한국기독교교육학회에서 발표).

그 자리에 참석한 안중식 교수(한신대 초빙교수)는 북한에서 출생했고, 뉴욕신학교 교수이며, 북미주기독학자대회 회장을 지냈다. 그는 북측 학자를 미국에 초청해서 대화하는 모임을 주최했고, 수십 년간 통일운동을 했으며, 34년간 미국에 거주하면서 장로교 목사로서 오랫동안 이민목회를 해왔다.

안 교수는 '평화와 통일'라는 주제로, 통일이 되려면 미국이 투 코리아 정책(two korea policy)을 원 코리아 정책(one korea policy)으로 바꾸지 않으면 안 된다고 발표했다. 또 남한의 진보 진영도 통일 구상을 제시하지 못하고 있는 것은 심각한 문제라고 말했다. 미국의 힘이 얼마나 한반도의 운명을 결정짓는지 지적하고 있다는 점에서 일부 동의한다.

안중식 교수가 지적한 대로 미국이 원 코리아 정책을 채택할 때까지 기다리는 것만이 방법일까? 미국은 한반도를 두 개의 분단된 국가로 계속 만들어놓겠다는 정책을 버리고, 통일된 하나의 코리아 즉 원(one) 코리아를 만들겠다는 정책을 택해야 한다. 미국의 식민지지배적인 전략을 넘어서서 분단된 투 코리아를 통일된 원 코리아로 바꾸는 것은 곧 탈식민지적인 방법이라고 할 수 있다. 탈식민지 방법이란, 새로운 식민지가 되지 않도록 벗어나고, 탈출하는 방법이다. 그리고 탈식민지적 접근과 대안을 만드는 것이 더 건전한 삶의 질을 보장하게 될 것이다. 그는 1993년 기독교와 주체사상에 관한 책을 출판했다.


## 주체사상, 세계 10대 종교

북한의 주체사상은 1900만 명이 신봉하는 세계 10대 종교라는 평가가 있다. 북한의 주체사상이 신자 수에서 세계 10대 종교 안에 들어간다고 미국의 종교 통계 사이트인 애드히런츠닷컴(adherents.com)은 발표했다.[11]

북한의 주체사상은 종교 집단의 힘을 가지고 있다. 한반도에 평화를 정착하는 데 이러한

---

11) '북 주체사상, 1900만 명 신봉 세계 10대 종교', 〈조선일보〉 2007년 5월 9일자, A6면.

점이 어떠한 역할을 할 것인가?

이 자료에 대한 좀 더 객관적인 평가는 앞으로 풀어야 할 과제다. 이 자료는 이 저서의 가장 뒷부분에 있는 참조자료(appendix)란에 영문으로 소개했다.

북한의 사상적인 토대에 대한 다양한 분석이 존재하는데 미국의 종교 통계는 신자 수를 주요하게 계산해서 평가했다는 특징이 있다.

# 제4부

# 동북아와 한반도 평화전략 및 핵 위기 해법

# **8장** 한반도 평화 정착을 위한 제언

## 1. 공동전략

한민족은 한반도에서의 전쟁을 막고, 평화를 정착시키며, 민족의 평화공동체를 이룩해야 하는 긴급한 과제를 눈앞에 두고 있다. 베이징 6자회담이 진행되고 있는 오늘, 동북아와 한반도 평화는 위기에 처해 있다. 그러나 동시에 기회가 되고 있다.

먼저 (선)한반도 비핵지대화를 하는 것으로는 부족하며, 1단계로 (선)세계 비핵지대화를 한 후에 한반도의 비핵지대화를 만드는 순서로 가야 한다.

우리의 주장은 미국, 영국, 프랑스, 중국, 러시아, 이스라엘 등 핵강대국들과 파키스탄, 인도 등 핵무장국가들이 먼저 핵무기와 핵무기 제조 프로그램과 핵 시설 등을 증명할 수 있고 돌이킬 수 없는 방식으로 폐기하도록 해야 한다는 것이다.

아니면 2단계로 미국, 러시아, 중국, 이스라엘, 인도, 파키스탄, 영국, 프랑스 등 핵보유국들과 유엔이 규정한 준 핵보유국, 예컨대 30일 이내에 수백 발에서 수천 발의 핵무기를 제조할 수 있는 일본을 비핵지대화하고, 핵무기를 폐기시켜야 한다. 그래야만 안정적인 세계 평화가 도래할 수 있다. 1단계 혹은 2단계가 완전히 이루어진 후에 3단계로 한반도의 비핵지대화가 이루어져야 한반도의 안정적인 평화를 맞이할 수 있다.

핵강대국들이 핵을 폐기하지 아니한 조건에서 (선)한반도 비핵지대화나 한반도 비핵화는 또 하나의 군사적인 종속이 되는 것이다.

따라서 핵강대국들이 1단계나 2단계가 이루어지기 이전에 3단계를 추진하는 것은 충분치 않고, 위험한 사태를 전제로 평화 정착을 시도하는 일일 뿐이다. 만약 핵무기 강대국들과 준 핵무장국인 일본이 1910년처럼 한반도를 침공할 경우, 특히 핵 선제공격을 천명한 조지 부시 대통령의 2002년 6월 전략이 실현될 경우 한반도는 방어 대책이 거의 없다. 특히 부시 대통령이 2002년 6월 핵무기로 선제공격을 하겠다고 선언한 마당에, 그리고 2006년에 선제공격을 다시 천명한 마당에, 한반도의 비핵화와 비핵지대화는 그 현실적인 국방전략이 되기가 어렵다. 따라서 미국이 먼저 핵 폐기를 선언하고, 핵 선제공격 선언을 취소하고 나서 문제를 풀어야 한반도의 진정한 평화를 말할 수 있다는 메시지를 미국에 전해야 한다.

미국 등 핵강대국이 핵무기 공격을 하거나 대량의 핵을 이용한 총체적인 압박을 가해서 이기적인 목적을 달성해가고 있는 현재의 상황에서, 핵무기를 소유한 강대국들과 준 핵보유국인 일본이 공격하거나, 총체적인 압박으로 정권을 교체하거나, 경제체제를 변형시키지 않을 것이라는 막연한 '믿음'과 '희망'을 가지고 그들의 지극히 심리적인 자비심에 의존해 평화를 정착시켜보겠다는 것이 과연 합리적인 판단일까? 그렇지 않다. 정복과 경쟁이 악화되어 발생한 전쟁에서 '자비'란 없다. 첫째로 전략적인 기술로써 방어하는 길이 있다. 둘째로 힘의 균형으로써 방어하는 길이 있다. 셋째로 국제적인 협력구조, 즉 유엔이나 다양한 동북아구조 유럽연합 등과 국제원자력기구(IAEA), 핵확산금지조약(NPT), 핵실험금지조약(CTBT), 국제통화기금(IMF), 월드뱅크(World Bank) 등을 구성하는 방안이 있으나, 그 국제기구들이 이중적인 윤리 잣대와 약점을 가지고 있고 무력한 부분이 있음은 이미 잘 알려져 있다. 이러한 국제기구들이 약자와 약소국의 평화를 보장하는 데는 거의 역부족이며, 약자의 생존권을 옹호하려는 의지도 별로 없다. 약소국들은 지속적으로 빈익빈과 약육강식의 틀 속에서 희생양이 되어오고 있는 것이 현실이다. 이를 타개하는 전략은 무엇인가? 강력한 물리적인 힘과 다양한 전략이 뒤따라야 하고 그 위에 가장 평화적인 정신적 전략, 즉 자비, 사랑, 정의, 평등을 추구하는 형태의 평화전략이 한반도에 필요하다.

초강대국들의 틈바구니에서 희생양이 되어온 한민족의 비극을 다시 재현하지 않기 위해서 필요한 것 중 하나는 '힘'이다.

한반도는 바닷물에서 중수를 추출하고, 중수에서 이중수소의 핵융합 열에너지를 활용해야 한다[(2H+2H =(촉매)→4 He) 등을 고려해야 한다].

분단 책임이 있는 미국과 일본은 더욱 분단을 강화시키는 작전을 추진하고 있다. 이를 전환시키는 전략을 더 정교하게 만들어야 할 것이다.

미국은 현재 이라크의 수렁에서 분명한 해결책을 찾지 못하고 있다. 신디 시한의 양심적 반전운동을 잠재우지 못하고 있는 미국 행정부는 이에 대해서도 효과적으로 대응하지 못하고 있다. 미국 행정부는 이라크 전쟁으로 평화를 이루겠다는 방식을 포기해야 한다.

냉전의 잔재는 일본이 북한에 100억 유로를 배상하는 것으로 일단락 짓고, 북한과 국교를 정상화함으로써 청산할 수 있다. 또 평양 선언이 실천되어야 한다.

일본은 무기화할 수 있는 가능성이 있는 모든 핵능력을 파기하거나 포기해야 한다. 만약 이를 해결하지 못하면 북측에 핵을 포기하거나 파기하라고 주장할 권리나 도덕성이 없는 것이다.

일본은 중국인 3000만 명을 살상한 1931년 이후의 잔혹함에 대해 사과, 보상, 배상을 해야 한다(센양 9·18 박물관의 전시 참조).

미국은 발언을 자제해야 한다. 특정 정부를 범죄 정권(criminal country)이라고 표현하는 미국 대사의 최근 발언과 북한을 악의 축, 폭정의 전초기지 등으로 묘사함으로써 선린관계를 해치는 발언을 중단해야 한다. 누가 누구를 악이라고 규정하는 것은 하나님의 영역이라고 할 수 있다.

한반도를 희생양으로 만드는 일을 중단하고, 국교를 수립하고 북측의 수출품에 대해서 최혜국대우(Most Favored Nation)를 하고 교류 협력하는 것만이 미국이 평화와 안정을 구하는 길이다.

미국이 군사적으로 절대 패권을 소유하고 있다고 말하기는 어렵다. 일례로 러시아는 우주선에서 3발의 수소폭탄을 장착한 미사일을 발사해 미국의 MD방어를 완전히 무산시킬 수 있는 공격 능력이 있으며, 최첨단 크루즈미사일을 만들고 있고, 1만 개 이상의 핵무기를 준비 중이다. 중국은 우주인이 타고서 미국을 공격할 수 있는 무기급 우주선을 만드는 데 성공했고, 1만 킬로미터 이상의 ICBM과 핵무기 발사 잠수함을 보유하고, 미국에 대한 대응공격(counter attack) 능력을 보유하며 MAD(상호상멸) 능력을 확보하고 있다.

일본은 수천 개의 핵무기 제조 능력과 H2A로 ICBM(대륙간탄도탄) 공격 능력을 확보하고 있어서 역시 미국을 초토화할 수 있는 능력을 갖추어가고 있다.

일본은 언젠가 1945년 패전의 보복으로 미국을 적대 공격할 수 있는 잠재적인 국가다.

미국은 한반도에서 대리전쟁을 수행하고 앞으로도 한반도를 대리 전쟁터로 활용할 가능성이 있다. 미국은 중국과 러시아를 견제하기 위한 수단으로 한반도를 충격흡수 장소로 사용하거나 대리전쟁에 동원하겠다는 전략을 포기해야 한다.

한반도를 방어하기 위해서는 KSTAR, ITER를 통해 핵열융합반응을 활용해야 하며, 여기에 10조 원 이상의 예산을 앞으로 2, 3년 사이에 투자할 것을 권장한다. 이 비용은 에너지 확보 전략과 첨단무기화 전략사업에 포함되어야 한다. 이 비용으로써 다른 측면의 군사력을 보완하고 타 분야의 군비를 상대적으로 축소하면서도 군사력을 강화할 수 있다.

미－일 군사동맹은 계속 강화될 테지만 일정한 기회가 되면, 수천 발의 핵능력으로 미국을 초토화할 수 있는 능력을 소유한 일본이 미국에 대한 보복 공격을 할 수도 있다는 것을 미국은 인식해야 한다.

새로운 판을 짜기 위해서는 힘을 축적해야 한다. 한반도가 힘을 축적해야 비로소 농락과 굴욕과 대량 학살과 침탈을 당해온 과거의 굴욕을 반복하지 않을 수 있다. 그 힘은 민족이 단결하는 데서 나온다. 그리고 핵시대의 힘은 2중수소로 헬륨을 융합하는 능력을 확보하는 데서 보충할 수 있다.

이철기 교수는 한반도의 평화 구축과 관련해 몇 가지 의견을 제시했다.

첫째, 평등하고 호혜적인 '균형 질서'가 되어야 한다. 균형 질서는 한두 개의 패권국가에 의해 지배되거나 역내 국가들 간에 불평등이 존재하는 '위계 질서'와 반대되는 개념이다. 이는 ① 역내 국가들 간의 힘의 균형상태 유지 ② 주권평등의 원칙에 입각한 상호의존성 확대 ③ 지역 패권국가의 등장 방지 등을 조건으로 한다.

둘째, 항구적이고 구조적인 '평화 질서'를 지향한다. 이 같은 평화 질서는 일시적인 평온과 반복되는 분쟁이 존재하는 '갈등 질서'의 타파를 의미한다. 이를 위해서는 ① 냉전체제의 구조적인 극복 ② 역내 국가들 간 안보협력 달성 ③ 구조적인 위기관리 및 분쟁 방지체제 마련 등이 필요하다.

셋째, 예방적이고 규제적인 '안정 질서'에 기초해야 한다. 안정 질서는 역내 국가들 간에 계속적인 군비경쟁과 군사력의 심각한 불균형이 존재하는 '불안정 질서'의 극복을 의미한다. 이는 ① 군사활동의 투명성과 예측 가능성 증대를 통한 기습공격과 선제공격의 방지 ② 군축을 통한 군사력 균형의 달성 ③ 군비경쟁 규제를 통한 군비의 안정화 등을 내용으로 한다.

따라서 동북아에 평화를 확보하고 한반도의 통일을 위한 조건과 환경을 조성하기 위해서는 다자화되고 균형화된 동북아 질서를 창출해야 한다. 그것은 어느 특정국가에 의해 지배되거나 강대국들이 서로 대립하는 형태가 아니라 역내 국가들 간의 상호 견제와 협력을 통해 유지되는 팍스 컨소티스(Pax Consortis)의 질서다. 이 같은 팍스 컨소티스의 질서를 만들기 위해서는 유럽안보협력기구(OSCE)와 같은 다자안보협력기구를 동북아에 창설해야 한다. 또 동북아안보협력기구(OSCNA)를 통해 유럽처럼 지역 군축을 추진해야 한다. 한반도 비핵화를 확대하여 '동북아비핵지대'와 더 나아가 '대량파괴무기금지지대'를 창설하려는 노력도 경주해야 한다. 북한의 핵무기와 미사일의 규제만 요구하는 불공정한 형태로는 동북아의 평화와 안전을 확보할 수 없다. 재래식 군비와 핵무기 등 대량 파괴 무기 그리고 그 운반수단인 미사일을 통제하는 '공정하고 효과적인 규제체제(impartial and effective control regime)'가 마련되어야 한다. 동북아 평화는 이처럼 역내 국가들 간에 '대결과 확대의 논리'가 아니라 '협력과 축소의 논리'로 문제를 풀어가는 것이 현명하다. 또한 한반도 분단에 책임이 있는 미국과 일본 등 주변 강대국들은 한반도의 평화와 통일을 위한 조건과 환경을 만들어가는 데 협조해야 할 의무가 있다. 한국과 일본의 양심적인 지식인들과 시민사회단체들은 동북아의 평화와 한반도의 통일을 위해 더욱 연대해야 한다."[1]

이철기 교수의 견해에 대해서는 비판적으로 지지한다.

평등 호혜, 균형 질서, 평화 질서, 안정 질서는 환영하나 그 방안이 부족하다고 생각한다. 9가지의 제안은 합리적이다. 그러나 세계는 '합리'와 '이성'에 의해서 움직이는 경우는 매우 드물다. '야만적인 욕심'을 품은 패권국가가 남을 정복하고, 석유를 착취하기 위

---

1) 2005년 10월 성공회 프란시스 홀에서 열린 열린평화포럼에서 발제한 원고.

해서 전쟁을 도발하고, 신식민지적 정복으로 재화와 에너지는 물론 새로운 형태의 노예제도적 인력을 탈취하려는 욕망을 저지시키기에는 역부족이다. 이 욕망을 막을 수 있는, 정신병적인 전쟁 도발을 습관화해온 초강대국들을 저지시킬 수 있는 방안이 필요하다. 야만적인 힘과 야망, 정신질환적인 살상과 침략행동을 저지시킬 수 있는 방안이 필요하다.

첫째, 각종 '조약과 국제조직' 등을 통해 합리적이고 이성적인 제동장치를 구축하면서 둘째, '물리적인 힘'과 '물리적인 전략'을 적절히 병행해서 한반도의 평화를 확보해야 한다. 정복과 노예화와 침략을 저지시킬 수 있는 '전략'과 '힘'을 축적해야 한다. 그 하나의 길은 남북의 군사적인 공동안보(common security)와 공동군사협력, 필요한 핵에너지공동체 활용, 공동경제공동체 구조건설, 공동체적인 경제통일을 신속히 달성해야 한다. 경제통일은 심리적인 저항 없이 국민적인 합의에 쉽게 도달할 수 있다는 점에서 먼저 시작해나가야 한다.

경제통일을 통해서 경제공동체를 신속하게 구축함으로써 전쟁을 예방하는 예방경제전략을 활용할 것을 첫 단계로 제안한다. 남한은 2010년에서 2012년 이내에 북한에 대해 300억 달러(약 40조 원)의 경제 지원을 해야 한다. 이를 예산에 반영하고, 민간자금 역시 투입할 것을 제안한다. 남과 북은 평양아리랑 관광 등으로 연 300만 명 관광 시대를 신속하게 열어야 북한의 기아를 막고, 공생 경제에 들어가는 데 도움이 될 것이다.

2005년 북한에 이미 식량 지원을 한 바 있으나 차관이나 무상 제공을 통해 100만 톤을 추가 지원할 것을 제안한다. 북한의 식량문제를 완전하게 해소하는 방안으로 협력할 필요가 있다. 이로써 남북이 민족단합의 실질적인 심리 효과를 볼 수 있고 더불어 남북의 평화 정착과 경제발전 효과를 이끌어낼 수 있다. 그리고 북한이 유엔의 WFP 등 불필요한 감시를 받지 않도록 하는 데 도움이 되며, 남북이 '민족자주적인 식량 공동체'를 형성하는 기초가 될 것이다. 북한이 식량에 대한 안정적인 구조를 만들어가도록 필요한 지원을 함으로써 남북경제 발전의 기초를 탄탄히 해야 한다. 외세는 북한을 식량 종속구조로 만들어가면서 최악의 압박을 가하는 전략을 구사하여 식량 차단으로 항복을 받아내서 신식민지로 정복하려 하고 있다. 이러한 압박에 대해 강력하게 대응할 수 있도록 남한은 매해 약 200만 톤의 식량을 제공하거나 200만 톤 이상의 식량을 생산할 수 있도록 지원하는 철저한 민족전략을 사용할 것을 제안한다. 밤나무 단지 150억 제곱미터(150만 정보)를 산지에 조성하는 것으로 식량 200만 톤을 확보하며, 홍수도 방지할 수 있다. 남한에서 식사 후 버리는 음식의 몇 퍼센트에 해당하는 양으로도 북한 사람들은 굶주림에서 벗어날 수 있다. 북한에 식량을 제공하는 것이야 말로 민족의 단결을 세계에 보여주며 자부심을 키워줄 것이다.

경수로 시설 역시 남한이 100% 제공할 것을 제안한다. 구차하게 일본, 러시아, 중국, 미국에 손을 벌리도록 만드는 것은 오히려 한민족 전체를 강대국 손아귀에서 놀아나도록 하는 종속구조를 자초하는 일이다. 4대 주변 강국들은 이런 것을 악용하며 민족 전체를 얕잡아보고, 남한을 압박하고, 북한을 종속시키고 항복을 받아내려고 함으로써 고전적인 전략 즉 남북을 분열시키고 각각을 정복하는 전략을 구사하고 있다. 남북이 이를 단호하게 저지시켜야 민족 전체가 살아난다.

1894년 일본은 한반도의 동학군 20만 명을 학살하고 한반도 점령을 가속화했으며, 1895년 명성황후를 시해하고, 민족을 모욕했으며, 1905년 미국과 가쓰라-태프트 밀약으로 한반도를 식민지로 정복했다. 일본은 같은 해 영국과도 동일한 밀약을 맺었고, 1910년 민족을 유린하고 정복했으며, 수십만 명을 일본군의 성노예로 납치하고 살해했다. 그들에 대한 보상과 배상으로 북한에 100유로를 지불해야 한다. 하지만 1965년 한-일 협정으로 3억 달러를 남한에 제공하는 수준으로 모든 것을 처리하려 함으로써 도덕성을 상실한 위장술로 민족 전체를 농락했다. 일본은 이와 관련해 다시 실질적으로 남과 북에 보상하고 배상해야 한다.

1945년 8·15 해방을 미국과 소련이 영구분단 체제로 만든 일반명령 1호가 민족 분단의 족쇄로 작용하고 있는 것을 무산시키도록 해야 한다. 미국과 러시아는 이러한 분단 고착에 대한 책임을 지고 이를 적극적으로 해결하도록 해야 한다. 필요하면 보상과 배상은 물론 적절한 국제협력 등으로 해결해야 한다.

미국과 주변국들은 북한에 대해서 핵에너지를 평화적으로 사용하는 것을 저지해온 전략을 스스로 수정해야 한다. 1994년 이래 2005년까지 북한은 11년간 태천과 영변의 핵발전소를 짓지 못하고 있다. 미국이 핵에너지 자체 생산 활용을 저지해왔기 때문이다. 미국 등은 핵에너지 독점전략을 수정해서 북한이 자체 능력으로 핵 발전을 할 수 있도록 지원해야 한다. 미국은 아직도 2008년쯤 우라늄 은행(Uranium Bank)을 신설, 이를 통해 북한에 발전용 우라늄을 제공한다는 편법을 쓰려고 IAEA의 엘바라데이 등과 토론하고 있다. 이것은 북측을 다시 종속시키려는 전략의 일환이며, 부도덕하고 불필요한 구상들이다. 1950년 미국 대통령 아이젠하워가 제시한 대로 약소국 빈곤국들이 빈곤에서 탈출할 수 있도록 하는 방법으로, 핵을 평화적으로 활용하도록 강대국들이 핵기술과 물자를 빈곤한 국가들에게 제공하자고 한 제안을 실천하는 것이 강대국들의 도덕성을 살리는 일이다. 제공하지 않더라도 방해하지는 말아야 한다.

남측은 신포지역의 경수로 등을 남한 자체 기술로 만든 핵심 부품을 사용해 현대정공 등에서 직접 설계 및 생산하여 건설을 완료하거나 추진해야 한다. 그렇게 함으로써 미국의 수출 통제에 방해받지 않고 남한의 기술과 고유 제품으로만 구성된 발전기를 제공해야 한다. 남한이 독자적으로 디지인한 핵발전소 핵심 제품은 미국 상무성이나 상원하원이 통제할 수 없다.

남과 북이 다시는 분열시키고 정복하는 강대국들의 전략적인 희생양이 되지 않도록 공동전략을 실천해야 동북아와 세계의 평화가 실현될 수 있을 것이다.


## 2. 한반도 평화와 미국의 대북 정책


이스라엘은 1981년 공사 중인 이라크의 오시라크 핵발전소를 기습폭격했다. 1990년 이래 이스라엘을 지지하는 전 미국 하원 아시아태평양위원장 스티브 솔라즈는 북한의 핵시설을 파괴해야 한다고 주장해왔다. 1994년 7월 17일 미국이 북한의 핵시설을 공습하려 했다는 보도가 있었으며, 지금도 대북한 선제공격을 배제하지 않고 있다. 현재 이스라엘은 이란의 핵발전소 공사를 기습적으로 선제공격하여 폭파할 준비가 되어 있고, 이미 이스라엘 참모총장 모세 얄론도 이를 언급했다. 이스라엘의 이라크, 이란, 북한에 대한 전쟁이 진행 중이며 미국은 이 전쟁을 적극적으로 주도하고 있다. 미국은 2002년 악의 축으로 3국을 지목하고 선제공격할 권리를 주장했다. 이란은 평화적인 핵 이용을 추구하면서, 무기를 배제하기로 선언하고 유엔 사찰을 수용하기로 했다. 리비아도 핵무기 프로그램을 포기하고 사찰을 수용하기로 했다. 미국과 이스라엘의 압력에 일차적으로 항복한 것이다. 유엔안보리와 핵확산금지조약, 국가원자력기구 등 국제기구는 이스라엘의 핵무장을 저지하기는커녕 시도조자 하지 않았고, 이스라엘의 이라크 핵발전소 공사에 대한 선제공격을 막지 못했다. 이들 국제기구는 이스라엘과 미국 등의 핵무기 해체를 촉구해야 한다. 미국의 핵무기 제조기술과 물질 등이 이미 이스라엘과 다른 나라 등에도 확산되고 있다는 의혹을 받고 있다. 따라서 NPT 조약의 문제는 미국에도 책임이 있다.

한반도의 평화와 관련해 유엔이 기능을 하지 못하거나 문제를 해결할 의지가 없거나 기피한다면 유엔을 대체할 수 있는 기구를 다시 만들어야 한다. 이라크에 전투병을 파병하는 것은 한반도의 전쟁을 부추기고 남북관계가 위험해지는 전략적인 실수가 될 수 있다.

이라크에 대한 전투병 파병은 13억 명의 모슬렘을 적으로 만들어 대한국 테러를 유도할 것이다. 따라서 국익에 항구적인 해가 될 수 있다.

외국인 노동자로 온 한 모슬렘은 인터뷰에서 한국이 이라크에 전투병을 파병하면 "우리는 모슬렘이기 때문에, 모슬렘 편을 들 수밖에 없다"라고 답했다. 이 말은 주의 깊게 생각해봐야 한다. 외국인 노동자 중 적어도 10만 명 이상이 모슬렘이다. 그들 중 자살테러 공격 등으로 한국 내에서 파괴 살상을 하지 말라는 법은 없다. 이 경우 스탠더드 앤 푸어스가 남한의 국가신용도 및 안정도를 현재 [A]에서 하향평가하게 되면 한국 경제는 급속히 하강할 수도 있다. 무디스의 평가 역시 중요한 영향을 줄 수 있다.


## 미국과의 공조, 동맹관계, 상호방위조약

미군 3만 명이 한국에 있기에, 전쟁이 한반도에서 발발할 경우 북한은 최우선으로 한강 이북과 오산·평택지역의 미군 부대를 미사일 등으로 공격할 가능성이 높다. 미국인 가족들과 기타 목적으로 한국에 거주하는 3만 명도 우선 공격 대상이라고 볼 수 있다.

핵 갈등이 잘못 풀리면, 북한과 미국 간 전쟁이 일어날 것이다. 조지 부시 대통령은 2002년 1월 29일 북한을 악의 축으로 지목했고 선제공격할 수 있음을 천명했다. 그 후 북한에 대해서는 외교적으로 해결할 것이라고 말했다. 콜린 파월 당시 국무장관은 미국 군대에게는 항상 모든 선택권이 있다고 말함으로써 군사 공격을 배제하지 않았다. 외교적으로 해결할 것이지만 추가적인 조처로 군사 공격도 할 수 있다는 의미다. 이 발언 이후 8개월이 지나 리근은 북한도 방어 목적으로 핵무장할 권리가 있음을 베이징에서 천명했다("entitled to have" nuclear deterrence).

## 이라크 제압 후 북한 침공 가능성

미국은 한국 등 다국적군을 이라크에 배치해 먼저 이라크를 제압하고 2단계로 북한을 같은 방식으로 공격하여 정복한 후 북한에 다국적군을 배치한다는 계산을 했을 수 있고 적절한 시기에 북한을 공격할 수 있다. 혹은 이란을 먼저 공격할 수도 있다. 이것은 이스라엘이 이란의 핵발전소 공사를 공습하고자 하는 계획을 공표한 사실로 판단할 수 있다. 그러나 이란은 이미 핵무기 프로그램을 포기한다고 선언했고, 평화적으로 핵을 이용하겠다고 말했다.

미국은 잠정적으로 북한의 안보를 불가침조약 이외의 다른 방법, 서면 등으로 약속하는 것을 연구하고 있다. 그러나 동시에 북한을 다각적으로 압박하고 공격하면서 총체적 압박을 지속하는 전략을 구사할 것이다. 남한의 이라크 파병이 이 계획을 취소하거나 변경할 만한 이유가 되지는 않을 것이다.

월남전에 50만 명 이상의 미군을 파병하고서도 제압하지 못한 것처럼 이슬람 문명은 쉽게 제압할 수 없을 것이다. 한국군도 전투병 5만 명 정도가 일시에 월남전에 참전한 경우가 있었으나 그 결과 6000명 정도가 사망했고, 1만 5000여 명의 부상자가 발생했을 뿐 월맹을 제압하지 못했다. 지금까지도 고엽제 피해자들에 대한 보상문제는 해결되지 않고 있다.

콜린 파월 당시 국무장관은 이라크에 미군이 장기 주둔할 것임을 천명했다. 프랑스가 3~9개월 내에 철수하고 정권을 이양하라고 요구했으나 미국은 이를 받아들이지 않겠다고 간접적으로 답했다.

일부에서는 한국군을 파병하더라도 1년만 주둔한다고 말하고 있으나, 결국 장기 주둔할 경우가 발생할 수도 있으며, 5000명에서 수만 명 정도까지 증파해야 할 상황이 발생할 가능성도 배제할 수 없다. 게다가 군부대 유지 비용으로 해마다 2000억 원에서 3조 원을 지불해야 할 수도 있다. 2008년 현재 이라크 내 한국군이 주둔하고 있는 곳에서 130킬로미터 떨어진 지역에 대규모 터키군이 들어와 전쟁을 하고 있어서 한국군이 있는 지역으로 전투가 확산될 가능성도 배제할 수 없다. 130킬로미터면 서울에서 원주 간 거리다. 차량으로 2시간 밖에 안 된다.

이란은 이스라엘과 미국이 현재 진행 중인 이란 핵발전소 공사를 도중에 공격하여 파괴할 가능성이 높고, 이라크전이 이란으로 퍼져나갈 가능성이 높다는 것을 인식하고는 사찰을 수용했다. 이스라엘과 미국의 군사적인 압박에 대해 일차적인 단계에서 항복한 것이다. 이스라엘의 참모총장은 미국과 영국 등이 전 세계 9% 석유 자원을 보유한 이란의 유전을 장악하기 위한 추가 전쟁을 추진할 가능성이 높고, 이스라엘 또한 국방을 위해서 이란을 공격할 가능성이 있음을 시사한 바 있다.

이스라엘은 이란 내 6개 핵시설을 공습할 계획을 세웠으며, 잠수함 발사 핵무기, 공중, 지상 발사 핵무기를 모두 확보하고 있다고 알려졌다.

이스라엘과 협력하는 미국은 북한의 핵시설을 공격할 가능성을 배제하지 않고 있다. 이 작전은 OPLAN 5026, 5027, 5029, 5030으로 진행 중이다.

미국이 석유 확보와 이스라엘의 국방을 위해 13억 명의 모슬렘에 대해 전쟁을 확대하는 것은 미국의 국익과 한국의 장기적 · 단기적인 국익에 반하는 것이다. 한국인은 모슬렘 지하드의 공격 대상으로 전환될 것이다.

한국군은 (이라크 등) 모슬렘에 대한 무장 공격이나 군사작전을 배제해야 한다. 순수한 비전투적인 의료봉사, 건설봉사, 식량공급 사회복지봉사만으로 이슬람의 마음을 잡아야 한다(WHAM 작전, Winning Heart and Mind). 살상은 절대로 허용해선 안 되며, 이슬람과 모슬렘에 대한 사랑과 이해와 존경으로 갈등을 해결해야 한다.

북한은 계속 핵무기를 만들어나갈 수도 있다. 그에 따라 전쟁 위기는 지속될 수 있으며 북한은 핵 전쟁 억지력을 확보하려고 할 것이다.

부시 행정부는 북한 문제를 경제로 해결할 수도 있다(예방경제전략). 북한의 평화관계 노력, 북-미 간의 평화협정 체결, 불가침 결정이 먼저 이루어져야 하고 외교 정상화가 선행되어야 한다. 무역에서도 북한에 '최혜국대우'를 하고, 미국과 일본의 경제제재나 해상 압박(대량살상무기 확산 금지) 등을 취소해야 한다.

이라크가 정리되는 대로 이란과 북한을 공습하는 것이 미국의 본래 시나리오인 것으로 추정되나, 현재는 외교적인 방법과 경제압박, 심리전 등을 진행하고 있다. 그러나 최근 콘돌리자 라이스 미 국무장관이 모든 방법을 다 사용할 수 있다고 선언함으로써 선제공격 등 군사공격을 배제하지 않고 있다.[2]

---

2) 개스퍼 와인버거 지음, 정형근 옮김, 『더 넥스트 워』 참조.

와인버거는 저서에서 다음 전쟁은 이라크와 한반도라고 천명했다.

부시 대통령이 이라크와 북한에 대해 선린우호 평화적 관계를 추진하는 정책을 펼치도록 유도해야 가장 단기간에 해결할 수 있다는 점을 들어 미국을 설득해야 한다.

### 여호수아 착각증후군(Joshua Syndrome)

미국은 이라크 전쟁을 기독교와 이슬람의 전쟁으로 해석하면서 잘못된 기독교 신앙을 강화하는 일을 중단해야 한다. 럼스펠드 하의 국방부 부 정보차관보 윌리엄 제리 보이킨(William Jerry Boykin)이 이 전쟁을 기독교와 사탄 세력의 전쟁으로 해석하는 강연을 미국 여러 곳에서 하면서 오사마 빈 라덴, 후세인의 사진을 슬라이드로 보여주는 일을 계속하고 있으며, 그의 신앙 강연을 럼스펠드가 지지하고 있다는 보도가 있었다. 만약 이 보도가 사실이라면 이것은 신앙을 잘못 해석하고 있는 것이며, 이를 수정해야 평화가 올 것이다. 제리 보이킨 중장의 강연은 전 세계 이슬람을 단결시켜서 대 기독교 전쟁으로 유도하는 역효과가 날 수 있는 위험한 행위다.

구약시대의 여호수아는 하나님의 명령에 근거해서 대량 살상을 했으나, 신약시대 예수의 가르침은 원수를 사랑하고 미워하지 말라는 것이다. 부시 대통령은 'I loathe him'을 'I love him'으로 전환해야 한다. 로마서 12:14-21은 원수를 사랑하고, 원수가 굶주리면 먹을 것을 주고 목말라 하면 마실 것을 주라고 권한다. 이것이 신약시대의 가르침이다. 미국의 잘못된 신앙을 바로잡아야 한다.


## 3. 한반도 붕괴 예방과 미국 전략


### 존 나이스빗 박사의 메가 트렌드[3]와 한반도의 평화전략

77세인 존 나이스빗(John Naisbitt) 박사는 한국 노조가 자유무역협정(FTA)을 반대하는 것을 잘못이라고 평가한다.[4]

---

3) 박사는 세계화 개념을 메가 트렌드(Mega Trend)로 표현했다.
4) 박정훈-존 나이스빗 대담, '정부가 방해만 안 하면, 한국 경제 미래 밝아', 〈조선일보〉 2006년 11월 25일자, A33면.

"1967년 내가 한국을 처음 방문했을 때 한국은 국민 소득 140달러의 작고 볼품없는 나라였다. 그런 한국을 이렇게 강하게 만든 것이 세계화인데, 여기에 반대하다니 이런 아이러니(모순)가 어디 있는가?"

한국 사람은 우수하여 미래가 밝다. '정부가 방해하지 말 것', 즉 정부의 규제가 나라를 망친다는 것이 그의 화두였다.[5]

문제는 나이스빗 박사가 미국과 FTA 체결을 반대하는 노조만 보았다는 데 있다. FTA가 세계화의 당연한 흐름이라고 하더라도 FTA로 인해서 막대한 손실을 당하고 있는 개인과 약소민족, 중소기업, 농민이 있다. 미국과 FTA를 체결한 캐나다와 멕시코도 이미 이러한 부작용을 경험한 바 있다.

물론 캐나다와 멕시코에서도 FTA 체결로 이익을 얻는 사람들, 계층, 특정 기업이 있는 것은 사실이다. 그러나 그것을 일반화할 수는 없다.

한반도의 경제문제는 신중하게 결정해야 한다. 특정 부문에 속한 사람들이 막대한 이익을 취하게 되는 미국과의 FTA를 정밀하게 분석하고, 전략을 짜고, 피해에 대한 충분한 대안을 마련하지 않은 상태에서 체결하는 것은 극도로 위험한 결정이 될 것이다. 합리적이고 합법적인 듯이 보이나 '사기술'이 숨어 있는 경우가 많기 때문이다. 그리고 이 사기적인 합의는 결국 약자를 더욱 약하게 하고 가난한 자들을 더욱 가난하게 만드는 요술을 부리므로 문제가 된다. 이를 간파하고, 국제법 상의 재판과 제소에도 이익을 지킬 수 있도록 충분한 대응책을 수립해야 하며, 동시에 국가 대 국가의 제국세력적인 압박에도 항복하지 않을 대응 방어 전략이 있어야 한다.

단순히 정부가 규제하지 않는 것으로 해결될 수는 없다. 그것은 강대국에게 이익을 줄 뿐이며, 미국 주도하에서 일본, 유럽 등 강대국들에게 이익을 주는 방식으로 전락하는 것을 말한다. 나이스빗은 강대국들끼리 이익을 도와주는 경제이론을 주장해 그들 국가를 대변하고 있다는 '의심'을 받았다. 이것이 후안 세군도(Juan Luis Segundo)가 말하는 '의심의 해석학(hermeneutics of suspicion)'이다.[6]

---

5) 박정훈 정리, 위의 글.
6) 그는 자신의 책 『신학의 해방(*Liberation of Theology*)』(Orbis, Maryknoll)에서 해석학적인 의심을 해야 한다고 말하면서 이 해석 방법을 소개한다. 노정선, 『통일신학을 향하여』, 서울: 한울, 1988, 1~15쪽 참고.

세계화는 인간에게 희망을 주기도 하지만 억압과 착취의 구조를 더욱 더 확산시켜 나감으로써 가난한 자들은 더 가난해지고, 부유한 소수는 더 부유해지는 세계 경제를 만들어가고 있다. 이것이 오늘의 경제윤리가 지닌 결정적인 문제다.

최근 FTA를 반대하기 위한 세계 대회에서 이경해는 쌀 개방에 반대하고 농민들을 보호하기 위해 자결했다. 결국 이 국제회의는 좌절되었고, 칠레와의 협상에서 쌀이 예외 품목으로 빠져 농민들은 일시적으로나마 위기를 피할 수 있었다. 그러나 WTO 협상이 다가오고 있고 농민들은 또다시 엄청난 실업 위기를 맞이하고 있다. 이경해의 자살 이후에도 농민들은 불안 속에서 내일을 걱정하고 있다.

인류는 가난한 자들을 더욱 더 가난하게 만드는 이 경제의 세계화를 잠정적으로 막는 일은 가능하지만, 항구적으로 막을 수 있는 대안을 제시해야 하는 현실에 직면해 있다. 부유한 자들은 더 부자가 되고 가난한 자들은 더 가난해져가는 세계 경제를 어떻게 더 나은 윤리적인 경제로 전환시켜, 이에 따른 성경적 대안을 제시하여 처리할 것인가?

## 자유무역협정(FTA)

전 세계에서 지역무역협정(regional trade agreement)을 체결한 나라는 197여 개에 이른다. 그 중 106개가 2000년 이후에 체결되었다.

이러한 방식은 배타적 무역 특혜를 주어 가장 느슨한 형태의 지역 경제통합을 하는 것이다.[7] 회원국 간에 관세를 철폐해서 자유롭게 무역을 하자는 것인데, 국가 간 체결로 서로 경제 이익을 확대하려는 의도다. 예컨대 한국은 자유무역협정을 체결함으로써 미국에서 돈을 더 잘 벌겠다는 것이고, 미국은 반대로 한국에서 돈을 더 잘 벌겠다는 계산이다.

미국과의 자유무역 협정 체결로 한국이 더 돈을 벌겠다는 한국의 계획은 성공할 것인가? 미국이 손해를 보면서 이익을 한국에게 빼앗길 것인가? 현실적으로 볼 때 약육강식이 될 가능성이 아주 높다. 다시 말해 강대국이 약소국의 경제를 다 말아먹을 수 있다는 말이다. 한 번 FTA를 잘못 맺으면 나라는 되돌릴 수 없이 쇠퇴해가고, 빈익빈 부익부를 초래해 무한한 가난 속에 빠지는 사람들이 급격히 늘어날 것이다. 감귤 재배 농민, 농민 등은 망하

---

7) 외교통상부 홈페이지 참조.

고, 자동차 산업도 별 이익이 없게 되며, 소수의 공산품에서 이익을 볼 수 있을 듯한데 그것도 합의 문장의 꼬리표가 어떻게 붙는지에 달려 있다. 영어로 작성하는 만큼 영어의 법률적 해석에 서투른 한국인들이 결국은 법정공방에서 패배할 것이라는 의견도 있다. 영어권으로 협정에 능수능란한 미국 선수들이 약육강식의 원칙에 따라 한국 경제를 패배시킬 것이라는 우려가 매우 높으나, 그렇다고 관계를 단절하기도 어려운 형편이다. 단절(Delinking) 고립이냐, 접속(Linking)해서 흡수당하고 빈국으로 전락하느냐, 빈익빈 부익부가 심화된 국민 갈등을 초래하느냐의 문제가 남는 것이다.

우선 준비가 서툴렀다는 비판이 제기되고 있다.[8] 2003년 8월 대외경제장관회의에서 FTA 추진 로드맵을 논의한 후, 2005년 5월 본격 추진되고 있다.[9]

정부 보고서는 국내총생산(GDP)이 정태효과 0.42%, 동태효과 1.99%, 후생수준 0.62%(약 24억 달러)가 증가할 것으로 보고 있다.[10]

협상 전문가도 별로 없다. 거시적인 경제 침해를 볼 수 있는 안목과 분석 능력도 부족하다. 한덕수 전 총리 같은 하버드대 박사가 있으나, 품목별·항목별로 통제하기는 인원이 부족하며, 지금은 협상 훈련을 하고 나서 적어도 5년 더 준비한 후에나 서서히 품목별·항목별로 추진하고 합의해나가야 한다는 제안이 있다.[11]

미국 측은 공산품 10억 달러, 섬유 13억 달러, 농업 1억 3000만 달러 규모의 혜택이 한국에게 돌아가는 제안이라고 주장하고 있다. 한국은 금융 관련 신용정보 개인 정보 유출, 사생활 침해를 거부하고 있다.

결국 미국, 한국 간 경제 통합이 되어버리고, 남한은 신식민지적인 빈곤 착취 대상으로 전락하고 구제 불능이 되고 말 것이며, 남한 내에서는 극한적인 빈익빈이 일어날 것이라는 우려의 목소리가 존재한다.

게다가 미국은 개성공단의 생산품을 인정하지 않는다는 입장이어서 남북화해 경협 통일을 가로막는데다 분단이 강화되고 있다. 북한을 목 졸라 죽이기의 일환이라는 우려가

---

8) 〈한겨레 21〉 2006년 10월 17일자 630호. 정태인 청와대 비서관은 사임 후 절대로 FTA를 하면 안 된다고 지금까지 주장해오며, 120회 이상 전국에서 강연을 하고 있다.
9) 위의 글, 39쪽.
10) 앞의 글, 40쪽. 대외경제정책연구원이 정부에 보고한 것.KIEP.
11) 〈조선일보〉 2006년 10월 24일자, A6면.

강하다. 미국은 유엔 결의 1718을 앞세워 북한을 재제하고, 북한 죽이기를 하며, 남한은 FTA로 종속당할 위기에 처해 있는데 이를 타개하는 길은 우선 FTA를 2년에서 5년 정도 시간을 끌면서, 전문적인 준비와 경험을 쌓은 후에, 한국 내에서 농민 같은 피해자를 없애고, 신식민지식의 경제 종속이 되지 않도록 장치를 마련한 후에 합의해야 할 것이다.

## 군사경제 종속

무기, 핵무기 등은 FTA에서 취급하지 않고 있다. 우리는 일방적으로 미국에서 엄청난 양을 구입하면서 총체적인 무기 구입 종속구조를 띠고 있어 매우 위험하다. 이순신처럼 거북선과 같은 신토불이 무기를 만들어야 한다(요엘 3장). 신토불이 무기, 즉 미국 등의 특허가 들어가 있지 않은 무기를 개발해 군사경제 종속에서 벗어나야 진정한 국방이 될 수 있다.

## 미국의 중생: 적대관계와 대량 살상범죄 청산

제임스 켈리 미 국무성 전 동아태담당 차관보는 "북한이 핵물질을 수출하면, 지구 상에서 없어질 것이다"[12]라고 했다.

미국은 핵무기를 약 1만 개 가지고 있는데 7000개를 즉시 발사할 수 있도록 준비하고 있다는 이야기가 있다.

강대국은 자국의 이익을 위해 약소국에 '통상'을 하자고 했으나 말을 잘 듣지 않으면, 협박, 발포, 점령, 학살, 정권교체, 국가소멸, 식민지로 정복하거나 장애가 되는 정치인, 지도자, 경제인을 암살(엘살바도르의 로메로 추기경 순교의 경우처럼), 탄핵, 제거, 사회에서 소외시켜버리는 작업 등을 할 수 있다. 1866년 미국의 셔먼호는 통상을 요구하면서, 발포를 하고 한국 관리를 체포 구금하고, 최첨단 대포를 발사했다. 전쟁행위를 한 것이다. 1871년 미국 해병대는 강화도를 점령했으나, 결국 광성진에서 패전하고 퇴각했다. 1945년 분단은 지금도 경제분단전략으로서 FTA 형태로 나타나고 있다. 미국은 북한의 핵무기 제거, 핵발전소 건설 거부, 경제 금융제재를 철두철미하게 하고 있고 유엔은 이를 지원하고 있다. 2005년 9월 19일 베이징 6자회담에서 합의한 '경수로 건설과 핵의 평화적 이용'은 무

---

12) '북, 지구에서 없어질 각오해야.' 〈조선일보〉 2006년 10월 24일자.

시한 채 토론조차 하지 않고 있다. 결국 북한은 발전소 소유와 관련하여 1994, 2003, 2005년 3회에 걸쳐 미국과 합의했으나, 미국의 압박과 무시로 이러한 약속이 무산되고 있다고 판단하고 있다. 북한은 1996년부터 250만 킬로와트의 핵발전소를 건설할 수 있었고, 건설이 완료되었다면 기근을 피할 수 있는 에너지 공급이 가능했을 것이다. 북한은 이를 압살정책이라고 말한다. 북한은 이에 대한 대응으로 핵실험을 하고 있다.

2006년 미국의 한반도 전략은 역사적인 과거와 그 재현이라고 볼 수 있다.

미국은 아이젠하워 전 대통령이 북한을 두고 "핵을 평화적으로 이용하도록 가난한 나라에 기술과 물질을 공급해주라"라고 제안한 것을 실천하는 일만이 북-미 갈등을 해소하는 방법이다. 북-미는 평화협정을 맺고, 제재를 중단하고, 경제협력을 이루고, 국교정상화를 하고, 친구가 되고 원수를 사랑하라는 교리를 실천하고 로마서 12장 20절을 실천해야 문제가 풀린다. 유엔은 북한 제재를 중단하고, 금융 제재를 풀어야 한다. 미국은 항구적인 분단전략, 대북 적대전략을 회개 및 중생하고, 180도 전환해야 한다. 그것이 사랑의 실천이다.

## 부정적인 세계 경제와 억압과 착취

경제의 자본주의적인 세계화가 인류에게 행복을 더 가져다준다고 주장하는 WTO의 주역들도 이 과정에서 누군가는 희생당해야 하고, 희생자가 나오게 되고, 다시 말하면 더 가난해질 것이라는 전제를 인정한다. 문제는 그들이 이 희생자들에 대해 어떻게 윤리적으로 책임 있게 처리할 것인지 대안을 제시하지 않고 있으며, 빈익빈의 희생자들을 위한 적극적인 해결 대안을 만드는 데 별로 관심이 없다는 것이다. 혹 관심이 있더라도 포기하고 만다. 빈익빈은 부당한 억압의 결과이며, 신식민지적인 정복과 제국주의적이고 구조적인 착취의 결과다. 현대의 경제윤리학이 해결해야 할 과제는 이러한 세계화의 악한 면을 어떻게 선한 구조로서 전환시켜나갈 것이냐에 있다. 이것은 '대안'의 발명 내지는 개발을 만들어내야 한다는 과제를 말해준다.

## 브레튼우즈와 봉쇄

특별히 독일과 일본의 패망을 앞두고 미국 뉴햄프셔의 브레튼우즈협의회(Bretton Woods Conference)가 세계 공산주의 경제에 목 조르기를 하고, 비윤리적인 것으로 공산주의 경제윤리를 규정했다. 많은 학자는 공산주의 경제와 사회주의 경제에 대해 봉쇄정책(containment policy)을 강화하기 위해서 WTO, 세계은행(World Bank), 국제통화기금(IMF) 등을 조성하는 전략으로 나가기로 합의해온 것이 오늘의 세계 자본주의적인 '소위' 자유 시장경제를 강화시켜나가고 있는 현상이라고 정리한다. 여기서 자유란 누구의 자유인가를 규정할 필요가 있다. 극소수 특수층과 부유층의 자유는 기타 사람들의 자유를 억제하고 구속함으로써 작용하는 경우가 있다.

사회주의 정당에 입당하고 정치권력을 확보한 이라크의 후세인이 체포되고 권력을 상실해가는 모습은 바로 브래튼우즈협의회의 결정 사항들이 활발하게 실천됨으로써 또 하나의 사회주의적인 경제 단위로서 후세인 권력이 붕괴되는 것으로 해석할 수 있다. 미국은 이라크 경제를 하부구조로 종속시켜나가는 통치를 추진할 것으로 보인다.

사회주의 경제를 추진한 칠레의 아옌데는 ITT 등의 다국적기업과 친미 노동조합과 결집한 세력들의 조직적인 군사 저항으로 사망했고, 전투 중에 권력을 상실했다. '부드러운 인간의 얼굴을 한' 사회주의 경제(human faced socialism)[13]를 추진한 니카라과는 올테가를 선거에서 패배시키는 방식으로 미국이 주도적으로 우노(Uno) 작전을 펼쳐 결국 제거했고, 친미적 경제 하부구조를 추진하는 권력을 창출했다. 리영희 교수는 2002년 필자와 금강산에 갔을 때 "인간의 얼굴을 한 자본주의를 지지한다"라는 의미의 발언을 하면서 "인간의 얼굴을 한 사회주의를 하자고 주장하는 것이 얼마나 강력한 압박을 당하는 일인가"를 간접적으로 시사했다.

쿠바의 카스트로는 자본주의를 반대하고 사회주의 경제를 추진하면서 결정적인 경제 봉쇄를 당해왔고, 거의 절대 빈곤의 수준으로 경제가 내려가고 있다. 그러나 쿠바의 삶의 질이 내려갔다고 평가하거나 행복지수가 내려갔다고 평가하는 것은 별개의 문제로 보는 경우도 있다. 삶의 질이나 행복지수는 반드시 경제력이 강할 때 올라가는 것은 아니다. 오히려 사회주의 경제를 추진해오고 있는 방글라데시는 절대 빈곤국임에도 국민들이 행복감을 느끼는 지수는 전 세계 일등으로 나와 있다. 경제가 행복을 결정하는 것은 아니다. 소련의 사회주의 경제는 1917년 이래 발전되었다. 해리 워드(Harry F. Ward)는 사회주의가 국

---

13) 인간의 얼굴을 하지 않은 사회주의 경제에 대응하는 개념이다.

가 단위에서 최초로 실현된 소련이야말로, 예수의 경제윤리가 실천되는 사례라고 평가한 적이 있다.[14] 그러나 그는 구소련에서 집단적 강제수용소가 운영되고 있었다는 점 등을 정확히 간파하지는 못한 듯하다. 결국 총체적인 압박에 의해서 소련은 해체되었고, 러시아는 부분적으로 시장경제를 혼합하는 형태의 경제를 추진하면서 최악의 빈곤 상태에서 벗어나기 위해 발버둥치고 있다.

중국은 유교적인 경제윤리 구조를 마오쩌둥 경제와 마르크스주의 경제를 충분히 고려하여 나름대로의 사회주의 경제를 추진하면서, 경제적인 평등 사회를 추진해나가려고 시도했으나 여의치 않자, 최근 시장 경제든 사회주의 경제든 상관없이 국민들에게 이익이 되는 실제적인 경제, 실용적인 경제를 추구하면서, 시장경제를 수용하면서도 중국식 사회주의 경제를 양보하지 않는 새로운 타협에 성공하고 있다.

중국은 마오쩌둥 경제와 마르크스주의 경제를 유교적인 경제윤리 구조에 추가했다. 그리고 기존의 경제 구조가 지닌 문제점을 충분히 고려하여 제3의 사회주의 경제를 추진하고 경제적인 평등 사회를 만들어나가려고 시도했지만 빈곤에서 탈출하는 데는 실패했다. 그러다가 마오쩌둥식 경제 방식을 더 나은 방식으로 발전시키면서 전환하게 되었다. 인민이 우선 잘 먹고 잘 살아야 한다는 것을 깨달은 중국은 이데올로기적인 개념에 얽매이지 않고, 서양의 자유시장 경제 방식을 신중하게 도입하면서 또 하나의 중국식 경제 방식을 만들어가고 있다. 시장 경제든 사회주의 경제든 상관없이 국민들에게 이익이 되는 실제적이고 실용적인 경제를 추구하는 가운데 최근 중국은 시장경제를 수용하면서도 중국식 사회주의 경제를 양보하지 않는 새로운 경제구조를 구축하는 데 성공한 듯하다. 중국이 사회주의를 포기했다고 평가할 수는 없다. 그러나 지금 중국은 과거 사회주의 국가와는 다른 경제 방식을 만들어 성공했으며 배부른 중국이 되고 있을 뿐 아니라 전 세계 석유 유전

---

14) 해리 워드는 "예수의 경제윤리는 곧 협동과 사랑의 정신에 기초한 것이며, 자본주의의 경쟁과 투쟁에 근거한 것이 아니다"라고 주장한다. 미국 보스턴대 사회복지학 교수, 뉴욕 유니언신학대 기독교윤리학 교수를 역임하고, 1940년대 매카시 선풍으로 재판받는 지식인들을 변호하는 일에 전념했던 학자다. 미국감리교 본부의 러시아 전문가로 장기간 봉사했다. 1920~1950년대에 활발하게 활동하고 90세가 넘어서 사망할 때까지 라인홀트 니버를 교수로 채용하고, 1940년대 매카시 선풍 시기에는 니버에게 인기를 점점 빼앗긴 데다 학문적으로도 매장당하다시피 했다. 그러나 1980년 베벌리 해리슨(Beverly Harrison), 코넬 웨스트(Cornel West), 로버트 핸디(Robet T. Handy) 교수가 워드를 살리기 위한 행사를 벌였고, 베벌리 해리슨은 해리 워드와 라인홀트 니버를 비교하는 강좌를 개설했다. 이를 두고 유니언신학대학원에 학문의 자유가 보장된 것이라고 존 베넷 교수는 말했다. 라틴아메리카의 해방신학에서 마르크시즘이 분석 도구로 사용되는 상황을 본 미국의 윤리학계는 워드를 다시 발굴할 필요가 있다고 판단한 것이다.

을 점유해나가고, 전 세계 철강을 흡수하고 있다. 또 북한은 물론 전 세계의 철강 광산을 점유하고, 우라늄 광산까지 점유해나가는 자원 전쟁에 승기를 잡아가고 있다. 중국은 외화, 달러를 충분히 확보하고 있다. 지금은 중국이 북한의 주요 광산을 모두 점유하기 전에 남한이 권리를 따놓지 않으면 안 되는 비상사태다. 중국이 북한을 동북의 제4성으로, 식민지로 만들려는 것이 아닌지 의심하는 사람들이 있다. 물론 제4성으로 북한을 흡수하기는 어려울 것이다. 북한은 이러한 위기를 버틸 능력이 있으며, 수천 년간 이어온 저항의 역사를 통해 중국에 흡수당하기보다 수백 만 명의 중국군을 물리친 경험과 교훈으로 북한을 지켜낼 것이기 때문이다. 그러나 중국은 돈으로 북한의 광산을 사들일 수 있다. 이것은 또 하나의 지배 방식이 될 수도 있다. 그렇기 때문에 남한은 북한의 광산 자원에 투자, 합작하여 공영, 공리로 나가야 한다. 이것이 공생의 전략이다.

## 우리식 경제윤리와 남한의 경제

사회주의적 '우리식' 경제를 추구해온 북한은 결국 미국을 중심으로 한 경제 제재의 대상이 되었고, 이미 1950년 이래 봉쇄 전략의 희생물이 되어 오고 있다.[15] 현재의 경제 수준을 1인당 국민소득 700~736달러 범위 내로 평가하는 학자도 있으나, 자본주의 잣대로 사회주의 경제를 평가할 수 없는 경제적 · 경제 외적 요인이 너무 많다.[16]

## 김창준과 강양욱의 경제윤리

김창준(1894~1959)은 북한의 경제 개혁을 가장 기독교적인 해석으로 주장해왔다. 그는 1932년 감리신학교 학술지 〈신앙과 세계〉에 발표한 「마르크스주의와 기독교」에서 예수 사회주의가 가장 이상적이라고 평가하고 있다. 마르크스주의는 무신론이어서 신론이 추

---

15) 미국은 1950년 1월 12일쯤부터 북한에 경제 제재를 가하고 있으며 아직 완화되지 않고 있다. 미국 입장에서는 이미 완화되었다고 주장하고 있으나, 북측에서는 제재가 더욱 강화되었다는 면이 있다고 평가한다(2004년 3월 11~15일, 독일 아놀즈하인 마틴니뮐러 기념 수양관에서 있었던 협의회에서 강영섭 조선그리스도교련맹중앙위원회 위원장의 발언 참조). 남북한의 핵 위기 극복을 위한 평화협의회, 독일교회(EKD) 초청으로 50여 명이 참석했으며 약 15개국 대표가 참석하고 북한에서는 강영섭, 리춘구, 리정로, 리수익, 김현철, 김관기가 참석했다. 미국에서 빅터 슈, 캐나다에서 에리히 바인가르트너, WCC에서 클레멘 존, 한국에서 신선, 백도웅, 임홍기, 박종화, 성해용, 박성원(WARC), 이종원(일본), 필자가 참여했다.
16) 전 주체사상연구소 박승덕 소장은 1992년 미국 뉴욕 주 호프스트라대에서 열린 북미주기독학자대회에서 약 2700달러(US) 수준으로 평가한다고 발언했다. 2003년 남한의 경제학자들은 약 730달러(US)로 평가한다.

가되어야 한다고 평가했고, 자본주의는 기독교인들이 가난한 자들을 버리고 나누지 않는 데서 잘못되어가고 있으며, 결국 예수님의 정신을 바탕으로 한 사회주의 경제가 가장 올 바르다는 것이다. 그는 1948년쯤 북한으로 가서 정권 창출과 진행에 깊이 참여했다. 감리 교신학교 교수를 지냈고 인사동에서 20년간 목회를 했으며, 미국 개렛성서신학교를 졸업 했다. 독립 선언 33인 중의 한 사람이기도 하다.[17]

강양욱(1903~1983)은 1946년 북한의 토지개혁위원회 서기를 맡고, 북한식 경제 개혁의 핵심적인 역할을 했으며 1983년 사망했다. 1972년에는 부주석으로 조선기독교련맹중앙 위원회 위원장을 맡았다. 그는 1928년쯤 평양신학교를 졸업한 후 장로교 목사 안수를 받 았다.

고(故) 고기준 전 조선기독교련맹 서기장은 1990년 도쿄회의에서 기독교는 북한의 사회 주의 경제를 절대로 포기하거나 양보할 수 없다고 주장했다.[18]

### 홍동근의 경제윤리

홍동근은 김일성대학에서 약 10년간 그리스도교 교리를 강의했으며, 1996년 에모리대 학 카터센터에서 주장하기를 "모세는 사회주의 경제를 주장했으며, 북한의 경제는 성서 적으로 옳은 것"이라고 평가했다.[19] 이 모임은 북미주기독학자대회였고, 북한 측에서는 리종혁 당시 아시아태평양 부위원장이 참석했던 것으로 기억한다. 홍동근 목사는 월남하 여 영락교회 부목사, 로스앤젤레스의 선한사마리아교회 목사를 역임하고 일본에서도 목 회를 했다. 사망 후 평양 애국열사능에 묻혔다.

### 한경직의 목회적 복지경제(Pastoral Welfare Economy of Han)

한경직은 신의주 제2교회를 담임하다가 서울에서 영락교회를 창립했다. 프린스턴신학 교를 졸업한 한경직, 윤하영은 1945년 9월 기독교사회민주당을 창립했다. 그 후 11월에 정당 이름을 사회민주당이라고 바꾸었다.[20] 그는 "공산주의는 독재를 수반하므로 수용할

---

17) 노정선 저, 『*The Third War*』(서울: 연세대출판국, 영문판, 2000).
18) 이 회의는 재일교포 기독교 교단의 강영일 목사 등이 주도해오고 있다(KCCJ).
19) 필자의 비디오 녹화 연구 자료.

수 없고, 자본주의는 빈익빈을 해결하지 못해서 수용할 수 없다"라고 말하며 사회민주주의적인 복지국가 경제를 주장했다. 그의 저서『건국과 기독교』(1952)는 이를 잘 증언하고 있다. 그는 고아원 장애인들을 위한 예배와 공동체 형성, 모자원, 양로원 등 소규모 복지 공동체를 운영하는 등 정열적인 목회 활동으로 교회 공동체를 실천해나갔다. 그러나 자본주의 경제의 근본적인 빈곤 문제를 풀어나가기에 세계화 경제는 아직도 많은 문제가 남아 있다. 세계화된 신식민지적 정복이 계속되고 있는 상황에서, 전제적이며 권위주의적인 군사경제와 결탁함으로써 생기는 불평등과 경제 불의에 대한 대안은 다시 청년 세대가 제시해야 할 몫이 되었다.

### 유태영의 경제윤리

유태영[21]은 2004년에 북한의 '우리식' 경제체제와 윤리가 기독교 신앙에 의미 있는 것으로 평가한다. 월남 후 남한을 거쳐 도미해 미국 시민이 된 유태영은 미국장로교회 목사로 뉴욕 브롱크스 한인교회와 미국인 교회에서 수십 년 목회를 했다. 그는 경제윤리 면에서 자본주의는 빈곤과 전쟁과 폭력 문제를 해결하지 못한다고 보고, 브롱크스에서 일생 동안 목회하면서 한반도의 평화운동에 미주 대표로서 깊이 활동하고 있다.

### 성서적 경제 대안에 대한 제시

남한에서 상당수의 개신교, 천주교 교회 교역자들은 공산주의 경제를 부정적으로 평가하고 있으며, 북한을 현재의 세계 시장경제로 변화시켜야 한다고 주장하는 경우가 많다. 그러나 남한의 교역자들과 평신도들은 아직도 빈익빈 부익부의 불평등 현상이 세계에 만연한 데에 대한 성서적인 대안을 제시해야 하는 과제를 안고 있다.

---

20) 한경직은 1990년대 말 한 인터뷰에서 정당 이름이 민주당이었는데, 청년들이 사회민주당으로 바꿨다고 했다. 그가 프린스턴신학교 학생이던 당시의 미국 시민사회에는 기독교사회주의와 사회주의 경제에 대한 상당한 호감이 있었다는 증거가 많으며, 이러한 시대적인 분위기와 한경직, 윤하영의 판단에 어느 정도 상관성이 있었는지가 연구 과제라고 할 수 있다.

21) 뉴욕 지역 브롱크스 한인장로교회의 담임목사로 은퇴했으며, 미국장로교회에서 중요한 직책들을 역임했다.

## 유럽과 아프리카의 대안

부분적으로는 2000년대 미국 주도의 자본주의적인 단극 경제 체제를 가장 성서적인 경제로 평가하는 사례도 있다. 유럽공동체는 이러한 미국 주도의 단극 경제 체제에 대항하기 위한 유로(Euro)를 통일된 화폐로 한 유럽경제공동체를 형성하고 있으며, 25개국 4억 5000만 명의 유럽공동경제 체제를 성공시키고 있다. 미국 주도의 단극적인 경제 체제와 경제윤리에 대한 확실한 대안적인 대응이 유럽 중심으로 진행되고 있다. 근본적으로 문제를 해결할 수 있을지에 대해서는 의문이다. 그러나 미국 경제에 대한 확실한 견제세력임에는 틀림없다. 미국의 달러 화폐가 독점하면서, 미국 마음대로 찍어내던 세상은 가고 유로가 확실하게 달러 독점을 파괴해버리는 데 성공하고 있다.

전 아프리카 지역을 중심으로 세력을 구성해가고 있는 리비아의 카다피 등이 주장하는 새로운 경제 대안 역시 주목할 만하다.

무아마르 카다피 리비아 국가평의회 의장은 유럽을 방문하여 "유럽이 국제문제를 해결하는 데 '정글의 법칙'을 피할 수 있도록 영향력을 행사하라"고 주문했다.[22] 미국이 이라크를 점령한 것을 정글의 법칙으로 평가하고 있는 그는 리비아에 대한 미국 등의 경제 제재 조치를 풀어내는 데 부분적으로 성공했다. 정글의 법칙을 정당화하는 경제윤리는 비성경적이며 예수 그리스도의 경제에 대한 정신과 배치된다. 기독교 신앙인 등이 많은 유럽과 북미 대륙은 역사적으로 아프리카를 정복하고 부당하게 경제를 착취해온 경험이 있으며, 정글의 법칙으로 아프리카를 유린한 것에 대한 죄를 고백해야 한다. 이에 대한 기독교적 경제윤리의 평가가 필요하다.


## 2004년의 자본주의 경제의 확장과 자원 전쟁

이라크, 아프가니스탄 등 이슬람 문명권에서 경제윤리 전쟁이 진행되고 있다. 1914년 영국이 이라크 최대의 유전지역을 점령하고 탈취한 데서 시작한 오일 확보 전쟁은 1991년 걸프전에서 20만 명의 이라크 병사가 죽고 우라늄 오염으로 인한 백혈병과 경제 제재로 인한 영양실조, 기아, 질병 등으로 50만 명의 아이들이 사망하는 불행을 낳았다. 경제

---

22) 홍성철 기자, '카다피 평화전도사-미 유럽에 역할 촉구', 〈문화일보〉 2004년 4월 29일자, 8면.

전쟁은 9 · 11 테러를 거쳐 2004년에도 지속되고 있고, 미국은 중동 지역에 군사 기지를 확보하여 새로운 형태의 미국 지배 지역으로 확보해나가고 있다. 미국, 영국, 오스트레일리아 등이 주도하는 경제적 전쟁 행위에 대한 기독교적인 평가가 필요하다. 미국감리교회(UMCUSA), 장로교회(PCUSA) 등은 이 전쟁을 부도덕하며 비윤리적인 석유 확보 전쟁으로 선언하고 있다. 현재 세계화되어 가고 있는 경제는 약자들을 희생시키고 있다는 점에서 부도덕하다.

### 자본주의 경제의 대안 경제: 희년의 정치경제 윤리

히브리 성서에서 아모스가 고민했던 경제적인 불의를 제거하려 한 시도가 21세기에 새로운 경제 구조와 새로운 역학 관계 속에서 다시 부각되고 있다. 빈익빈 문제를 해결할 수 있는 대안을 레위기 25장의 희년의 경제 질서 속에서 찾을 수 있을 것인가?

초기 토니 블레어 전 영국 총리가 주장했던 제3의 경제는 대단한 지지를 받았다. 그러나 현재 블레어 전 총리의 이라크 정복 전쟁은 예수 그리스도의 가치와 상반된다고 평가할 수 있으며, 그의 제3의 길은 실상 또 하나의 신식민지 정복에 의한 석유 확보라는 점에서 비윤리성이 드러나고 있다. 블레어 전 총리가 주장한 '제3의 경제'가 민중을 위한 것이 아니었으며 허구였다는 것은 실제 다수의 살상이 발생한 전쟁으로 나타나고 있다.

울리히 두흐로 등 많은 학자는 세계 인구 80%가 착취당하면서 매일 빈곤에 빠지고 있으며, 20%의 부유층이 매일 부유해가는 불평등한 경제 구조를 자료를 통해 주장하고 있다.[23]

IMF으로부터 금융 지원을 받은 나라들의 절반 이상이 그 후 더 가난해져가고 있다는 주장도 있으며 이는 타당성이 있다(미셸 초소도프스키의 『빈곤의 세계화』 참조).

이제 세계는 생명 살리기, 살림 경제를 창출해야 하는 긴박한 시점에 와 있다.

2003년 10월 23일 장로교신학대학에서 에큐메니칼 인사들이 모여 발표한 선언에서는 요한복음 10장 10절 "나는 생명을 더욱 풍성하게 하기 위해서 왔다. 그러나 도둑들은 파괴하고 도둑질하고 살해하기 위해서만 온다"라는 성경 말씀을 기초로 입장을 발표했다(the Communique of "the People's Forum on Peace for Life: No Peace without Justice" of the

---

23) 손규태는 울리히 두흐로의 책을 번역했으나 책 제목을 달리했다.

International Workshop Closing Declaration, Oct. 13, 2003 at the Presbyterian Theological Seminary in Seoul).

'테러와의 전쟁'이라는 미명하에 테러를 당하는 것은 가난하고 약한 세계의 민중들이고, 테러를 주도하는 집단은 극소수의 부유한 집단이며, 그들의 목적은 물질적인 욕망의 추구와 심리적인 오만에 근거한 폭력적인 전쟁을 수행하면서 심리적인 만족을 취하는 데 있다. 그 전쟁은 '민을 위한 민주주의'가 아니라 소수의 제국적인 지배층의 민주주의이고, 새로운 세계 테러 공포로 지배하는 파시즘의 출현을 말한다. 그들은 대량 살상 무기를 다량으로 운용하면서 60억 명의 인구를 모두 살상할 수 있는 수천, 수만의 핵무기를 보유하고 배치하고 있다. 무엇보다 이들을 비핵화하는 일이 급선무다. 이들은 새로운 세계를 지배하려는 지나친 욕망 때문에 자기 최면에 빠져 있다. 수십, 수백만 명을 대량 살상하고 있으면서도 이를 민주주의 실현에 필요한 과정인 듯 선전하는 자기 최면에 걸린 것이다. 수천, 수백만의 사람을 죽이고서 민주주의를 실현하겠다는 것은 잘못된 생각이라는 것을 알려줘야 한다.

## 해결: 희년 경제윤리(political economy of jubilee)[24]

히브리 성서의 레위기 25장에 있는 희년의 명령은 새로운 대안의 단초를 제시한다. 희년의 경제윤리는 사회주의 경제가 아니다. 자본주의 경제도 아니다. 각자의 능력에 따라 부를 축적할 수도 있으나, 희년이 되면 노예화된 가난한 사람들을 해방시켜주고, 그들의 빚을 탕감해주며, 땅을 가지고 있다가 잃거나 탈취당한 사람은 다시 토지를 돌려받을 수 있다. 자연도 희년에는 휴식을 해서 생태가 다시 부활할 수 있다. 이와 같이 희년에 대한 신의 명령은 현대 경제윤리의 해결 대안을 제시하고 있다.

민중은행, 신용조합, 한민족의 '계' 등 대안이 되는 '민중금융구조'를 확산시켜야 한다. 가난한 자들의 연대를 통한 새로운 신용조합, 민중 중심의 금융기관 등을 조직해서, 기존 세계에서 노숙자가 될 수밖에 없는 극빈자들을 살려줄 수 있는 경제구조를 창출해야 한다.

국제 무역 관계도 가난한 자들이 할 수 있는 거래구조를 만들어야 한다. 농민과 소비자의

---

24) 노정선의 『통일신학을 향하여』(서울: 한울, 1989)에 희년의 정치 경제에 대한 토론 내용이 들어 있다.

직거래, 생산자와 소비자의 직거래로서 약자를 보호하는 거래구조를 활성화해야 한다. 예
컨대 기독여민회 등의 사례를 들 수 있다. 세계소비자연대(Consumer Coalition Internat-ional)
를 만들어 착취의 고리를 단절해버릴 수 있도록 연대를 넓혀야 한다.

생산자 연대를 만들어서 희년 정신을 생산하도록 해야 한다. 희년 투자자들의 연대를 구
성해서 기존의 투자 윤리를 극복하고, 희년 정신으로 투자하는 구조를 확산시켜야 한다.
평화연대를 만들어서 극소수들만의 욕망을 달성하기 위한 군산 복합을 대안적으로 대응
할 수 있는 평화 민중 안보 구조를 민중 경제의 구조 위에 만들어 확장해야 한다. 안보는
인간 안보가 우선이며, 이를 뒷받침할 만한 경제윤리가 필요하다. 그 윤리의 기본 틀을 희
년(레위기 25장)의 경제정치윤리에서 찾아나갈 수 있다.

적극적인 세계화 경제의 기초는 예수 그리스도의 주기도문, 누가복음 4장, 마태복음 25
장에서 나타나는 경제윤리로 찾아나갈 수 있다. 이러한 윤리는 전쟁을 예방할 수 있는 '예
방경제'로써 한반도에서 전쟁을 막는 데 기여할 수 있을 것이다.

## 예방경제

한국의 경제윤리를 바로잡기 위해서는 남한과 북한의 경제 협력이 기초가 되어야 한다.
남한은 부유하고 북한은 절대 빈곤에 있는 오늘의 현실을 극복하기 위해 그리스도의 사랑
의 경제를 실천해야 한다.

남한은 중동의 전쟁에 무기를 가지고 참전하기보다 식량과 약품을 공급하고 절대 빈곤
에서 벗어나도록 일자리를 만들어주고, 경제 교육을 실시해야 한다. 이것은 결국 한국이
중동 이슬람 문화권에서 최대한의 지지를 얻어내고 한국이 테러를 당하는 것도 막을 수 있
는 대안이 될 수 있다.

무기를 들지 않은 의사, 간호사, 약사 들과 일자리를 창출할 수 있는 생산 공장을 보내야
한다. 중동에 무기를 들고 참전할 경우 한반도는 즉각 테러의 대상이 되며, 스탠더드 앤 푸
어스 등이 국가 등급을 [B] 이하로 평가하면서, 동시에 외국 자본도 조용히 빠져나갈 것이
다. 이것은 한국 경제의 급격한 몰락으로 이어질 수 있다. IMF 외환위기와 같은 상황이 얼
마든지 다시 올 수 있다. 이라크전에 군대와 무기는 보내지 않는 것이 경제윤리를 바로잡
는 길이다.

일본은 납치 문제를 북한과 풀어야 한다. 일본은 식민 통치하에서 북한 경제를 착취한 것에 대해 100억 유로를 먼저 지불하고 나서 일본인 납치 문제와 관련해 북한에 정식으로 보상을 요구해야 한다. 일본은 북한의 경제 제재와 금융 제재를 중단해야 한다. 해상 봉쇄와 해상 압박을 중단하고 북한을 상대로 한 군사 작전을 취소해야 한다. 속히 북한과 국교 정상화를 하고 친구로 지내야 한다.

북한은 친미 국가가 되기 위해 노력하고 있다. 북한은 미국과 국교정상화를 하고, 경제 협력을 하고, 군사적인 적대 관계를 청산해야 한다. 동시에 미국은 제네바 합의 사항을 지키고 경수로를 공급하고, 북한에 대한 경제 제재를 취소하고, 에너지 봉쇄를 취소하고 그 피해를 보상해야 한다. 그래야만 비로소 미국의 경제윤리가 바로 설 것이다.

평양에서는 미국 뉴욕필하모닉 오케스트라가 초청되어, 미국 국가를 연주하고 〈아리랑〉을 연주했다. 미국이 스스로 '개방' 해서 평양의 오케스트라를 뉴욕에서 연주하도록 할 때까지는 '폐쇄사회'라는 것을 알아야 한다. 미국이 '개방'으로 나오려면 패러다임이 전환되어야 한다. 뉴욕필이 드보르작의 〈신세계〉를 평양에서 연주했다. 방송 아나운서가 평양 여성 음악가에게 이 음악을 아느냐고 물었다. 평양 여성은 "많이 들었다. 아메리카 원주민들의 세계를 그린 음악이다"라고 답했다. 유럽에서 아메리카를 정복하고 원주민들을 살해하면서 신세계를 꾸며나간 이야기는 유럽 백인들의 희망이요 행복이었다. 그러나 원주민의 입장에서는 수만 년 살아온 땅을 도둑질당하고, 강탈당하고, 살해당하고, 철거당한 이야기였다. 평양 여성 음악가는 〈신세계〉를 원주민들의 피나는 고난의 입장에서 보고 있었다. 미국 백인 중심의 시각과 평양 여성의 시각은 반대다. 패러다임이 다르다. 〈신세계〉 작품은 피정복자와 정복자에게 각각 다른 의미가 있다.

이라크를 제압한 후 미국이 북한을 침공할지도 모른다는 전쟁 가능설을 불식하도록 미국은 되도록 빨리 평화협정을 맺어야 한다. 미국과 부시 행정부는 살상무기를 든 파병이 아닌 다른 방법으로 해결할 수도 있다. 사람을 죽이고나서 해결하는 것보다 경제로 해결하는 것이 더 윤리적이다(예방경제 전략).

그러기 위해서는 북한의 평화 관계를 위한 노력, 북-미 간의 평화 협정 체결, 불가침 결정이 선행되어야 한다. 즉 북-미 간의 외교 정상화가 먼저 이루어져야 한다. 무역도 북에 대해 '최혜국 대우'를 하고, 미국과 일본의 경제 제재나 해상 압박 등을 취소해야 한다. 미국은 부시 정책이 전환되어 이라크와 북한과 선린우호 평화적 관계를 추진하는 것이 가장 단기간에 문제를 해결할 수 있음을 직시해야 한다.


**참조 1:**

We need Sabbath-jubilee vision

The Christian scriptures offer a critical mandate for periodically overcoming structural injustice and poverty and for restoring right relationships.

During the sabbath year, there was to be release from debts and slavery and during the jubilee year and a restoration of all family lands(Lev. 25).

People and animals were to rest every seventh day and the land every seventh year(Exodus 23:10-12).

These commandments are taken up in "the year of the Lord's favour"(Isaiah 61:1-2a) and described in Isa. 65:17-25 as "new heavens and a new earth".

W.C.C. Together on the Way, Official Report of the Eighth Assembly of the World Council for Churches. ed.by Diane Kessler, World Council of Churches, 1999.

"Road to Damascus: Kairos and Conversion" in Liberating God for Minjung, by Noh, Jong Sun, Seoul, Hanul Academy, 1997, This is the Document written by the theologians of the seven countries, i.e., Namibia, South Africa, Korea, The Philippines, Guatemala, El Salvador, Nicaragua., with the support of British Council of Churches, and Catholic Institute of International Relations, Catholic Institute for International Relations, CIIR.


**참조 2:**

Launching a People's Forum on Peace for Life

Recognizing the urgency to respond to the massive threat to life and the well-being of communities posed by the U.S.-led war on terror amidst a world already suffering from the onslaught of economic globalization and the discontent resulting from the attendant homogenization of culture, the World Council of Churches, the Christian Conference of Asia, and the National Council of Churches in the Philippines organized the International Ecumenical Conference on Terrorism in a Globalized World in Manila on the 23rd to the 26th of September 2002. The conference declared that, indeed, another world is possible! 135 persons from 28 countries in Manila committed themselves to a covenant on peace for life.

Born from that commitment, the organizers in cooperation with the National Council of Churches of Korea convened 26 persons from 12 countries to hold this international workshop on people's forum on peace for life. We who gathered in Seoul, Korea, on October 12, 2003, launch the Peoples Forum on Peace for Life!

We envisage a global coalition of ecumenical, multi-religious and inter-faith movements in opposition to expanding state terror and U.S. global domination.

The poor, already victims of state- and corporate-led globalization, are caught in the widening scope of violence as their own states implement increasingly repressive policies along U.S. anti-terrorist mandates.

Seoul, Korea

13 October 2003

## 4. 평화 정착을 위한 다양한 시도와 '칵테일 전법'

평화정착전략은 칵테일 전법을 사용해야 한다. 이것은 다양한 전법을 모두 섞어서 합치면서 활용하는 방법이다. 한 가지 전법으로는 효과도 약하며, 문제를 해결하기보다 더 큰 부작용을 불러와 사태를 더욱 악화시키는 경우를 보게 되는 것이 1894년부터 2007년까지 한반도의 역사적인 경험이었다. 이 역사적인 경험을 잘 살려 과거의 실수를 반복하지 않도록 하는 새로운 '혁명적인 패러다임'을 사용해야 한다. 새로운 '혁명적인 패러다임'이란

칵테일 전법을 말한다. 역사적으로 사용되었던 전법의 효율성과 상황성을 총체적으로 합산해나가는 방식을 써야 한다. 마치 칵테일을 만들 때 다양한 음료를 적당히 섞어서 맛을 살리는 것과 같다. 따라서 인류 역사에서 사용되었던 모든 이론과 전략을 필요에 따라서 채용하고 합하고 섞어나가야 한다. 나는 이것을 '혁명적인 패러다임의 전환'이라고 이름 붙이고, 다른 말로 '칵테일 전법'이라고 표현한다. 이 책은 연구방법으로서 NOAH 방법을 사용하고 있는데 총체적인 접근법이며, 이를 달리 표현하면 '칵테일 전법'이다.

평화의 추진단계를 진 샤프(Jene Sharp)의 『비폭력의 정치학(*The Politics of Non-violent Actions*)』(Boston)의 비폭력이론으로 구분하는 것은 전략 구상에 도움이 될 것이다.

한반도 평화 정착을 위한 전략을 수립하는 데 로렌스 콜벅의 6단계 이론을 활용하는 것은 도움이 될 것이다. 그러나 콜벅의 이론이 가지고 있는 이론의 한계가 동시에 평화정착 전략의 한계가 될 수 있다.

평화 정착 전략을 수립하는 데 지그문트 프로이트의 이론을 활용하는 것도 도움이 될 것이다. 반면 칼 마르크스의 이론이나 네오 마르크스 이론을 활용하는 것은 부분적으로 문제가 될 소지가 있고, 문제의 다양한 이론적인 접근을 해 나간다는 면에서 방법론적인 연구의 긍정적인 대상이 될 수도 있다.

마르크스 이론은 한때 세계에 혁명의 불길을 일으키기에 충분한 이론이었으나, 그 실험은 점차적으로 새로운 평가를 받고 있으며, 긍정적인 면과 부정적인 면, 보완되어야 할 면 등 다원적인 토론이 이루어지고 있다. 마르크스 이론은 주로 유럽의 토양에서 배양된 유럽 이론이라는 점이 특성이자 한계다. 한반도에는 한반도의 지정학적 · 토착적인 이론이 더 적합하고, 따라서 대안 역시 신토불이 대안이 될 것이 분명하다.

일제강점기에 〈동아일보〉는 새 시대의 새 이론을 소개하는 연재 칼럼으로 칼 마르크스 사상을 소개했다. 아직도 일부 대학교[25]에서는 학부 학생들의 필독 도서로서 지정될 정도로 그 필요성이 인정되고 있다.

생산수단을 소유한 자들과 토지를 소유한 자들이 생산수단이나 토지를 소유하지 못한 프롤레타리아트나 노동자 농민들, 소작인들의 노동을 착취하고, 영구적인 계급투쟁에서

---

25) 연세대학교에서도 2006년 필독 도서 명단에 들어 있다.

우위를 점하면서 지배와 억압을 한다는 이론적인 분석이다. 이러한 지배구조 속에서 일어나는 계급투쟁을 성공적으로 이끌기 위해 마르크스는 초기에는 평화적인 방법을 선호했으나 후기에는 피를 흘리는 전쟁과 투쟁을 선호하는 듯한 이론이 전개되었다. 마르크스 자신은 기독교 성서에서의 역사적인 예수에 대해 저술할 정도로 기독교에 대한 평화전략에 대해서도 이해가 깊었다.

그의 이론은 그가 유럽지역, 특히 런던에서 저술을 하면서 유럽의 상황 속에서 이론을 전개했다는 점에서 한계가 있다. 이는 그의 강점이자 한계점이 되고 있다. 이러한 이론을 한반도에 적용했을 때, 적합한 부분도 있지만 부적절한 면도 발생한다는 점에서, 한반도에서는 자생적이며 자주적이고 독자적인 우리 땅과 우리 공기와 우리 문화와 역사, 우리 유전자에 맞는 신토불이 이론이 발굴되어야 할 것이다.

둘째로 마르크스의 이론은 주로 경제적인 측면에서 분석하고 있다는 점에서 한계가 있다. 비경제적인 측면이 무시되는 경향이 나타나는 것이다. 문화적 · 생태적 · 정치적인 면 등이 비교적 간과되었다고 생각하는 학자들이 있다. 이들은 신 마르크스주의를 제창하면서 마르크스의 이론을 보완, 보충하고 있다. 경제적인 계급투쟁만 존재하는 것이 아니라 문화 종속도 심각한 지배전략이 되고 있는 것이다. 따라서 전통적인 마르크시즘에서 벗어나 새로운 신 마르크스주의를 주장할 필요성이 제기되었다.

하버드대 경제과에는 폴 스위지(Paul Sweezy) 같은 신마르크스주의 경제학자들이 교수가 된 적이 있다. 그러나 그는 결국 해직되고 말았다. 자본주의자 학자들과 이를 지원하는 감독회(하버드에는 이사회 이외에 감독하는 조직이 하나 더 존재한다) 등이 그의 이론이 하버드에 뿌리 내리지 못하도록 조치한 것으로 추정된다. 하버드대는 결국 유럽 백인 청교도들의 목사를 양성하기로 작정하고 1636년에 시작한 학교였으며, 비마르크스주의적인 이론을 선택한 학교로 발전해갔다.

마르크스가 제시한 평화 전략에는 새로운 해석을 추가해야 할 필요성이 제시되었으며 동시에 보완해야 할 부분이 발견되었다.

유혈혁명을 거부하는 학자들은 역시 고전적인 마르크스를 거부하는 이론을 전개했으며, 수정이론을 요청했다.

도로테 죌레[26] 같은 학자는 크리스천으로서 마르크시즘을 수용하는 크리스천 마르크시스트라고 말할 수 있다. 도로테는 1960년대 WCC 세계교회협의회 총회에서 "제3세계 사람들은 유럽이 수백 년 동안 도둑질한 것들을 다시 찾아와야 한다"고 강력히 주장했다.

해리 워드 역시 크리스천 마르크시스트였다. 강량욱 목사도 이러한 범주에서 토론의 대상이 될 수 있을 것이다. 그러나 강량욱 목사는 자주적인 신토불이 입장에서 이론을 세웠다고 볼 수 있으므로 단순히 마르크시스트의 범주에 넣기는 적절치 않다.

마오쩌둥의 전략은 대륙 중국에서 효력이 있었다. 그렇다고 해서 한반도에도 같은 효과가 나타나리라고 해석하는 것은 무리다. 마오쩌둥의 시대 상황과 현재 디지털 시대는 너무나 큰 차이가 있기 때문이다. 마오는 그 시대에 중국에 의미가 있었으나, 그의 이론과 전략이 오늘날에 동일한 효력을 찾기는 어렵다.

알린스키의 전략은 1970년대에 한반도 내에서의 산업사회를 좀 더 질적으로, 인권 중심으로 발전시키기 위한 패러다임을 도입하는 데 도움이 되었다.

체게바라는 자국 국민들의 심리적인 단결과 동인을 제공하는 데 성공했다. 그러나 당시 정부군 1000명이 공격하는데 17명이 방어하다 부상당하고 전사했다. 그가 죽은 후에야 라틴 아메리카 사람들 사이에 혁명의 기운이 서서히 불붙기 시작했다. 그의 뜻을 이해하면서 구호를 외치고, 라틴아메리카의 피식민지, 피정복, 피압박 역사 500년을 다시 생각하는 사람들이 모여들었고, 자신들의 운명을 바꾸기 위해서 조직을 구성하기 시작했다. 그러한 운동의 계승이 수많은 작은 체게바라를 만들어냈다.

체게바라는 마을에 들러 한 소녀에게 물었다. "이 마을에 학교가 있는가?" 소녀는 대답했다. "학교는 없고 공부를 가르치는 곳이 있다." 체게바라는 "내가 이 마을에 예쁜 학교를 지어주겠다"라고 대답했다는 이야기가 전해진다. 체게바라는 학교를 지어주지 못하고 사망했다. 그러나 그는 인디고 인디언들에게 희망을 심어주었다.

라틴아메리카에는 아직도 유럽과 미국의 정치·군사적인 지배와 억압이 존재한다고 생각하는 원주민들이 있다. 그들은 투쟁이 자신들에게 본래적인 해방을 가져다주었다고 느끼지 못하고 있으며, 실제로 아직도 하루에 1달러 이하로 사는 수많은 원주민이 있다. 체게바라는 전 세계의 양심 속에 살아 있고, 전 세계에서 작은 체게바라가 수없이 부활하고 있

---

26) 독일인으로, 미국 뉴욕시의 유니온 신학대학원 교수를 지내다 2005년 사망했다.

다. 체게바라의 무장투쟁은 단기적으로 10년, 20년 내에 미국과 유럽의 지배구조를 해체하는데 군사적인 의미에서는 실패한 듯하지만 쿠바의 카스트로 같은 구조로서 국가적인 단위가 힘을 확보하고 있다. 그리고 비국가조직 단위로는 수많은 소규모 조직이 '비질란테(Vigilante)' 방법으로, 민간조직 무장단을 형성하고 있다. 체는 국민들을 의식화하는 데 크게 기여했으며, 그가 쓴 글과 그를 주제로 한 책들은 21세기에도 베스트셀러가 되어 수많은 청년들에게 사상적으로 깊은 영향을 주고 있다. 2006년 8월 나는 베이징의 칭화대학교를 방문했다. 칭화대는 공과 중심의 대학으로 현재 중국 공산당의 핵심 중역들을 배출하고 있다. 후진타오가 칭화대 졸업생이라는 것은 우연이 아니다. 캠퍼스를 걸어가는 대학생들은 가슴에 체게바라가 그려진 티셔츠를 입고 있었다. 마오쩌둥이 아닌 체게바라의 얼굴이었다. 이것은 혁명의 세계화에 체게바라가 살아서 부활해 있음을 보여주는 것이다.

올리버 스톤은 영화를 통해 평화전략을 증언하고 있다. 〈하늘과 땅(Heaven and Earth)〉에서 그는 미국은 잔혹한 살상의 주역으로, 무의미한 전쟁의 잘못조차 깨닫지 못하고 있으며 바로 그것이 수많은 미국 청년과 월남의 양민들이 살해당하게 된 원인임을 전 세계에 알리는 역할로서 자신의 평화전략을 삼고 있다.

그는 작품을 통해 증거를 제시하는 방법, 즉 질적 연구방법(qualitative method)으로 전개하면서 거짓을 폭로하고 공개함으로써 진실한 삶의 이야기와 고통과 해방을 말한다.

최제우, 이순신, 권율, 을지문덕, 강감찬, 율곡, 최무선, 전봉준, 신채호, 이동휘, 김구, 박형규, 강량욱, 김창준, 백남운, 백락준, 리영희, 문익환, 윤정옥, 이효재, 서남동 등 토착적인 전략의 개발은 대단히 주요한 시사점이 있다는 것을 인식해야 한다.

일본의 사회당 무라야마 전 총리는 일본군 위안부에 대해 확실히 사과했다. 그리고 일본의 침략행동에 대해서도 사과했다. 그의 양심과 전략은 한반도 평화 정착에 크게 도움이 되며 기여하는 바가 매우 컸다. 다만 그가 사임 결정을 좀 더 늦추고 장기간 총리 자리를 지켜나가는 끈기를 보여주었더라면 더 도움이 되었을 것이다. 물론 일본의 국내 정치문화가 그의 사임을 암시했지만 무라야마는 새로운 '혁명적인 패러다임으로 전환'을 시도했어야 했다.

고이즈미 준이치로와 아베 전 일본 총리, 조지 부시 미국 대통령, 토니 블레어 전 영국 총리 등의 역할은 한반도 평화 정착에 별로 도움이 되지 못했으며, 오히려 부정적인 역할을 많이 했다고 평가할 수 있다. 이들은 무라야마에게서 한 수 배워야 한다.

고이즈미의 긍정적인 면은 그가 평양 선언을 만들었다는 것이고, 부정적인 면은 납치 문제를 부각하면서 북한 선박부분 봉쇄, 경제 및 금융제재를 가한 점이다.


## 5. 밤나무와 유토피아 지상천국

**밤나무로 식량 해결, 홍수 방지: 정책 제안(수정본 2007년 9월 8일)**

2007년 5월 평양의 순안지역 묘목 연구소를 방문했다. 북한의 산에는 거의 나무가 없다. 그곳에 밤나무를 150억 제곱미터(150만 정보)를 심으면 최소한 정보당 1톤에서 2, 3톤이 생산되고, 밤나무꿀이 110만 톤 이상 나온다. 3년 후부터는 수확할 수 있으며, 2008년 식목일 날 북측 학생들을 총동원해서 묘목을 심는다는 계획을 세웠다.

이것은 평양임업연구소의 묘목 전문 담당 김인섭 소장과 합의한 내용이다.

밤나무는 척박한 산지에서도 잘 자라며, 홍수를 방지하고 토양을 살찌게 하여 밭과 논을 기름지게 한다.

1996년 홍수로 북한에서는 수백만 명이 굶어 죽었다고 한다. 같은 동포로서 남한에서는 잘 먹으면서 북한에서는 수백만 명이 굶어죽는다는 것은 민족이 멸망의 길로 가는 것이다. 이러한 불행한 사태를 막기 위해서 온 힘을 다해야 한다. 2008년 2월 전에는 밤 심을 준비를 해야 묘목을 기를 수 있고 접붙이기를 할 수 있다. 온 힘을 다해서 묘목을 준비하면, 남북한이 단결해서 강력한 민족국가를 이룰 수 있을 것이다.

'근원을 치료해야 한다.' 2007년 4월 28일~5월 2일 평양에서 묘목연구소장과 '민경련'이 만나 논의한 주제다. 5월 개성에서 한 차례 더 논의했다.

홍수가 북한을 망치고 있는 데 대한 근원적인 치료는 산에 나무를 심는 것이며, 식량을 생산 농토가 파괴되는 데 대한 근원적인 치료 역시 나무를 심는 것이며, 농토에 유기적으로 비료를 공급하여 살찌게 하는 길이다.

산에 밤나무를 심으면 밤 150만 톤과 밤꿀 110만 톤을 생산할 수 있다. 그보다 더 많이 생산할 수도 있으나 1만 제곱미터(1정보나 1헥타르)당 1톤을 생산한다는 기준으로 계산한 것이다. 사실 1만 제곱미터에서 최소 2, 3톤은 생산된다. 1톤은 최소치로 계산한 것이다.

3년 후에는 약 70%가 생산되고 5년 후에는 100% 생산되며, 20년까지 지속적으로 생산된다. 물론 1년 만에 밤을 생산할 수 있다. 그러나 밤나무가 견실해지기 위해서는 3년 후부터 수확하는 것이 밤 생산을 최대화하는 것이다.

북한 측 최고위급은 2007년 말과 2008년 2월까지 모든 기초 준비를 하고, 2008년 4월 전 북한 학생들이 심기로 결정했다고 말했다.

밤나무 묘목은 접붙이기해서 심는다(유대접목방식).

지난 2년간 묘목 2만 그루를 평양 인근에 심었는데 잘 자라고 있다. 군사분계선과 가장 가까운 지역의 묘목장에서 기른 것을 접붙이기 하여 북측에 보낸 것이다. 기후가 비슷하고 토양이 비슷하고 모든 생태 환경 조건이 비슷할수록 성공률이 높기 때문에 강릉 북쪽, 휴전선 이남 지역에서 기른 묘목을 보냈다. 2010년에는 첫 수확이 나올 것이다. 이 일은 백승인 선생이 주도한 것이다. 그는 약 30년간 농업 전문가로 일한 경험으로 평양 봉수교회에 온실을 성공적으로 건설하여 재배하는 데 성공했고, 대동강변에도 온실을 최첨단공법으로 지어서 성공한 경력이 있다.

밤은 북한이 원산지다. 이미 많은 단지가 조성되어 있으나, 앞으로 양강도, 자강도를 중심으로 150억 제곱미터(150만 정보나 150만 헥타르)를 더 심으면 된다. 다른 곳에도 심지만 연평균 6도 이하인 함경북도 등은 제외한다. 연평균 섭씨 6도 이하 지역에서는 밤이 생산되지 않는다고 한다.

해가 바뀌기 전에 혹은 매해 응급으로 식량을 보내는 일도 물론 중요하다. 그러나 지속 가능하게(sustainable) 식량 공급기지를 만드는 것이 오히려 남한의 총비용을 낮추는 효과가 있다. 매년 40만 톤을 차관으로 공급하는 것도 중요하지만, 자체적으로 지속 가능하게 150만 톤 이상 생산할 수 있도록 하는 것은 지속적인 문제 해결 방안으로서 매우 중요하다.

자생적으로 150만 톤 이상 300만 톤까지 밤이 생산되면, 남한의 교류협력 비용이 크게 절감된다. 남는 비용은 다른 경공업 발전 등으로 투자할 수 있을 것이다.

옥수수(김순권 교수 프로젝트)의 경우는 기존의 농지에 심으면, 그 농지에는 다른 작물을 심지 못하는데, 밤은 기존 농지를 사용할 필요가 없다. 북한의 산에는 나무가 거의 없어서 모든 산에 밤나무를 심을 수 있다. 실패하더라도 손해날 것이 별로 없다.

쌀과 작물들은 매해 임시 공급하며, 매해 다시 심어야 하고 홍수 등이 나면 큰 피해가 생긴다. 그에 비해 밤나무는 임시 공급이 아니라 지속적인 식량 공급원이다. 비료도 많이 들지 않는다. 한 번 심으면 지속 가능하게 20년간 식량을 생산한다.

밤나무와 연료용 다른 나무를 잘 섞어 심어서, 연료용 나무 등도 충분히 공급할 수 있다. 연료가 없다고 해도 주민들이 밤나무 묘목을 몰래 베어다가 연료로 땔 가능성은 적다. 식량을 해결해주니 오히려 밤나무를 보호하려고 할 것이다.

남북한은 정치통일 이전에라도, 식량통일을 먼저 하기 바란다. 먼저 경제통일을 하고 군사통일과 국가통합을 해나가는 방향으로 준비해야 한다.

묘목을 기르기 위해 북측에 온실을 건설하는 등 약 200억 원을 투자하면, 150억 제곱미터(150만 정보)에 밤나무를 심을 수 있다는 것을 북측이 제안해왔으며, 우선 2007년도에 10동에서 20동이라도 힘차게 밀어서 시작하기를 기대하고 있다.

매해 40만 톤의 쌀을 차관으로 보낼 경우에 드는 경비는 1억 2000만 달러(40만 톤×미화 300달러＝120,000,000) 정도이고, 한화로 1100억 원 정도가 든다고 가정할 수 있으며, 5년간 계속되면 5500억 원이상 7000억원이 들 것으로 추산된다.

쌀 40만 톤을 5년간 차관으로 지원하면, 쌀 200만 톤이다.

밤나무를 연간 150만 톤씩 생산하면, 5년이면 750만 톤의 밤이 생산되며, 동시에 밤꿀이 연간 110만 톤씩 생산되어, 5년이면 550만 톤의 꿀이 생산된다.

쌀 750만 톤과 꿀 550만 톤을 합하면 1300만 톤이 된다. 밤은 1톤에 300달러이며, 중국 쌀은 1톤에 200달러다. 밤의 가격이 쌀보다 1.5배 더 비싸다(이 자료는 북측의 계산을 기초로

|  |  | 2007년 | 2008년 | 2009년 | 2010년 | 2011년 | 2012~2028년 |
|---|---|---|---|---|---|---|---|
| 밤 | 밤나무 지원(홍수 방지 효과 있음) | 200억 원 투입(첫해) 혹은 200억 원 중 일부 금액으로 지원 | 0원+(약간의 비료) 밤나무 심기 시작 (식목일에 북측 학생 총동원 함) | 0원+(약간의 비료) | 0원 + 밤 110만 톤 생산(첫 수확은 총량의 70% 정도 생산됨) 운송비가 필요 없음. 지속 가능한 생산 | 0원+밤 120만 톤 생산 지속 가능한 생산 | 150만 톤+300만 톤씩 매해 생산 시작 5년간의 총지원액은 200억 원+약간 추가 지속 가능한 생산 |
| 쌀 | 쌀 차관 40만 톤/ 매해 지원할 경우 (홍수 방지 효과 없음) | 1100억 원 이상(톤 당 300달러; 미화, 가정) + 운송비 | 100억 원 지원 이상 +운송비 | 1100억 원 이상 지원 +운송비 | 1100억 원 이상 +운송비 | 1100억 원 이상 +운송비 | 매해 지속적으로 지원하면, 5년간 5500억 원 이상 7000억 원을 지원해야 함 |

＊참고: 〈한민족어깨동무〉는 북한의 민경련을 비롯해 모든 관련 단체와 협력해나가고 있으며, 앞으로도 계속할 예정이다. 남한 정부가 이것을 '정책사업'으로 채택해주기를 요청한다. 북한은 이미 결정했으며, 남한의 지원만이 남은 과제다.

했다. 남측에서는 쌀 1톤에 거의 400달러(미화) 수준으로 계산하는데 이는 운송비가 북한보다 더 들고, 노역자, 인부 등 인건비가 많이 들기 때문이다. 북측의 경우는 우선 중국에서의 운송거리가 남측보다 더 짧고, 인건비가 덜 든다).

밤 150만 톤으로 중국 쌀과 바꾸면 180만 톤이며, 월남 쌀과 바꾸면 250 ~ 280만 톤과 바꿀 수 있다고 한다.

따라서 200억 원으로 밤 생산기지를 만들어주는 것은 5500억 원 이상으로 5년간 매해 쌀을 보내는 것과 비교할 수 없을 정도로 큰 차이가 있다. 게다가 앞으로 3년에서 20년간 북한은 충분한 식량을 자체 생산하게 될 것이다. 지속 가능한 식량이 생산되면, 매해 쌀을 보내거나 매해 논에서 쌀을 생산하는 것과는 질적으로 다른 엄청난 효과를 발생시킨다. 밤나무는 산에 심으니 더불어 홍수도 막을 수 있다.

남한이 북한에 지속 가능하게 식량을 지원하는 방식은 밤 생산의 기반을 마련할 수 있도록 지원하는 것이므로 매우 효과적이다.

"밤 하나만으로 식량문제를 완전히 해결할 수 있다"라고 북측 김인섭 선생은 말했다.

홍길동전에서는 밤나무가 많은 율도(栗島, 밤나무섬)가 유토피아로 나왔다. 한반도의 지상천국, 유토피아는 역사 속에서 밤나무골이나 밤나무섬으로 나타났다. 우리 땅에 잘 맞는 유토피아를 건설하기 위해서 북한에 밤나무 심기를 하는 것은 민족 역사 속에서 민족 생태를 완결시켜주고 북한의 식량해결을 가져다주는 일이다.

그리고 남는 힘으로 경공업 발전에 집중하는 것이 효율을 높여줄 수 있으며, 식량 안보가 성취되면, 남북의 평화 안보를 달성하는 길이 크게 열리고, 한반도 평화에 기여하며, 주변세력들에 의한 전쟁 방지, 굶주림에 의한 기아 사망 방지에 크게 기여할 수 있을 것이다.

밤나무를 심는 것은 작은 노력으로 큰 것을 얻어낼 수 있는 중요한 한반도 평화정착 전략이다.

# 9장 핵 위기 해법

## 1. 3중 수소 헬륨 핵판 다시 짜기

### 핵 위기 해법 : 3중수소 헬륨 핵판 다시 짜기

세계의 모든 핵무기는 폐기되어야 한다. 완전하고 돌이킬 수 없고 증명할 수 있도록 폐기되어야 한다. 미국, 러시아, 중국, 영국, 프랑스, 이스라엘, 인도, 파키스탄과 북한도 폐기해야 한다.

일본도 핵무기 제조능력과 핵물질을 모두 폐기해야 한다. 만약 일본이 한반도를 핵무기로 공격하거나 침공해서 도요토미 히데요시처럼 조선 전체를 점령하려는 작전을 봉쇄해야 한다. 일본이 한반도를 일정 조건에서 선제공격하는 전략을 구축하고 수행하려고 한다면 이를 방어해야 한다. 북한의 작전계획 5030의 조건이 형성될 경우 선제공격 후 점령하는 작전을 수행하면서 동시에 남한도 다국적군(coalition forces)에 의한 하부구조화 가능성을 고려해야 한다.

이 경우 헬륨 제조 전략으로 대응 방어해야 한다. 바닷물에서 무한대로 있는 중수(重水, 무거운 물)를 통해 이중수소를 얻고 중수소 삼중수소가스를 최대한 가열해서 플라스

마 상태를 만들고 헬륨을 생성시켜 그 에너지를 평화적으로 사용하고, 석유 고갈과 핵발전소 한계를 넘어서서 전기를 생산하고 이를 국방에 사용해야 한다. 수소에너지는 청정에너지다.

한국 정부는 이 프로젝트에 1조 원에서 단계별로 3조 원의 연구비, 생산비를 투자해야 한다. 필요에 따라서 생산비는 상향조정할 수 있어야 한다. 이미 연구작업이 진행되었다면 연구비 및 생산비를 국가가 자유롭게 증액시켜야 한다. 그리고 연구인력과 생산인력을 증가시켜야 한다. 이 프로젝트는 핵무기 소유국가 중심의 헤게모니 구도를 바꾸는 균형자(balancer) 역할을 한다. 핵발전 능력 국가 간의 경쟁과 석유 산유국들 간의 힘겨루기 속에서 한반도가 살아남는 에너지 전략은 헬륨전략이다. 그리고 수소에너지 생산전략으로 승부를 걸 수 있다.


H(이중수소) + H(이중수소) →He(헬륨)


남한은 KSTAR, ITER 전략을 신속하고 강력하게 자주적으로 추진해야 한다.

균형자는 핵능력 국가들 사이에서의 불안정한 한반도 안보 상황을 안정시킬 수 있어야 한다. 헬륨작전(혹은 작은 태양작전)은 이를 성공시킬 수 있는 안보전략의 균형자로서 열쇠가 될 수 있다. 동시에 평화에너지를 확보하여 산업발전과 경제력 강화에 결정적인 역할을 할 것이다. 이 작은 태양작전은 동북아 평화의 균형자로 만들어줄 것이며, 동시에 세계 판도를 재편할 것이다. 적어도 앞으로 20년간을 계산할 때, 수소와 헬륨 프로젝트는 반드시 필요하다.

힘을 축적하기까지는 월남전에 미국이 개입했던 통킹만 사건을 기억해야 한다. 한반도 주변에서 또 하나의 심리전이나 전쟁의 불쏘시개가 되는 작전을 감지하고 인내심을 가지고 극복해야 한다.

제2의 통킹만 사건이 조작되지 않도록 사전경계해야 한다. 그리고 작전개념 8022에 적절하게 대응할 수 있는 정밀한 수소와 헬륨 전략을 구축해야 한다.

'이웃 사랑하기를 네 몸과 같이하라'는 말씀이 핵 위기를 해결하는 핵심이 되어야 한다. 로마서 12장 20절에 '원수가 주리거든 먹이고 목말라 하거든 마시게 하라'는 말씀도 명심

해야 한다.

2005년 9월 19일 베이징 6자회담에서 나온 합의서 내용을 지켜야 한다.

북한은 핵을 폐기하고, 평화적으로 핵에너지를 이용하고, 경수로 원자력발전소를 마련하는 것을 적절한 시기에 5개국이 논의하기로 합의했다. 5개국은 북한에 대해서 경제협력을 하고 평화체제를 만들기로 합의했다.

그러나 경수로 원자력발전소를 제공하기로 합의한 것은 지켜지지 않았으며, 1년 동안 원자력발전소를 공급하기 위한 노력도 보이지 않았다. 오히려 북한을 강력하게 제재하면서 북한에 핵을 폐기하라고 요구하고 있다. 약속을 지키지 않고 있는 것이다. 북한을 제외한 다른 5개국은 이제라도 북한이 평화적으로 핵에너지를 사용할 수 있도록 지원하고, 경수로 핵발전소를 제공하기 위한 준비를 하고 협의해야 한다. 전 세계의 언론도 이 점을 언급하는 경우가 거의 없는 것을 반성하고 고쳐야 한다. 미국이 하지 않는다고 버려두어서는 안 된다. 한국이 책임을 지고, 100%로 경수로 건설을 다시 논의하고 건설을 완료시키는 것이 바로 2005년 9월 베이징 합의를 지키는 것이며, 이것이 행동 대 행동 약속을 지키는 것이다.

미국과 일본은 북한과 적대관계를 청산하고, 선린우호 관계를 설정해야 한다. 경제 · 외교 · 금융제재를 풀기 위해 북한과 협의하는 것만이 해결의 길이다.

예수님 정신으로 희생적인 사랑을 나누고, 마녀사냥을 중지하고, 북한을 악의 축이라고 부르는 것을 중지하고, 상호 호혜의 국교를 수립하는 것이 전쟁을 피하는 길이다.

전쟁은 PSI로 일어날 수 있다. 선박을 검사하는 과정에서 얼마든지 전쟁이 일어날 수 있고, 수백만 명이 죽게 되고, 월남전과 이라크전의 비극이 지속되는 지옥 같은 한반도가 될 수도 있다.

유엔은 북한과 평화협정을 추진해야 한다. 1953년에 체결한 휴전협정의 당사자는 북한, 중국, 유엔 대표였다. 유엔이 결자해지로 평화협정을 추진하는 것은 반기문 총장의 책임사항이 되었다. 유엔이 제재만 하고 평화협정을 추진할 생각조차 하지 않았다면, 이는 코피아난 전 유엔총장의 직무유기다.

유엔은 안보리 결의안 1718호가 최단시간 내에 취소되도록 노력하고, 특히 북한이 북-미 간 직접협상을 하도록 협조해야 한다. 유엔은 제재를 중단하도록 최선을 다하고, 즉시 평화협정을 맺어야 한다. 아이젠하워 전 미국 대통령이 말한 대로 가난한 나라에 원자로를 공급해주어야 한다. 1994년만 해도 북한의 태천과 영변에 250만 킬로와트 원자력발전소 건설 공사가 30% 진행되고 있었다. 1996년이면 완공될 수 있었다. 그렇게 되면 북한에 기근이 일어나더라도 공장을 돌리고 농사에 전기를 써서 350만 명이 굶어죽는 일은 막을 수 있었다. 그러나 미국의 클린턴 전 대통령이 북한을 폭격한다고 1994년 6월 17일께 위협했다는 설이 있어서, 결국 공사를 중단했다. 그 후 "2003년에 경수로 발전소를 건설 완료한다"라고 약속했으나 지어주다가 말았다.

2005년 베이징 6자회담 합의로 북한에 경수로 원자력발전소 공급과 관련해 논의하기로 한 약속도 언급조차 하지 않은 채 1년을 끌었다. 그러면서 금융제재를 가했다. 북한은 핵실험을 하는 것으로 답했다.

미국은 북한이 세 차례나 발전소 건설에 실패하고 있다는 것을 인정하고 북한과 다시 협상하면서 금융제재를 풀고, 원자력발전소 공급과 관련하여 다시 이야기를 시작해야 한다.

미국이 하지 않는 것은 남한이 완료해서 6자의 약속을 지켜야 한다.


## 유엔 1718 제재와 북측의 대응

국제 사회는 북한 제재를 실천할 것인가?

문제는 현실적으로 북한에 대한 제재를 국제 사회의 유엔 가입국들이 결의대로 실천하고 있느냐에 있다. 법적으로는 제재에 동참하는 듯하나 실제로는 제재하지 않거나 25%만 보고하는 수준이다.

2007년 1월 현재 4분의 1만이 제재에 대한 중간보고를 하고 있다. 이집트는 2007년 7월 14일 미화 1억 1000만 달러를 북한에 투자할 것이라고 발표했다.

이 제재는 풀어주어야 한다. 이 제재는 북한을 자유와 개방으로 인도하는 길을 막고 있다. 자유를 박탈하고 있는 것이다. 자유를 박탈하고서, 북한에 자유가 없다고 비판하는 것은 책임 소재를 잘못 지적하고 있는 것이다. 패러다임을 전환해야 보인다. 자기 눈의 들보는 보지 못하고 남의 눈에 있는 티를 탓하고 있는 것은 아닌지 성찰해야 한다.

## 2. 북-미 전쟁 방지 대안

북핵 실험 이후의 대안은 무엇인가? 미가서에는 칼을 쳐서 보습을 만들라고 했다(4:3). 요엘서에는 보습과 낫을 쳐서 칼과 창을 만들어 약한 자도 나가서 장군으로서 싸우라고 했다(3:10). 강국들은 약자를 위협하는 핵을 모두 폐기하고 보습을 만들어야 한다. 가쓰라-태프트 밀약과 강제 분단의 과정 속에서 인권 유린과 전쟁 중 실종가족, 강제적인 납치, 이산가족, 남북의 국가폭력에 의한 희생자 문제를 사실 확인을 거쳐서 보상, 배상, 사과하고 재발 방지를 정착시키는 일을 가장 신속하게 하는 것을 전제로 하여 아래 대안을 제시한다. 이것은 남과 북, 미국, 일본, 중국, 러시아와 기타 관련 국가와 인사들이 이 문제를 공동 과제로 인정하고 전쟁을 통한 인권유린에 대한 죄책을 고백하고 나서, 화해로써 해결하도록 노력할 것을 전제로 한다.

### 북한의 친미화

북한이 미국을 향해 계속해서 백배 천배의 보복을 하겠다고 선언하는 한, 핵 위기는 더욱 더 커질 것이다. 게다가 수백만 명이 한반도에서 죽을 가능성이 있으며, 죽는 사람은 결국 남한과 북한사람이 될 것이고, 한국 주둔 미군은 3만 명까지 죽을 수도 있을 것이다.

북한이 친미 국가가 되기 위해서는 북한이 할 일이 있고, 미국이 할 일이 있다. 미국은 북한을 더 이상 적으로 대하지 말고 친구로 대해야 한다. 북한도 미국을 친구로 대해야 한다. 반미를 친미로 만들고 원수를 사랑하라는 예수님의 말을 실천해야 한다. 그러기 위해서는 역사를 정리해야 한다. 북한이 만든 핵무기를 개당 2억 달러씩에 구입해서 해결하는 것도 방안 중 하나다. 그러나 북한이 응할지는 의문이다. 북한은 판매하려고 핵무기를 만들지는 않았을 것이다. 북한은 미국을 맹렬히 비판하는 선전물들을 평양 거리에서 철거하고서 뉴욕필을 초청했다. 텔레비전 중계를 통해 모든 북한 인민 가정에 미국 음악을 아름답게 소개했다. 북-미가 친구가 되는 것이 우선순위다.

### 미국이 할 일

미국이 할 일은 원수를 사랑하라는 정신을 실천하는 것이다.

미국은 한반도에서 핵무기로 선제공격을 하겠다는 발언을 취소해야 한다. 부시 대통령은 2001년 9·11 테러 이후에 2002년 1월 북한을 '악의 축'으로 선언했다. 그리고 6월 한 사관학교에서 핵무기로 북한을 선제공격할 수 있다고 말했다. 미국은 이라크를 무장해제하더니 결국 침공하고, 지금도 끊임없는 학살을 계속하고 있다. 북한은 반대로 무장을 강화하고, 핵무기를 실험했다. 침공을 당하지는 않았으나 엄청난 제재를 받고 있다. 미국은 북한에 대한 경제·금융 제재를 해제해야 한다. 미국은 스스로 변해서 '친구'가 되어야 한다.

## 9·19 공동성명의 공정한 준수

2005년 9월 19일 6자회담의 합의서에는 '북한이 핵을 폐기하고, 북한이 핵에너지를 평화적으로 사용하고, 5개국이 북한에 핵발전소(경수로)를 제공하는 문제'를 토론하기로 했다.

그러나 핵 폐기만 강요하고 있으며, 지난 14개월 동안 핵발전소를 북한에 마련해주는 문제는 논의하지 않고 있다. 이는 불공정한 일이다. 지금이라도 북한에 핵발전소를 공급하는 문제를 진지하게 토론하는 것이 위기를 해결하는 데 도움이 될 것이다. 북한은 기근을 막고 전기 생산을 높이기 위해서 핵발전소를 공사하고 있었다. 태천의 발전소 등은 250만 킬로와트로 1996년 완공될 예정이었다. 이것이 예정대로 준공되었다면, 공장이 돌아가고, 수출품이 생산되고, 농업에 전기를 충분히 사용하여 350만 명이 굶어죽는 일을 어느정도 막을 수 있었을 것이다. 클린턴 대통령 때 이 발전소 공사를 폭격하겠다고 해서 문을 닫은 후 미국은 2003년에 핵발전소를 신포에 완공하겠다고 했으나 공사를 중단하고 영구히 문을 닫아버렸다. 2005년 베이징 6자회담에서는 북한에 핵발전소 공급 문제를 토론하기로 합의했으나 토론하지 않고 묵살하고 있다. 미국은 북한에도 원자력발전소를 건설할 수 있도록 하고, 이를 방해하지 말아야 하며, 약속을 지켜야 위기를 극복할 수 있다. 푸틴 전 러시아 대통령은 북한을 궁지에 몰아넣지 말라고 말했다.

세계에서 가난을 제거하기 위해 원자력 기술과 물질을 가난한 나라에 공급하라는 아이젠하워 전 대통령의 권고를 현 부시 행정부가 실천하는 것이 해결책이 될 수 있다. 남한은 20기, 일본은 50기 이상, 미국도 50기 이상 핵발전소를 운용해서 경제적인 부를 향유하고 있다.

북한에 대해 경제제재, 금융제재를 하지 말아야 한다.

PSI(대량살상무기확산금지작전)로써 과도하게 압박하는 행위를 중지해야 한다. PSI는 휴전협정 위반이다. 개성공단을 수동적으로나 적극적으로 무산시키거나 파산시키려는 작전을 하지 말아야 한다. 북한 경제가 파산하도록 압박하지 말아야 하며, 북한에 대해 관세를 최혜국 수준으로 하고, 북한 경제가 살아날 수 있도록 지원하고, 3년 이내에 최소한 GNP 3000달러 수준에 도달할 수 있을 때까지 과격한 봉쇄나 목 조르기를 하지 말아야 한다. 이것은 최소 생존권을 존중하는 길이며, 기아 사망 등 인권 유린을 막는 길이다.

북한에 대한 식량 지원을 차단함으로써 경제 붕괴를 유도하고, 식량을 구할 수 있는 인권을 유린하지 말아야 하며, 예방경제로서, 전쟁을 방지하는 수단으로서 전쟁을 하는 행위를 중단하고, 경제로서 전쟁을 미리 예방해야 한다. 남북경제 통합을 추진하고, 남북경제 통일을 먼저 실현시킨 후 평화적인 정치구조 통일의 단계로 나가는 과정을 밟아야 한다. 미국과 북한은 국교를 수립하고, 선린우호관계를 설정해야 한다. 또한 북한을 압박하는 대북 적대군사전략을 중단해야 한다. 미국과 북한이 국교를 수립하고, 선린우호관계를 설정해야 한다.

## 군사적 조치

- 북한에 대한 작전계획 5026, 5027, 5029, 5030을 취소할 것. 북한을 압박하는 대북적대 군사전략을 중단할 것.
- 한국 대통령에게 알리지 아니하고서 북한을 공격하는 작전계획들을 취소할 것. 특히 작전계획 5029를 취소할 것.
- 미국은 북한에 대한 적대정책을 군사적으로 총체적으로 취소할 것을 실천해야 한다.

이 세가지를 실천하고 북·미 국교를 정상화하고 평화협정을 체결하고, 종전선언을 해야 한다.

## 남한이 할 일

국회는 '전시작전권을 회수한다'라는 조항을 입법 통과시켜야 한다.

전시작전권을 먼저 입법화한 후에 해당 외국 군대와 협의해야 한다. 국회 국방위원회는 입법을 위해 법안을 만들고 통과시키는 데 적극적이고 신속하게 노력해야 한다.

20%의 C4I(Command, Control, Communication, Computer, Intelligence)로 독자적으로 수행할 수 있는 체계를 갖춰야 한다. 미국의 컴퓨터가 해킹 공격을 당할 경우 군사안보 전력을 확보하기 위해 독자적인 정보 컴퓨터 채널을 구비해야 한다. C4I 종속구조에 대해서 최소한 20%의 독자 C4I를 구축해야 한다. 미국이 지원하지 않아도 한국군이 독자적으로 움직일 수 있는 통신, 컴퓨터, 정보, 통제체계를 완벽하게 만들어야 한다.

25센티미터 등의 최소형 혹은 소형 무인비행기로 무장하여 주변 강대국들, 특히 일본의 군사화에 대응해야 한다.

중수소 핵융합 열에너지를 개발하고, 경제와 군사로 국방을 강화해야 하며, 전력 증강에 드는 군사비를 2010년까지 약 54조 원으로 가정했을 때, 적어도 5조 원 수준으로 수소와 핵융합 열에너지를 연구개발할 시설을 설치하고 이를 생산 배치하도록 투자할 것을 권고한다.

일본의 수백, 수천 개의 핵무기 제조 능력을 고려해 핵무장 능력을 견제할 수 있는 균형자가 되기 위해서 핵융합 열에너지로서 플루토늄, 우라늄을 사용하지 않는 또 하나의 대안 에너지, 즉 중수소를 융합하는 과정에서 에너지를 확보하는 작업을 추진해야 한다. 일본의 핵무장에 균형을 잡고, 에너지 지배구조에서 종속되지 않고 새로운 판을 짜기 위한 에너지를 확보해야 한다.


## 여호수아 착각증후군의 해체와 영적 통일

전쟁을 일으키는 방식으로는 평화가 오지 않는다는 사실을 깨닫게 하는 정신 치료를 실시해야 한다. 신학적으로 전쟁을 통해서 약소민들을 대량 살상하는 것을 정당화할 수 없다는 점을 깨달을 수 있게 중생 회개의 체험을 유도해야 하며, '마녀사냥 신학'으로써 약소민족이나 약소국가들을 희생양으로 만들지 말아야 한다.

용서, 화해, 사랑을 실천해야 한다. 남북한이 민족 공멸을 막기 위해서 평화공동체를 형성하고, 의기투합하여 영적인 통일(Spiritual Solidarity)을 추구해야 한다.

수천년 전에 여호수아가 아이성(城)에서 갓난 아이부터 노인까지 전멸시켰다. 2000년대에 와서 똑같은 전멸을 '생화학무기, 핵무기, 제이댐'으로 실시하겠다는 것은 정당하지 않은 정신병이다. 여호수아착각증후군(Joshua Syndrome)이며, 수백만의 적국 시민을 굶어 죽게 하는 것도, 경제 봉쇄를 철통같이 해서 결국 기아가 발생하도록 하는 것도 정당하지 않은 일이다.

## 브라보 테스트 중단

1954년 3월 1일 미국이 마셜 아일랜드에서 수소 폭탄 실험을 세 번째로 실시하면서, 원주민들을 대피시키지 않고 이후 원주민들을 대상으로 생체 실험을 실시했다고 하는데, 이러한 인권유린을 반복하지 말아야 하며, 이러한 '핵무기 실제 전쟁 실험'을 한반도와 동북아시아에서 하지 말아야 한다.

전 세계의 '모든' 핵무기 소유 국가는 동시에 완전하고도 증명할 수 있고, 다시 돌이킬 수 없도록 핵무기와 핵무기 제조 능력을 해체해야 한다. 러시아, 중국, 영국, 미국, 프랑스, 파키스탄, 인도, 이스라엘, 그리고 준 핵보유국인 일본이 솔선해서 먼저 핵무기를 해체해야 한다.

북한도 복지인권, 식량인권, 생존인권을 존중하고 확보하는 등, 이에 상응하는 적절한 조치를 취해야 한다. 일본은 북한에 대해서 미화 100억 달러를 지불함으로써 일제강점기의 착취와 살상, 일본군위안부 납치 및 살상 등 수만 명에서 20만 명에 이르는 여성을 군위안부로 납치 및 살상한 것에 대해 배상과 보상을 해야 한다.

한반도는 핵문제로 또 하나의 위기에 처해 있다.

위기를 극복하는 방안은 무엇보다도 전쟁을 막는 것이다. 한반도에서 전투가 발생하고 다시 300만 명이 죽는 6 · 25 전쟁이나 월남전, 이라크전과 같은 전쟁이 발생하지 않도록 최선을 다해야 한다. 자신의 이익을 위해서 일하는 정치인이 매우 많다. 그리고 작은 이익집단의 이익을 위해서 민족을 버리는 정치인도 많다. 국민은 정치인들을 별로 신뢰하지 않는다. 신용도도 아주 낮다. 통합민주당, 민주노동당, 진보신당, 한나라당과 같은 당이 모두 단결해서 전쟁을 막기 위해 기득권자로서의 이익을 버려야 한다. 큰 것을 위해 집단이기주의를 버려야 모두 살아남을 수 있고 위기를 극복할 수 있다.

강대국들은 남북한이 화해하거나 협력하지 못하도록 방해하고 있다. 강대국들의 남북이간 전략과 한반도를 분단시키고 정복하려는 전략에 말려들어서는 안 된다.

미국은 물론 일본과도 친하게 지내야 한다. 북한도 미국과 친선관계를 맺기를 갈망하고 있다는 점을 인식해야 한다. 이와 함께 북한을 마녀사냥하듯이 목 조르기를 해서는 안 된다. 남북한이 서로 공존공생하겠다는 분명한 동포 사랑을 실천해야 한다.

우선 유엔과 북한은 평화협정으로 휴전협정을 전환하는 일에 전념해야 한다. 유엔이 존재하는 이유는 평화를 정착시키는 것이다. 따라서 약소국들이 강대국에 의해서 위기로 몰리고 궁지로 몰아넣는 것을 방조해선 안 된다. 유엔의 사명은 북한과 미국이 화해 협력으로 나가도록 유도하고, 평화협정을 체결하도록 해야 한다. 휴전협정은 유엔 대표인 클라크, 중국 대표인 팽덕회, 북한 3자가 한 것이기 때문에 유엔은 결자해지로서, 이를 평화협정으로 바꾸어야 할 중대한 책임을 가지고 있다. 반기문 유엔사무총장은 이 일을 해내야 한다.

미국이 주도하는 PSI에 적극 참여해서는 안 된다. 남북한은 PSI보다는 6·15 선언을 지키고, 한반도의 평화 정착을 위해 화해와 협력 교류로서 단결해야 한다. 남과 북은 해상교류 협력 등으로 남북 공동 안보전략으로 문제를 한 단계 높여서 해결해야 한다.

개성공단 같은 곳을 10개 정도 확장 건설해야 남북한은 함께 전쟁을 막고 살아나갈 수 있는 경제통일 방향으로 갈 것이다.

금강산·백두산·묘향산관광과 원산관광 등을 계속 발전시켜나가야 한다.

유엔은 신속하게 안보리 결의 1718호를 종료하고, 북한이 발전적으로 6자회담에 나오거나 북-미 양자회담이 성사되면 이를 계기로 제재활동을 중단해야 한다. 미국은 북한과 국교를 정상화하고, 경제적·인적 교류를 자유롭게 해야 한다. 미국의 윌리엄 페리, 애슈턴 카터, 스티븐 솔라즈 등은 북한에 대한 국부적인 선제공격을 주장하고 있다.

2002년 2월 부시 대통령이 악의 축이라고 선언한 국가들에 대해 핵으로 선제공격권을 가지고 있다고 천명함으로써 세계는 핵 선제공격 전쟁시대로 들어갔다. 지금까지 핵은 전쟁을 미리 막기 위한 방어적인 목적으로 소유하고 있다는 억지스러운 주장을 해왔다. 그러나 부시 대통령은 이를 파기하고 선제공격을 핵무기로 하겠다고 말한 첫째 사람이 되었다. 4년이 지난 후에 북한은 핵실험을 했다. 누가 원인을 제공했는가?

이것은 한반도와 세계 전체의 위기를 불러오는 새로운 전쟁시대를 연 것이다. 전 세계 모든 핵무기는 폐기되어야 한다. 전면 폐기를 추진하는 것이 최종 목표이며, 핵 군비도 축소해야 한다.

일본은 수천 개의 핵무기를 만들 수 있는 핵능력을 해체해야 한다.

남한은 조선 정치의 모략가들이 이순신의 전략을 무산시켰던 모습을 재현해서는 안 된다. 조선은 이순신을 처벌하고 장군 직을 박탈했다가 일본의 음모에 빠져서 대패했다. 누가 애국자인가? 이순신이 참다운 민족의 국방을 했던 것을 기억하고 그의 앞선 전략을 되새겨야 한다.


## 3. 기독교적 해결책

기독교적인 시각에서 남-북-미-일 갈등의 해결책을 제시할 수 있을까? 만약 추진한다면, 어떤 점을 최소한의 요건으로 토론해야 할 것인가?

### 기독교 신앙의 시각에서의 북-미 핵 갈등 해결책

부시 대통령이 "나(부시)는 그(김정일)를 증오한다(I loathe him)"라는 말을 "나는 그를 사랑한다(I love him)"라고 바꿔 말하는 것이 북-미 갈등을 해결하는 지름길이다. 원수를 사랑해야 한다. 압박과 제재를 하면 할수록 세계의 테러는 증가한다. 테러와 전쟁에서 승리하기 위해 더 강력한 군사 공격과 살상을 하고 있는 것이 오늘날 이라크 전쟁의 상황이다. 테러를 테러로 막을 수는 없다. 갈등은 사랑과 존경과 인내와 지략으로 풀어야 한다.

'원수를 사랑하라'는 말씀을 실천해서 원수 자체를 만들지 말아야 한다. 평화를 추구하기 위해 살해라는 방식을 선택한다면 얼마나 평화를 유지할 수 있을까? 십계명 '살인하지 말라'를 실천해야 한다.

강대국들이 생각하는 정치적 목표를 달성하기 위해 살인을 하는 것은 기독교 신앙에서 지지하기가 어렵다. 특히 수백 만, 수천 만 명의 인명을 살상하면서 이를 정당하다고 주장하는 것은 십계명의 정신에서 볼 때 옳다고 평가하기 어렵다. 대량 살상을 부르는 전쟁을 해서는 안 된다. 이라크에서와 같은 대량학살은 남북한에서 어떠한 조건으로도, 어떠한 빌미로도 일어나지 않아야 하고 어떤 강대국들도 이를 반복해서는 안 된다.

'이웃 사랑하기를 네 몸같이 하라'.

기독교 신앙인들과 기독교 정치가들이 이웃 사랑을 먼저 실천해야 한다. 일본은 중국과 한반도에서 대량 살상한 것을 반성하고, 북한 사람들을 납치해 강제노역을 시키고 북한 여성을 일본군위안부로 납치, 살해한 것에 대해서도 사과해야 한다.

살인을 평화의 수단으로 계속해서 사용하면 습관적인 살인이 되며, 살인이 잘못이라는 감각마저 사라져버리는 도덕적 해이(moral hazard)에 이른다.

'모럴 해저드'는 경제관계에만 있는 것이 아니라 습관적 전쟁증(戰爭症)에도 있는 것이다.

전쟁이 주는 묘한 매력에 도취되어 끊임없이 전쟁거리를 찾아다니면서 마치 자신을 정의의 사도로 착각하는 한편, 전쟁이 주는 마조히스틱한 잘못된 쾌감을 즐기고, 사디스틱한 쾌감을 즐기는 증상이 발생할 수 있다. 인류 역사를 검토해보면 하찮은 일을 전쟁으로 해결한다고 나서서 수많은 인명을 살상하는 일이 다반사였다. 인간은 이 전쟁 쾌락 증상을 타고난 듯하다. 전쟁을 하는 유전적 원인이 있는지 학술적으로 검증해볼 가치가 있다.

이러한 증상은 '전쟁 쾌락 증후군(war-pleasure seeking syndrome, or psychosis)'이라고 불러야 할 것이다. 요즘 표현 방식으로 '전쟁 마니아'다. 예전이라면 '호전광(好戰狂)', 즉 전쟁을 즐기는 정신병자라고 불렀을 것이다. 칭기즈칸, 진시황제, 알렉산더대왕, 나폴레옹, 히틀러 등의 유전자 연구가 필요할지도 모른다.

이러한 동물적 본능이 사라지지 않는 한 전쟁은 그치지 않을 것이다.

예수의 이야기 중 간음한 여인의 이야기가 있다. 예수는 간음하여 처형당할 위기에 처한 여인을 살려주고 나서 여인에게 이렇게 말한다. "가서 다시는 죄를 짓지 말라."

약소국 정치가들도 죄를 짓지만 강대국들의 정치가들도 죄를 짓는다. '내 눈의 들보는 보지 못하고 남의 눈의 티를 보고 탓하는가?'라는 생각으로 스스로 반성해야 한다. 죄를 많이 지은 강대한 자들이 먼저 회개하고 죄 지은 약자에게 돌을 던지는 일을 중단해야 한다. 수천, 수만 발의 핵무기를 가진 강자들이 모두 회개해야 한다.

약소국 정치 지도자들의 죄를 처단하기 위해 강대국 정치가들이 약소국의 정치 지도자들을 살인하는 것은 정당한가?

수백, 수천, 수만 발의 핵무기와 대량 살상 무기를 보유한 나라는 하나님 앞에서 옳고,

천사이고, 그 같은 무기가 없는 나라나 한두 개 혹은 몇 개를 만들려는 나라는 도덕적으로 잘못됐고, 악마이며, 악의 축이고, 깡패라고 주장하는 것은 합리적이고 바람직한 평가라고 할 수 없다.

핵무기가 나쁘다면, 핵강대국들이 먼저 핵을 포기하고 파기해야 하며, 신형 핵무기 개발과 연구를 중단하고, 핵물질 축적을 폐기해야 한다. 특히 소형 핵 벙커버스터의 개발을 중단하고 모든 핵무기를 폐기해야 한다. 러시아와 미국은 신형 첨단 핵무기 경쟁을 중단하고 폐기해야 한다.

희년 레위기 25장(누가복음 4:18-19, 주기도문)을 실천해야 한다.

가난한 자의 빚을 탕감해주어야 한다. 북한과 가난한 모든 나라의 살인적인 외채를 과감히 탕감해주어야 한다. 그들에 대한 경제봉쇄, 금융봉쇄를 즉시 풀어야 한다. 북한이 지고 있는 약 20억 달러의 외채를 당사국들이 탕감해줄 것을 권고한다.

마태복음 25장의 말씀대로, '굶주린 자에게 먹을 것을 주고 헐벗은 자에게 입을 것을 주고, 외로운 자에게 친구가 되어주라'를 실천하는 것은 근본적인 평화를 추구하는 좋은 전략이다.

북한과 아프리카, 아시아 국가들이 국내총생산(GDP) 800달러 이하를 벌고 강대국들은 30,000~35,000달러를 버는데, 큰부자가 1년에 1000달러도 벌지 못하는 약자를 경제적으로 목을 조르는 것은 신의 뜻을 어기는 일이 아닌지 돌아봐야 한다.

데이비드 샌저(David Sanger)는 2005년 2월 14일자 〈뉴욕타임스〉에 백악관이 얼마 남지 않은 북한의 금융 자원이 북한으로 들어가는 것을 막아 목 졸라 숨통을 조이는 작전을 발전시키고 있다고 보도했다.

일단 북한의 GDP 800달러 이하에서 3년 이내에 3000달러 수준으로 오를 수 있도록 전 세계가 협력하는 것이 바람직한 평화의 길이다. 굶주리고 있는 인민들에게 경제 목조르기를 계속하는 것은 인권 유린이며, 강대국의 경제 전략이 약소국의 인권을 유린하는 것이며, 그리스도 신앙에서 벗어나는 일이다.

빈익빈의 세계 경제구조를 바꾸어야 하는 것이 기독교인들의 사명이다. 빈곤한 국가들을 경제로 목 조르는 것은 즉시 중단해야 한다. 개성공단을 방해하고 차단해서는 안 된다.

남한은 현재 2만 달러 플러스 마이너스 수준으로 누구 편에 서서 누구를 제재할 것인지 결정해야 한다. 남한은 북한에 대한 경제제재를 하지 말고, 경제협력으로 북한의 살인적인 빈곤에서 벗어나 GDP 3000달러(미화/유로) 수준으로 성장할 수 있도록 조건 없이 총체적으로 노력해야 한다.

이집트 제국 하에서 모세가 이룬 노예해방(히브리)의 역사를 기억하고, 세계 경제에서 종살이를 하는 나라와 사람들을 해방시키려는 하나님의 역사에 참여해야 한다. 다시는 상전을 모시고 살 필요가 없고 다시는 바로 왕의 억압을 당하지 않도록 모세와 같은 일을 해야 한다. 현대의 바로는 누구인가?

하나님의 명령을 어기고 약자를 악용하거나 착취하고 억압하는 자들은 회개하고 중생하고, 약자를 착취하고 억압하고 소외시키는 일을 중단하고, 그들에게 사랑을 나누어야 한다.

지금의 강대국은 강대국으로 살면서 예수의 모든 명령을 다 실천했기에 축복받은 듯 자만하지 말아야 한다. 아프리카 선량한 약자들을 노예로 납치하고, 월남에서 사람들을 끌어다 노예로 희생시킨 것을 반성하고, 지금도 이런 유사한 노예적인 인권유린이 전 세계에서 지속되는지 반성해야 한다. 현대의 노예제도는 위장된 형태로 진행되는 경우가 대부분이다.

신앙의 오류가 세상을 해석하는 데 오류를 가져온다. 미국을 천사로, 북한을 악마, 사탄으로 규정하는 것은 인간이 할 일의 한계 내에 있지 않다. 절대적인 판단을 할 수 있는 권한은 신에게 있다고 인정하는 것이 옳다.

인간이 누가 천사이고 누가 악마인지 미리 서둘러 심판할 필요는 없다. 인간의 역할과 하나님의 역할을 혼동해서는 안 된다.

신의 심판은 평등하다. 모든 국가는 하나님의 심판 아래 있다. 모든 정치가는 하나님의 심판 아래 있다. 모든 정치체제, 경제체제는 하나님의 심판 아래 있다는 점에서 평등하다. 강대국이 마치 천사나 경찰이 된 듯 착각해서는 안 된다. 스스로 겸허하게 자신의 오만과 잘못을 반성하고 뉘우쳐야 테러가 사라지고 평화가 정착된다. 강대국들의 내부적인 테러가 사라지는 것이 우선이다. 강대국 국민들은 해마다 서로 총기로 수만 명을 살해하는 습관적 살인을 저지르고 있다. 그 국가들은 국민 상호 간 테러와 살인을 방지하는 데 실패하고 있다.

바로 왕의 테러가 모세의 대응 테러를 낳은 것이다.

모세는 바로 왕의 관리를 살해하고 탈출했다. 테러에 대한 대응 테러도 역시 테러라는 점을 벗어날 수는 없으며, 본질적인 문제의 원인을 치료하지 않는 한 테러의 악순환은 계속된다는 사실을 역사에서 보게 된다. 평화는 평화적인 방법으로 이루어내야 한다. 테러 전쟁자들의 만행을 평화적 수단으로 막도록 두뇌구조를 전환시켜야 한다. 패러다임을 전환해야 한다.

오늘도 수백만이 굶어 죽어가고 있는 절대 빈곤이 존재하는 이유는 구조적인 폭력이 존재하기 때문이다. 구조적인 폭력으로 부익부가 유지되고 있다는 점에서 부유한 강대국들은 경제정책을 바꾸어 희년의 나눔 경제를 실현하는 것이 평화를 이루는 방식이며, 테러와 전쟁에서 승리하는 길이다. 빈익빈의 경제는 테러다.

# 참고도서


노정선, *Story God of The Oppressed: Joshua Syndrome and Preventive Economy*, 서울 : 도서출판 한울, 2003.

———, *The Third War*, 서울: 연세대출판국, 2000.

———, 『제삼의 전쟁: 동북아 정세 변화와 한반도 평화정착』, 서울: 고려글방, 1997.

———, 『통일신학을 향하여: 제삼세계 기독교윤리』, 서울: 한울. 1989.

———, 『사회윤리와 기독교』, 서울; 연세대 출판국, 1977.

———, 『이야기신학』, 서울: 한울, 1989.

〈민족 21〉, 2006년, 강세영 장로와 인터뷰.

허용범, '북핵 6자회담 실패작', 〈조선일보〉 2007.

개스퍼 와인버거 외 지음, 정형근 옮김, *The Next War*, 1996.

Robert McNamara, *In Retrospect: The Tragedy and Lessons of Vietnam*, New York: Random House, 1995.

Noh, Jong Sun, *Liberating God for Minjung*, Seoul: Hanul, 1998.

——————, *Religion and Just Revolution*, New York: The Pana Press, 1984. Seoul : The Voice, 1988.

——————, *First World Theology and Third World Critique*, New York : The Sung, 1983

——————, *First World Theology and Third World Critique*, Seoul: Christian Literature Society, 1989.

——, *The Effect of Unecological Theology in Korea, Liberating Life*, John Cobb, et.al. New York: Orbis Press, 1990.

Ashton B. Carter & William J. Perry, *Preventive Defence, A New Security Strategy for America*, Washington D.C.: Brookings Institution Press, 1999.

Marcus Noland, 「전면 경제 봉쇄로서 북한을 붕괴시키는 전략」, SAPIO, 2004. 2. 25. pp.88-90.

Nocholas Kristof, "The Real Nuclear Danger", 2004, April 21, *The New York Times*, Op-ed.

Robert McNamara, *In Retrospect: The Tragedy and Lessons of Vietnam*, New York: Random House, 1995.

www.globalsecurity.org Oplan 5026-5030, 8022

www.bbcnews.com

www.nytimes.com

www.washingtonpost.com

Los Angeles Times.

# 참조 자료와 해석

이곳에는 참조 자료에 대한 필자의 해석과 제안, 비판들을 동시에 추가했다. 주석이 붙어 있는 참조 자료(Annotated Appendix)인 까닭에 필자의 논지가 부분적으로 또는 깊이 반영되어 있다. 단순한 자료의 나열이 아니라는 점을 독자는 이해하기 바란다.

일본은 최근 북한을 선제공격할 수 있도록 법률을 마련하고 있다(2007년 12월의 보도). 북한이 미사일을 발사하려는 징후가 있으면, 발사 이전에 공격한다는 이론이다. 발사한 후에는 격추가 가능하지만 실효를 거두기는 어렵다. 200발을 발사했을 때 10발이 목표를 격추한다면 나머지 190발은 목표를 파괴하게 되기 때문이다. 일본은 발사 이전에 기지를 파괴하는 것을 기획하고 있는 듯하다. 따라서 선제공격을 법률적으로 허락한다는 시나리오다. 언제나 침략의 뿌리에는 정당성을 마련하는 작업을 하고서 은폐하고 엄폐해서, 침공을 정당화하던 과거의 역사가 반복되고 있는 것이 아닌가 하는 질문을 해야 한다.

# 6자회담에 대한 입장

**6자회담에 대한 입장: 제2차 베이징 회담에 즈음하여 2004. 2. 19 한국기독교교회협의회 통일위원회[1]에 제출한 필자의 제안 초안서는 아래와 같다.**

1. 한반도를 둘러싼 중국, 러시아, 일본, 미국은 한반도의 평화정착을 위해서 최선을 다해야 한다.

2. 일본은 한반도를 식민지화하고 억압과 살상과 착취를 한 데 대해, 적절한 보상과 배상과 사과를 해야 하며, 특히 북한에 대해서 배상과 사과를 해야 한다.

3. 북한의 핵 프로그램을 이유로 북한을 '희생양'으로 만드는 일을 중단해야 한다.

4. 1994년 제네바 합의구도에서 북한에 대한 경제제재를 완화하기로 한 약속을 미국과 KEDO는 지켜야 한다.

5. 북한에 대한 해상봉쇄, 해상검문 등의 해상제재를 포함한 PSI를 중단해야 한다.

6. 미국, 중국, 러시아, 일본은 북한이 전기생산을 위해서 우라늄으로 발전할 권리를 인정해야 한다.

7. 2003년까지 경수로 2기를 공급하기로 한 약속을 최단 시일 내에 지켜야 한다. 미국은 경수로의 중요 기기를 공급하는 것을 차단하도록 하는 상·하원 의결을 취소해야 한다.

8. 50만 톤의 중유를 공급하기로 한 약속을 지켜야 한다.

9. 북한에 대해서 핵으로 선제공격할 수 있다고 한 2002년 6월의 발언(조지 부시 미국 대통령)을 취소해야 한다. 제네바 합의구도에 따라 '핵무기를 소유한 국가는 핵무기를 가지고 선제공격한다고 위협하지 않는다'(제네바 합의구도 1994년 10월 강석주 - 갈루치)는 약속을 지켜야 한다.

10. 미국은 외교적으로 북한 핵을 폐기시키려 하고 있으나, 항상 군사적인 선택을 제외시키지 않는다고 발언하고 있다. 미국은 북한의 현재의 핵 상황에 대해서 군사적인 선택을 하지 않는다고 천명해야 한다.

11. 미국은 대통령 선거에 당선하기 위해서 북한을 희생양으로 만드는 모든 발언과 전략 수행을 하지 말아야 한다.

12. 미국은 북한과 평화 및 불가침 약속을 서면으로 해야 한다.

13. 북한과 미국은 국교를 정상화하고, 경제교류와 협력을 강화해야 한다.

14. 일본은 북한과 국교를 정상화하고, 북에 대한 경제제재, 금융제제, 해상제재를 취소하고 중단해야 한다.

15. 일본은 북한이 일본인을 납치했다고 주장하는 문제를 상호호혜적으로 해결하고, 동시에 일본이 북한에서 수만 수십만의 납치, 강제징용, 강제노역을 했던 과거의 피해에 대해서 배상과 보상을 해야 한다.

16. 영양실조와 기아로 사망하고 있는 북한에 대한 어떠한 경제제재, 군사제재, 금융제재, 심리적인 압박도 모두 인권유린이다. 북한의 생존권을 인정하고, 이러한 모든 제재를 중단하고, 평화적이고 우호적인 관계

---

1) 필자는 1987년부터 KNCC통일위원이었다.

민들에 대한 인권유린을 중단시키도록 적극적으로 노력해야 한다. 한반도의 분단을 주도한 관계국들의 책임을 지적하고, 이들이 전향적으로 한반도의 평화에 기여하도록 하여야 하며, 핵을 빌미로 하거나 과장해서 전쟁 위기를 고조시키는 모든 조작들과 비방적인 언어 사용을 중단하도록 노력해야 한다.

## 참조 02.
# 동북아시아에서 민(民)에 의한 생명평화공동체 형성

**이 회의에는 여러 나라의 대표 학자들이 참가하였으나, 북한(조선)에서는 대표가 참석하지 못하였다.**

**한국기독자교수협의회[2] 주최,**
**「2005 동북아시아 생명평화 국제학술대회」의 선언**
**2005년 5월 18일 광주민주화운동 25주년을 맞는 날에**

"평화를 위하여 일하는 사람은 복이 있다. 그들이 하나님의 자녀가 될 것이다."(마태 5:19)
"늑대가 새끼 양과 어울리고 표범이 숫염소와 함께 뒹굴며 새끼사자와 송아지가 함께 풀을 뜯으리니 어린 아이가 그들을 몰고 다니리라."(이사야 11:6)

한국기독자교수협의회는 동학농민혁명의 역사적 전통과 일제 식민 지배에 대한 결연한 저항운동의 정신을 이어받아 20세기 후반 산업화 과정에서 민중운동과 연대하였으며, 반공군사독재에 저항하여 민주화와 통일운동에 동참해왔다.

한국기독자교수협의회는 1988년 「한국교회 평화통일 선언」에 참여하고 민중참여의 원칙, 평화의 원칙, 민족자주의 원칙, 민족공존의 원칙, 인도주의의 원칙 등을 토대로 한 희년선포에 동참하여, 한반도에 평화를 수립하고 민족통일을 달성하기 위한 운동을 전개하고 민족통일의 물꼬를 텄으며, 한반도 평화의 초석

2) 1960년대에 조직되어서, 1970년대에 독재체제를 민주화하기 위해서 노력하였으며, 활발한 활동을 펼친 절반 이상의 교수가 감옥에 가거나 교수직에서 해임되었다. 1974년에 해직된 김찬국 교수(연세대 전 구약학 교수 미국 유니온 신학대학원), 서남동 교수(전 연세대 조직신학교수로서 민중신학을 발전시킴, 토론토대학 출신 1976년 해직, 투옥), 한완상 교수(전 서울대 사회학, 전 총리), 안병무 교수(전 한신대 신약학, 민중신학자), 서광선 교수(전 이화여대 기독교조직신학과 신학), 이문영 교수(전 고려대 노동철학), 노명식 교수(성균관대 역사학), 명노근 교수, 이석영 교수(전북대 화학농업), 노정선(연세대 사회윤리학, 평화전략), 이종오 교수(명지대 사회학), 김숙희 교수(이화여대), 신인령(이화여대 법 노동학), 신현숙 교수(이화여대 교육학), 이삼열 교수(전 숭실대 철학, 유네스코 한국 사무총장), 김경재 교수(한신대 조직신학), 김창락 교수(한신대 신약학), 박순경 교수(이화여대 조직신학, 통일신학), 홍근수 목사(향린교회 전) 등이 활발히 활동해왔다. 이종오 교수, 김성은 교수(서울신대 교육학, 회장), 권진관 교수(성공회대 조직신학, 부회장), 조재국 교수(연세대 종교학), 유석성 교수(서울신대 기독교윤리학), 강원돈 교수(한신대 조직신학), 임희숙 박사, 이종구(성공회대 사회학), 박명철(연세대 윤리학), 정종훈(연세대 윤리학), 김은규(성공회대 구약학, 총무), 김상기 박사, 장기영 교수(성공회대), 조봉곤 교수(전북대 지진학), 이경숙 교수(이화여대, 구약학), 최영실 교수(성공회대, 신약학) 등등이 활동하고 있다. 또한 신은희 교수, 원경림 교수 등이 참여하고 있다.

을 놓는 데 진력해왔다. 한국기독자교수협의회는 민주화와 통일이 불가분의 관계가 있다고 믿으며 민족통일 없이 동북아 평화는 있을 수 없다고 믿는다.

한국기독자교수협의회는 바로 이러한 역사적 전통과 실천을 이어받아 2005년 5월 15일부터 19일까지 경기도 의왕시 성 라자로마을에서 「2005 동북아시아 생명평화 국제학술대회」를 개최하였다.

이 「대회」의 국내 참가자들과 남아프리카공화국, 노르웨이, 대만, 독일, 러시아, 미국, 중국, 인도, 인도네시아, 일본, 필리핀 등지에서 온 외국인 참가자들은 고난당하는 민중의 이야기를 나누었고, 억눌리고 희생당하는 사람들과 연대하여 투쟁한 이야기들을 공유하였으며, 각 지역의 신학적 · 정치적 · 윤리적 현안들을 진지하게 논의하였다. 이를 통해서 참가자들은 생명과 평화를 촉진하는 사람들과 죽음과 폭력을 가져오는 사람들 사이의 투쟁에 깊이 참여하고 있음을 깨달았다. 사흘 동안 함께 예배드리고, 이야기와 생각과 희망의 비전을 나누며 우리는 동북아시아에서 평화를 형성하기 위한 행동과 연대에 새롭게 헌신하게 되었다. 서로 연대하며 지속적으로 헌신하기 위해, 공동의 행위를 촉진하기 위해 우리 「대회」 참가자들은 전 세계의 기독자 자매 형제들에게, 생명과 평화를 위한 다양한 운동에 참여하는 사람들에게, 그리고 생명을 위한 평화의 여행에 동참하는 모든 선의의 사람들에게 우리의 입장을 다음과 같이 밝힌다.

1. 우리는 생명을 살리기 위해 평화가 필요불가결하다고 믿는다. 평화는 바른 관계들 속에서 누리는 생명의 충만함이다. 성서는 평화가 정의의 열매임을 가르친다. 정의는 하나님과 인간, 인간과 인간, 인간과 자연 사이에 바른 관계가 세워지는 것을 뜻한다. 따라서 정의 없이는 평화가 없으며, 평화가 없이는 생명도 없다. 하나님은 세상 만물이 공생과 상생을 누리며 생명의 그물망을 형성하는 것을 원한다고 우리는 믿으며,

그분이 하시는 일에 동참하고자 한다.

우리는 오늘의 세계에서 사람과 사람, 민족과 민족, 국가와 국가 사이에 폭력이 판을 치고, 이로 인해 평화가 심각하게 위협받는 현실을 목도하고 있다. 오늘 폭력은 조직화되고 지구적 차원으로 확대되어 제국의 모습을 띠고 나타나고 있다. 아프가니스탄, 이라크, 팔레스타인, 한반도를 위시하여 세계 곳곳에서 무수한 민중이 제국의 힘에 억눌리고 희생당하고 있다.

우리는 폭력이 공동체 관계를 전면적으로 위협하는 세상에서 폭력에 대항하지 않고 도리어 폭력에 굴종하는 나약함과 태만을 보였음을 깊이 뉘우치면서 정의와 평화를 수립하고, 세상을 생명의 집으로 만들라는 하나님의 부름에 응답하고자 한다.

2. 오늘의 세계에서 민중의 생명과 평화는 "테러와의 전쟁"을 추구하는 미국의 제국적 공격행위로 인해 크게 위협받고 있다. 평화의 가치는 점차 무시되고 있으며, 전쟁의 불가피성과 항구성을 주장하는 사람들은 선제 공격론을 정당화하면서 전쟁과 평화에 대한 이제까지의 견해를 송두리째 바꾸고 있다. 지구 전체에 대한 제국의 지배로 인해 민중과 온 피조물의 생명과 평화는 위협받고 있다.

민중의 안보를 위협하는 제국의 폭력 행위와 더불어 경제의 지구화는 민중이 인류에게 선물로 주어진 땅에 정주하여 평화롭게 살아갈 권리를 위협하고 있다. 땅은 단순히 매매와 착취를 위한 상품이 아니고, 단지 군사적 방어나 점령을 위한 영토로 볼 수도 없다. 제국의 군사적 · 정치적 지배욕은 가속화되는 경제의 지구화 과정에서 시장을 보호하기 위한 수단으로 전쟁이 활용될 때 정점에 달하고 있다. 제국이 군사적 공격과 경제적 공격을 통합하면서 민중의 생명과 평화는 위협받고, 생태계의 질은 떨어지고, 문화들은 위기에 처한다.

제국이 전 세계에 영향력을 확대하면서 아시아를 위시한 전 세계의 민중은 가장 악랄한 형태의 폭력에 희생당하고 인간으로서 평화롭게 살아갈 권리를 침해당한다. 필리핀 민중은 그들의 땅이 테러와의 전쟁을 위한 제2의 전선으로 제국에 의해 점령당하고 있음을 목도하고 있다. 일본은 아시아에서 제국 세력으로서 권력과 영향력을 잘못 사용한 역사를 가졌음에도 불구하고 제국에 종속적 지역 세력으로서 "영광의 시대"를 다시 누리고자 하는 징후를 점점 더 많이 보이고 있다. 동북아시아는 제국 세력이 될 수 있는 경향을 지닌 세 나라들이 충돌할 수 있는 지역이다. 이 지역의 패권을 추구하는 중국과 일본과 미국의 경쟁은 동북아시아에서 생명을 위한 평화를 촉진하고 유지하고자 끊임없이 노력하는 사람들을 방해하고 있다.

3. 지금의 한반도는 언제든 심각한 위기국면에 접어들 수 있는 상황에 처해 있다. 북한과 미국의 적대관계를 해결하고자 하는 6자회담은 열리지 않고 있다. 북한이 핵실험을 준비한다는 풍문이 돌고, 미국 일각에서는 북한에 대한 선제공격이 필요하다는 주장이 일어나고 있다. 이것은 미국의 제국적 공격 행위에서 비롯된 지구적 위기 상황의 지역적 표현으로 볼 수 있다.

3.1 오늘의 엄중한 한반도 상황에서 우리는 미국의 대북 적대정책이 철회되고 두 나라 사이에 평화관계가 조속히 수립되어야 한다고 믿는다. 미국은 북한의 안전을 보장하고 북한이 세계의 일원으로 정상적인 국가 활동을 벌이는 것을 방해하지 않는다는 원칙을 천명하고, 두 나라가 정상적인 관계를 수립하여 평화와 번영의 길을 가야 한다고 믿는다.

3.2 우리는 미국 일각에서 흘러나오고 있는 대북한 선제 공격설에 깊은 우려를 표명한다. 미국의 대북한 선제공격은 한반도 전쟁을 불러일으켜 남북한 민족의 공멸을 가져올 수 있다. 우리는 미국의 대북한 선제공격에 반대하며, 어떤 형태의 제2의 한반도 전쟁에도 반대

하며, 우리 민족 전체와 세계 시민의 힘을 모아 한반도에서 반전평화운동을 힘차게 펼치고자 한다.

이런 맥락에서 우리는 전시작전권이 한국 정부에 반환되도록 한국 정부와 의회가 필요한 조치를 취해야 한다고 믿는다.

3.3 우리는 한반도뿐만 아니라 전 세계에서 핵무기를 포괄적으로 통제하고 폐기해야 한다는 원칙을 천명한다. 미국, 러시아, 중국, 영국, 프랑스, 인도, 파키스탄, 이스라엘 등은 모두 핵무기를 영구적으로 폐기하고, 일본도 무기를 만들기 직전에 있는 모든 핵 능력을 폐기해야 한다. 우리는 오직 이와 같은 전면적이고 포괄적인 핵무기 통제와 폐기가 이루어진 뒤에야 한반도 비핵지대화를 위한 실질적인 조치가 취해질 수 있다고 믿는다.

3.4 우리는 최근에 북한에 대한 미국의 비방이 북한의 체제를 부정하는 듯한 인상을 불러일으키는 데 우려한다. 전 세계에 "자유"를 확산시키는 것을 최고의 가치로 천명한 미국이 북한을 "폭정의 전초기지"로 규정한 것은 2002년 북한을 "악의 축"으로 규정한 부시 미국 대통령의 발언과 더불어 북한의 존립을 부정하고 북한의 체제 변화를 강제하겠다는 의지를 천명한 것으로 받아들여질 수 있다. 이에 대한 북한의 격렬한 반응은 초강대국 미국에 맞선 북한의 불안과 두려움을 반영한다. 우리는 미국과 북한이 상호 비방을 중단하고 상대방을 인정하는 조치를 취해야 한다고 믿는다.

3.5 우리는 남한과 북한이 1972년 7·4 공동성명, 1991년 남북기본합의서, 2000년 남북정상회담 공동선언의 정신에 따라 민족 자주의 원칙에 입각하여 평화공존과 평화교류, 평화통일의 길로 함께 나아가야 한다고 믿는다.

4. 우리는 최근 동북아시아의 안보와 평화를 위협하는 요인들이 증가하고 있는 현실에 대해 깊은 우려를

표명한다. 동북아시아의 주축인 한국, 일본, 중국 사이에는 역사 문제와 영토 문제 등을 둘러싸고 긴장과 갈등이 증폭되고 있다.

4.1 우리는 과거 이 지역에서 일본이 벌였던 식민지 침탈과 지배의 역사가 철저하게 청산되지 않고, 이로 인해 한국, 일본, 중국 등이 미래를 위한 선린우호관계를 확대하지 못하는 것을 개탄한다. 일본은 과거사를 왜곡하고, 범죄적인 국가 행위를 반성하지 않고, 국가 범죄의 희생자들에 대한 배상을 거부하고 있다. 특히 일본군의 성노예로 동원된 한국인 여성들에 대한 일본의 사죄와 배상이 아직까지 전혀 이루어지지 않았다는 것을 지적한다.

4.2 최근 일본의 독도, 남지나해 열도 등에 대한 영유권 주장으로 불거진 영토 문제는 이 지역에서 분쟁의 씨앗이 되고 있다. 우리는 이러한 분쟁들로 인하여 미국이 이 지역에 군사·정치적으로 개입하는 것에 반대하며, 일본에서 극우 세력이 강화되고 군비 확대가 일어날 가능성에 반대한다.

4.3 우리는 일본이 과거사의 진실을 규명하는 데 동참하고, 과거사에 대한 사과와 배상의 실질적인 조치를 취하고, 앞으로 동북아시아 평화를 파괴하는 어떤 행위도 하지 말 것을 촉구한다. 오직 이럴 경우에만 동북아시아 민중은 서로 용서하고 화해할 수 있으며, 다함께 평화를 만들어 갈 수 있을 것이다.


5. 우리는 동북아시아에서 평화촉진자("균형자")의 역할을 강화하려는 한국 정부의 노력을 높이 평가하고, 동북아시아와 유라시아 사이의 대륙간 경제협력과 문화교류를 통해 이 지역의 번영과 평화에 기여하려는 한국 정부의 시도를 지지한다.

남북한 평화 교류와 협력, 특히 개성공단 같은 경제협력 프로그램은 이를 위한 출발점이다. 남북한 민족공조는 한민족만을 위한 것이 아니라 동북아시아와 유라시아 지역에 평화와 번영을 가져오는 출발점이

기에, 우리는 이 지역 주민들과 세계 시민들이 남북한 민족 공조를 적극 지원하도록 촉구한다.

6. 우리는 국가 차원에서 모색하는 안보 협력과 평화 질서의 중요성을 인정하지만, 민(民)의 참여와 주도로 지역적 차원과 지구적 차원에서 민중의 평화와 안보를 확보할 수 있는 평화공동체의 형성을 적극 지지한다.

6.1 이를 위해 우리는 동북아시아에 있는 국가들의 민간 평화세력의 형성을 지지하고 이들의 긴밀한 협력을 통하여 동북아시아에 평화공동체를 수립하는 데 노력할 것을 천명한다.

6.2 우리는 WCC, AACC, CCA, CLAI와 그밖의 에큐메니칼 기관들이 지구 제국의 지배 아래 있는 오늘의 세계 군사 질서가 초래하는 지구적 불안정과 폭력에 주목하면서 땅 위에서 생명을 가진 만물의 평화를 보다 우선적인 주제로 삼을 것을 권고한다.

6.3 「2005 동북아시아 생명평화 국제학술대회」의 정신을 이어가기 위해 우리는 국가 차원에서, 국제적·지역적 차원에서, 세계적 차원에서 '평화포럼'을 조직하고 정기적으로 활동할 것을 권고한다.

# 정부의 입장:
# 대북 쌀 차관 제공 관련 설명

안녕하십니까, 쌀 차관 제공의 주요 내용, 관련 경과 및 결정 배경, 제공 의미에 대해 알려드리겠습니다.

## 제공 내용

정부는 오는 6월 30일 쌀 차관 첫 항차 3000톤을 시작(군산 →남포)으로 대북 쌀 차관 총 40만 톤을 제공해 나가기로 하였습니다.

40만 톤 수송에는 4~5개월이 소요될 것으로 전망되며, 남북이 합의한 대로 10만 톤마다 5회(동해지역 3곳, 서해지역 2곳)의 현장방문을 통해 분배 투명성을 확보해나갈 계획입니다.

## 식량차관 주요내용

_규모 : 쌀 40만 톤(국내산 15만 톤, 외국산 25만 톤) / 수송경로 : 해로 35만 톤, 육로 5만 톤

_차관단가 및 금액 : 톤당 380달러, 1억5200만 불 / 차관조건 : 10년거치 20년 분할 상환, 이자율 연 1%

_분배 투명성 보장 : 분배내역 통보(쌀 인수일 30일 이내), 현장방문(분배상황 확인 및 사진 · 녹화촬영)

_소요비용 : 1649억 원(수송비 186억 원 포함)

## 관련 경과 및 결정 배경

이번 대북 쌀 차관 제공은 제13차 경추위(07.4.18~22)에서 남북이 합의한 사항으로, 당시 우리 측은 인도적 차원에서 쌀 40만 톤을 차관방식으로 제공하는 것을 합의하는 한편 제공시기와 속도는 '2 · 13합의' 이행상황에 따라 조정될 수 있음을 북측에 분명히 전달하였습니다.

이후 우리 측은 쌀 차관 제공의 실무적 절차를 정상적으로 진행해오면서 구체적인 제공시기와 관련해서는 '2 · 13합의' 이행상황을 주시해왔습니다.

## 실무절차

'식량차관제공합의서' 국무회의 상정(5.8) → 국회보고(5.10) → 협력기금 의결(5.15, 교류협력추진협의회) → 사무위탁(5.17, 통일부 - 농림부) → 차관계약서 체결(5.30, 수출입은행 - 조선무역은행)

최근 BDA문제 해결, 힐 차관보 방북(6.20~21), IAEA 실무사찰단 방북(6.26) 등 '2 · 13합의'가 이행국면으로 진입할 수 있는 실질적 여건이 마련되었다는 점과 쌀 차관이 지니는 인도적 성격에 따른 국내여론, 춘궁기로 악화된 북한의 식량난, UN(WFP) 및 주요국 남북겸임대사의 조속 제공 요청 등을 감안할 때, 정부는 북핵문제 해결과 남북관계 진전의 큰 틀에서 지금이 쌀 차관 제공에 대해 국민들도 동의할 수 있는 적절한 시점이라고 판단하였습니다.

## 제공의 의미

_북한의 어려운 식량난을 해소하기 위한 적기 제공입니다.

올해 북한은 식량수요량 650만 톤 중 170만 톤 정도가 부족한 상황이며, 특히 춘궁기를 맞아 식량난이 악화된 상황임을 감안하였습니다.

_남북 간 약속을 합의대로 이행하여 상호 신뢰 구축에 도움을 줄 수 있습니다.

작년 미사일 발사(7.5) 이후 1년 가까이 유보된 쌀 차관이 제13차 경추위 합의대로 제공되어 남북 당국간 신뢰가 예전 수준으로 회복될 수 있으며, 남북 간 현안문제를 해결함으로써 남북관계가 미래지향적으로 발전할 수 있는 토대를 마련해줍니다.

_국민적 공감대하에 추진함으로써 대북정책에 대한

국민적 합의를 강화시킵니다.

쌀 차관 제공시점을 결정하는데 '국민들의 납득과 이해'를 1순위로 고려한다는 점을 천명하고 이를 일관되게 견지함으로써, 대북정책에 대한 국민적 합의수준을 한 단계 제고하고 대북정책의 정쟁화 가능성을 낮추며 남북화해협력의 안정적 추진을 보장하는 효과를 가집니다.

_국제사회의 핵문제 해결 노력 지원 측면과 동포애적·인도적 측면을 균형 있게 조화시켰습니다.

'쌀 차관 제공 유보'를 통해 '2·13합의' 도출 및 이행과정을 지원하는 한편, 제공에 필요한 남북 간·국내적 절차를 사전에 마무리, 여건 조성에 따라 조기에 쌀 차관 제공을 실현하였습니다. 이로써 문제 해결을 위해 국제사회와 긴밀한 공조를 유지하면서도 동시에 남북관계 동력도 살려나가는 성과를 거둔바, 결국 핵문제 해결 과정의 진전과 쌀 차관 제공은 북핵문제 해결과 남북관계의 선순환적 진전 계기로 작용할 것입니다.

＊필자는 쌀을 40만 톤씩 차관으로 5년간 제공하면 약 7000억 원 이상이 들어가지만 북한이 매해 약 200만 톤의 식량 부족을 채우지 못하고 있다는 점을 생각했다. 필자는 평양의 묘목장을 방문하고, 개성 협의 등에 참여하면서, 북측이 정부차원에서 밤나무를 150만 헥타르(정보, 150억 제곱미터)에 심는다는 결정을 했으며, 다만 남측의 철저한 지원과 기술이 결합되면, 앞으로의 식량난은 거의 완벽하게 극복할 수 있다는 사실을 확인했다.

남측은 밤나무를 150만 헥타르에 심으면, 최소한 200만 톤의 밤과 100만 톤의 꿀을 얻을 수 있다는 사실을 알고, 이를 추진하고 있다. 총비용은 우선 200억 원 정도이며, 5년이 지나도 추가비용이 크게 발생하지 않는다는 사실과, 산에 나무가 없어서 큰 홍수들을 막아야 하는데 밤나무는 홍수를 막아주고, 식량도 생산하는,

일석 이조의 효과가 있다. 이에 대해 북측의 양묘연구소와 2007년 합의했다. 밤은 3년 후 20년간의 열매를 생산하게 되며, 척박한 북한 산지가 원산지기 때문에 적합한 종목이다. 북한 학생들이 식목일에 총동원되어서 나무 심을 준비는 다 되어 있다. 우선 평양에서 이미 2만 주가 2년 반 동안 잘 자라고 있으며, 이 묘목은 강릉 북부의 묘목장에서 옮겨와 접붙이기를 한 것이다. 다만 200억의 투자가 잘 이루어질 것인가 하는 것이 문제다. 모든 과정에서 기술적인 실수나 우발적인 사고가 발생하지 않기를 기대하고 있다. 북한이 식량 자급을 할 수 있는 길은 분명 있다. 타국에 경제가 의존되어 있다는 말을 불식시킬 수 있는 길은 밤나무에 있다. 더 자세한 정보는 www.dongmu.org를 참조하기 바란다.

## 참조 04.
## 미국 - 일본의 동맹과 북한의 방어

**"북(北) 새 미사일 공격목표는 한국, 한일(韓日)에 중대 위협"**
**[연합뉴스] 2007/07/07**

(워싱턴=연합뉴스) 조복래 특파원: 롤리스는 또 "북한은 상당량의 미사일을 배치하고 나면 여분의 미사일을 국제 무기시장에 수출할 것으로 예상되기 때문에 국제 사회에도 중대한 우려를 낳고 있다"고 말했다.

그러나 북한 미사일 문제를 다루기 위해 6자회담과 다른 회담 개최 필요성에 대해 "6자회담이 아직 초기 단계에 있기 때문에 그럴 필요는 없다고 생각한다"고 말했다.

한편 롤리스는 중국의 군사력 증강으로 예상되는 지역역학구도 변화에 대비한 동북아안보체제 구축은 기본적으로 한 - 미동맹, 미 - 일동맹 등 기존의 양자동맹 관계를 기초로 유지될 것이라면서 유럽의 북대서양조약기구(NATO)와 같은 안보체제 구축은 앞으로 50년에서 100년가량 지나야 할 것으로 전망했다.

아울러 중국이 미국의 안보에 직접 위협이 된다고 생각하지 않지만 아시아지역에서 한국과 일본, 호주 등과의 양자동맹에 대한 위협이 문제가 될 수 있고 미국은 이런 위협에 적극 대처할 것이라고 말했다.

중앙정보국(CIA) 출신인 롤리스는 2002년 10월 부차관보에 전격 발탁돼 5년 가까이 국방부에서 전시작전통제권 및 미군기지 이전 등 한 - 미 간 주요 군사현안을 다뤘고 1981년부터 1987년까지 주한 미 대사관에서 '외교관 신분'으로 근무한 경력이 있다.

cbr@yna.co.kr

## 참조 05.
## 러시아와 미국의 구도

러시아는 '북한과 미국관계가 완전히 막혀버리는 죽음의 상황'을 해결하기 위해서 적극적인 대안을 행사하고 있다. 또한 푸틴은 미국의 미사일방어체제를 무산시키는 핵공격 전략을 발표했다. 2008년 3월 미국은 부산에 핵공격 잠수함 오하이오와 핵항공모함 니미츠를 보내서 키 리졸브(Key Resolve) 훈련을 하고 있다. 러시아는 이 지역에 핵공격 항공기 베어를 근접시켜서, 미국과 러시아의 핵대결이 전개되었다. 한반도에서 미국과 러시아가 핵전쟁을 할 수 있는 확률이 없지 않다.

June 11, 2007

Russia Steps In to Try to Resolve N.Korea Deadlock

By REUTERS

WASHINGTON (Reuters) - Russia has stepped in to try to help with the transfer of funds from a Macau bank to North Korea, said U.S. officials on Monday, who hope an end to the deadlock will quickly revive a stalled disarmament effort.

The issue of roughly $25 million frozen in a Macau - based Banco Delta Asia account has held up implementation of a February 13 disarmament deal with Pyongyang, which has refused to shut down its Yongbyon nuclear complex until it has the money.

But international banks have refused so far to touch the funds or be involved in the transfer for fear that strict U.S. financial laws will taint them.

The $25 million at Banco Delta Asia was blocked after the United States blacklisted the bank, accusing it of laundering illicit funds for North Korea.

U.S. officials said Russia had offered its help but declined to provide further details.



참조 06.

# 미국 앰네스티(국제사면위원회)의 발표

미국 인권운동의 핵심인 국제사면위원회는 미국이 정책을 바꾸어서 더 이상 인권유린을 하지 않는 미국이 되어야 한다는 것을 강조하고 있다. 제네바 인권 협약을 바로 미국이 배신하고 있으며, 과거에 인권유린을 했던 국가들을 사면하고서 그들과 함께 일할 수 있도록 하며, 미국 정부가 미국의 인권존중 정신을 배신하고 있다는 것을 깨닫도록 해야 한다는 것을 미국 국제사면위원회가 주장하고 있다.

Amnesty Internaitonal USA
《H E》Rachael Webb :: email
posted Thursday, 28 September 2006

여러분 지금 의회에 전화를 해서 항의하십시오. 부시 행정부와 미국은 인권의 원칙을 저버리고 있습니다. 미국의 영혼이 타락하고 파괴되고 있습니다. 미국은 인권에 대한 제네바 합의를 무시하고 있습니다.
Call Congress now!
Because the America we believe in leads the world on human rights.
Call Congress now!

Dear Rachael

Last Thursday, President Bush and several members of the Senate struck a deal on human rights. In the process, they dealt away America's commitment to fundamental human rights principles.
Make no mistake about it, this deal is a betrayal of the America we believe in. No human rights activist can

remain on the sidelines in the days ahead. Call on your Senator to oppose these dangerous provisions. We are literally days away from action in Congress on a proposal to:

Abandon the rule of law and give the President the freedom to interpret the Geneva Conventions any way he sees fit.

Provide immunity to those responsible for past human rights abuses.

Exempt from prosecution those who authorize treatment traditionally considered torture.

Strip detainees of access to US courts.

The soul of our nation is in jeopardy. Everything we believe in is on the line. That's why we're mobilizing the entire Amnesty community. We're going into action today and we won't stop until every last Senator has made it clear whether he or she is willing to stand up for the America we believe in.

Please act today. Those behind this dangerous deal are doing everything they can to quickly build momentum. We have to break that momentum and we have to do it now.

We implore you to call Congress immediately.

If America renounces the Geneva Conventions like President Bush wants to do, nations all over the world will follow. American soldiers will be placed in greater threat of torture and cruel treatment when captured, not just by one or two rogue nations, but by many nations that follow America's lead.

Call 1 800 AMNESTY and our operators will connect you to your official or call the Congressional switch board directly at 202 - 224 - 3121. Let the person on the phone know that you are a constituent, and tell them that the deal President Bush has struck is a betrayal of the America you believe in. Ask your Senators and Representative to stand firm in defense of human rights.

After you've made your call, tell report back on how it went here.

Thank you.

미국 앰네스티 총무 레리 콕스

Larry Cox

Executive Director

Amnesty International USA

# 로동신문 2007. 5. 12. 토(주체96)
# 보도자료

**2007/5/23 수요일**

**로동신문 2007. 5. 12. 토(주체 96) (북한자료실, 통일부, 세종로)**

"미국 잡지 〈타임〉이 세계에서 가장 명망이 높은 지도자로 칭송하였다. 7일 우크라이나 인터넷 통신 〈뉴스.리가.네트〉에 의하면 잡지는 현시대 명인들의 명단을 발표하면서 경애하는 장군님을 세계를 변화시키는 데서 가장 큰 영향력을 행사하시는 이름 있는 지도자로 선정하였다."

＊이 기사를 평가한다면 : "가장" 이라고 하기보다는 "100명 중에 하나" 라고 하는 것이 정확할 것이다.

"제5차 북남장령급군사회담 공동보도문
2007년 5월 11일
1. 서해 해상에서 군사적인 충돌을 방지하고 공동어로를 실현하는 것이 군사적 긴장을 완화하고 평화를 보장하는 데 시급히 해결해야 할 중요한 과제라는 데 견해를 같이하였다.
1) 공영 공리를 도모하는 원칙에서 공동어로를 실현하기로 하였다.
2) 군사적 충돌 방지와 공동어로 수역을 설정하는 문제를 계속 협의하기로 하였다.
3) 군사적 신뢰가 조성되는 데 따라 북측 민간선박들의 해주항로로의 직항 문제를 협의하기로 하였다.

2. 쌍방은 경제협력과 교류에 필요한 군사적 보장조치를 따로 세워야 한다는 데 인식을 같이 하였다.
1) 쌍방은 5월 17일 북남렬차시험운행을 군사적으로

보장하기 위한 잠정합의서를 채택하고 발효시키기로 하였다.

# 국방연구원 종전계획

### 국방硏(연), 남북 대치 해소 4단계안 제시
### "한국이 주도적 종전선언 남북 정상회담 성사 총력"

한국국방연구원(KIDA)이 한반도 평화체제 진전에 군사적으로 대비하기 위한 4단계 남북 대치상황 해소안을 제시했던 것으로 8일 확인됐다.

국방연구원은 지난 5월 4일 청와대 안보실 주관으로 외교안보연구원, 통일연구원과 공동으로 진행한 비공개 세미나에서 ▲종전선언문·평화협정문 초안 마련, 남북 상설 군사협의기구 설치 ▲종전관리기구 설치 ▲유엔사령부의 국제평화보장기구 전환 ▲남북연합군 추진의 4단계 군사전략을 담은 '한반도 안보상황 진전 대비 군사분야 추진 전략'을 발표했다.

이에 따르면 최초 준비단계(2·13합의~종전선언 직전)에서는 한국이 주도적으로 종전선언을 추진하면서 남북 대화를 위한 '남북평화포럼', 다자간 협의를 위한 '한반도평화포럼'을 창설하고 남북정상회담을 성사시킨다.

국방연구원은 종전선언 제의 시기와 방법에 대해 '대통령이 8·15성명 등을 통해 2·13합의 이행 및 한반도 비핵화 협상과 연계해 국제적인 공론화를 추진한다'는 방안을 제시했다.

군사 분야에선 남북한과 미국, 중국 등이 참여하는 6자 국방장관 회담을 만들고 남북 간 상설 군사문제협의기구를 설치한다. 이어 진입단계(종전선언~평화협정 체결 전)에선 유엔의 기능을 국제적 평화유지감시기구로 전환하고 비무장지대와 북방한계선(NLL)을 평화지대로 설정하며 '남북기본합의서' 이행을 통해 군사적 신뢰를 구축한다.

전환단계(북한 핵폐기 완료)에는 종전관리위원회가 '한반도평화관리위원회'로 확대되며 유엔을 해체해 국제평화보장기구로 바꾼다.

한·미동맹은 북한 위협에 대비한 방위동맹에서 포괄적 국제 위협에 대응하는 안보동맹으로 조정한다. 주한미군은 재배치를 완료하고 전시작전통제권을 전환해 한국 주도의 방위태세를 정립한다.

남북연합이 추진된 후 평화체제 정착단계에선 남북 군비 감축을 추진하고 군사협력체제 구축을 통한 한반도 공동방위 전력을 확보한다. 또 남북 연합군을 추진해 남북연합군사령부를 창설하고 공동안보를 목표로 군을 구조조정한다.

강갑수 기자 2007.07.09 (월) ⓒ 세계일보 & Segye.com

참조 09.
## 북의 주체사상 평가: 세계 10위

세계 종교들을 연구하는 연구소의 보고는 북한의 주
체사상을 하나의 신앙적인 조직운동으로 평가하면
서, 인구 비례로 보면 세계에서 10위에 해당하는 인구
를 가지고 있다고 평가하고 있다.

Major Religions of the World

Ranked by Number of Adherents(Sizes shown are approximate estimates, and are here mainly for the purpose of ordering the groups, not providing a definitive number. This list is sociological/statistical in perspective.)

세계 종교적인 신앙들을 폭넓게 분류하여 열거하면 세계에서 주체사상을 신봉하는 사람들은 대체로 1900만이며, 이는 약 10위에 해당한다.

Christianity(기독교): 2.1 billion

Islam(이슬람): 1.3 billion

Secular/Nonreligious/Agnostic/Atheist: 1.1 billion

Hinduism: 900 million

Chinese traditional religion: 394 million

Buddhism: 376 million

primal - indigenous: 300 million

African Traditional & Diasporic: 100 million

Sikhism: 23 million

Juche: 19 million 주체사상은 1900만이 신봉하고 있다.

Spiritism: 15 million

Judaism(유대교): 14 million

Baha'i: 7 million

Jainism: 4.2 million

Shinto: 4 million

Cao Dai: 4 million

Zoroastrianism: 2.6 million

Tenrikyo: 2 million

Neo - Paganism: 1 million

Unitarian - Universalism: 800 thousand

Rastafarianism: 600 thousand

Scientology: 500 thousand

(from: http://www.mnsu.edu/emuseum/cultural/religion/) here

webmaster@adherents.com. Webpage created circa January 2000. Last modified 19 April 2007.

Copyright © 2007 by Adherents.com

## 참조 10.
## 북에 대한 부정적 레이블링(이름 붙이기)

북한을 비하하는 표현이 언론에 많이 사용된다. 북한
을 나쁜 나라라는 의미를 가진 단어로 평가하는 표현
들이 거의 상습적으로 사용되고 있는 것이 사실이다.
특히 〈뉴욕타임스〉, 〈워싱턴포스트〉 등 미국, 영국,
홍콩 등의 언론이 그러하다. 이들을 보다 더 정의롭게
묘사하도록 검토하는 작업이 필요하며, 결국 전 세계
가 서로 화해하고, 가난을 극복하고, 피압박자들을 존
중하고, 전쟁을 막고, 평화롭게 살기 위해서는 좀 더
존중하는 표현들로 전화하는 것이 도움이 될 것이다.
전 하버드대 교수 고든 알포트(Gordon Allport)는 자
신의 저서 『편견의 본질(*The Nature of Prejudice*)』에
서 이 문제를 레이블링 면에서 심각하게 다루고 있다.

"비밀 속에 숨어 있는 스탈린주의 국가다."


"ElBaradei Leaves for N. Korea to Underpin Atom
Pact."

By REUTERS

March 11, 2007


VIENNA (Reuters) - The U.N. nuclear watchdog chief
left for North Korea on Sunday to broker a return of
inspectors to 〈the secretive Stalinist state〉 under a
precarious six - party pact to dismantle its atomic
bomb program.

International Atomic Energy Agency (IAEA) director
Mohamed ElBaradei said he wanted to look at how
to put the agreement into effect and bring North
Korea back closer to the agency some four years after
it expelled IAEA inspectors and quit the global

nuclear Non - Proliferation Treaty.

"I'd like … to discuss the broad framework of how to
implement the new agreement which foresees that
the agency will monitor and verify the freeze of the
Yongbyon nuclear facility including the reprocessing
facility," ElBaradei told reporters before he flew off.

A shutdown of Yongbyon by mid - April is the
centerpiece of the February 13 accord.

North Korea announced in 2005 it had nuclear arms
and in 2006 it test - detonated its first nuclear device,
drawing on itself U.N. financial and arms sanctions.

Diplomats said there was no assurance ElBaradei,
who will make stopovers in Beijing before and after
his March 13 - 14 stay in Pyongyang, would finalize
details of fresh inspections.

They cited Pyongyang's wariness toward outsiders,
unpredictability and likelihood to wrangle with
China, Russia, the United States, Japan and South
Korea over how to proceed.

"This is just the first opening after years of no contact
with a state whose inner workings of the mind no
one can really fathom," said a developing - nation
ambassador accredited to the IAEA who asked for
anonymity.

"It's possible but not certain ElBaradei will reach
closure on a date for inspectors to redeploy", said the
envoy. "If he starts negotiations on ground rules for
inspections and gets a commitment to more meetings
to finalize things, that would be progress."

ElBaradei himself also sounded a cautious note on his
departure, saying this was only the start of a long
journey.

"I hope we can move forward but again I should
caution that this is the first step in a long process - it

will have to be an incremental process," he said.

VAGUE INVITATION LETTER

A senior European diplomat noted Pyongyang's invitation to ElBaradei lacked specifics of what was expected to be addressed.

Mark Fitzpatrick, an analyst at London's International Institute for Strategic Studies, said all parties were showing willingness to meet the minimum requirements of the February accord's 60-day deadline. But pitfalls lurked.

"The February 13 agreement does not specify that the verification must be completed before the end of that period. Another difficulty could ensue over the vagueness of the deal with regard to which facilities are to be shut and sealed," he said.

Mistrust among the six parties would make it hard to fully implement the accord, China's chief envoy, Wu Dawei, said on Friday after discussions with Pyongyang.

After inspectors seal Yongbyon, Pyongyang is supposed to furnish a full list of its nuclear programs, including its plutonium stockpile, and disable other atomic infrastructure.

In return, impoverished North Korea would get major fuel aid, a process to remove trade sanctions and Pyongyang from a U.S. list of state sponsors of terrorism, and security benefits - the extent of all linked to the extent of denuclearization.

But critics of the deal say North Korea has not promised to tear down Yongbyon or put under IAEA control its fissile plutonium estimated to be enough for at least six atomic bombs.

However, ElBaradei said following years of no cooperation and no dialogue, the situation had now changed in favor of a more positive environment.

"I'd like to capitalize on that, I'd like to continue to see that positive environment translated into positive action," ElBaradei said. "As long (as) ... we are on the right track we will be satisfied."

# 핵시설 폐쇄

북한은 핵시설의 문을 닫았다고 발표했다.

July 15, 2007

North Korea Reactor Shut, U.S. Says

By REUTERS

TOKYO (Reuters) - North Korea confirmed it has shut its nuclear reactor that provides the secretive state with material to make weapons - grade plutonium, China's Xinhua news agency quoted a North Korean official as saying on Sunday.

North Korea told the United States it has shut down its Soviet - era Yongbyon reactor as part of a disarmament deal, the U.S. State Department said on Saturday after a team of U.N. nuclear inspectors arrived in Pyongyang.

"We have shut down the nuclear facilities at Yongbyon after we received the first shipment of heavy oil," the North's KCNA news agency cited one of its spokesman as saying, according to Xinhua's English news Web site.

North Korea said last week it would consider suspending the operation of its nuclear facilities as soon as it received the first shipment of oil from South Korea under a February 13 aid - for - disarmament deal.

A South Korean tanker carrying 6,200 tonnes of fuel oil docked on Saturday at a port in northeastern North Korea.

State Department spokesman Sean McCormack said in Washington that U.S. negotiators looked forward to the next step of the February 13 agreement, in which Pyongyang "has committed to declaring all its nuclear programmes and disabling all its existing nuclear facilities."

North Korea conducted its first nuclear test in October 2006.

Top U.S. nuclear envoy Christopher Hill gave the news a cautious welcome on Sunday.

"This is just a first step," Hill, who is visiting Japan, told Japanese media.

"This is only a meaningful step insofar as it will be followed by other steps."

On the IAEA inspectors, he said: "I think by the end of today, they will be able to give us reports on the five facilities."

South Korea's Foreign Ministry hailed Pyongyang's decision as an encouraging development.

"North Korea's measures to shut down the Yongbyon nuclear reactor and accept the IAEA inspectors are meaningful because it is the first step in implementing their denuclearisation agreement," a ministry statement said.

Word of the reactor shutdown came on the day the IAEA team reached Pyongyang.

## FOUR - YEAR GAP

The leader of the team had said earlier in Beijing they would go straight to Yongbyon on Saturday to begin work at the complex, which produces weapons - grade plutonium.

The team of 10 experts is the first to return to monitor the shutdown after a 4 1/2 - year absence.

IAEA chief Mohamed ElBaradei has said it would

take about a month to set up the monitoring equipment. "I am quite optimistic that this is a good step in the right direction," he said.

In his statement, McCormack said: "We, along with all our other six - party partners, remain firmly committed to achieving the denuclearisation of the Korean Peninsula."

The six - party talks, where North Korea sits down with the United States, South Korea, China, Japan and Russia, are due to resume on Wednesday to map out the next stage of the disarmament process.

The five have promised North Korea massive economic aid and better diplomatic ties for scrapping its nuclear arms programme.

"How smoothly the rest of the operation will go very much depends on how progress will be made in the six - party talks," ElBaradei said. "It is going to be a long process."

U.S. nuclear envoy Hill told Japanese media on Saturday he expected North Korea to produce a list of all its nuclear facilities in the coming weeks or months.

"We would expect the comprehensive list, declaration (of North Korea's nuclear programmes) to be in a matter of several weeks, possibly couple of months," Hill said.

In 2002, the United States accused North Korea of operating a covert uranium enrichment programme in violation of a 1994 nuclear - freeze deal. In December 2002, the North expelled IAEA inspectors and said it would restart its reactor.

(Additional reporting by Lee Jin - joo in Seoul, Chris Buckley and Lucy Hornby in Beijing and Chisa Fujioka in Tokyo)

## 참조 12.
# 버시바우의 구상: 평화체제 시작

주한 미 대사 버시바우는 미국 컬럼비아대학에서 러시아를 전공하고 주 모스코바 미국 대사를 지내고, 콘돌리자 라이스 국무장관과 같이 러시아 전공자들로서 팀을 이루고 있다.

### 버시바우 "4자 정상회담, 비핵화과정 막바지에 열려야"(종합) [연합뉴스] 2007/07/11 22:04

"美, 평화체제협상 연내 개시 준비돼 있다"
"연내 불능화 달성. 내년 완전한 비핵화 목표"

(서울=연합뉴스) 알렉산더 버시바우 주한 미국 대사는 11일 일각에서 제기되고 있는 남·북·미·중 4자 정상회담의 조기 개최 가능성에 대해 부정적 견해를 피력했다.

버시바우 대사는 이날 서울 수유리 화계사에서 열린 '화해상생마당' 주최 강연에서 조지 부시 미국 대통령의 방북과 4자 정상회담 시기 및 가능성을 묻는 질문에 "고위층(정상급)의 만남은 평화체제와 비핵화, 관계 정상화 프로세스의 끝에 이뤄지는 것이 적절하다고 생각한다"고 말했다.

그는 이어 "한국인들이 (정상들이) 조기에 만나는 것을 제시하고 있다는 이야기를 듣고 있지만 어떤 것도 심각하게 고려되지 않고 있다"고 덧붙였다.

버시바우 대사는 한반도 평화체제 구축 논의와 관련해 "협상에 시간이 걸릴 것으로 생각한다"면서 "미국은 한반도 평화체제 협상 과정을 올해 안에 시작할 준비가 돼 있다"고 밝혔다.

그는 이어 "평화체제 내용에는 57년 만에 한국전쟁의 종전을 공식선언하는 것과 남북 간 국경선 수립, 1992년 남북기본합의 실행조치, 군사력 투명성 제고 등이 포함될 것이며 아마 국경선 주변 부대나 배치된 장비의 통제 등 신뢰 구축 조치도 들어갈 수 있을 것”이라고 말했다.

버시바우 대사는 그러나 “평화체제 수립은 북한의 완전한 비핵화를 필요로 한다”면서 “북한과 협상할 때 초기에 좋은 카드를 빨리 내면 북한은 우리가 가장 원하는 핵무기 포기 카드를 주지 않는다는 것을 배웠기 때문”이라고 말했다.

그는 또 부시 대통령 임기 안에 비핵화 및 북 - 미 관계 정상화를 달성할 가능성에 대해 “북한에 진정성과 정치적 의지가 있다면 가능하다고 생각한다”며 “올해 안에 핵시설 불능화와 핵 프로그램 신고를 마치고 비핵화의 나머지 과정을 2008년 안에 끝내는 것이 우리 목표”라고 말했다.

버시바우 대사는 비핵화에 걸릴 시간을 감안, 비핵화에 대한 북한의 약속만으로 실질적 비핵화에 한발 앞서 북 - 미 관계 정상화에 도달할 수 있느냐는 질문에는 “안 된다”고 잘라 말했다.

그는 이어 “비핵화에 여러 중간 단계가 있는 것과 마찬가지로 관계 정상화 이전에도 테러지원국 지정 해제나 적성국교역법 적용 종료, 안전보장 등 중간 단계 조치가 있다”고 말해 완전한 비핵화와 관계 정상화의 동시 달성을 목표로 삼고 있음을 분명히 했다.

버시바우 대사는 또 비핵화 이전에 가능한 대북 지원의 형태에 대해 “단순한 에너지 원료 제공을 넘어, 에너지 인프라의 수리 및 정비를 돕고 전력생산 능력을 개발할 수 있도록 하는 장기적 해법이 준비돼 있다”며 “비핵화 전이라도 많은 일이 일어날 수 있다”고 말했다.

그는 “우리는 북한의 정권교체(regime change)를 원하지 않으며 그들을 협상 파트너로 인정하고 있다”면서 “북한이 완전한 관계 정상화를 원한다면 비핵화가 답이며 비핵화를 하면 모든 것이 가능하다”고 강조했다.

콘돌리자 라이스 미 국무장관의 방북 가능성에 대한 질문에 버시바우 대사는 “당장 방북할 계획은 없으며 예측 가능한 미래에도 그 계획은 없다”고 말한 뒤 “라이스 장관은 6자 외교장관 회담 개최를 원하고 있다”며 “올 여름이 끝나기 전에 개최할 수 있을 것(quite possible)”이라고 말했다.

조준형 기자 jhcho@yna.co.kr

＊2008년 3월에 열린평화포럼에서 버시바우 대사는 북한을 “로그네이션(깡패 국가)”라고 칭하고 있었다.

참조 13.
# 핵포기 이후 평화안보 대화

핵무기 프로그램을 평양이 포기한 후에 반도의 평화
안보를 위해서 대화하겠다는 것이 미국의 입장이며,
북한은 직접 미국과 대화를 요청하고 있다.


＊2007년 8월, 9월에 미국은 결국 직접 북한과 양자대
화를 자주 계속하고 있는 방식으로 전환했다. 선 북
핵포기 후 대화의 입장에서 핵포기 이전에도 대화를
쌍방이 하는 방식으로 전환한 것은 조지 부시의 '절
대 대화하지 않겠다' 는 입장이 극적으로 바뀌었기 때
문이다. 북한은 미국과 핵군축을 하자고 제안하고 있
다. 미국인 인정하든 안 하든 상관없이 북은 핵무기
보유국가가 된 것이다. 오바마 상원의원은 대통령에
출마하면서 현재(2007.12.) 이를 인정하는 발언을 하
고 있다.


July 13, 2007

North Korea Wants Direct Military Talks With U.S

By REUTERS


북한이 미사일 7발을 7월 4일에 실험발사한 직후 북
한은 미국과의 직접 군사회담을 열기를 원했다. 2007
년 12월에 이르러서 미국과 북한은 직접적으로 수많
은 대화를 나누는 새로운 관계로 변했다. 부시가 북
과는 절대로 대화하지 않는다는 원칙을 바꾼것이다.
그 계기는 북의 핵실험 성공이었다.


SEOUL (Reuters) - North Korea called on Friday for
military talks with the United States for peace and
security on the peninsula, while Washington has said
it can discuss a peace treaty after Pyongyang
abandons its nuclear weapons program.

The North, which often muddies the waters ahead of
crucial moves concerning its atomic ambitions, is set
to receive a team of U.N. nuclear personnel on
Saturday who will oversee the shutdown of a reactor,
its source of weapons - grade plutonium.

Six - way talks on ending North Korea's nuclear arms
programs are set to resume on Wednesday in Beijing.
The North, which has long sought direct talks with
the United States, usually holds bilateral meetings
with U.S. officials within those discussions.

"The Korean People's Army side proposes having
talks between the DPRK and U.S. militaries to be
attended by a U.N. representative," the North's
military said in a statement carried by the official
KCNA news agency.

The North, officially the Democratic People's
Republic of Korea, said the talks would be for
"discussing the issues related to ensuring the peace
and security on the Korean peninsula."

U.S. Assistant Secretary of State Christopher Hill,
Washington's chief envoy to the six - way talks, said
he wanted to see the Yongbyon reactor disabled by
the end of this year.

"I want to emphasize that we're not going to be
reaching any peace arrangement on the peninsula
ahead of denuclearization," Hill said on arrival in
Japan.

An analyst said reclusive North Korea might be
looking to drive a wedge between the United States
and its ally, the South.

"The comments appear to be intended to exclude
South Korea and China in any talks for a peace treaty
and to include the subject of removing U.S. troops
from the South as part of the talks," said Baek Seung -

joo, head of North Korean military research at Seoul's Korea Institute for Defence Analyses.

FOUR - WAY DIALOGUE?

There have been reports in South Korean media that officials were seeking a four - way dialogue among China, the two Koreas and the United States to examine a peace treaty. The North might have been responding to these reports, Baek said.

The 1950 - 1953 Korean War ended in a truce. The United States, which led U.N. forces in that conflict, was a signatory to the armistice as were North Korea and its ally, China. The South did not sign.

Washington keeps about 30,000 troops in the South to bolster its 670,000 - strong military against possible attack by the North.

In their latest broadside, North Korea's army chiefs repeated an oft - used line that the United States was bringing the peninsula to the brink of nuclear war and called on Washington to end a hostile policy aimed at stifling Pyongyang.

In a February deal between the two Koreas, China, Japan, Russia and the United States, the North agreed to close its antiquated reactor in return for 50,000 tons of oil aid and to allow for U.N. nuclear personnel to return.

On Friday, staff from the International Atomic Energy Agency (IAEA) arrived in Beijing on their way to North Korea. Once on the ground the technicians will prepare to monitor and verify the shutdown of the Yongbyon facilities.

The chief of the IAEA group, Adel Tolba, sounded a note of optimism. "With the kind of help which we got from the DPRK in the last few weeks, we think we will do our job in a successful way," he told reporters. He refused to discuss details.

(With additional reporting by Jack Kim in Seoul, Elaine Lies and Chisa Fujioka in Tokyo and Chris Buckley in Beijing)

## 참조 14.
## 젤리코(Zelikow) 보고서와
## 부시의 두 번째 중생 전환

2006년 5월 보고서를 낸 필립 젤리코는 1954년생으로, 휴스턴 대학을 졸업하고, 법학학위를 딴 후에 터프트 대학교(Tuft University, 섬머빌 매사츄세츠 주)에서 석사와 박사를 했다. 그는 콘돌리자 라이스와 독일 통일에 관한 저서를 함께 저술했다. 그는 하버드대학에서 강의를 하기도 했으며, 동독을 자유화하고 소련이 변화해가는 과정과 관련된 일을 하였다. 2005년 조지 W. 부시 대통령과 일을 하기 시작하면서, 2006년 한반도 전략보고서를 작성했다. 그레고리 헨더슨 교수는 한국에 오래 외교관으로 근무한 후에 터프트대학교 플레처 스쿨(Law and Diplomacy)의 교수로 봉직하면서, 한국에 대한 국제적인 전문가로 활동했다.

이 보고서는 비밀문서(classified)여서 공개되지는 않고 있다고 전해진다.

젤리코 보고서는 콘돌리자 라이스 국무장관의 정신적인 지도자 역할을 하고 있는 젤리코 교수가 인류의 역사 전체를 보면서, 한반도에서 북한과 미국의 전쟁을 종식시키고, 친구로서의 역할로 전환하는 새로운 역사의 단계로 들어가도록 하는 구상을 제시할 수 있는 역사적인 해석을 해주고 있는 것으로 추측된다.

월남과 미국은 1975년 수백만이 사망하는 침략전쟁을 종식시켰다. 그리고 월남과 미국은 적극적으로 외교 경제 교류를 하고 있어서 거의 완벽한 친구 관계로 전환되어 있다. 이 모델을 한반도에 적용하면, 북 - 미 간의 전쟁이 종식되고 종전선언을 하고, 평화협정을 체결하고, 경제·문화 협력, 나아가 군사적인 우호관계를 맺고 협력하도록 전환해야 한다. 조지 W. 부시 대통령이 북한을 악의 축으로 칭하고 김정일 국방위원장을 증오한다(I loathe him)고 한 것부터, 180도 전환될 수 있다.

2007년 12월 크리스토퍼 힐은 부시 대통령의 친서를 평양에 가서 전달했다. 그 시작은 Dear Mr. Chairman (친애하는 의장님)으로 시작되고 있다고 〈뉴욕타임스〉는 보도하고 있으며, 국방위원장에 대한 존칭을 사용하고 있다는 것을 하나의 큰 전환의 시작으로 보고 있다.

그 서신의 내용은 1. 북한이 핵폭탄을 몇 개 소유하고 있는가 2. 추출해서 소요하고 있는 핵물질, 플루토늄의 양이 얼마인가 3. 외부에 핵기술 관련 이전에 대한 정보 등등을 완전하고도 전면적으로 공개 선언해주기를 요청했다. 북한은 구두로 '성실하게 답하겠다' 고 발표했다.

미국 상원은 대체로 조지 W. 부시 대통령의 외교 전환을 지지하고 있으며, 추가로 북한의 핵 불능화에 드는 비용을 지불하도록 결의하였다. 그 비용은 약 1000억 원(미화 1억 달러) 를 넘는 것으로 알려졌고, 추가로 500만 달러를 지불하도록 결의하였다.

이러한 전환은 부시 행정부가 차기 선거에서 공화당이 승리하기 위한 전략이다. 이라크에서는 수십만의 사상자를 발생시켜, 미군 5000명 이상이 전사하고, 월급을 받고 싸우는 민간인 용병들과 경비업체의 경비원들과 네팔 등의 절대 빈곤국 민간인들을 고용해서 용병으로 전투에 투입함으로써 미국 정규 군인들의 사망자 수가 공식으로 보도되는 사실을 희석하는 작전들이 진행되었다. 이라크전은 실패한 전쟁이며 반대해야 한다는 미국 시민들의 비판이 차기 공화당 집권을 실패시킬 수 있다는 판단으로 이어지고 있다. 아들의 전사 소식을 접하고 분노한 신디 시한의 줄기찬 반전운동은 결국 '반 부시운동'이 되고 있다. 미국의 여성운동가들은 콘돌리자 라이스 미 국무장관과 조지 부시 대통령을 '전쟁범죄자(War Criminals)'라고 외치면서 데모를 하고 경찰에 의해 연행되는 방식의 전략을 사용하고 있다.

미국은 전쟁을 함으로써, 보람을 느끼는 심리적인 질병을 치료받아야 하며, 두 번째의 중생 체험을 해야 한다. 전쟁을 하는 것이 습관적 병으로 발전되어왔다. 특히 석유를 얻기 위해서 전쟁을 했기 때문에 조지 부시를 지지했다고 고백한 앨런 그린스펀(Allan Greeenspan)의 책이 출판되면서 확실한 증거가 나온 것이다. 앨런 그린스펀은 18년간 미국의 최고 경제결정권을 지녀온 연방은행(Federal Reserve Bank)의 책임자였다. 따라서 미국이 석유를 얻기 위해서 이라크를 침공한 것이라는 명확한 증언이 나왔다고 볼수 있다. 그의 저서 『격동의 시대(The Age of Turbulence)』의 고백이 사실이라면, 이는 범죄이며 그들은 인권유린의 전쟁을 한 것이다.

미국은 두 번째의 중생을 해야 한다. 첫 번째는 알콜중독 등의 도덕에서 벗어나는 중생이며, 두 번째는 약한 자들을 살상하면서 정의와 자유와 민주로 위장하고 석유와 땅과 재화를 탈취하는 방식의 〈전쟁정신병〉에서 벗어나는 중생이다. 신보수주의 층이나 뉴라이트(새로운 우익층) 등 보수적인 기독교인들은 첫 번째의 중생을 강조한다. 보수기독교인들이 보다 완전한 기독교인이 되려면 두 번째의 중생을 해야 한다.

이 두 번째의 중생을 목표로 개인윤리를 바꾸어야 하며 국가의 방향을 바꾸어야 한다(KBS는 2007년 4월 15일 방송한 〈일요스페셜〉에서 그에 대한 일부 정보를 보도하였다).



# 고이즈미의 100억 달러 배상 의도

'전 총리 고이즈미가 방북 직전 일본은 북한에 100억 달러을 10년간 지원하겠다는 제안을 했었다'고, 배ㅇㅇ사무관이 논문에서 밝혔다(2007. 3. 12. 오전 10시 보도).

일본은 1894년부터 1945년간 북한 사람들을 살상하고, 노예화하고, 전쟁에 강제로 동원하여 죽게 하고, 탄광과 비행장 공사와 오지 등에서 강제노역을 시키고, 정신대 명목으로 일본군 성노예로서 수십만의 여성들을 폭행하고 살해한데 대한 보상과 배상을 해야 한다. 필자는 그 액수가 100억 달러 정도여야 한다고 수차례 발표했다. 일본 도쿄에서 스즈키 일본기독교협의회 회장, 오츠 전 총무, 야마모토 현 총무 등 200여 명이 참석한 동북아 정의평화협의회(재일본 조선그리스도교단 KCCJ 주최와 일본기독교협의회의 NCCJ 지원)에서도 발표한 것이 2000년 쯤이었다. 그 후 일본 정부 내부에서 이를 진지하게 논의하였고, 결국 고이즈미 전 총리가 평양을 방문할 때 대북한 100억 달러 지불이라는 안을 가지고 갔다는 이야기가 있었다. 이에 대한 보도와 관련해 좀 더 확실한 토론이 필요할 것이다. 앞으로 일본과 북한이 평화협정을 맺고, 국교정상화를 하는 데 이를 반영하는 것이 필요하다고 판단된다. 북한도 일본인 납치 의혹에 대해 성실하게 답해야 하며, 동일한 원칙을 적용할 수 있을 것이다. 필자는 이 제안을 동북아 국제 평화협의회에서 일본 대표, 미국 대표 등이 참석한 가운데 수차례 제안했으나, 거의 무반응이었다. 무반응이란 '아직 미처 두뇌에 개념이 형성되지 않은 상태라는 것을 의미할 수도 있다.'

이 무반응을 넘어서서 반응만은 적극적으로 하려고 했던 것이 전 총리 고이즈미였을 수 있으며, 그의 시도는 아직 성공하지 못하고 있다. 일본의 정권과 시민들은 이것을 성사시키고 북한과의 모든 과거의 범죄적인 억압과 살상과 인권유린과 납치를 청산하는 일을 이제 시작할 수 있다.



## 자유낙하하는 토끼 (Wabbit in Free Fall)[3]

토끼는 영어로 래빗(Rabbit)이다. 이 글의 저자는 의도적으로 래빗을 왜빗(Wabbit)이라고 쓰는 글을 발표했는 데 이 글이 전 세계 뉴스에 보도되면서 소용돌이를 일으켰다. 그러나 이 글은 사실(fact)을 근거로 한 것이 아니고 우화식으로 쓴 글이라는 것이 밝혀졌다.

래빗을 발음할 수 없는 하찮은 인간들의 실수가 북한과 미국의 갈등에 대해 무수히 많은 난센스를 만들어내고 있다는 것을 비아냥거리는 글이다. 이 우화를 진실처럼 보도했던 많은 신문과 매체들은 불과 몇 시간이 안 되어서 정정 및 사과 보도를 내보냈다.

이것은 바로 세계가 노이로제 증상을 나타내고 있다는 것을 말해준다. 북한에 대한 합리적인 생각을 하지 못하고 있는 상태에서 심각한 대북 적대관계가 지속되고 있는 것은 지극히 위험한 상태라는 것을 인식하게 하는 지표가 바로 이 글의 발표 이후 세계의 반응인 것이다.

September 21st, 2006

Wabbit in Free Fall

Essay by Robert Carlin

---

3) 이 문서는 너틸러스 연구소가 소설을 쓰듯이 작성한 것인데, 언론이 이를 사실로 크게 보도하였고 이후 언론이 사과 기사를 내보냈다. 이 내용은 사실이 아니라는 것을 너틸러스 연구소가 밝혔다. 상상력을 발휘한 시나리오를 작성한 것이다. 너틸러스에 도덕적인 문제가 있었던 것은 아니라고 판단된다. '루딕 리버레이션(Ludic Liberation)'에 해당하는 글이며, 왜빗(Wabbit)이라는 단어는 래빗(Rabbit, 토끼)이라는 단어를 정확하게 발음하지 못하는 사람이 왜빗이라 발음한 것으로 표현한 것이다. 웃으면서 세상의 불필요한 긴장과 전쟁과 살상을 다른 눈으로 보게 하기 위한 작업이었다. "한 번 웃고 지나갈 일을 잘못 처리해서, 수백만이 사망하는 전쟁을 일으키고 매일 대량살상을 하면서도 미소를 짓고 사는 정치지도자들이 있다." 이러한 정치 지도자들의 매일 매일의 미소는 정신질환적인 것이라고 할 수 있다. 티베트의 정신적인 지도자 달라이 라마가 한 말이다. 이런 현상은 '루딕 리버레이션'으로 해체시키고 해결해야 한다. 만약 한 사람이 다른 사람을 죽이고 그 옆에서 미소를 짓고 앉아 있다면, 정신병자와 다름없다. 그러나 수백만 명을 죽이면서도 매일 매일 웃으면서 사는 권력 정치지도자들이 있다. 그들은 하루하루 수많은 사람을 죽이는 결정을 하고 있는 것이다. 미소를 짓기보다는 베옷을 입고서 땅에 꿇어앉아 통회하고 회개하고 가슴 아파하면서, 잘못된 살인에 대해 다시는 살인을 하지 않는 권력정치를 할 것을 결심해야 할 것이다. 그럼에도 불구하고 그들의 대량살상에 대해서 신부나 목사나 승려들의 축복을 받으면서 출정식 예식을 하는 경우가 보통 일어나는 일들이다. 걸프전을 시작할 때, 빌리 그래엄 목사는 출정 예배에 기도를 올렸다. 감독교회(에피스코펄) 교인이었던 조지 H. 부시 대통령의 요청에도 불구하고 감독교회 감독들은 축복기도해주기를 거부했다. 빌리 그래엄이 대신 기도를 하게 된 것이었다.

CONTENTS



## I. Introduction

Robert Carlin, former Chief of the Northeast Asia Division in INR at the State Department, presented this speech given by DPRK First Vice Foreign Minister Kang Sok Ju to a meeting of North Korean diplomats held in Pyongyang over the summer. The speech states, "On the nuclear question, the guidance is quite clear and you will stick to it, no matter how often you are pestered. Whether or not we will test is not for us to know. I can tell you this - the situation in Pyongyang is where we never wanted it to be. We have no standing at all, no weight, no credibility any longer to influence the decision."

The views expressed in this article are those of the author and do not necessarily reflect the official policy or position of the Nautilus Institute. Readers should note that Nautilus seeks a diversity of views and opinions on contentious topics in order to identify common ground.

## II. Essay by Robert Carlin

- Wabbit in Free Fall
by Robert Carlin

When the idea for this conference first came up, Richard Bush suggested I emulate William Safire and channel Kim Jong Il for you.

I gave this some thought but decided it showed a lot of chutzpah - I mean, doing Kim, not Safire. I was mulling how to proceed when, a few days ago, I received an envelope postmarked Prague. In it were notes - wrapped in oilskin and nearly verbatim as far as I can tell - from a speech given by First Vice Foreign Minister Kang Sok Ju to a meeting of North Korean diplomats held in Pyongyang over the summer.

Please do not ask who sent it to me.

I can tell you the document is handwritten, in Korean. I was not able to finish the translation, so in parts I may have to pause to do it on the spot.

My Korean, as some of you may know, is not very good, but I think it will suffice for this morning.

I hope the same can be said for my English.

Now, to begin with the Vice Minister's presentation :

Comrades, It is good to gather with so many trusted colleagues again after so long.

Those of you who have been away will find that I am old and at last tired of wrestling with the same problems over and over.

This may be my last address to a meeting of this type.

I will therefore be candid with you and trust you will listen with open minds.

Let me begin with a personal insight.

An ignorance so profound, an amnesia so deep and pervasive has settled over Washington that there appears no chance of ever returning to the constructive path the two countries were on for more than a decade, from 1991 through 2002.

The problem is not so much where things are today. It is, instead, what has been lost over the past several years.

The direction events have moved is weird, almost impossible to grasp, and it is important for those of you who are new, or have been asleep for the past six years, to understand what has occurred.

Walking the halls in the Ministry, I sometimes hear groups of younger officers debating how we are to get out of the current difficulties. I would feel better, and have more confidence in their conclusions, if I knew they had real understanding of how we got here in the first place.

Let me briefly review our efforts and the outlines of policy.

I say briefly because I see we have a tour of the Pueblo at noon. (At this point the notes remark that low groans are heard from the audience)

Kang continues: In 1991, our President saw the strategic danger confronting us after the collapse of the Soviet bloc. He instructed that, on a priority basis, this Ministry work to improve relations with the United States.

We had two primary concerns, with which you are all familiar: FIRST - to guard against dangers to our sovereignty and independence from Russia and China, by gradually moving to circumstances in which US forces could remain in the southern half of the peninsula but in a non - threatening way.

SECOND - the purpose thus of improving the external security environment was to enable us to turn our attention to restoring the economy.

Those were our goals.

They remained our goals for ten years.

I cannot tell you today that they still are our goals because, frankly, I no longer know.

In any case, it is the reason we worked so diligently to achieve the Agreed Framework of October 1994.

While in Geneva, with the negotiations nearly complete, the Americans asked if we would fulfill our final obligations in the future, when the time came.

I gave them an answer that surprised them - at least, those that were paying attention.

I said that it depended on the circumstances. I said that if by 2003 or so the political sections of the framework had been fulfilled (the notes show there is raucous laughter at this point in the audience, causing Kang to pause) the political steps had been taken and transformed the political and security environment, then, I said, the leadership of the DPRK would be faced with an entirely new and different set of choices embedded in a new reality.

I have always believed that our nature, as a small and weak country, is and must be essentially pragmatic; I believed then that we would decide on that basis, though I knew the difficulties confronting us. Or, at least I thought I did at the time.

After the Agreed Framework was signed, we went through four phases.

FIRST, from 1995 - 2000: Complete the foundations for improving relations with the US. Beginning in early 2000, pressures from General Kim became constant to accomplish this in order to prepare for his new economic measures that were in the works.

SECOND, from 2001 - 2002, "Protect and Defend." This I would have to say was a period of miserable failure for the Ministry, and criticism from the leadership got sharper and more severe. Not only could we not hold onto the gains from the previous years, we couldn't even engage Washington anymore. And so we came to the THIRD phase, from 2002 - 2004, the SLIPPERY SLOPE.

FINALLY, we are here, in what I call the "Mr. Kurtz, he dead," phase. Some of you may recall I told the Americans my favorite book was Gone with the Wind but that was untrue; actually, I most enjoy The Heart of Darkness.

Let me now review in more detail the prominent features of the dismal landscape that traces the path down to our present low point: I read recently that the White House Press secretary - his name is Fog or Snow or something inclement - said Clinton's emissaries had come to our country with flowers and chocolates.

I certainly don't remember getting any of either. If any of you did, please report them on your contact forms immediately.

Let me begin on a high point, why not?


October 2000

Vice Chairman Jo Myong Rok went to Washington, and I was fortunate enough to accompany him.

At the end of the visit, the vice chairman issued a joint communiqué The Americans had given us a draft almost a year ahead of time, and we could have engaged them on it at any point. We should have done so earlier, I am convinced. But never mind.

Vice Chairman Jo returned home, and two weeks after that Secretary of State Albright arrived. Much of the symbolism of that visit seemed to go over the heads of the Americans.

General Kim's appearance at the mass games with Albright was sadly mishandled by Washington; why do they think the General would want to be seen standing next to the American Secretary of State in front of all of our people if not to show them that we were no longer eternal enemies?

Why do they think we kept the Chinese Defense Minister cooling his heels until Albright left?

And why did two US fight planes invade our airspace on the day she left Pyongyang? It took me days to calm the army down after that.

In November came the elections and in January a new administration. In January, we sent a number of positive signals to Washington, against the advice of many of you in the Ministry as well as in other agencies, who argued we were just showing weakness. This was, as you will recall, the same time General Kim visited Shanghai, among other things meant to show to the Americans how our domestic course was being altered in light of positive developments in DPRK - US relations.

April 2001 - by now, tempers growing short in Pyongyang as we had no response to our signals, other than observing how the Secretary of State's legs cut out from under him.

That should have been a lesson to us; we could not believe that a former military man, a general, could be treated so cavalierly by the civilians.

We reminded Washington of the missile deal on the table. No response. There was a concerted push from other agencies to drop the notion that US forces should remain on the peninsula.

By this time, I had rumblings in my stomach telling me something was seriously wrong.

For one thing, the New York channel had been essentially severed by Washington. In truth, this bothered me as much as anything we heard from

Washington.

The New York channel had been our secret weapon - not against the Americans but against obstacles of many kinds.

It let us short circuit criticism here in the capital, It let us float new ideas without full vetting, And it helped the Americans see around roadblocks in their own thinking.

By summer it became nothing than a mail slot, and not a very good one. There was a lot of grumbling about how much money that post was eating up of our budget. Eventually we could not justify the personnel expenses and were ordered to cut the staff in New York.

During the spring and summer of 2001, we made it as clear as we could to the Americans that we wanted to meet with members of the new administration, not those we'd dealt with in the past, but the new people, to establish personal contact. The best we got was a green member of the NSC. What we needed from Washington was some positive reference, however indirect, to the October 2000 Joint Communique. Vice Marshal Cho had gone to Washington and signed it, it could not simply be consigned to the trash heap. It didn't have to be explicitly reaffirmed, certainly not in its entirety, but we needed something, something, anything.

After the attacks of September 11 2001, we sent condolences - not once but twice. We thought for sure, in all the focus on terrorism, the Americans would recall we had issued a joint statement with them pledging cooperation in the fight against international terrorism. But no, there was nothing. Early in 2002, even after the famous "axis of evil"

speech and the Nuclear Policy Review, we engaged, hoping for talks in the spring, summer, then again in the autumn. In July 2002, General Kim decided with or without the Americans on board, it was past time to launch his economic measures - some of us advised that this would surely elicit positive response from the Americans.

In August 2002, John Bolton gave a speech in Seoul. We knew who Bolton was and what he was up to. He was a rhetorical free fire zone for us, but we toned down our response, getting ready for what we thought would be a return to positive engagement. Also in August came the first pouring of concrete at the LW site in Kumho. Some of us argued that it proved we had been right in keeping this KEDO channel open.

We kept that channel open, and continued to do so through 2005, against the advice and I must say constant carping of many in other departments. We continued to abide by that thick volume of protocols signed with KEDO as a means of signaling there was still a place to resume progress toward improving relations. I can't be sure how many KEDO delegations visited for talks from 2002 until the last ship carrying them away pulled out of the harbor in January 2006. We kept waiting and waiting for Washington to utilize that channel.

There was only silence.

And then, of course, came the start of the Slippery Slope, the visit by James Kelly in October 2002.

Never have I seen such miscalculation and awkward use of the tools of diplomacy. We were fairly sure the Americans would bring up the HEU issue. Reports of numerous public meetings in the US, as well as the remarks by numerous American officials, made it clear that would be on the agenda.

We calculated, however, that the meeting would follow the operating practices the two sides had worked out in the past for dealing with contentious issues, allowing the statement of views and then leaving the way open to explore a route to resolution. Nothing of the sort took place. There was no sense of diplomacy. We were given a rude ultimatum, a scolding, a challenge, and that was that. Three months after the Great General had launched his economic reforms on the assumptions things would improve with the US, everything collapsed.

Needless to say, he was not pleased.

In an effort to repair things, not long after I passed a message from the Great General to Bush through Gregg and Oberdorfer.

We heard nothing, or perhaps I should say, the answer seemed to be a KEDO meeting at which heavy fuel oil was suspended, followed immediately - within hours, as I recall - by a statement from Bush. We could not but respond in the logic of Agreed Framework. The HFO was the quid pro quo for the freeze at Yongbyon. Without the HFO, the freeze would be lifted, much to the delight of certain agencies.

In January 2003 came the NPT withdrawal. Thereafter, those agencies with a timetable put it into motion, and methodically followed it.

In March 2003 came the Air Force escapade, when three of our fighter planes went out to kiss a US recon aircraft. I never saw so many drunken Air Force officers in my life, at which point I knew they had succeeded.

We held our breath waiting for a response that never came. I knew at that point the jig was probably up for the diplomatic track. After the quick victory in Iraq there were some long faces, but the army perked up again as soon as they determined that the Americans would be bogged down in Iraq and not be able to turn their attention elsewhere.

Finally, in February 2005 came the declaration that we possessed nuclear weapons. From 1995 - 2000, altogether, we had something like 20 different sets of negotiations going on with the US. I barely had personnel to staff the talks and support work. Since 2001, we have had virtually nothing.

Some of you will say, what about six party talks? Six party talks were never real, they were hopeless from the start, never a serious effort by Washington to utilize diplomacy, they were simply an effort by the Americans to corral us, like cattle. Worse, six party talks were chasing us directly into the arms of the Chinese, which is the last place we imagined the Americans would want us to be.

The Joint Statement of Sept 2005 was drafted entirely by the Chinese, it was gutted when Ambassador Hill stood up the next day and said, in so many words, LWRs were completely off the table.

It would be nice to blame the Americans for everything, but we made errors of our own. We made many mistakes; these we must recognize and contemplate seriously. We waited too long, too long in 2000 to engage Washington at a high level. That gap was largely against the advice of this Ministry, but it was our failure.

We failed because we never imagined the roots of what was accomplished were so shallow; we never imagined how quickly all that had been accomplished could be discarded.

People say our policy is subject to sudden change; none of us could believe how quickly American policy turned 180 degrees. Those of us who counseled patience have been left naked.

For all the books and TV watching and talking to people, we weren't prepared for what began in January 2001. We failed to see how the face of diplomacy would be altered and how our interlocutors would arrive at the table bound and gagged, surround on all sides by watchers.

No one fore saw that, actually, and I do not fault you comrades personally for shortsightedness.

Our constant hope, stretched thinner and thinner over time, was that the Americans would come to their senses.

Some of you thought that the appointment of Ambassador Hill marked a turning point and that the ship would gradually right itself. But what he needed from us was more than we could possibly give without a better sense that he could really deliver.

How often we heard from the Americans that if we would just give a little to the pro - engagement forces, they could use that to strengthen their position. How could they fail to see that the situation was no different here?

As for the present situation, there is probably no hope of going back. We are a nuclear power and there is no reason we should, nor any likelihood we could, give that up. Pressures for continued development of the nuclear deterrence is overwhelming, and the logic of pouring more money and resources into that program is impossible to defeat, mindless though it may be.

At every step, those who wanted to proceed have had the upper hand. They have had a timetable, and they have stuck with it since 2002. If we could have stopped the process at 5 or 6 weapons, perhaps we would have had a way to step back down again. I am not sure where the threshold of no return is, but we are getting close.

We have no standing anymore in our own policy circles, as the ground has been cut out from under us completely. Those in Washington who were part of the constructive period have been purged, those that remained proved feckless.

The nation will survive and the memory of our struggle will not be forgotten, though it may soon be soaked in the blood of innocents. The greatest victories are those won without firing a shot, and that must be our goal.

But we are running out of choices, and I fear those who have counseled strength may in the end prove correct.

If we do not confront the Americans with strength, we may soon have to fight them in our cities, in our mountains, on the banks of our rivers again. It is true that the only thing they seem to understand is the logic of force.

Looking ahead, we cannot anymore save Washington from itself. And I am not sure there is any longer room to wait this out.

Our goals will remain unchanged: There will be no foreign dominance of our country; We must position ourselves against Japanese; We will sustain the leadership generation to generation The floods in July were bad, but we will get by, as we always do.

The economy is picking up, nothing grand but enough for the moment. On the nuclear question, the guidance is quite clear and you will stick to it, no matter how often you are pestered. Whether or not we will test is not for us to know. I can tell you this - the situation in Pyongyang is where we never wanted it to be. We have no standing at all, no weight, no credibility any longer to influence the decision. Some of you are having trouble cashing checks, I hear. Do your best.

As I said, from a walk around the city, you'll see that the economy has picked up some from a few years ago, though nothing like we'd hoped. Your job is still to encourage foreign investment. (groans and laughter from the audience).

On a positive note, I can tell you that the American vice president was voted unanimously a member of the National Defense Committee at the song fest, to much drunken back slapping.

Comrades, In Washington in October 2000, staying at a hotel, called I think the Flower of May - a rather pretty name - turned on the TV and there were children's cartoons.

One was of a rabbit, I remember quite well, he had run over cliff, and was running in mid air. All was fine until he made a fatal mistake.

The rabbit looked down.

I wish you comrades a pleasant stay in the capital, joyous reunion with your loved ones, and a safe journey back to your posts.

III. Nautilus Invites Your Responses

Northeast Asia Peace and Security Network invites your responses to this essay. Please send responses to: bscott@nautilus.org. Responses will be considercd for redistribution to the network only if they include the author's name, affiliation, and explicit consent.

Produced by The Nautilus Institute for Security and Sustainable
Development
Northeast Asia Peace and Security Project (NAPSNet@nautilus.org)
Web: http://www.nautilus.org

# 6자회담 합의문(2005. 9. 19.)과 경수로 제공

이 합의문의 1조 하반부에서는 북한에 원자력발전소, 경수로를 제공하기 위한 협의를 적절한 시기에(at an appropriate time) 하기로 합의(agree)하였다고 되어 있다.

북한은 핵을 평화적인 에너지로 사용할 권리가 있다고 이 합의서는 말했다.

그러나 현재까지 이 합의 항목이 성실히 논의되고 있지 않으며, 따라서 5자 국가들은 북한에 대해서 성실한 행동을 하고 있다고 볼 수 없다.

북한이 경수로를 비핵화와 더불어 행동 대 행동으로 제공해야 한다고 주장하는 데는 그 근거가 바로 베이징 합의문이라고 볼 수 있다.

물론 1994년 10월 제네바합의구도(Geneve Agreed Framework)에서도 경수로를 2003년까지 북한에 공급한다고 되어 있다. 이 합의 약속은 지켜지지 않았다.

미국은 북한이 2002년 10월에 '핵이 있다'고 말하였다고 보도되었다. 그러나 미국은 2002년 2월 1일 북한을 핵무기로 선제공격할 수 있다고 발언했는데 이는 역시 제네바 합의구도를 위반한 발언이었으며, 10개월 후 북한은 이에 대한 대응을 한 것이라고 평가할 수 있다.

Joint Statement of the Fourth Round of the Six - Party Talks Beijing, September 19, 2005

Joint Statement
Sean McCormack, Spokesman
New York City, NY
September 19, 2005

Joint Statement of the Fourth Round of the Six - Party Talks Beijing, September 19, 2005

Following is a text of the joint statement at the conclusion of the fourth round of Six - Party Talks, as released in Beijing on September 19, 2005 by the Ministry of Foreign Affairs of the People's Republic of China.

Joint Statement of the Fourth Round of the Six - Party Talks Beijing 19 September 2005

The Fourth Round of the Six - Party Talks was held in Beijing, China among the People's Republic of China, the Democratic People's Republic of Korea, Japan, the Republic of Korea, the Russian Federation, and the United States of America from July 26th to August 7th, and from September 13th to 19th, 2005.

Mr. Wu Dawei, Vice Minister of Foreign Affairs of the PRC, Mr. Kim Gye Gwan, Vice Minister of Foreign Affairs of the DPRK; Mr. Kenichiro Sasae, Director - General for Asian and Oceanian Affairs, Ministry of Foreign Affairs of Japan; Mr. Song Min - soon, Deputy Minister of Foreign Affairs and Trade of the ROK; Mr. Alexandr Alekseyev, Deputy Minister of Foreign Affairs of the Russian Federation; and Mr. Christopher Hill, Assistant Secretary of State for East Asian and Pacific Affairs of the United States attended the talks as heads of their respective delegations.

Vice Foreign Minister Wu Dawei chaired the talks.
For the cause of peace and stability on the Korean Peninsula and in Northeast Asia at large, the Six Parties held, in the spirit of mutual respect and equality, serious and practical talks concerning the

denuclearization of the Korean Peninsula on the basis of the common understanding of the previous three rounds of talks, and agreed, in this context, to the following:

1. The Six Parties unanimously reaffirmed that the goal of the Six - Party Talks is the verifiable denuclearization of the Korean Peninsula in a peaceful manner.
The DPRK committed to abandoning all nuclear weapons and existing nuclear programs and returning, at an early date, to the Treaty on the Non - Proliferation of Nuclear Weapons and to IAEA safeguards.
The United States affirmed that it has no nuclear weapons on the Korean Peninsula and has no intention to attack or invade the DPRK with nuclear or conventional weapons.
The ROK reaffirmed its commitment not to receive or deploy nuclear weapons in accordance with the 1992 Joint Declaration of the Denuclearization of the Korean Peninsula, while affirming that there exist no nuclear weapons within its territory.
The 1992 Joint Declaration of the Denuclearization of the Korean Peninsula should be observed and implemented.

＊바로 아래 문장을 국제사회는 거의 완전히 무시하고 있다. 경수로, 즉 원자력발전소를 북한에 제공하는 문제를 적절한 시기에 5자 국가들이 논의하기로 한 합의 사항이 아래에 있다. 그러나 5자 국가들은 원자력발전소를 제외한 다른 에너지를 공급하겠다는 말을 하고 또 중유를 보내고 있으나, 원자력발전소 공급은 거의 묵살하고 있다. 이 점은 5자 국가들이 고쳐야 할 점이다.

북한도 평화적으로 원자력을 이용할 권리가 있으며, 5자 국가들은 이를 공급하도록 실천하는 것이 1994년 제네바 합의구도를 실천하는 것이며 약속을 지키는 것이다. 수만 가지의 빌미를 만들고, 이유를 만들어서 회피하는 것은 도덕적으로나 외교적으로나 정의로운 일이 아니다.

The DPRK stated that it has the right to peaceful uses of nuclear energy. The other parties expressed their respect and agreed to discuss, at an appropriate time, the subject of the provision of light water reactor to the DPRK.

2. The Six Parties undertook, in their relations, to abide by the purposes and principles of the Charter of the United Nations and recognized norms of international relations.
The DPRK and the United States undertook to respect each other's sovereignty, exist peacefully together, and take steps to normalize their relations subject to their respective bilateral policies.
The DPRK and Japan undertook to take steps to normalize their relations in accordance with the Pyongyang Declaration, on the basis of the settlement of unfortunate past and the outstanding issues of concern.

3. The Six Parties undertook to promote economic cooperation in the fields of energy, trade and investment, bilaterally and/or multilaterally.
China, Japan, ROK, Russia and the US stated their willingness to provide energy assistance to the DPRK.
The ROK reaffirmed its proposal of July 12th 2005

concerning the provision of 2 million kilowatts of electric power to the DPRK.

4. The Six Parties committed to joint efforts for lasting peace and stability in Northeast Asia.
The directly related parties will negotiate a permanent peace regime on the Korean Peninsula at an appropriate separate forum.
The Six Parties agreed to explore ways and means for promoting security cooperation in Northeast Asia.

5. The Six Parties agreed to take coordinated steps to implement the afore - mentioned consensus in a phased manner in line with the principle of "commitment for commitment, action for action".

6. The Six Parties agreed to hold the Fifth Round of the Six - Party Talks in Beijing in early November 2005 at a date to be determined through consultations.

Released on September 19, 2005

참조 18.
# 북한 핵실험 이후
# 한반도 평화를 위한 우리의 입장

지난 10월 9일에 있었던 북한의 핵실험 이후 한반도 정세가 크게 술렁이고 있습니다. UN을 비롯한 국제 사회는 북한이 실시한 핵실험에 대한 징벌로서 여러 제재조치를 준비하고 있고, 다른 한편에서는 대북제재에 필연적으로 뒤따를 수밖에 없는 한반도의 긴장고조와 그 결과로 남북 양측이 입을 예측 불가능할 정도의 막대한 피해에 대해 우려하는 목소리가 높아지고 있습니다.

북한은 한반도의 비핵화를 추구하고 있지만 미국의 압력 때문에 자위적인 차원에서 핵실험을 실시했다고 말하고 있습니다. 그러나 핵무기의 확산이 인류평화에 심각한 위협이 된다는 것은 20세기 인류의 경험에서 얻은 소중한 교훈입니다. 유연성이 결여된 미국의 대북강경정책과 이에 대한 북한의 비타협적인 맞대응으로 상황은 걷잡을 수 없이 대결의 심화와 긴장고조로 내몰리고 있습니다. 한반도를 둘러싸고 대결이 심화되고 긴장이 고조되면 최대의 피해자는 우리 민족일 수밖에 없습니다. 우리는 반세기전에 동족상잔의 전쟁을 겪었고, 아직도 그 상처를 온전히 치유하지 못한 채, 정전협정이라는 불안정한 체제 아래서 항상 전쟁의 위협을 의식하면서 살아왔습니다. 화해와 협력, 대화와 협상은 평화의 씨를 뿌리지만, 제재와 긴장고조 그리고 대립은 전쟁의 악몽을 불러올 수밖에 없습니다.

분단과 전쟁을 겪으면서 우리 민족이 꿈꾸어온 가장 큰 열망이 있다면 그것은 이 땅에 평화를 정착시키고, 화해와 협력 속에서 남북의 공존공영을 이루는 것입니다. 우리의 이런 소망은 남북이 치열하게 대립하는 상황에서도 7·4 공동성명, 남북기본합의서, 한반도

비핵화선언, 6·15 공동선언과 같은 남북합의서를
도출하게 하였습니다.

북한의 핵실험 이후 한반도의 안보정세가 불안과 긴
장고조 속에 휩싸여 있지만 우리는 차분하고 냉철한
자세를 잃지 말아야 합니다. 반세기가 넘는 분단과
대결에도 불구하고 그 속에서 평화와 공존공영의 희
망을 일구어왔듯이, 지금 이 엄혹한 순간에도 우리는
이 땅과 이 민족의 평화를 위해 필사의 노력을 다 기
울여야 합니다. 또한 정세가 이처럼 심각한 경우에는
우발적인 작은 사건이나 책임 있는 지위에 있는 사람,
기관의 가벼운 언행이 비극적인 사태로 비화될 수 있
습니다. 그렇기 때문에 대결을 촉발하거나 긴장을 고
조시키는 빌미가 될 수 있는 언행에 대해서는 각별히
유의하고 자제할 필요가 있습니다. 난국의 시대일수
록 분열과 쟁투보다는 토론과 화합을 통해 국민적 합
의를 이루어 나가야 할 것입니다.

우리는 유엔을 비롯한 국제사회가 북한의 핵실험에
대해 큰 충격을 받고 심각하게 우려하고 있다는 사실
을 충분히 이해하고 있습니다. 그렇기 때문에 우리는
유엔을 비롯한 국제사회가 한반도에서 긴장이 고조
될 경우 한반도가 다시 전쟁터가 되어버릴 수도 있는
상황에 대한 한국 시민사회의 진지한 우려와 불안에
대해서도 충분히 이해해줄 것을 기대합니다.

지금 국제사회를 중심으로 논의되고 있는 대량파괴
무기 확산 방지를 위한 제재조치의 확대가 북한의 핵
폐기를 위한 압력수단이 될 수 있다고 하더라도, 사소
한 무력충돌이 전면전으로 확대될 가능성이 충분히
예상되는 제재조치에 한국 정부가 참여하는 것은 한
반도를 둘러싼 군사적 대결과 긴장을 촉발하는 행위
가 될 수 있다는 한국 국민들의 심각한 우려에 대해서
도 경청할 필요가 있습니다.

유엔은 우리 민족을 유사 이래 최대의 비극으로 내몰
았던 한국전쟁의 정전협정 체결 당사자이니만큼 한
반도 문제를 평화적이고 외교적으로 해결하기 위해

끈기 있는 노력을 경주해줄 것을 간절히 바랍니다.

우리는 전쟁을 반대하고 평화를 사랑하는 이 땅의 많은
사람들의 마음을 모아서 다음과 같이 입장을 밝히고자
합니다.

첫째, 북한의 핵실험은 한반도의 평화정착과 비핵화
에 정면으로 역행하고 동북아시아에서 핵 확산의 도
미노 현상을 초래할 수 있기 때문에, 이에 대해 심각한
우려를 표명합니다. 북한은 핵실험과 같은 위험한 방
법보다는 미국을 비롯한 국제사회와 대화를 통해 평
화적인 방법으로 스스로의 체제안정과 한반도 평화정
착을 도모해야 합니다.

둘째, 미국과 국제사회는 제재와 봉쇄와 같이 북한을
고립시켜서 출구 없는 궁지로 내모는 강경한 방법보
다는 북한이 국제사회와 대화에 나설 수 있는 실질적
인 조치를 취해야 합니다. 특히 군사적 제재 혹은 물
리적 충돌을 야기할 수 있는 경제 봉쇄는 사태를 더욱
악화시킬 수 있음에 유념해야 합니다. 유엔을 비롯한
국제사회의 노력은 이미 북핵 문제의 평화적 해결을
위해 마련된 6자 회담의 틀 내에서 갈등의 핵심 주체
인 북한과 미국의 건설적 대화를 촉진하는 데 맞추어
져야 합니다.

셋째, 남과 북은 화해와 협력을 위한 그간의 노력이
남북관계 발전에 기여했다는 점을 평가하고, 민족의
화해와 협력을 위한 정책을 지속적으로 유지해야 합
니다. 한반도 문제가 국제화될수록, 남북의 화해협력
을 위한 노력을 소홀히 하지 말아야 합니다. 북한에
대한 인도적 지원과 민간교류는 남북 간에 신뢰와 이
해를 깊게 해주는 소중한 통로이므로, 어떤 압력에도
불구하고 그것을 지속적으로 유지해야 합니다.

2006. 10. 17

한반도 평화를 염원하는 시민사회 일동

＊위의 문서에 서명을 요청하는 연락을 받았으나 서명
하지 않았다. 필자와 입장이 다른 부분이 있었기 때문
이다.

참조 19.
# 박한식 교수의 3가지 곱하기 3가지[4]

미국에서 대표적인 북한 전문가로 알려진 조지아대
박한식 교수가 11월 23일(2006) 민주평통자문회의
자문위원들을 대상으로 특별강연을 했다.
그는 약 40여 차례 북한을 방문한 것으로 알려졌다.

북한은 핵무기를 포기할 것이다.
그 세 가지 근거로서 "핵 시설과 핵무기를 포기해도
과학자는 있으며, 원료는 있으니 그쪽 (북측) 사람들
타산으로는 (핵포기를 한다 해도) 대가가 결정적인
게 아니며, 둘째는 북의 핵실험으로 일본과 대만 등에
서 핵 경쟁이 일어나면 소규모의 북한 핵무기는 우위
를 잃어버리기 때문에 지금이 포기할 수 있는 적기
다. 마지막으로 김일성 주석이 조선반도에는 핵무기
가 없어야 한다고 했다. 북은 유훈정치가 철저하기
때문이라고 했다.
박 교수는 "유엔의 대북제재 결의가 '딜레마'에 빠져
있다. 우선 그 결의안 내용이 효과를 발휘하려면, '전
쟁 가능성을 배제할 수 없다.' 예컨대 북한의 선박이
일본 경비정에 잡혀 강제적인 수색을 받는다면, 북한
은 절대로 수긍하지 않을 거라는 얘기다. 따라서 물
리적인 마찰이 일어나고, 규모가 큰 전쟁으로 번져 나
갈 가능성이 크다"고 분석하고 있다.[5]
그러나 제재가 효과적으로 이행되지 않으면, 지역에
핵경쟁, 특히 일본이 핵무장을 하게 된다고 그는 우려
했다. 결국, 유엔 결의는 미국이 창작한 작품으로 완
전한 실패작이며, 돼도 안 되고 안돼도 안 되는, 없었
으면 좋았을 작품이라는 것이다. 박 교수는 이런 유엔
대북제재 결의가 나온 배경으로 서방사회가 북한에

---

4) 박한식, "북한은 핵무기 포기할 것", 조지아대 교수. 〈한겨레 신문〉 2006. 11. 24. 28면. 북미주기독학자대회 회장 역임.
5) 1장 이용인 기자의 글 참고.

내한 세 가지 허상을 가지고 있기 때문이라고 한다.

1. 김정일은 미쳤다.

2. 북한 체제는 곧 붕괴한다.

3. 다자가 한목소리로 압력을 주면 효과가 있다.

중간선거에서 민주당이 석권한 것에 북한은 고무되었고, 조지프 바이든 차기 상원외교위원장 등 구체적인 사람과 토론했으면 좋겠다고 했다. 비공식 접촉은 한 - 미 - 북의 삼자가 좋을 것이라고 했다는 것이다. 남한의 차기 정권이 보수적이면 남북관계는 수십 년 후퇴한다고 북측은 보고 있었다는 것이 박 교수의 발표였다.

## 참조 20.
# 패전하는 미국

미국인들은 미국이 패전하고 있다고 말한다.
미국인 10명 중 8명은 미군이 직접 전투하는 것을 반대하고 있으며 대신 이라크인들을 훈련시켜야 한다고 생각하고 있는 것으로 드러났다.
이 조사는 〈워싱턴포스트〉와 ABC 방송이 함께 조사한 것이다.

Americans Say U.S. Is Losing War

Public, Politicians Split on Iraq Panel's Ideas

By Peter Baker and Jon Cohen

Washington Post Staff Writers

Wednesday, December 13, 2006; Page A01

Most Americans think the United States is losing the war in Iraq and support a bipartisan commission's key proposals to change course, according to a poll released yesterday. But the Iraq Study Group's report has become a political orphan in Washington with little backing from either party.

Nearly eight in 10 Americans favor changing the U.S. mission in Iraq from direct combat to training Iraqi troops, the Washington Post - ABC News survey found. Sizeable majorities agree with the goal of pulling out nearly all U.S. combat forces by early 2008, engaging in direct talks with Iran and Syria and reducing U.S. financial support if Iraq fails to make enough progress.

North Koreans Rally for Nuclear Program

By THE ASSOCIATED PRESS

Published: January 4, 2007

SEOUL, South Korea (AP) - Tens of thousands of North Koreans, including high level officials, rallied Thursday in the communist country's capital to defend their government's right to have nuclear weapons, state - run media reported.

We have nothing to be scared about as we have a strong war deterrent, a North Korean woman said at the massive rally in central Pyongyang, the North's Central TV reported.

The communist regime, which conducted its first atomic test in October, often refers to its nuclear weapons program as a necessary deterrent to the threat of a U.S. attack - an accusation Washington has repeatedly denied.

The rally, which drew about 100,000 North Koreans - including Parliament speaker Choe Thae Bok and the vice president of Parliament, Yang Hyong Sop - was held to express public support for Pyongyang's New Year's message, Central TV said.

In a New Year's message on Monday, the North vowed to strengthen its defense capabilities as it celebrated its nuclear power, and called for efforts to revitalize its sickly economy.

North Korea hailed its Oct. 9 nuclear test as "an auspicious event in the national history" The test stoked international tensions and drew U.N. sanctions.

The New Year's message also urged the North's 1.1 million-member military, the backbone of North Korean leader Kim Jong Il's rule, to defend the country at all costs.

The rally participants pledged to defend Kim with their lives as they held aloft large pictures of the leader and his late father, founding President Kim Il - Sung, according to the video.

North Korea is one of the world's poorest countries. It has relied on foreign handouts to feed its 23 million people since the mid - 1990s, when natural disasters and mismanagement devastated its economy and led to a famine estimated to have killed some 2 million people.

참조 21.
## 교황, 북에 대화 통한 핵문제 해결 촉구

**교황, 북에 대화 통한 핵문제 해결 촉구**
[YTN] 2007/01/09 00:02

교황 베네딕토 16세가 북한에 대화를 통해 핵 문제를 해결할 것을 촉구했습니다.

베네딕토 16세는 바티칸 주재 외교사절들에게 행한 연례 강론에서 "위험스러운 긴장의 근심이 한반도에 도사리고 있다"며 "한반도 비핵화 유지가 대화의 맥락에서 추구돼야 한다"고 강조했습니다.

교황은 또한 이란도 핵 프로그램에 대한 국제 사회의 정당한 우려를 수용해 문제 해결을 위한 협상에 나서야 한다고 제시했습니다.



교황이 해야 할 일로서 도움이 되려면 '비핵화'는 북한에게만 강요하지 말고, 핵강대국들이 먼저 비핵화를 하라고 요청해야 할 것이다. 그러나 북한에게만 비핵화를 요구하는 전제를 가지고 주장하는 것은 문제 해결을 위해 교황으로서 해야 할 글로벌한 제안은 별로 못되거나 절대적으로 부족하다. 그리고 북한에 대한 부당한 경제압박이 북한의 극한적인 삶의 질을 파괴하고, 북한에 대한 핵발전소 건설 봉쇄를 1994년 이후 지금까지 계속해오고 있는 미국과 기타 국가들의 압박이 곧 인권유린이라는 것을 지적해야 한다. 에너지 소스로서의 핵발전소 건설봉쇄가 계속되고 있는 것은 곧 북한 경제 붕괴의 기초적 압박이며, 이 경제 붕괴는 곧 기아와 기아에 의한 사망의 주요 요인이 되는 것이다.

교황이나 교황청이 이를 밝히고 수정하라는 요구를 하지 못한다면 교황은 문제의 핵심을 파악하지 못하고 있다고 평가할 수 있다.

교황은 세상문화동조주의지(conformist) 수준의 이해를 가지고 있으며, 이러한 해석을 토대로 제시하는 대안도 다른 지도자들이 제안하고 있는 해결방안과 별다른 차이가 없다고 평가된다. 교황청과 천주교의 거대 조직에서 나오는 해결대안으로서는 절대적으로 부족한 것이다.

참조 22.

## 마셜 아일랜드의 수소폭탄 실험 피해자의 인권유린: 생체실험은 독일 나치와 같다

미국의 핵실험과 북한의 핵실험을 비교할 수 있을까? 만약 비교한다면, 어떤 사실들을 밝혀낼 수 있을 것인가? 심층적인 평화의 문제를 제기할 수 있는 기초조사를 할 수 있을 것인가?

나는 2005년 3월 1일 태평양 한복판 작은 산호로 만들어진 섬, 마셜 섬에 있었다. 1954년 3월 1일 미국은 이 섬에서 수소폭탄 실험을 했다. 브라보 실험 50주년을 기념하기 위해서였다. 히로시마에 투하된 폭탄의 1000倍나 되는 15메가톤 폭탄이었다. 미국은 1946년과 1958년에 67개의 핵폭탄을 이 섬에서 실험했다. 이전의 핵실험에서는 섬 주민들을 철수 또는 이동시켰다. 그러나 3월 1일에 있었던 핵실험의 구름은 뉴저지 주만한 구름이 하늘을 덮었을 정도로 큰 폭발이었음에도 불구하고 이 섬의 주민들은 이동하지도 못한 채 모든 방사능에 그대로 노출된 것이다. 주민들은 핵폭발 이후 4일간 그대로 이 섬에 방치되었다. 원자력에너지 위원회는 생체실험을 한 것이다. 이름하여 4.1 계획(프로젝트 4.1)이었다.
섬 주민들은 자신들도 모르게 기니 피그(실험용 돼지)들처럼 생체실험을 당한 것이다. 이 문서는 비밀문서였으나, 클린턴 대통령 때 와서야 공개되었다.
고도의 암, 특히 갑상선암들이 발생하고, 여성들은 기형아를 낳고 3대에까지 사산, 기형아 출산 등이 이어졌다. 미국은 "독일의 나치 같은 일을 했다고 생각했다"고 미국 동력자원부 장관 헤이즐 올리어리는 말했다. 핵폭발 3일 후 연구원들은 이 섬 주민들을 방문했으나, 치료를 해주었는지 아니면 단순히 생체 반응을 추적하는 기계를 달아주었는지 여부는 알 수가 없다.

1993년에 공개된 것을 보면, 1983년도 청원서에 생존자들이 요청하여 미국 정부가 합의한 것은 신탁금고에 1억 5000만 달러(1500억 원)를 넣고서 섬을 청소하고 치료하는 비용으로 쓰도록 했고, 실제로 그 후에 1조 원(10억 달러)이 쌓였으나 불과 1%만 지불되었다. 그러나 아직도 수천 개의 청원서가 쌓여 있다.

주민들이 부시 행정부에게 요청한 청원서는 기각되었다. 추가 청원들을 거절한 것이다. 이라크와 아프가니스탄 전쟁에서 사용하는 전쟁 비용 중에서 며칠을 사용하는 비용이면 이 주민들을 치료할 수 있음에도 불구하고, 미국 정부는 역설적으로 다른 나라들이 무책임하다고 비난하고 있다.
에네위탁 섬, 롤게랍 섬, 우트리크 섬, 비키니 섬의 생존자들은 금년 기념식에 구소련의 체르노빌 원자력 발전소가 녹아버렸을 때의 피해자들을 초청했다. 그들이 발견한 것은 정부가 철저히 사실을 왜곡시키고, 사실을 은폐하려고 한 방식과 동일한 방식이었다는 사실이다.
50년이 지나 우리는 진실을 규명해야 하며, 우리의 죄를 인정하고, 행동으로써 잘못을 씻는 행동을 해야 한다. 그렇게 해야만 우리는 진실하고 온전한 인간이 될 수 있을 것이다.

정의증언 0260호 2007년 3월 7일, 기자, 버니스 파웰 잭슨,
WITNESS FOR JUSTICE # 0206

March 7, 2005

TURNING OUR BACKS ON THE MARSHALL

ISLANDS AGAIN

By Bernice Powell Jackson

미국은 핵실험을 하고 나서, 그 직접 피해자들을 무시하고 있다. 미국은 1954년 3월 1일 히로시마에 투하

된 핵폭단의 1000배에 이르는 폭탄을 이 작은 산호초
섬들에 투하했다. 미국의 67번째 실험이었다.

브라보 실험을 하고 나서 50년이 되었다. 핵실험으로
인해 이 섬 사람들은 아직도 죽어가고 병 들어 있는데
도 미국 정부는 이들을 외면하고 있다. 이 섬의 사람들
은 거의 생체실험을 당한 꼴이다. 미국은 핵실험을 하
기 전에 이들을 다른 곳으로 이동시키지 않은 것이다.
그러고는 핵실험을 하고 4일 후에 그들을 다른 곳으
로 이동시켰다. 그들은 완전히 피폭된 것이다. 인간
기니 피그(실험용 돼지)가 된 것이다. 클린턴 행정부
는 이 자료를 공개했다. 엄청난 인권유린을 한 것이
다. 그들은 핵방사능이 인체에 미치는 영향을 연구하
는 프로젝트 4.1을 하고 있었다고 생각된다. 헤이즐
올리어리 전 미국 동력자원부 장관은 미국이 '독일
나치와 같은 짓'을 했다고 말했다.

그들은 구소련의 체르노빌 핵발전소 사고 피해자들
을 초청해서 50주년 기념식을 하면서 상호 공동피해
의 경험을 나누었다. 미국과 구소련 두 정부는 모두
사실을 은닉하고, 알리지 않고 있다는 공통점이 발견
되었다.


Last March 1, I was in the Marshall Islands, tiny atolls
in the middle of the Pacific Ocean, where we
commemorated the 50th anniversary of the Bravo
test. On March 1, 1954, the United States dropped a
15 - megaton hydrogen bomb 1,000 times more
powerful than the bomb dropped on Hiroshima. It
was one of 67 nuclear weapons tests conducted in
the Marshall Islands by the U.S. between 1946 and
1958. But while many of the islanders had been
evacuated in previous tests, on March 1 the people of
four tiny atolls were not. In fact, they were not
evacuated until for four days after the massive
explosion whose radioactive cloud spread over an
area about the size of New Jersey.

While this story is horrible in and of itself, documents
declassified during the Clinton administration appear
to point to the decision by the Atomic Energy
Commission (AEC) to make the Marshall Islanders
into human guinea pigs. It appears that there was an
AEC project, named Project 4.1, whose purpose was
to study the effects of radioactive fallout on human
beings. Despite its public statements otherwise, it
seems that the AEC decided three days after the
Bravo test to make the Marshall Islanders into
research subjects. It is unclear whether the
Marshallese actually received medical treatments for
the exposure to high levels of radiation or whether
they just received tracers which helped researchers
know how human beings were responding, but we
do know that they have suffered extraordinarily high
levels of cancer, particularly of the thyroid. Moreover,
the second and third generations also have high
levels of cancer and immune system diseases.
Women and girls who were originally exposed
during the Bravo tests also experienced high levels of
stillbirths, miscarriages and deformities in their
babies. "The only thing I could think of was Nazi
Germany," said then U. S. Energy Secretary Hazel O'
Leary upon first learning about these experiments
when some documents were declassified. With the
release of these documents in 1993, the survivors
from the Bravo test petitioned the U.S. government
for additional compensation to help pay for the
health care and clean - up needs. Under a compact
signed by the governments of the U.S. and the
Marshall Islands in 1983, the U.S. agreed to pay $150
million into a trust fund. Some additional funds were

awarded to specific groups of survivors. But while the commission managing the trust fund has awarded over $1 billion in damage claims, less than one percent of that money could be paid and there are thousands of claims still pending.

Shortly after the beginning of this year, however, the Bush administration rejected the petition for changed circumstances, telling the U.S. Congress that it should not award further compensation to the Marshall Islands. The irony, of course, is that the U.S. is telling other governments that they must take full responsibility for their actions, when we refuse to take responsibility for ours. To make whole the people of the Marshall Islands to treat their illnesses and clean up their islands would take only a few days of the funds we are spending in Iraq and Afghanistan. This year the survivors of Enewetak, Rongelap, Utrik and Bikini islands sponsored their own commemoration of the Bravo test by inviting survivors of the Chernobyl nuclear reactor meltdown to share their experiences. They found that government cover - ups and misinformation were common to both experiences.

More than half a century after one of our nation's most shameful actions, we must tell the truth, admit our guilt and pay fully for our actions. Only if we make amends to the people of the Marshall Islands can we move forward into the future with integrity and truth.

(Note: You can contact your Senators concerning the petition for changed circumstances of the Marshall Islands at 202 - 225 - 3121.

Or contact your congressperson at 202 - 224 - 3121).
(미국의회 의원에게 전화하십시오.)

## 참조 23.
# 핵무기 2000개의 즉시 공격

**핵 폭발로 인한 지구 멸망의 시계는 지금 몇 시일까? 밤 11시 55분이다. 2007. 1. 18. 보도**

현 25000개의 핵무기 중에 약 2000개는 즉시 발사할 수 있도록 배치되어 있다. 지구 전멸의 시계 (doomsday clock)은 밤 11시 55분이다. 지금까지는 53분이었다. 미국이 1954년 수소폭탄 실험 성공 시에는 밤 11시 55분이었다. 그 후 냉전이 해체과정을 거치면서 1990년에는 밤 11시 43분이었다.

＊지구가 핵전쟁으로 전멸하게 될 것을 가정해서 그 위험 시간이 얼마나 남았는지를 하루 24시간으로 계산했을 때 밤 11시 55분이 되었으니, 앞으로 5분 후엔 인구 전체가 전멸할 위기에 처해 있다는 표시다. 미국 대통령이나 러시아 대통령이 새로 부임하는 의식을 할 때, 핵무기를 발사하도록 암호장치가 되어 있는 가방을 인계한다. 푸틴이나 부시가 이 핵 가방을 열고 버튼을 누르면 즉시 핵무기가 발사되도록 장치가 되어 있다. 실제로 전 국방장관 윌리엄 페리는 레이더에 "상대 적국이 핵 탑재 미사일로 공격을 하고 있으니 즉각 대응해야 한다는 비상 신호가 들어 와서 불과 5분 이내에 우리도 발사해야 하는 상황이 있었다"고 고백한 적이 있는데, 후에 확인해보니 레이더 고장이거나 핀란드 지역에서 있었던 평상적인 미사일 발사 시험을 레이더가 잘못 해석했던 것이라는 얘기와 유사한 상황을 말한다. 이것을 실감나게 나타내는 것이 핵시계다. 러시아의 대통령이 10분 이내에 미국을 향해 핵무기 대륙간 탄도탄 등으로 반격하지 않으면, 러시아가 전멸한다는 신호가 들어 와서 심각하게 고민했으나, 추후 조사해보니 레이더에 고장이었다는 등 실제 상황을 하루 24시간으로 평가해서 지금 시점에서의 핵전쟁으로 인한 인류 전멸을 나타내는 방식이 핵시계다.

참조 24.

## 북한, "한국 겨냥 핵무기 사용 않을 것"

**"북(北), 한국 겨냥 핵무기 사용 않을 것"**

[연합뉴스] 2006/11/24 00:44

(워싱턴 연합뉴스) 조복래 특파원: 북한은 한국을 겨냥해 핵무기를 사용하지 않을 것이라는 입장을 밝혔다고 중국 신화통신이 23일 북한의 조선중앙통신(KCNA)을 인용, 평양발로 보도했다.

북한은 이날 조국통일민주주의전선 중앙위 명의의 성명을 통해 남북 및 전 세계 동포들에게 미국의 대북 적대정책과 제재 및 봉쇄 조치를 좌절시키기 위한 투쟁에 용감하게 맞설 것을 촉구하면서 이 같은 입장을 밝혔다고 신화통신은 전했다.

북한은 또 "군대를 우선시하는 이른바 '선군정책'(군대를 우선하는 정책)을 취해온 결과 북한은 핵클럽 회원국이 됐다"고 주장하고 "우리 핵무기는 평화를 수호하고 한국인을 보호하는 데 사용될 것" 이라고 덧붙였다.

cbr@yna.co.kr

*북한이 한반도를 목표로 하려 한다는 발표도 일부 있었다. 현실적으로 북의 미사일은 남측을 목표로 하고 지상과 해상을 공격 목표로 삼고 있다고 평가할 수 있다. 그러나 북한이 남한을 공격하면, 양쪽 다 죽을 것이라는 것은 모두가 인식하고 있다. 이를 두고 상호상멸(Mutually Assured Destruction, MAD 相好相滅)이라는 전문 용어를 사용한다. 매드(MAD)는 영어로는 미쳤다는 뜻이 있다.

러시아와 미국은 서로 핵을 사용하지 못하고 있는데 이는 한 번 사용하면 양자가 모두 죽기 때문이다. 따라서 미친 짓이라는 뜻으로 매드(MAD)라고 표현하는 것이다.

참조 25.

## 푸틴, 사우디에 핵 에너지 협력 제안

미국은 약소국에 핵에너지 공급시설을 봉쇄하는 전략을 쓰고 있으나, 역으로 러시아 푸틴 전 대통령은 핵에너지를 평화적으로 사용할 수 있도록 지원하는 방침을 부분적으로 시사하고 있다. 북한은 핵의 평화적인 에너지를 이용할 권리가 있다고 베이징 합의문에서 밝히고 있다. 그러나 미국은 북한이 원자력에너지 이용을 철저히 봉쇄하고 있다. 특히 1994년 북한을 폭격해서 영변의 원자로를 파괴해버릴 계획이 있었다는 이론이 제기되기도 했으며, 현재까지 북한에는 어떠한 원자력발전소도 허용되고 있지 않다. 결국 미국의 봉쇄는 북한의 250만 킬로와트급 태천발전소와 영변발전소의 공사를 중단시켰다. 북은 칠흑같은 암흑의 밤을 보내면서 공장에 필요한 전기 공급이 크게 타격을 받고 있고, 겨울에도 난방용 전기를 거의 사용할 수 없도록 압박을 당하고 있다고 불만을 토로하고 있다.

2007. 02 .13 (화)

푸틴, 사우디에 핵 에너지 협력 제안

[YTN] 2007/02/13 01:02

블라디미르 푸틴 러시아 대통령은 사우디 아라비아의 핵 에너지 개발을 지원하겠다고 밝혔습니다.

중동을 순방 중인 푸틴 대통령은 리야드에서 열린 양국간 상공인 포럼에서 두 나라가 협력해나갈 유망 분야의 하나로 핵 에너지 개발을 꼽았다고 AFP 통신이 보도했습니다.

러시아는 미국의 반발에도 불구하고 이란의 부셰르 원전 건설을 지원하는 등 중동 국가들과 독자적인 핵 협력을 모색하고 있습니다.

U.S. Haggles with N. Korea Over Energy Aid

By REUTERS

Published: February 12, 2007

BEIJING (Reuters) - The United States and North Korea haggled on Monday over energy aid the North would receive in exchange for ending its nuclear arms ambitions as six - party talks looked likely to straggle into an extra day.

In September 2005, North Korea agreed to a joint statement sketching out the nuclear disarmament steps Pyongyang needed to take to secure fuel and economic aid, as well as political acceptance from its key adversary, the United States.

But the deal languished after Washington accused the North of counterfeiting U.S. currency and other illicit activities. That prompted Pyongyang to boycott the six - party talks until worldwide condemnation of its nuclear test drew it back in December.

참조 26.

# 불능화 규정 미흡

2007.02.15 (목)

**'핵시설 불능화' 벌써 불능사태?**
**[중앙일보]** 2007/02/15 04:33

(중앙일보) 강찬호 특파원: 북한과 미국이 6자회담 합의서의 잉크가 마르기도 전에 주요 합의사항에 대한 해석에서 이견을 드러내고 있다.

북한 관영 조선중앙통신은 13일 6자회담 결과 합의된 핵시설의 '불능화' 대신 '가동 임시 중지'라는 표현을 썼다. 중앙통신은 이날 회담 타결 소식을 전하면서 "각 측은 조선(북한)의 핵시설 가동 임시 중지와 관련해 중유 100만t에 해당한 경제, 에너지 지원을 제공하기로 하였다"고 전했다. 이는 이날 발표된 합의문 내용과는 현격한 차이가 있다.

합의문은 북한이 핵시설을 돌이킬 수 없이 못 쓰게 하는 '불능화'를 이행해야만 100만t의 에너지를 지원한다고 명시하고 있다. 북한이 1994년 체결된 북 - 미 제네바 합의를 파기하고 원자로를 재가동할 수 있었던 건 핵시설의 단순 '동결'만을 규정했던 합의의 맹점을 평양이 악용했다는 판단에서 내놓은 대안이 '불능화'다.



2007.02.15 (목)

**[중앙일보]** 2007/02/15 04:35

'중유 100만t 상당의 경제 · 에너지 · 인도적 지원'. 2 · 13 베이징 합의문에 명시된 북한 핵시설 '불능화 (disablement, 영구적 기능 정지)'의 대가다. 대북 지원을 거부한 일본을 제외한 한국 · 미국 · 중국 · 러시아가 25%씩 맡아야 한다. 그렇다면 그 내용은 어떻게 구성될까.

러시아는 경제적 지원과 에너지 지원을 고려하고 있다. 경제적 지원은 채무 탕감 형식으로 이뤄질 가능성이 있다. 북한은 러시아에 80억 달러가량의 빚이 있다. 에너지 지원은 송전이 유력하다. 블라디보스토크의 브레야 수력 발전소를 통한 전력 지원이다. 이 발전소는 올해 안에 추가 설비가 완공돼 전력 생산량이 크게 늘어난다. 북한은 수년 전 이 발전소에서 50만 킬로와트를 보내달라고 러시아에 요청한 적이 있었다.

러시아는 브레야 발전소의 전력을 한국과 미국 등에 팔 생각도 하고 있는 것으로 알려졌다. 미국과 한국이 러시아에 돈을 내고 러시아가 전력을 북한에 공급한다는 아이디어다. 하지만 송전 시설 문제 때문에 북한 내 러시아 전력 공급 가능 지역이 제한적이라는 문제가 있다.

한국과 중국은 지원 품목 면에서 자유롭다. 한국은 무기 개발 등에 전용될 가능성이 없는 물자라면 중유 · 식량 · 생필품 등 북한이 원하는 것을 보낼 수 있다는 입장이다. 외교부 당국자는 "구체적 제공 물자는 남북 간 협의에서 결정될 사안"이라고 말했다. 북한에 중유와 식량 지원을 꾸준히 해온 중국도 한국과 비슷한 입장이다.

이상언 기자 hylee@joongang.co.kr


북(北), 오키나와에 스텔스기(機) 배치 중단 요구
[뉴시스] 2007/02/15 05:15


북한은 베이징에서 열린 북핵 6자회담에서 미국 측에 오키나와 가데나(嘉手納) 미군 기지에 최신예 F - 22(랩터) 스텔스 전투기 12대를 배치하는 계획을 중단하라고 요구한 것으로 요미우리 신문이 15일 보도했다.

신문은 관계자를 인용, 북한이 회담기간 미국의 적대 정책을 비판하면서 핵실험을 강행한 북한에 대한 견제 조치로 알려진 F - 22의 배치와 한 - 미 합동 군사훈련의 중지를 촉구했다고 전했다.

F - 22 전투기는 행동반경이 1200킬로미터에 달해 한반도 전역을 커버할 수 있다.

이재준 기자 yjjs@newsis.com

# 2 · 13 합의문 한글 전문

**2007.02.15(목)**
**북핵 대타결, 2.13 합의문 전문**
**[폴리뉴스] 2007/02/13 19:05**

북한 핵 문제가 드디어 극적 대타결을 보았다. 남북한과 미국 · 중국 · 러시아 · 일본 등 6개국은 13일 베이징에서 제5차 6자회담 합의문 '9 · 19 공동성명 이행을 위한 초기조치'를 채택, 발표했다.

[9 · 19 공동성명 이행을 위한 초기조치]

Ⅰ. 참가국들은 2005년 9월 19일 공동성명의 이행을 위해 초기 단계에서 각국이 취해야 할 조치에 관하여 진지하게 생산적인 협의를 하였다. 참가국들은 한반도 비핵화를 조기에 평화적으로 달성하기 위한 공동의 목표와 의지를 재확인하였으며 공동성명 상의 공약을 성실히 이행할 것이라는 점을 재확인하였다. 참가국들은 '행동 대 행동' 원칙에 따라 단계적으로 공동성명을 이행하기 위해 상호 조율된 조치를 취하기로 합의했다.

Ⅱ. 참가국들은 초기단계에 다음과 같은 조치를 병렬적으로 취하기로 합의했다.

1. 조선민주주의인민공화국은 궁극적인 포기를 목적으로 재처리 시설을 포함한 영변 핵시설을 폐쇄, 봉인하고 IAEA와의 합의에 따라 모든 필요한 감시 및 검증 활동을 수행하기 위해 IAEA 요원을 복귀토록 초청한다.

2. 조선민주주의인민공화국은 9 · 19 공동성명에 따라 포기하도록 돼 있는 사용 후 연료봉으로부터 추출된 플루토늄을 포함, 성명에 명기된 모든 핵프로그램의 목록을 여타 참가국들과 협의한다.

3. 조선민주주의인민공화국과 미국은 양자 간 현안을 해결하고 전면적 외교관계로 나아가기 위한 양자 대화를 개시한다. 미국은 조선민주주의인민공화국을 테러지원국 지정으로부터 해제하기 위한 과정을 개시하고, 조선민주주의인민공화국에 대한 대적성국 교역법 적용을 종료시키기 이한 과정을 진전시켜 나간다.

4. 조선민주주의인민공화국과 일본은 불행한 과거와 미결 관심 사안의 해결을 기반으로 평양선언에 따라 양국 관계 정상화를 취해 나가는 것을 목표로 양자 대화를 개시한다.

5. 참가국은 9 · 19 공동성명의 1조와 3조를 상기하면서 조선민주주의인민공화국에 대한 경제 · 에너지 · 인도적 지원에 협력하기로 합의했다.

이와 관련, 참가국들은 초기단계에서 조선민주주의인민공화국에 대한 긴급 에너지 지원을 제공하기로 합의했다.

중유 5만 톤 상당의 긴급 에너지 지원의 최초 운송은 60일 이내에 개시된다.

참가국들은 상기 초기조치들이 향후 60일 이내에 이행되며 이러한 목표를 향하여 상호 조율된 조치를 취한다는 데 합의했다.

Ⅲ. 참가국들은 초기조치를 이행하고 공동성명의 완전한 이행을 목표로 다음과 같은 실무그룹(W/G)을 설치하는 데 합의했다.

1. 한반도 비핵화

2. 미 - 북 관계 정상화

3. 일 - 북 관계 정상화

4. 경제 및 에너지 협력

5. 동북아 평화, 안보 체제

실무그룹들은 각자의 분야에서 9 · 19공동성명의 이

행을 위한 구체적 계획을 협의하고 수립한다. 실무그룹들은 각각의 작업 진전에 관해 6자회담 수석대표회의에 보고한다. 원칙적으로 한 개 실무그룹의 진전은 다른 실무그룹의 진전에 영향을 주지 않는다. 5개 실무그룹에서 만들어진 계획은 상호조율된 방식으로 전체적으로 이행될 것이다.

참가국들은 모든 실무그룹 회의를 향후 30일 이내에 개최하는 데 합의했다.

IV. 초기조치 기간 및 조선민주주의인민공화국의 모든 핵프로그램에 대한 완전한 신고와 흑연감속로 및 재처리시설을 포함하는 모든 현존하는 핵시설의 불능화를 포함하는 다음 단계 기간 중, 조선민주주의인민공화국에 최초 선적분인 중유 5만 톤 상당의 지원을 포함한 중유 100만 톤 상당의 경제·에너지·인도적 지원이 제공된다.

상기 지원에 대한 세부사항은 경제 및 에너지 협력 실무그룹의 협의와 적절한 평가를 통해 결정된다.

V. 초기조치가 이행되는 대로 6자는 9·19 공동성명의 이행을 확인하고 동북아 안보협력 증진방안을 모색하기 위한 장관급회담을 신속하게 개최한다.

VI. 참가국들은 상호신뢰를 증진시키기 위한 긍정적인 조치를 취하고 동북아에서의 지속적인 평화와 안정을 위해 공동노력할 것을 재확인하였다. 직접 관련 당사국들은 적절한 별도 포럼에서 한반도의 항구적 평화체제에 관한 협상을 갖는다.

VII. 참가국들은 실무그룹의 보고를 청취하고 다음 단계 행동에 관한 협의를 위해 제6차 6자회담을 2007년 3월 19일에 개최하기로 합의하였다.

"대북 지원부담의 분담에 관한 합의의사록"

중국, 미국, 러시아, 한국은 각국 정부의 결정에 따라 2조 5항 및 4조에 규정된 조선민주주의인민공화국에 대한 지원 부담을 평등과 형평의 원칙에 기초하여 분담할 것에 합의하고, 일본이 자국의 우려 사항이 다뤄지는 대로 동일한 원칙에 따라 참여하기를 기대하며 또 이 과정에서 국제사회의 참여를 환영한다.

# 2 · 13 합의 영어 전문
## ( 2007. 2. 13. 6자회담, 베이징)

북한 핵프로그램에 대한 6자회담의 합의서 전문을 영어로 소개한다.

Full text of agreement at six - way talks on N.
Korea's nuclear programs+
Feb 13 5:48 AM US/Eastern

BEIJING, Feb. 13 (Kyodo) _ The following is the English text of a document adopted Tuesday by the six countries participating in the six - way talks on North Korea's nuclear weapons program. The Democratic People's Republic of Korea is the official name of North Korea. Initial Actions for the Implementation of the Joint Statement

13 February 2007

The Third Session of the Fifth Round of the Six - Party Talks was held in Beijing among the People's Republic of China, the Democratic People's Republic of Korea, Japan, the Republic of Korea, the Russian Federation and the United States of America from 8 to 13 February 2007.

Mr. Wu Dawei, Vice Minister of Foreign Affairs of the PRC; Mr. Kim Kye Gwan, Vice Minister of Foreign Affairs of the DPRK; Mr. Kenichiro Sasae, Director General for Asian and Oceanian Affairs, Ministry of Foreign Affairs of Japan; Mr. Chu Yung Woo, Special Representative for Korean Peninsula Peace and Security Affairs of the ROK Ministry of Foreign Affairs and Trade; Mr. Alexander Losyukov, Deputy Minister of Foreign Affairs of the Russian Federation; and Mr. Christopher Hill, Assistant Secretary for East Asian and Pacific Affairs of the Department of State of the United States attended the talks as heads of their respective delegations.

Vice Foreign Minister Wu Dawei chaired the talks.

I. The Parties held serious and productive discussions on the actions each party will take in the initial phase for the implementation of the Joint Statement of 19 September 2005. The Parties reaffirmed their common goal and will to achieve early denuclearization of the Korean Peninsula in a peaceful manner and reiterated that they would earnestly fulfill their commitments in the Joint Statement. The Parties agreed to take coordinated steps to implement the Joint Statement in a phased manner in line with the principle of "action for action."

II. The Parties agreed to take the following actions in parallel in the initial phase:

1. The DPRK will shut down and seal for the purpose of eventual abandonment the Yongbyon nuclear facility, including the reprocessing facility, and invite back IAEA personnel to conduct all necessary monitoring and verifications as agreed between IAEA and the DPRK.

2. The DPRK will discuss with other parties a list of all its nuclear programs as described in the Joint Statement, including plutonium extracted from used fuel rods, that would be abandoned pursuant to the

Joint Statement.

3. The DPRK and the United States will start bilateral talks aimed at resolving pending bilateral issues and moving toward full diplomatic relations. The United States will begin the process of removing the designation of the DPRK as a state - sponsor of terrorism and advance the process of terminating the application of the Trading with the Enemy Act with respect to the DPRK.

4. The DPRK and Japan will start bilateral talks aimed at taking steps to normalize their relations in accordance with the Pyongyang Declaration, on the basis of the settlement of unfortunate past and the outstanding issues of concern. 북한과 일본은 국교정상화를 하고, 평양선언을 준수하고, 불운했던 과거와 현안들을 해결하도록 한다.

5. Recalling Section 1 and 3 of the Joint Statement of 19 September the Parties agreed to cooperate in economic, energy and humanitarian assistance to the DPRK. In this regard, the Parties agreed to the provision of emergency energy assistance to the DPRK in the initial phase. The initial shipment of emergency energy assistance equivalent to 50,000 tons of heavy fuel oil(HFO) will commence within next 60 days.

The Parties agreed that the above - mentioned initial actions will be implemented within next 60 days and that they will take coordinated steps toward this goal.

III. The Parties agreed on the establishment of the following Working Groups(WG) in order to carry out the initial actions and for the purpose of full implementation of the Joint Statement:

1. Denuclearization of the Korean Peninsula

2. Normalization of DPRK - U.S. relations

3. Normalization of DPRK - Japan relations

4. Economy and Energy Cooperation

5. Northeast Asia Peace and Security Mechanism

The WGs will discuss and formulate specific plans for the implementation of the Joint Statement in their respective areas. The WGs shall report to the Six - Party Heads of Delegation Meeting on the progress of their work. In principle, progress in one WG shall not affect progress in other WGs. Plans made by the five WGs will be implemented as a whole in a coordinated manner.

The Parties agreed that all WGs will meet within next 30 days.

IV. During the period of the Initial Actions phase and the next phase - which includes provision by the DPRK of a complete declaration of all nuclear programs and disablement of all existing nuclear facilities, including graphite - moderated reactors and reprocessing plant - economic, energy and humanitarian assistance up to the equivalent of 1 million tons of heavy fuel oil(HFO), including the initial shipment equivalent to 50,000 tons of HFO, will be provided to the DPRK.

The detailed modalities of the said assistance will be determined through consultations and appropriate assessments in the Working Group on Economic and Energy Cooperation.

V. Once the initial actions are implemented, the Six Parties will promptly hold a ministerial meeting to confirm implementation of the Joint Statement and explore ways and means for promoting security cooperation in Northeast Asia.

VI. The Parties reaffirmed that they will take positive steps to increase mutual trust, and will make joint efforts for lasting peace and stability in Northeast Asia. The directly related parties will negotiate a permanent peace regime on the Korean Peninsula at an appropriate separate forum.

VII. The Parties agreed to hold the Sixth Round of the Six - Party Talks on 19 March 2007 to hear reports of WGs and discuss on actions for the next phase.



참조 29.

# 불능화 해석문제

## '불능화(不能化)'와 '임시중지'와 '디스에이블먼트 (disablement)' : 해석이 갈등요인

남아 있는 것은 역시 해석학적인 문제다. 중국어로 합의문 전문이 발표되었는데 그 발표문을 북한의 용어로 해석한 것은 상당한 차이가 있는 것으로 평가되고 있다. 불능화를 5개국들은 완전히 기계가 기능을 못하게 하는 공사로 해석하고 있는 듯하나 북한은 평양방송에서 '임시중지'로 발표했다. 영문판에는 공식적으로 디스에이블먼트(disablement)로 나왔다. 이 해석의 차이를 미리 합의문에서 자세히 규정하는 부칙을 만들지 않은 것이 앞으로 큰 불씨로 작용할 소지가 있다.

이러한 해석 차이는 1994년 제네바 합의구도와 2005년 9·19 합의 문제에서 동일하게 나타나고 있으며, 2002년 10월 윌리엄 페리와 리근의 대화에서도 동일하게 나타나고 있다. 해석을 잘못한다거나 통역을 잘못할 수 있기 때문에, 기술적인 용어에 대해 합의문에서 구체적인 낱말의 뜻을 규정해야 한다는 것을 알아야 앞으로의 큰 혼란을 막을 수 있을 것이다.

참고로 베이징 6자회담의 2·13 합의문 중에서 문제가 되는 부분의 영문 내용을 소개한다.

IV. During the period of the Initial Actions phase and the next phase - which includes provision by the DPRK of a complete declaration of all nuclear programs and disablement of all existing nuclear facilities, including graphite - moderated reactors and reprocessing plant - economic, energy and humanitarian assistance up to the equivalent of 1 million tons of heavy fuel oil(HFO), including the initial shipment equivalent to 50,000 tons of HFO, will be provided to the DPRK.

# 참조 30.
# 두 종류의 메구미

U.S. Folk Singer Pleads for Abducted Japanese Girl
By REUTERS
February 19, 2007

Skip to next paragraph TOKYO (Reuters) - Moved by the story of Megumi Yokota, a Japanese schoolgirl kidnapped by North Korean secret agents three decades ago, folk singer Noel Paul Stookey has penned a song he hopes will help bring her home.

미국 가수가 메구미 노래를 부르게 된 배경에는 일본 정부나 혹은 민간단체가 기획하여 재정적인 도움을 주었을 가능성이 높으므로 이에 대해 연구할 필요가 있다.
한명숙 전 국무총리는 한반도에는 수많은 한국인 여성 메구미가 있다고 말했다. 수십만 명의 한반도 여성은 일본 군의 성노예로 수년 동안 성폭행을 당하다가 사망했다. 이를 미국 의회가 청문회를 하고 성명서를 가결하려고 하는 데 대한 맞대응으로 일본 정부가 이 노래를 부르는 가수를 동원했는지에 대해 조사해볼 필요가 있다.

## 냉전 종식 이후, 미지근한 전쟁과 미지근한 평화

**No Cold War, Perhaps, but Surely a Lukewarm Peace**
**By STEVEN LEE MYERS**
**Published: February 18, 2007**
**MOSCOW**

PRESIDENT VLADIMIR PUTIN'S acerbic assault on American unilateralism last weekend in Munich might not have heralded a return to the bad old days of global ideological confrontation - of blocs and proxy wars, dissidents and spies, arms races and mutually assured destruction - even if some were quick to say it did.

The problem is, Cold War II could in its own way be just as messy and unpredictable. For all the talk of strategic partnership and even personal friendship between Mr. Putin and President Bush, the relationship between Russia and the United States has reached what is probably its lowest point since the Soviet Union collapsed a decade and a half ago.



## 아미티지의 가쓰라 - 태프트 5기(期)

1905년 미국과 일본은 가쓰라 - 태프트를 맺어 한반도를 일본의 식민지로 점령하고 지배하는 데 서로 묵인하기로 했다. 이 구도는 지금까지 계속되고 있다.
필자는 이를 가쓰라 - 태프트 1기, 2기, 3기, 4기, 5기로 구분한다.

아미티지 2007년의 보고서는 '미 - 일동맹, 아시아와 함께 2020까지'이며, CSIS국제전략문제연구소에서 2월 16일에 발표되었다(〈조선일보〉 2007.2.20. A16). 〈조선일보〉의 제목은 "북핵 최종 해체는 미국이 해야"였다.
이 아미티지의 보고서는 2005년 한반도 지배와 정복의 전략과 기본적인 노선이 동일하다. 따라서 이를 〈아미티지+가쓰라-태프트 5기(期)〉라고 이름 붙이면 타당할 것이다.
가쓰라-태프트 5기란 무엇인가?
그는 2020까지는 남북이 통일될 가능성이 높고, 노무현 정부는 북한의 핵무기보다 한반도의 불안정을 더 걱정하고 있다고 분석했다.
아미티지는 소련이 붕괴한 후에 우크라이나의 핵무기들을 결국 미국이 해체한 것과 같은 수순으로 북한이 붕괴한 후에 미국이 해체하는 시나리오가 타당성이 있는 것으로 평가하고 있으나, 북한이 붕괴할 것인지에 대한 확실한 증거는 제시하지 못하고 있다.
이로써 북한은 중국식 개혁도 아니고 자신들의 방식을 고수하는 방식으로 해서 생존할 가능성도 분명히 있다는 점을 아미티지도 어느 정도 인정하고 있다고 볼 수 있다.

참조 33.
## 2020년까지의 신형(新型)
## 가쓰라-태프트

The U.S. - Japan Alliance: Getting Asia Right
through 2020
Author: Richard L. Armitage & Joseph S. Nye
Date of Publication: February 16, 2007
Related Research Focus: Asia

Synopsis:
At a time of global uncertainty and transition,
enduring U.S. interests demand a clear - eyed look
over the horizon to grasp the challenges ahead and
the potential opportunities to best shape the
emerging world order. With half the world's
population, one - third of the global economy, and
growing economic, financial, technological, and
political weight in the international system, Asia is
key to a stable, prosperous world order that best
advances American interests. The goal of this report
is to outline a vision that offers the best prospect for
achieving "a balance of power that favors freedom."
This report outlines the findings of a bipartisan panel
of Asia specialists co - chaired by Richard L. Armitage
and Joseph Nye. The report highlights major trends
in Asia and provides the panel's comprehensive
analysis with security and economic policy
recommendations.
In October 2000, Ambassador Armitage and Dr. Nye
issued "The United States and Japan: Advancing
Toward a Mature Partnership" which specifically
aimed at strengthening the bilateral relationship in
areas of politics, security, Okinawa, intelligence,

economic and diplomacy. "Getting Asia Right
through 2020" continues to emphasize the
importance of the alliance, however, addresses how
the U.S. - Japan alliance could work together to
positively influence the future in Asia.
Center for Strategic and International Studies, 1800 K
Street, NW, Washington DC, 20006

참조 34.

## 2·13 합의와 윌리엄 페리의 선제공격론: 미국은 북한을 선제공격할 것인가?

### "북, 2·13 합의 이행 않고 시간 끌며 미국 갖고 놀 수도"
[중앙일보] 2007/02/21 04:48

"2·13 북핵 합의는 한반도 비핵화라는 긴 여정의 첫 걸음에 불과해요." 윌리엄 페리 전 미국 국방장관이 20일 북한 핵 문제에 대해 신중론을 피력했다. 스티븐 보즈워스 전 주한미대사, 미 국방부 차관보를 역임한 애슈턴 카터 하버드대 교수, 김종훈 벨연구소 소장, 존 틸러리 전 주한미군사령관과 함께 방한한 페리 전 장관은 이날 조선호텔에서 한 본지와 인터뷰에서 "2·13 합의는 북한이 하기 나름"이라며 "한반도 비핵화를 이루기 위해서는 강력한 한-미 동맹이 필수적"이라고 강조했다.

윌리엄 페리 전 미국 국방장관은 클린턴 전 대통령 밑에서 대북 문제를 총괄한 경험이 있으며 지난해 11월 중간선거에서 민주당이 의회를 장악하면서 더욱 주목받고 있다.

다음은 일문일답.

-2·13 합의를 평가한다면.
"이번 합의는 한반도 비핵화라는 긴 여정의 첫걸음에 불과하다. 6자회담 참가국들은 앞으로 60일간 실무협상을 통해 핵사찰 재개와 에너지 지원 등 구체적인 프로그램을 만들 것이다. 그러나 좀 더 두고 봐야 한다. 북한이 합의를 이행하지 않고 시간을 질질 끌면서 미국을 갖고 놀 수 있다."

-이번 합의는 1994년 체결된 북-미 제네바 합의와 큰 차이가 없다. 부시 행정부가 6년 동안 시간만 낭비한

것 아닌가.
"부시 행정부도 그런 점을 의식하고 6자회담에 임했다고 본다. 제네바 합의 당시와 비교할 때 부시 대통령의 입장이 더 어려웠을 것이다. 북한이 이미 핵실험을 강행했기 때문이다."

-이번 합의는 중유 제공을 포함한 대북 지원을 규정하고 있다. 혹시 미 의회가 대북 지원에 브레이크를 걸지 않을까.
"미 의회의 분위기가 과거와 다르다. 민주당이 장악한 의회는 2·13 합의를 지지할 공산이 크다. 의회는 60일간 진행될 5개 분야별 실무협상 결과에 관심이 많다. 이런 맥락에서 북한도 미 의회가 지지할 수 있게끔 실무협상에 성실한 자세를 보여야 한다."

-지난해 6월 워싱턴 포스트 기고를 통해 북한의 미사일 기지에 대한 선제 공격론을 제기했는데.
"북한 핵, 미사일 문제에 대한 경각심을 일깨우기 위한 것이었다. 아침잠을 깨우는 일종의 모닝콜이라고 생각하면 될 것이다. 북한뿐 아니라 미국과 중국 모두에 대한 경고였다. 그러나 북한이 지난해 10월 핵실험을 강행한 것을 보면 평양이 내 모닝콜을 제대로 듣지 못한 것 같다."

-북한이 핵실험을 강행한 지금(1999년과 작성한 것과 유사한) '페리 보고서'를 다시 쓴다면.
"내가 작성한 페리 보고서는 여전히 유효하다고 본다. 이번 2·13 합의도 페리 보고서에 따른 프로세스(과정)의 정신을 충실히 반영하고 있다. 내 보고서의 골자는 한반도 비핵화를 위해 미국이 분명한 대북 입장을 천명해야 한다는 것이다."

-한반도 평화를 달성하는 데 민주주의가 우선인가, 시장경제가 우선인가.

"시장경제가 먼저다. 그 다음이 민주주의다. 한국의 김대중 정부도 과거 이 방식을 추구했다. 미국의 부시 정권도 마찬가지 생각이다. 그러나 현 시점에서 시장경제와 민주주의 중 어느 쪽을 우선해야 하느냐는 문제는 북핵 문제를 푸는 데 별 도움이 안 된다. 북핵 문제는 이와 별도로 워낙 중차대한 문제기 때문이다. 민주주의는 모르겠지만 20~30년 내 북한에도 시장경제가 도입될 것이다."

◆ 윌리엄 페리=수학 교수 출신으로 빌 클린턴 행정부에서 국방장관(1993~97)을 지냈다. 장관 재직 중인 1994년 북핵 1차 위기 당시 영변 핵시설에 대한 폭격을 주장했다. 북한이 1998년 8월 태평양을 향해 대포동 미사일을 발사하자 클린턴 대통령은 그해 11월 그를 대북정책조정관에 임명했다. 1999년 5월 대통령 특사 자격으로 방북한 후 발표한 '페리 보고서'는 클린턴 정권의 대북 정책 지침서가 됐다. 공직 은퇴 후 모교인 스탠퍼드대로 돌아간 그는 지난해 6월 북한이 미사일 발사 움직임을 보이자 미사일 기지를 선제 공격해야 한다는 글을 워싱턴 포스트에 기고하기도 했다.

정리 : 최원기 · 강병철 · 신인섭 기자 http://blog.joins.com

## 참조 35.
# 핵탄두에 대한 미국 전문가의 경고

미국 전문가들은 북한의 핵무기 미사일 탑재 능력에 대해 경고하고 있다.

U.S. Experts Warn on North Korea Nuclear
Warheads

By REUTERS

Published: February 21, 2007

Filed at 6:14 a.m. ET

SEOUL (Reuters) - North Korea can make a nuclear warhead that can be mounted on missiles capable of hitting all of South Korea and most of Japan, U.S. nuclear experts said in a report obtained on Wednesday.

Two U.S. nuclear experts who recently visited North Korea's atomic facilities north of Pyongyang said the secretive and impoverished state had separated enough plutonium for five to 12 nuclear weapons.

"Little is known about North Korea's ability to make a nuclear weapon, although it is assessed as likely able to build a crude nuclear warhead for its Nodong (Rodong) missile," the Washington - based Institute for Science and International Security said in a report released on Tuesday in the United States.

The non - governmental group's report added: "the warhead may not be reliable, and it may have a relatively low yield."

Many proliferation experts doubt whether North Korea has the ability to miniaturize a nuclear warhead to fit on a missile.

The ISIS report said North Korea had probably

obtained technology from overseas that would help it make a crude nuclear warhead.

Experts do not doubt that North Korea has hundreds of missiles, including its modified Scud - type missile called the Rodong, that are capable of hitting all of South Korea and large parts of Japan.

North Korea conducted its first nuclear test in October. Seoul government officials and nuclear experts said the exploded device had a relatively low yield.

North Korea agreed earlier this month to shut its sole reactor and main source of plutonium in return for aid as a step toward scrapping its nuclear arms program.

# 참조 36.
# 부시 정책 2001

북한과는 대화하지 않으며, 악의 축(Axis of Evil)이요, 폭정의 전초기지(Outpost of Tyranny)이며, 북한의 국방위원장을 증오한다(I loathe him)고 하는 부시의 전반적인 입장이 있었다. 폭정의 전초기지라는 표현은 라이스 국무장관이 했다.

부시는 클린턴 행정부가 북한을 잘못 다루었다고 평가했다.

그 입장은 북한이 핵실험에 성공한 후에 양자 대화를 하는 방향으로 전환되었고, 존경하는 국방위원장(Dear Mr. Chairman)의 존칭으로 표현하는 식으로 전환되었다. 북한에 대해서 '영원한 적은 없다'는 콘돌리자 라이스 국무장관의 발언은 미국 행정부가 대북 정책 방향을 수정하고 북 - 미 국교 수립까지 갈 수 있는 길을 열어놓고 있다고 평가할 수 있다. 콘돌리자 라이스의 이 발언은 2007년 12월 24일 〈뉴욕타임스〉에 보도되었다.

Stay the Course on North Korea

ISIS Policy Brief

By Holly Higgins, Research Analyst

March 7, 2001

The Bush administration has been noticeably silent on where it intends to go with North Korean policy, and this has caused unwelcome anxiety for key U.S. allies in the region. Although the Bush administration has urged patience, time is growing short. While Bush deserves adequate time to structure his own agenda for North Korea, he should ultimately emphasize to U.S. allies that he will stay the course on North Korea. A major disruption in current policy could cause severe damage to the region and to U.S. national interests. Secretary of State Colin Powell has tasked the State Department to conduct a thorough review of U.S. policy toward North Korea. A balanced review will find that engagement with North Korea has produced significant benefits: a nuclear weapons program has been capped at an early stage, before North Korea could accumulate enough separated plutonium for tens or even hundreds of nuclear weapons; military conflict on the Korean peninsula has been avoided; North Korean missile flight tests have been suspended; the United States and North Korea have drawn closer to a comprehensive missile deal; and prospects for improving North - South relations and for reducing regional tensions have grown. It is quite likely that within a few months North Korean leader Kim Jong - il will make his promised reciprocal visit to Seoul to meet with South Korean President Kim Dae Jung.

Several critics have speculated on the need for dramatic changes or an overhaul of the Agreed Framework. This 1994 agreement between the United States and North Korea froze activities at North Korea's indigenous gas - graphite reactors and associated facilities in exchange for modern light - water reactors (LWRs) and annual fuel oil deliveries.

Changing the Agreed Framework is misguided. Although some mid - course corrections appear warranted given the delays that have been encountered in implementing the Agreed Framework, major overhauls would be counter -

productive, and could seriously increase tensions on the Korean peninsula.

In 1998, former U.S. Defense Secretary William Perry conducted a Congressionally mandated "full and complete interagency review of United States policy toward North Korea." In the fall of 1999, Perry released his report that suggested the U.S. government adopt a comprehensive and integrated approach to resolving North Korean issues. It also concluded that whatever the limitations of the Agreed Framework, these limitations would be best addressed by supplementing - not replacing - it. Perry also warned that there were no quick fixes for the Korean peninsula's security concerns.

In his Senate confirmation hearing, Secretary of State Colin Powell explained that the United States would still be open to a "continued process of engagement" with North Korea. He also reassured South Korea of the U.S. commitment to the Agreed Framework and the region. In his first meeting with South Korean Foreign Minister Lee Joung - binn in early February, Powell reaffirmed the importance of the political, economic and security partnership between the United States and South Korea. Both also agreed on the importance of maintaining close coordination on North Korea policy as well as continuing regular senior level consultations.

Changes, however, will come under the Bush administration. The first sign is the new emphasis on the principle of reciprocity in U.S. dealings with North Korea, usually defined as clear concessions on the part of North Korea in exchange for aid and investment. Powell has stated that engagement will continue as long as North Korea also addresses

U.S. political, economic, and security concerns. The Bush team has indicated that it plans to be stricter in insisting on receiving rewards under any quid pro quos with North Korea. According to Robert Manning of the Council on Foreign Relations, the Bush approach will be: "If you want to deal, let's talk. If you don't, here's our phone number." In other words, the Bush team will be less patient in negotiations and less understanding of North Korean provocations. Perhaps, North Korea will now be expected to do more.

The more sensitive nuclear issues may also be addressed more directly. Previously, South Korea and Japan did not want to complicate their negotiations with these difficult issues for fear it would cause North Korea to abandon negotiations altogether. The Bush administration may tackle them upfront as a way to test North Korea's true commitment to the Agreed Framework.

Secretary Powell has also expressed a greater willingness to address North Korea's conventional forces as well. Progress on this issue could be tough, however.

Although South Korea's priority has been more focused on managing inter - Korean dialogue, President Kim has also included the idea of reciprocity in his engagement policy. In his recent address to the country, Kim Dae Jung made a promise to continue his engagement policy with North Korea on a more reciprocal basis for the remaining two years of his presidency. The statement was primarily intended to deflect the growing domestic discontent with Seoul's engagement policy. Critics are dissatisfied with its implementation, particularly North Korea's inadequate transparency and lack of tangible security benefits to South Korea.

In late February, South Korea's Foreign Minister said that South Korea was willing to actively work with the United States in resolving North Korea's weapons of mass destruction (WMD) issues. Although these moves could help to closely align U.S. and South Korean policies, President Kim would like to see the Bush administration take a less severe stance on North Korea. Seoul has advocated a more cautious form of progressive reciprocity, in which the gradual settlement of security issues is accomplished through the expansion of reconciliation and cooperation.

In the short term, the United States and South Korea need to define their individual understandings of reciprocity and agree on a common standard that North Korea will be expected to meet. In addition, President Bush should express his support for Kim's engagement policy. Doing so will provide Kim Dae Jung with the international backing he needs to implement his agenda back home, show that the United States is not acting unilaterally, and help to calm anxieties in South Korea that the United States would be tempted to sacrifice South Korea's political standing with North Korea in order to act on its own.

In conjunction, the tripartite talks between the United States, Japan and South Korea under the Trilateral Coordination and Oversight Group (TCOG) also deserves administration support. The Bush administration should ensure high level U.S. representation at TCOG, preferably at the level of an

Assistant Secretary of State. The TCOG relationship is stronger than at any time in the past, and the Bush team should actively work to support the health of this important policy - coordinating group. As Ambassador and former North Korean policy coordinator Wendy Sherman recently pointed out, it is still highly important to show North Korea that there are no cracks in this unified front.

Another potentially destabilizing issue is the U.S. plan to pursue a national missile defense (NMD) program. Understandably, South Korea is concerned about the possible effect of NMD on reconciliation efforts. North Korea is the most commonly cited threat used by the United States to justify the need for NMD. U.S. officials have said that the rationale for NMD is based on the actions of several states, but the rationale would suffer a major blow if North Korea and the United States could work out a comprehensive and verifiable missile deal. Privately, South Korean officials have said that it would be quicker and easier to deal with the North Korean missile threat through direct negotiations.

Another issue that the Bush administration should address is North Korea's compliance with its International Atomic Energy Agency (IAEA) safeguards agreement. The time is fast approaching when North Korea must come into compliance with its safeguards agreement under the timeframe contained in the Agreed Framework. In a recently published report entitled Solving the North Korean Nuclear Puzzle, the Institute for Science and International Security (ISIS) concluded that if this verification effort is to succeed, North Korea must demonstrate its commitment to transparency. Such a demonstration (or lack thereof) will be one of the most reliable indicators of North Korea's true commitment to the Agreed Framework and to denuclearization. Transparency means that North Korea must allow internationally acceptable and adequate inspection of all its nuclear activities, and fully cooperate with the inspection process.

Once it begins, the IAEA is currently expected to take over two years to complete its task, assuming North Korea fully cooperates. Whether LWRs will be built in North Korea depends upon the success of the IAEA verification effort to ensure the completeness and correctness of North Korea's safeguards declaration and the absence of undeclared nuclear activities. The longer the delay, the greater the risk that the Agreed Framework will collapse entirely. Finding ways to begin the inspection process earlier, and speeding it up once it begins, should be high priorities for the Bush administration.

The Bush administration may seek to modify the Agreed Framework. Concerns have focused on the wisdom of providing nuclear reactors to North Korea, the durability of North Korea's electrical grid, and the high burden of heavy fuel oil costs on the United States.

The Agreed Framework has proven much more difficult to implement than expected. The LWR construction project is six to eight years behind schedule. As mentioned above, the IAEA inspection process has not yet happened. Thus, a few mid - course corrections are needed.

While the Agreed Framework could be

supplemented with additional agreements to help alleviate specific burdens, it should not be replaced itself. For example, the United States could offer to provide a conventional power plant to North Korea, in exchange for faster movement on North Korean promises under the Agreed Framework. The power plant could help to address North Korea's energy deficit, and could also replace the need for supplying one of the two LWRs.

However, tying the supply of conventional power plants to the Agreed Framework is complex. Under the supply contract for the LWR project, North Korea will come into full compliance with its IAEA safeguards agreement before "key nuclear components" are delivered to North Korea. Without this built - in time frame, what would trigger inspections under the new deal? Would the onset of inspections be delayed further? Modifying the Agreed Framework might cause more harm than good.

The idea of renegotiating any aspect of the Agreed Framework raises serious concerns for the South Koreans who advise against opening a Pandora's Box. North Korea is a tough negotiating partner, and South Korean officials believe that revisiting the agreement would be difficult and may sacrifice the gains already made. North Korea may react negatively to any renegotiation of the Agreed Framework, particularly if it is accompanied by "get - tough" U.S. rhetoric.

The shaping of U.S. policy toward North Korea stands at a critical juncture. Although the Bush administration review should be balanced and thorough, time is growing short. The United States has asked for patience, but North Korea does not have a history of being patient. The Bush administration should embrace the Agreed Framework and the Perry policy, while making mid - course corrections.

The overall situation has changed dramatically on the Korean peninsula since 2000 inter - Korean summit and former Secretary of State Madeleine Albright's visit to North Korea last October. A sense of optimism exists about Northeast Asia that was not there before. There finally is an opportunity to overcome one of the greatest threats to regional peace and security. This opportunity should not be squandered.

Solving the North Korean Nuclear Puzzle
David Albright and Kevin O' Neill, editors
ISIS Press

Solving the North Korean Nuclear Puzzle, edited by David Albright and Kevin O' Neill and published by ISIS Press, describes the decade - long effort to ensure that North Korea does not have nuclear weapons. This effort will soon reach a crossroads when North Korea must make its historical and current nuclear activities transparent to international inspectors, or risk sparking another international crisis.

Solving the North Korean Nuclear Puzzle 북한 핵 수수께끼 문제 풀기
David Albright and Kevin O' Neill, editors 편집자 데이비드 얼부라이트, 케빈 오닐
ISIS Press

ISBN 0 - 9669467 - 1 - 5

324 pp., plus index

"Indispensable…a marvelous achievement."

- Michael J. Mazarr, President, Henry L. Stimson Center, and author, North Korea and the Bomb


"…a path - breaking contribution to the debate over how to promote a nuclear - free Korea."

- Selig S. Harrison, Senior Fellow, Century Foundation and Senior Scholar, Woodrow Wilson International Center for Scholars


"…shows with great clarity the problems that still lie ahead before the North Korean nuclear threat is laid to rest."

-Peter Hayes, Executive Director, Nautilus Institute, Berkeley, CA


"…the definitive unclassified analysis of the DPRK nuclear program available to date … detailed, dispassionate, and readable."

--Joseph S. Bermudez, Jr., Fort Collins, CO


"…the straight story, detailed, and fact - based. A must - read for everyone concerned about national security issues."

--Mike Moore, senior editor of the Bulletin of the Atomic Scientists


"For anyone needing information about how the Agreed Framework will deal with the major obstacles to come in the next five years or so, this is among the best of the books that have been published."

—George Bunn, Consulting Professor, Institute for International Studies, Center for International Security and Cooperation, Stanford University


**저서 내용 요약:**

1994년 미국과 북한은 전쟁 직전까지 도달해 있었다. 북한이 얼마마 많은 양의 플루토늄을 소유했는지는 알 수 없었다. 북한은 이미 한두 개의 핵폭탄을 만들었고 1년에 한 발씩 더 만들 수 있을 것이라는 의심을 받고 있었다. 이 위기를 해결한 것은 미국과 북한의 합의구도였다. 북한은 핵시설을 동결하고, 핵시설을 해체하고, 플루토늄 축적 양을 포함해서, 핵활동에 대한 사찰을 받고, 그 대가로 미국은 국제적인 협력을 이끌어 보다 현대적이고 핵확산이 어려운 원자력발전소를 2003년까지 완공시켜주기로 한 약속이었다.


In 1994 the United States and North Korea stood on the brink of war. International inspectors could not resolve how much plutonium North Korea had. The United States and its allies suspected that North Korea had already secretly produced enough plutonium for one or two nuclear weapons, and was on the verge of producing enough to make dozens of nuclear weapons per year.

This crisis was resolved when North Korea and the United States negotiated an "Agreed Framework," whereby North Korea agreed to "freeze" and later dismantle its most controversial nuclear facilities, and permit the eventual verification of its nuclear activities, including the size of its plutonium stockpile. In exchange, the United States agreed to lead an international effort to build modern, more proliferation resistant nuclear reactors in North Korea. At the time, the signers expected the

arrangement to be completed by about 2003.
Nearly six years later, the North Korean nuclear program remains frozen, but the remainder of the Agreed Framework remains far behind schedule. Solving the North Korean Nuclear Puzzle assesses the nuclear proliferation threat posed by North Korea, describes the Agreed Framework's implementation through mid - 2000, and outlines an agenda of tasks that must be completed before the Agreed Framework can be fulfilled.

Using previously unpublished information, the book details the controversy between North Korea and the International Atomic Energy Agency (IAEA) in 1992 and 1993 - the controversy that led to the brink of war in 1994, and may do so again. The book provides estimates of North Korea's plutonium stock, and the number of nuclear weapons it may possess. High - resolution commercial satellite images show how North Korea deceived IAEA inspectors who sought to verify North Korea's nuclear declarations. The book contains an extensive discussion of how to resume inspections and determine that North Korea is free of nuclear weapons, an absolute precondition for the supply of the new reactors.

The book places the Agreed Framework's implementation within the context of recent security developments in Northeast Asia. Two highlights are North Korea's ballistic missile program and the historic June 2000 summit between South Korean President Kim Dae Jung and North Korean leader Kim Jong - il.

Three well - versed North Korean experts share their perspectives on the future of the Agreed Framework and ways to make the Korean peninsula nuclear free. Solving the North Korean Nuclear Puzzle concludes that much of the responsibility for making the Agreed Framework viable rests with North Korea, and its willingness to make its nuclear program transparent.

Chronology of the Conflict between North Korea and the IAEA that led to the Request for Special Inspections
Chronology of Events Related to the U.S. - North Korean Agreed Framework: June 1998 - January 2000(Updated and expanded version available only on the ISIS website)
Review of United States Policy Toward North Korea: Findings and Recommendations ("Perry Report")
A Comprehensive Approach to North Korea 북한에 대한 총체적인 접근법, 리차드 아미티지 등 저자.

About the Authors

David Albright is a founder and President of the Institute for Science and International Security (ISIS), located in Washington, D.C. A physicist by training, he has assessed worldwide plutonium and highly enriched uranium inventories since the 1980s, and is well known for his detailed, technical analyses of fissile material production programs in states thought to be seeking nuclear weapons. He is the author of many studies on fissile material and nuclear weapons programs, most notably, with Frans Berkhout and William Walker, of Plutonium and Highly Enriched Uranium 1996: World Inventories, Capabilities and Policies, published in 1997 by the Stockholm International Peace Research Institute and the Oxford

University Press. He is also a co - editor of and contributor to The Challenges of Fissile Material Control, published by ISIS in 1999. He received a 1992 Olive Branch Award for a series of articles that he co - authored on the Iraqi nuclear weapons program for the Bulletin of the Atomic Scientists. In 1996, he was a member of an International Atomic Energy Agency Action Team inspection mission to Iraq. He serves on the Secretary of Energy's Openness Advisory Panel, and, since 1990, on the state of Colorado's Health Advisory Panel overseeing the Historical Public Health Exposures Studies from Rocky Flats.

## 아미티지는 누구인가?

Richard Armitage

From Wikipedia,

Richard L. ArmitageRichard Lee Armitage (born April 26, 1945) was the 13th United States Deputy Secretary of State, the second - in - command at the State Department, serving from 2001 to 2005. Previously, he was a high - ranking troubleshooter and negotiator in the Departments of State and Defense.

[edit] Early life and military career

Born in Boston, Massachusetts, Armitage graduated from the United States Naval Academy in 1967, where he was commissioned an Ensign in the U.S. Navy. He served on a destroyer stationed in Vietnam and subsequently completed three combat tours with the riverine/advisory forces in Vietnam.[1]

According to Captain Kiem Do, a Republic of Vietnam Navy officer who served with him in Vietnam, Armitage "seemed drawn like a 'moth to flame' to the hotspots of the naval war: bedding down on the ground with Vietnamese commandos, sharing their rations and hot sauce, telling jokes in flawless Vietnamese." [2] Instead of a uniform, Armitage often dressed in native garb, and was nicknamed "Tran Van Phu" by the Vietnamese.[2] It has been frequently, and inaccurately, reported that Armitage was a member of the elite Navy SEALs. Armitage himself has been accused of not denying this in the past. He now corrects this mischaracterization in interviews. He was a naval advisor and not a SEAL.

In 1973, Armitage left active duty and joined the office of the U.S. Defense Attache in Saigon. Immediately prior to the fall of Saigon, he organized and led the removal of Vietnamese naval assets and personnel from the country to Subic Bay, Philippines in 1975.[1] [edit] Public service career

After leaving Saigon in April 1975,[citation needed] Armitage moved to Washington, DC to serve as a consultant for the United States Department of Defense. He was almost immediately sent to serve in Tehran, Iran until November 1976. Following that posting, he moved to Bangkok and operated an import/export business in the private sector for the next two years. In 1978, he returned to the U.S. and started working as an aide to Senator Bob Dole. [citations needed]

In late 1980, Armitage became a foreign policy advisor to President - elect Ronald Reagan. Following that role, he was made a Deputy Assistant Secretary of Defense for East Asia and Pacific Affairs, a high -

ranking post in The Pentagon. He served in this position from 1981 to 1983. In June 1983, he was promoted to Assistant Secretary of Defense for International Security. While there, he represented the Department of Defense in developing political - military relationships and initiatives throughout the world, spearheaded U.S. Pacific security policy including the U.S. - Japan and U.S. - China security relationships, managed all Defense security assistance programs, and provided oversight of policies related to the law of the sea, U.S. special operations, and counter - terrorism. He played a leading role in Middle East security policies. [citations needed]

Armitage left that post in 1989 to serve as a special negotiator for the President on military bases in the Philippines, and as a mediator on water issues in the Middle East. In 1991, he was appointed a special emissary to King Hussein of Jordan. Following that, he was sent to Europe with the title of ambassador; his assignment was to direct U.S. foreign aid to the states that had been formed out of the fallen Soviet Union. He occupied that post until 1993, at which point he entered the private sector. [citations needed]

In 1998, Armitage signed "The Project for the New American Century" letter (PNAC Letter) to President Bill Clinton. The letter urged Clinton to target the removal of Saddam Hussein's regime from power in Iraq due to erosion of the Gulf War Coalition's containment policy and the resulting possibility that Iraq might develop weapons of mass destruction. The letter's intended purpose of removing Hussein was to protect Israel and other U.S. allies in the region, including oil - producing Arab countries.

[citations needed]

During the 2000 U.S. Presidential election campaign, he served as a foreign policy advisor to George W. Bush as part of a group led by Condoleezza Rice that called itself The Vulcans. [citations needed]

The United States Senate confirmed him as Deputy Secretary of State on March 23, 2001; he was sworn three days later. A close associate of Secretary of State Colin Powell, Armitage was regarded, along with Powell, as a moderate within the presidential administration of George W. Bush. Armitage tendered his resignation on November 16, 2004, the day after Powell announced his resignation as Secretary of State. He left the post on February 22, 2005, when Robert Zoellick succeeded the office. [citations needed]

[edit] Life after public service

There was some media speculation that President Bush would appoint him to a key security position such as Director of the Central Intelligence Agency, Director of National Intelligence or Defense Secretary. As of the start of 2007, Armitage had not re - entered public service.

On May 10, 2006, he was elected to the board of directors of the ConocoPhillips oil company.

In October 2006, Armitage lobbied, on behalf of the L - 3 Communications Corporation, a company providing intelligence, surveillance, and reconnaissance products, some key people in the Taiwanese political circles regarding the possible sales of P - 3C marine patrol aircraft to the Taiwan military. Those who received his personal letter included Premier Su Tseng - chang, President of the Legislative Yuan Wang Jin - pyng, and opposition People First Party leader James Soong. Armitage stated in the letter that he wished the Taiwanese government would reconsider the purchase from Lockheed Martin, the dealer the United States government had designated. Instead, he hoped that the right to negotiate the purchase should be made through an open and fair bidding process.[3] The letter was made public by PFP Legislators on October 24, 2006 in a Legislative Yuan session discussing the military purchases.[4]

[edit] Valerie Plame investigation

Main article: Plame affair

Journalist Bob Woodward of the Washington Post revealed on November 15, 2005 that "a government official with no axe to grind" leaked to him the identity of outed CIA officer Valerie Plame in mid - June 2003. According to an April 2006 Vanity Fair article (published March 14, 2006), former Washington Post executive editor Ben Bradlee said in an interview "That Armitage is the likely source is a fair assumption," though Bradlee later told the Post that he "[did] not recall making that precise statement" in the interview.[5]

On March 2, 2006, bloggers discovered that "Richard Armitage" fit the spacing on a redacted court document, suggesting he was a source for the Plame leak.[6]

On August 21, 2006, the Associated Press published a story that revealed Armitage met with Bob Woodward in mid - June 2003. The information came from official State Department calendars, provided to The Associated Press under the Freedom of Information Act.[7]

In the September 4, 2006 issue of Newsweek magazine, in an article titled "The Man Who Said Too Much", journalist Michael Isikoff, quoting a "source directly familiar with the conversation who asked not to be identified because of legal sensitivities", reported that Armitage was the "primary" source for Robert Novak's piece outing Plame. Armitage apparently mentioned Ms. Wilson's CIA role to Novak in a July 8, 2003 interview.[8] Isikoff also reported that Armitage had also told Bob Woodward of Plame's identity in June 2003, and that special counsel Patrick Fitzgerald investigated Armitage's role "aggressively", but did not charge Armitage with a crime because he "found no evidence that Armitage knew of Plame's covert CIA status when he talked to Novak and Woodward".

Novak, in an August 27, 2006 appearance on Meet the Press, stated that although he still would not release the name of his source, he felt it was long overdue that the source reveal himself.[9]

Armitage has also reportedly been a cooperative and key witness in the investigation.[10] According to The Washington Note, Armitage has testified before the grand jury three times.[11]

On August 29, 2006 Neil A. Lewis of The New York Times reported that Armitage was the "initial and primary source" for columnist Robert Novak's July

14, 2003 article, which named Valerie Plame as a CIA "operative" and which triggered the CIA leak investigation.[12] On August 30, 2006, CNN reported that Armitage had been confirmed "by sources" as leaking Ms. Wilson's CIA role in a "casual conversation" with Robert Novak.[13] The New York Times, quoting people "familiar with his actions", reported that Armitage was unaware of Ms. Wilson's undercover status when he spoke to Novak.[14]

The Times claims that White House counsel Alberto Gonzales was informed that Armitage was involved on October 2, 2003, but asked not to be told details. Patrick Fitzgerald began his grand jury investigation three months later knowing Armitage was a leaker (as did Attorney General John Ashcroft before turning over the investigation). According to lawyers close to I. Lewis "Scooter" Libby, charged in October 2005 with perjury and obstruction of justice in the CIA leak investigation, "the information about Mr. Armitage's role may help Mr. Libby convince a jury that his actions were relatively inconsequential".[15] Fitzgerald has issued no statement about Armitage's involvement, and as of August 2006, the CIA leak investigation remains open.

On September 7, 2006, Armitage admitted to being the source in the CIA leak. .[16] Armitage claims that Fitzgerald had originally asked him not to discuss publicly his role in the matter, but that on September 5 Armitage asked Fitzgerald if he could reveal his role to the public, and Fitzgerald consented.[16]

In a review of Hubris: The Inside Story of Spin,

Scandal, and the Selling of the Iraq War, by Michael Isikoff and David Corn, which hit book stores in early September 2006, Novak wrote: "I don't know precisely how Isikoff flushed out Armitage [as Novak's original source], but Hubris clearly points to two sources: Washington lobbyist Kenneth Duberstein, Armitage's political adviser, and William Taft IV, who was the State Department legal adviser when Armitage was deputy secretary." [17]

[edit] Pakistan and the War on Terror

Pakistani President Pervez Musharraf, in an interview with CBS News 60 minutes on September 21, 2006, alleged that Armitage called an ISI general immediately after the September 11, 2001 attacks and threatened to "bomb the country (Pakistan) back to the stone age" unless they supported the US - led war on terror. Presently, Musharraf has refused to provide details, commenting that he is unable to provide details due to restrictions by the publisher (Simon & Schuster) of his upcoming book. President Bush on the other hand has mentioned that he only became aware of these comments as late as September 2006, when he read them in the newspapers. Armitage confirmed he had held a conversation with the Pakistani general Mr. Musharraf had sourced the comments to, but said had not threatened military action. It is very likely that he threatened Pakistan considering his denial of his role in Iran Contra affair, his leak of a CIA operative after her husband found no evidence of Iraq acquiring uranuim and the fact that Pakistan would not have allowed Pakistan airfields to be used to bomb Afghanistan ( having over a million Afghan refugees even before the invasion)

Although there is no evidence proving he did or did not pressure Musharraf, it is unlikely that he would have admitted it. Armitage has since denied using a threat couched in such terms, on the claimed basis that he was not authorized to do so.[18]


## 북한 선제공격 주장자: 애슈턴 카터

애슈턴 카터는 북한을 선제공격하라고 수차례 강력히 권고하고 있다.

그는 하버드대 국제관계와 과학 분야 교수다. 그의 권고가 실현되면 수백 만 명 이상이 사망할 것이다. 수백만 명을 죽이면서 북한을 선제공격할 만한 가치는 없다고 본다. 자신은 1만 킬로미터 이상 멀리 떨어진 미국 보스턴 지역에서 강의하면서 안전하게 지낼 수 있다고 생각하며, 한반도에 수백만, 수천만 명이 죽는 결정을 한다는 것은 상식 이하의 판단이다.

이러한 무서운 살상을 동반하는 전략을 구사하고 있는 미국은 안전하지 않다. 그 이유는 미국의 시민들이 서로 총기로 살상하여 1년에 1만 명에서 1만 5000명 정도가 사망하고 있는 극도의 불안정한 안보 상황이기 때문이다. 이는 미국과 미국 시민들이 정신적으로 불안정한 상태라는 것을 증명한다. 치료방법은 미국의 가치를 전환하고 정신적인 치료를 하고, 두 번 이상의 중복적인 중생을 하는 것을 통해서 전쟁 범죄를 범하지 않도록 변화해야 한다. 그리고 살인을 하지 않는 인격을 형성시켜야 한다. 살인하지 말라는 히브리성서의 십계명을 철저히 지키는 국가가 되도록 패러다임을 전환해야 한다. 정신치료, 윤리치료, 인격치료가 병행되어야 한다.

그는 포드 재단이 지원하는 케네디 스쿨에서 '대량살상무기통제', '미국국가안보정책' 과목을 강의하고 있다.

Dr. Ashton B. Carter

Professor of Science and International Affairs,

Harvard University

Dr. Ashton Carter is Co - Director (with former Secretary of Defense William J. Perry) of the Preventive Defense Project, a research collaboration of Harvard's Kennedy School of Government and Stanford University, and he teaches national security policy at the Kennedy School where he is Ford Foundation Professor of Science and International Affairs.

Dr. Carter served as Assistant Secretary of Defense for International Security Policy during President Clinton's first term. He oversaw military planning during the 1994 crisis over North Korea's nuclear weapons program; was instrumental in removing all nuclear weapons from the territories of Ukraine, Kazakstan, and Belarus; directed the establishment of defense and intelligence relationships with the countries of the former Soviet Union when the Cold War ended; and participated in the negotiations that led to the deployment of Russian troops as part of the Bosnia Peace Plan Implementation Force. Dr. Carter oversaw the multi - billion dollar Cooperative Threat Reduction (Nunn - Lugar) program to support elimination of nuclear, chemical, and biological weapons of the former Soviet Union, including the secret removal of 600 kilograms of highly enriched uranium from Kazakstan in the operation code - named Project Sapphire. His arms control responsibilities included the agreement freezing North Korea's nuclear weapons program, the extension of the Nuclear Nonproliferation Treaty, the negotiation of the Comprehensive Test Ban Treaty, and matters involving the START II, ABM, CFE, and other arms control treaties.

Dr. Carter was twice awarded the Department of Defense Distinguished Service Medal, the highest award given by the Department. For his contributions to intelligence, he was awarded the Defense Intelligence Medal. In 1987 Carter was named one of Ten Outstanding Young Americans by the United States Jaycees. He received the American Physical Society's Forum Award for his contributions to physics and public policy.

A longtime member of the Defense Science Board and the Defense Policy Board, the principal advisory bodies to the Secretary of Defense, Dr. Carter continues to serve DOD as an adviser to the Secretary of Defense, a consultant o ton the Defense Science Board, and a member of the National Missile Defense White Team. From 1998 to 2000, he was deputy to former Secretary of Defense William J. Perry in the North Korea Policy Review and traveled with him to Pyongyang. In 2001 - 2002, he served on the National Academy of Sciences Committee on Science and Technology for Countering Terrorism and advised on the creation of the Department of Homeland Security. In 2003 he was a member of the National Security Advisory Group to the U.S. Senate Democratic Leadership, with William Perry, Gen. Wesley K. Clark, Madeleine Albright, and others.

In addition to his public service, Dr. Carter is currently a Senior Partner of Global Technology Partners, Chairman of the Advisory Board of MIT's Lincoln Laboratories, a member of the Draper Laboratory Corporation, and a member of the Board of Directors of Mitretek Systems. He is a consultant to Goldman, Sachs and the MITRE Corporation on international affairs and technology matters, and speaks frequently to business and policy audiences. Dr. Carter is also a member of the Aspen Strategy Group, the Council on Foreign Relations, the American Physical Society, the International Institute of Strategic Studies, and the National Committee on U.S. - China Relations. Dr. Carter was elected a Fellow of the American Academy of Arts and Sciences.

Dr. Carter received bachelor's degrees in physics and in medieval history from Yale University, summa cum laude, Phi Beta Kappa. He received his doctorate in theoretical physics from Oxford University, where he was a Rhodes Scholar.

countering weapons of mass destruction worldwide and for overseeing the U.S. nuclear arsenal and missile defense programs. He was twice awarded the Department of Defense's Distinguished Service Medal, the highest award given by the Pentagon. For his contributions to intelligence, he was awarded the Defense Intelligence Medal. Before his government service, Carter was Director of the Center for Science and International Affairs at the Kennedy School. He received bachelor's degrees in physics and medieval history from Yale University and a doctorate in theoretical physics from Oxford University, where he was a Rhodes Scholar. He has authored numerous scientific articles, government studies, and books.

KENNEDY SCHOOL OF GOVERNMENT FACULTY

Ford Foundation Professor of Science and
International Affairs
International Security Program, Office Address
Kennedy School of Government
79 JFK Street
Cambridge, MA 02138 - 5801
ashton_carter@harvard.edu

Ashton B. Carter is Ford Foundation Professor of Science and International Affairs; Chair of the International Relations, Security, and Science faculty; and Co - Director, with former Secretary of Defense William J. Perry, of the Preventive Defense Project. From 1993 to 1996 he served as Assistant Secretary of Defense for International Security Policy where he was responsible for national security policy on arms control in the states of the former Soviet Union, for

그의 강의 과목은 '미국국가안보정책', '대량살상무기통제하기' 등이다.

COURSES
Fall American National Security Policy
Controlling Weapons of Mass Destruction

RESEARCH
For a complete list of faculty citations from 2001 - Present, please visit the KSG Research Report Online.
Selected Publication Citations
Books 저서들
Carter, Ashton B., and William J. Perry. Preventive Defense: A New Security Strategy for America, Russian Edition. Brookings Institution, 2003.
Committee on Science and Technology for Countering Terrorism (Lewis M. Branscomb (co - chair), Richard D. Klausner (co - chair), Ashton B. Carter, et al.). Making the Nation Safer: The Role of Science and Technology in Countering Terrorism.

National Academies Press, 2002.

Book Chapters 저서 속에 있는 장(章)
Carter, Ashton B. "Overhauling Counterproliferation." Technology in Society: An International Journal - Special Issue: Technology and Science: Entering the 21st Century. Ed. George Bugliarello and A. George Schillinger. Elsevier, April/August 2004, 257 - 269.
Carter, Ashton B. "The Architecture of Government in the Face of Terrorism." Countering Terrorism: Dimensions of Preparedness. Ed. Arnold M. Howitt and Robyn L. Pangi. MIT Press, 2003, 17 - 36.
Carter, Ashton B., and Gerald L. Epstein. "A Dedicated Organization in Congress." Science and Technology Advice for Congress. Ed. M. Granger Morgan and Jon M. Peha. RFF, 2003, 157 - 163.
Carter, Ashton B., and L. Celeste Johnson. "Beyond the Counterproliferation Initiative." Twenty - First Century Weapons Proliferation: Are We Ready? Ed. Henry Sokolski and James M. Ludes. Cass, 2001.
Carter, Ashton B., Marcel Lettre, and Shane Smith. "Countering Asymmetric Threats." Keeping the Edge: Managing Defense for the Future. Ed. Ashton B. Carter and John P. White. MIT Press, 2001, 119 - 128.
Carter, Ashton B., Marcel Lettre, and Shane Smith. "Keeping the Technological Edge." Keeping the Edge: Managing Defense for the Future. Ed. Ashton B. Carter and John P. White. MIT Press, 2001, 129 - 164.
Carter, Ashton B. "Keeping the Edge: Managing Defense for the Future." Keeping the Edge: Managing Defense for the Future. Ed. Ashton B. Carter and John P. White. MIT Press, 2001, 1 - 26.
Carter, Ashton B. "National Innovation to Combat Catastrophic Terrorism." Firepower in the Lab: Automation in the Fight Against Infectious Diseases and Bioterrorism. Ed. Scott P. Layne, Tony J. Beugelsdijk, and C. Kumar N. Patel. Henry, 2001, 187 - 191.
Carter, Ashton B. "National Security Strategy." American Military Strategy: Memos to a President. Ed. Philip D. Zelikow. Norton, 2001, 33 - 48.
Academic Journals
Carter, Ashton B. "America's New Strategic Partner." Foreign Affairs 85.4 (July/August 2006): 33 - 44.
Carter, Ashton B. and Stephen LaMontagne. "Toolbox: Containing the Nuclear Red Zone Threat." The American Interest 1.3 (Spring 2006): 28 - 40.
Carter, Ashton B., and Stephen A. LaMontagne. "A Fuel - Cycle Fix." Bulletin of the Atomic Scientists 62.1 (January/February 2006): 24 - 25.
Carter, Ashton B. "How to Counter WMD." Foreign Affairs 83.5 (September - October 2004): 72 - 85.
Carter, Ashton B. "The Architecture of Government in the Face of Terrorism." International Security 26.3 (Winter 2001/2002): 5 - 23.
Carter, Ashton B. "Keeping America's Military Edge." Foreign Affairs 80.1 (January - February 2001): 90 - 105.

Edited Volumes

Carter, Ashton B., and John P. White, eds. Keeping the Edge: Managing Defense for the Future. MIT Press, 2001.

Magazine and Newspaper Articles

Carter, Ashton B. "The Korean Nuclear Crisis: Preventing the Truly Dangerous Spread of Weapons of Mass Destruction." Harvard Magazine September/October 2003: 38-41.

Bellin, Eva, Ashton B. Carter, Philip B. Heyman, David Little, Louise M. Richardson, and Jessica Stern. "Understanding Terrorism: A Harvard Magazine Rountable." Harvard Magazine January - February 2002: 36-49.

Op-Eds

Carter, Ashton B., and William J. Perry. "If Necessary, Strike and Destroy: North Korea Cannot Be Allowed to Test This Missile." Washington Post, June 22, 2006.

Carter, Ashton B. "A Failure of Policy, Not Spying." Washington Post, April 5, 2005.

Carter, Ashton B. "A Failure of Policy, Not Spying." Sunday Washington Post, April 3, 2005.

Carter, Ashton B., Arnold Kanter, William J. Perry, and Brent Scowcroft. "Good Nukes, Bad Nukes." New York Times, December 22, 2003.

Carter, Ashton B., William J. Perry, and John M. Shalikashvili. "A Scary Thought: Loose Nukes in North Korea." Wall Street Journal, February 6, 2003.

Carter, Ashton B., and William J. Perry. "The Crisis Last Time." New York Times, January 19, 2003.

Carter, Ashton B. "Nuclear Over North Korea: Back to the Brink." Washington Post, October 20, 2002.

Carter, Ashton B. "Throw the Net Worldwide." Washington Post, June 12, 2002.

Carter, Ashton. "Counterterror's Management Style." New York Times, June 8, 2002.

Carter, Ashton B., and Richard Lugar. "A New Era, A New Threat." Financial Times, May 23, 2002.

Carter, Ashton B. "How Ridge Can Secure the Homeland." Boston Globe, October 4, 2001.

Carter, Ashton B. "Countering Sokolski." Bulletin of the Atomic Scientists, May/June 2001.

Research Papers/Reports

Perry, William J. (chair), with Madeleine K. Albright, Graham T. Allison, Samuel R. Berger, Ashton B. Carter, Gen. Wesley K. Clark, Thomas E. Donilon, Michele A. Flournoy, John D. Podesta, Susan E. Rice, Gen. John M. Shalikashvili, Wendy R. Sherman, Elizabeth Sherwood - Randall, and James B. Steinberg. "The U.S. Military: Under Strain and at Risk." National Security Advisory Group Report, January 2006.

Perry, William J. (chair), with Madeleine K. Albright, Graham T. Allison, Samuel R. Berger, Ashton B. Carter, Gen. Wesley K. Clark, Thomas E. Donilon, Michele A. Flournoy, John D. Podesta, Susan E. Rice, Gen. John M. Shalikashvili, Wendy R. Sherman, Elizabeth Sherwood - Randall, and James B. Steinberg. "Worst Weapons in Worst Hands: U.S. Inaction on the Nuclear Terror Threat Since 9/11, and a Path of Action." National Security Advisory Group Report, July 2005.

Carter, Ashton B., Ronald Lehman II, Robert Einhorn, Alan A. Foley, Arnold Kanter, David Kay, et al. "Interim Report on Nuclear Threat Reduction and the Fuel Cycle." Policy Advisory Group on Nonproliferation, July 2005.

Carter, Ashton B. "The Essential Features of a Focused Strategy to Deal with the Proliferation Challenge: What Has Been Done and What Is to Be Done?" In The Challenge of Proliferation: A Report of the Aspen Strategy Group, Ed. Kurt M. Campbell, August 2004.

Perry, William J. (chair), with Madeleine K. Albright,

Samuel R. Berger, Louis Caldera, Ashton B. Carter, Gen. Wesley K. Clark, Michele A. Flournoy, Alfonso E. Lenhardt, John D. Podesta, Gen. John M. Shalikashvili, and Elizabeth Sherwood - Randall. "An American Security Policy: Challenge, Opportunity, Commitment." National Security Advisory Group Report, July 2003.

Perry, William J. (chair), with Madeleine K. Albright, Samuel R. Berger, Louis Caldera, Ashton B. Carter, Gen. Wesley K. Clark, Michele A. Flournoy, Alfonso E. Lenhardt, John D. Podesta, Gen. John M. Shalikashvili, and Elizabeth Sherwood - Randall. "The Loose Nukes Crisis in North Korea." National Security Advisory Group Report, March 2003.

The Markle Foundation Task Force on National Security in the Information Age. "Protecting America's Freedom in the Information Age." Markle Foundation, October 2002.

Reviews

Carter, Ashton B. "A Prescription for Peace." Review of No More Killing Fields: Preventing Deadly Conflict, by David A. Hamburg. Science, 300.5624 May 30, 2003: 1374.

참조 38.

# 북한 인권과 유엔, 미국 보고서

**North Korea: Human Rights Concerns for the 61st Session of the U.N. Commission (Human Rights Watch, 4 - 4 - 2005)**
**North Korea: Human Rights Concerns for the 61st Session of the U.N. Commission**

### Objective

The Commission on Human Rights should adopt a resolution condemning North Korea (Democratic People's Republic of Korea) for violations of rights to freedom of the press, speech, movement, and religion. The resolution should urge reforms to North Korea's penal code, which criminalizes the act of leaving the country without state permission as an act of treason. The Commission should also urge North Korea to develop direct, meaningful dialogue with U.N. experts on human rights, including Mr. Vitit Muntarbhorn, U.N. Special Rapporteur for Human Rights in North Korea, and invite them to visit North Korea for monitoring.

### Background

Despite two consecutive resolutions by the U.N. Commission on Human Rights against its abysmal human rights record, North Korea has largely shunned dialogue with U.N. experts on human rights. Although North Korea has acceded to the International Covenants on Civil and Political Rights and on Economic, Social, and Cultural Rights, it routinely and egregiously violates nearly all international human rights standards. North Korea remains among the world's most repressive governments.

North Korean Refugees. According to various sources, there are between 30,000 and 300,000 North Koreans living in China, after fleeing their home country to avoid hunger or political persecution. Under the North Korean law, it is an act of treason to leave the country without state permission, and North Korean agents hunt them down for forcible repatriation. Once repatriated, if they are found to have crossed the border repeatedly, or have had contact with westerners or South Koreans while in China, especially missionaries, they become subject to harsh punishments including terms in forced labor camps.

Detention and Torture. Those arrested or detained in North Korea face harsh interrogation, often accompanied by torture, to extract confessions. No legal counsel is provided or allowed throughout the process. The judiciary is neither independent, nor impartial. All individuals held in prisons are subjected to forced labor, and face cruel, inhuman, and degrading treatment; many die in prison because of mistreatment, malnutrition, and lack of medical care. Torture appears to be endemic.

Death Penalty and Public Executions. Under North Korea's penal code, theft of food is punishable by death, in addition to premeditated murder, so - called anti - state crimes such as treason, sedition, and acts of terrorism. Numerous eyewitness accounts by North Korean refugees have detailed how executions are carried out publicly, often at crowded market places, and in the presence of children, as a lesson to the general population.

Freedom of Press and Religion. In North Korea, all media are either run or controlled by the state. All TVs and radios are fixed so that they can transmit only state channels. The simple act of watching or listening to the foreign press or tampering with TVs or radios for this purpose's a crime that carries harsh punishment. All publications are subject to supervision and censorship by the state. All prayers and religious studies are supervised by the state, and often used for state propaganda. Independent worship is not allowed.

Education and Work. Although all North Korean children are required to attend school for eleven years, it is generally children of the core group who are allowed to advance to college and hold prominent occupations. Those belonging to favering or hostile groups have very limited or no choice in education or work. North Korea has numerous trade unions in all industrial sectors, but the unions are all controlled by the state. Strikes and collective bargaining are illegal, as are all independently organized labor activities.

Discrimination in Medical Care. While hospitals for the elite class are equipped with modern medicine and facilities, those for the rest of the population often lack even very basic supplies such as bandages or antibiotics. Many North Koreans, especially children, suffer from diseases that can be easily treated.

Absence of Civil Society. There is no organized political opposition in North Korea. There are no independent nongovernmental organizations of any kind, including human rights organizations. State elections are held periodically, but all candidates are state candidates, and voting is openly monitored by state officials. Expression of dissent against government policy or doctrines is considered a serious offense against the state. For political crimes, whether actual or perceived, collective punishment of entire families is the norm.

Recommendations

The Commission on Human Rights should: Call on the North Korean authorities to immediately stop the practice of forced repatriation of North Koreans in China; Urge North Korea to release all those held for the peaceful exercise of rights to freedom of the press, speech, movement, and religion; Urge North Korea to amend its laws and regulations to make them consistent with international standards; Urge North Korea to develop direct dialogues with the United Nations High Commissioner for Human Rights, the Special Rapporteur on Torture and Other Cruel, Inhuman or Degrading Treatment or Punishment, the Special Rapporteur on Freedom of Religion or Belief, and the Special Rapporteur for Human Rights in North Korea.
Contribute to Human Rights Watch

'인권 및 민주주의 지원' 미 국무부 연례보고서 2005 ~2006 : 주한미국대사관
국가별 테러리즘 현황 보고서 - 한국
국가별 테러리즘 현황 보고서 - 북한
국가별 테러리즘 현황 보고서 - 전체 보고서
인권과 민주주의를 지지하며: 미국 기록 2005~2006

북한 - 민주주의, 인권, 노동국 발간

부시 대통령은 2004년 북한 인권법(North Korean Human Rights Act, 이하 NKHRA)을 서명할 때 "북한은 전 세계에서 가장 억압적이고, 아시아의 다른 민주 국가들과 대척점에 놓인 나라다. 북한은 또 세계에서 가장 폐쇄적이고 군사화된 나라이며, 조선 노동당 총비서인 김정일의 절대통치하에 놓인 독재 국가다"라고 했다.

현재 북한에는 약 15만 명에서 20만 명이 주로 정치적 이유로 수감되어 있는 것으로 추정된다. 탈북자들에 따르면 이들 중 상당수가 고문, 기아, 질병, 유기 혹은 이들 중 두 가지 이상의 원인으로 죽어가고 있다고 한다. 북한 관리들이 감옥에서의 출산을 금하기 때문에 강제 낙태가 이루어지고 있는데, 중국에서 송환된 여성 수감자 수용 시설에서 특히 심하다고 알려져 있다. 과거 소수의 탈북자들에 의해서 북한이 1990년대 초까지 다양한 생화학 물질에 대한 생체 실험을 해왔다는 증언이 있었지만, 확인되지는 않았다.

북한 정권은 표현, 종교, 집회, 결사의 자유를 억압하는 방식으로 주민들의 삶을 다각도로 통제하고 있다. 중국에 의한 탈북자들의 북한 송환은 미국이 특히 우려하고 있는 사안이다. 송환된 탈북자들 대다수는 도착 즉시 가혹한 처벌에 직면하며, 어떤 경우 사형에 처해지기도 한다. 미국 정부는 여러 차례 중국 정부에 탈북자 송환에 대한 반대를 표명한 바 있다. 북한은 또한 주민들의 이동의 자유와 노동권도 엄격히 제한하고 있다. 북한 여성과 어린 소녀들이 중국에서 인신매매되고 있다는 보도도 광범위하게 전해진다.

12월, 미국 정부는 유엔 세계 식량 프로그램(UN World Food Program)에 대한 지원을 포함한 인도적 원조를 전면 중단했다. NKHRA는 북한의 심각한 인권상황에 대한 인식을 제고하고, 북한 난민을 위한 영구적 해결책을 찾기 위한 목적으로 2004년 제정되었다. 이 법의 제정 이후, 미국은 북한 인권 문제에 좀 더

적극적으로 관여하고 있다. 2005년 8월, 부시 대통령은 NKHRA에 의거해 북한 인권 특사를 임명했다. 이후 북한 인권 특사는 한국, 일본을 포함한 많은 국가들에 북한에 인권 상황 대처 및 개선을 촉구하며 확대되어가는 국제적 움직임에 동참할 것을 촉구했다.

2005년 한 해 미국 정부는 북한 인권에 관한 세 차례의 회의와 관련 프로그램에 재정 지원을 했다. 7월 워싱턴에서 비정부 기구인 프리덤 하우스(Freedom House) 주관으로 제 1회 북한 인권 회의가 열렸다. 이 회의에는 민주주의와 세계 문제 담당 국무부 차관과 그 밖에 여러 미국의 의회 의원들이 참석했다. 12월 서울에서 열린 그 두 번째 회의에서 북한 인권 특사와 주한 미국 대사가 참석해 북한의 인권 상황에 대해 우려를 표명했고, 또 북한 정부에게 북한 상황에 대해 높아져가는 국제적 관심에 귀를 기울일 것을 촉구했다. 프리덤 하우스가 주관하는 제 3회 북한 인권 회의는 이번 봄 유럽에서 개최될 예정이다. 뿐만 아니라 민주주의, 인권, 노동국(Bureau of Democracy, Human Rights and Labor)은 민주주의 재단(National Endowment for Democracy)을 지속적으로 지원해 한국의 NGO들이 북한 인권 상황 감시와 보고를 개선, 확대하는 노력을 돕고 있다. 수많은 미국 관리들이 국제 사회와 미국민들을 상대로 북한의 인권 탄압과 인도주의적 사안에 대한 인식을 제고하기 위해 노력하고 있다. 미국은 양자 혹은 다자간 석상에서 많은 국가들 앞에서 북한에 대한 우려를 주기적으로 표명해왔다. 미국은 또한 이들 국가들로 하여금 북한과 양자 관계를 맺고자 할 때, 북한 인권 상황의 구체적 · 지속적 · 검증 가능한 방식으로의 개선을 중요한 요건으로 내세울 것을 촉구하고 있다.

2005년 4월, 여러 국무부 관리들이 북한의 인권 상황과 NKHRA을 실행에 옮기기 위한 미 정부의 노력에 대해 하원 국제 관계 위원회에서 증언했다. 국무부 동아시아 태평양 담당 차관보는, 북한의 인권 상황에 대한 대화를 벌이고 인권 상황 개선의 기준을 마련하는 것이 북한을 국제 사회에 동참시키고, 미국과의 관계를 정상화시키는 데 꼭 필요하다고 공언하기도 했다. 미국은 UN인권 위원회에서 다른 관련국들과의 협력을 통해 북한 인권 상황을 규탄하는 결의안을 통과시키기 위해 3년째 힘쓰고 있다. 이 결의안에 따르면 북한은 북한이 가입하고 있는 여러 인권 협약에 따른 의무를 이행해야 할 것이다. 이 결의안은 또한 북한 정부로 하여금 UN 특사를 북한으로 초청하고, 인도적 기구들이 북한에 자유롭게 드나들수 있도록 허용할 것을 촉구하고 있다.

2005년 11월, 미국은 북한의 열악한 인권 상황을 규탄하는 비슷한 결의안을 UN 총회에서 공동 발의했고, 이후 UN 총회는 사상 처음으로 북한에 대한 결의안을 통과시켰다. 미국은 여전히 북한 난민들의 고충에 대해 깊이 우려하고 있고, NKHRA에서 밝힌 바와 같이 이들을 위한 영구적인 해결책을 찾기 위해 부단히 힘쓰고 있다. 미국은 역내 여타 정부들과 협력해 북한 난민들의 보호와 이들에 대한 지원을 촉구하고 있으며, 이들의 영구적 재정착을 원활히 돕기 위해 노력하고 있다. 미국은 또 중국에 대해서도 난민 지위에 관한 1951년 협약과 1967년 의정서에 준하는 국제적 의무의 이행을 꾸준히 촉구하고 있다. 미국은 앞으로도 지속적으로 중국에게 UN 고등판무관이 이들 북한 난민들의 상황을 평가해 지위를 판단할 수 있도록 접근을 허용할 것을 요구할 계획이다.

2005년 국무장관은 국제 종교 자유법(International Religious Freedom Act)에 의거해 북한을 종교적 자유를 극심하게 침해하는 "특별 우려국(Country of Particular Concern)" 으로 지정했다. 북한은 미국의 인권 보고서에서도 3등급 국가로 판정받아 여성과 어린 여아들의 인신매매를 막지 못할 경우 미국의 재제를 받을지도 모를 처지에 처했다.

# 열린평화포럼의 발표문(노정선)

스텔스 15대는 한반도에, 칼빈슨스 항모가 한반도와 일본에 도착하면서 2003년 이라크 공격 수준이 유지되고 있다. 괌에도 24대 편대가 북 폭격용으로 수시 배치되고 있다.

남한은 대규모 북한 경제 살리기에 나서야 한다. 경제통일을 추진하고, 경제로서 전쟁과 인권유린을 막아야 한다. 식량 100만 톤, 비료 50만 톤을 차관 등으로 공급하고, 개성 6600제곱미터(2000만 평)를 신속히 완공하고, 전기 에너지 50만 킬로와트를 즉시 북에 공급하고(차관 · 판매 등), 핵전기생산공동협력을 신포에서 완공해야 한다.

1000개 이상의 핵무기를 생산할 수 있는 일본에 대응세력을 구축해야 하며, 바닷물에서 중수소를 얻어 헬륨 열융합에너지를 생성할 수 있는 KSTAR(완공 예정) 확보하는데 정부는 5조에서 10조를 추가로 투입하고, ITER(International Termonuclear energy research)를 한반도에 유치하도록 노력해야 한다.

전시작전권을 한국 대통령이 소유한다는 입법조치를 하고, 전시작전권을 우리 정부가 소유하도록 해야 한다.

미국과 북한은 국교를 수립하고 선린우호관계를 정립하는 것이 전쟁 예방의 최선의 길이다. 미국은 북측에 대해서 경제제재를 중단하고 최혜국대우를 해야 한다(MFN, most favoured nations).

북이 핵발전소를 자체 기술로서 태천에 건설하는 것을 저지하지 말아야 한다(태천, 영변 250만 킬로와트급).

미국의 정책과 전략이 인종차별, 약소민족 차별을 초래했다. 한반도와 한국인들, 북한인들의 과거와 현재와 미래에 끼칠 부정적인 영향을 검토하고 잘못을 예방해야 한다.

미국은 태평양에서 마셜 아일랜드의 브라보 테스트(3.1, 1954)와 같은 수준의 핵전쟁과 핵 실험을 해서는 안 된다.

일본과 미국이 가쯔라-태프트 밀약으로 한반도를 식민지로 점령하는 작업을 한 것을 지적하고, 앞으로 양국이 동맹 및 밀약으로 다시 한반도를 침탈하려는 의도가 발생하지 않도록 해야 하며, 미국과 일본은 1905년에 대한 반성과 보상과 배상을 해야 한다. 어떠한 이유로든 미 · 일군사동맹이 한반도에서 대량살상의 전쟁을 도발시키지 못하도록 해야 한다.

미국과 소련이 한반도를 분단점령한 일이 한민족의 피해와 비극의 원인이었음을 양국은 뉘우치고, 분단 극복 과정에서 또 다시 방해자의 역할을 하지 말아야 하며, 주변 강국들의 통일 지향 과정에 긍정적이고 보조적인 역할을 해야 하며 간섭이나 저지나 방해를 해서는 안 된다.

전 세계의 핵무기를 완전하고, 돌이킬 수 없고, 증명할 수 있도록 폐기한다. 그리고 핵무기보유국과 준보유국(일본 등)들은 우선적으로, 동시적으로 이를 실천한 이후에 핵약소국들에게 핵무기를 전파하거나 확산하는 일을 중단해야 한다(선 CVID Nuke - haves, 후 CVID nuke - have - nots).

한국은 3%의 농축 핵연료를 300톤 이상 비축하여, 앞으로 계속해서 일본이 대량의 플루토늄을 보유함으로써 한반도를 핵능력과 무기로 위협하는 데 대한 대응 예방적인 국방 능력을 세워야 한다.

남북(북남)통일준비위원회를 대통령 직속으로 남과 북에 설치하는 것을 권고한다.

북한을 기아로 압박하는 경제제재를 중단하고, 북한의 인권을 유린하는 미국의 대북 압박, 경제제재를 중단하여 북한의 인권을 신장해야 한다. 북한의 식량 인권을 신장시키는 식량협력공동체를 구성해야 한다.

일본은 북한에 대해서 100억 유로를 지불하여 일제강점기의 착취, 침탈, 납치, 군대 성노예, 강제노동, 강제징용에 대하여 보상 및 배상하고, 일본은 평양과 평양선언을 준수하고, 국교를 즉시 수립하고, 미국은 북한에 대한 5026, 5027, 5029, 5030, 8022 군사작전을 중단하고 즉시 북·미수교를 맺어야 한다.

## 참조 40.
# 박한식 교수의 해석

**Radio Free Asia(아시아 자유방송)**

**Korean**

**2007.03.02**

**동아시아의 자유언론**

"북, 미국과 수교 전 핵 포기 안할 것" - 전문가

2006.08.02

북한이 지난달 초 미사일을 시험 발사한 뒤 7월 중순 북한을 방문했던 미국 조지아대학의 박한식 교수는 북한이 미국과 수교를 하기 전에는 핵을 결코 포기하지 않을 것이라고 말했습니다. 박 교수는 2일 자유아시아방송과 회견에서 북한 핵문제를 해결하기 위해서는 미국은 북한과 양자 대화를 해야 할 것이라고 말했습니다.

북한 전문가로서 1980년대부터 북한을 수십 차례 방문한 바 있는 박한식 교수는 미국과의 외교 관계 정상화 이전에는 북한 김정일 정권이 핵을 완전히 포기하기가 힘들 것으로 내다봤습니다. 하지만 북-미수교를 통해 제도적으로 정권의 안위를 확보할 경우 북한은 기꺼이 핵을 포기할 것이라고 전망했습니다.

박한식: 북-미 간 국교가 정상화되기 전에 (북한의) 완전한 핵포기를 기대할 수 없다고 생각한다. 북-미 정치관계가 정상화되고 평화협정과 불가침조약이 이뤄진 상황에서는 북한이 (오히려) 핵무기를 포기하는 것을 선호한다고 생각한다. 또 그렇게 핵을 포기한 후에도 정권 유지에는 아무런 지장이 없을 것으로 본다.

박 교수는 북한이 국제사회의 만류에도 불구하고 7월 초 미사일 시험 발사를 강행한 이유는 군사력을 과시하기 위해서가 아니라 북한 문제의 심각성을 국제사회에 알리고 또 이를 조속히 해결해야 한다는 의지를 표현한 것이라고 분석했습니다. 그는 북한이 핵무기 개발 등 군사력 강화를 진정으로 꾀했다면 그것은 비밀리에 할 수도 있었을 것이라고 말했습니다.

박한식: 이 시점에서 이것을 그렇게(조용히 무기 개발을) 하지 않고 미사일을 발사함으로써 국제적인 관심을 끈 것은 미국과 직접 대화를 통해 북한 문제를 해결하자는 의지를 나타냈다고 본다.

북한이 미국의 대북 금융조치 등 국제사회의 핵포기 압박 때문에 미사일 발사를 강행한 것이 아니냐는 지적과 관련해 박 교수는 미국의 금융제재는 실질적인 효과보다는 상징적 의미가 크다며 그러한 압박 때문에 미사일을 발사하지는 않은 것으로 본다고 말했습니다.

그는 북한이 미국과의 협상을 원하고 있는 것은 북한이 전쟁을 대비하기 위해 막대한 자원을 군비에 쏟아야 하는 상황을 더 이상 원치 않고 있으며 모든 국력을 모아 북한 경제 개발에 매진하길 바라기 때문이라고 말했습니다.

박 교수는 북한은 앞으로 얼마든지 미사일을 추가로 시험 발사할 수 있을 것으로 내다봤습니다. 북한 관리들은 미사일 시험 발사가 주권 국가의 행위로서 국제법에 저촉되지 않는 것으로 보고 있다고 말했습니다.

박한식: 북한 군부는 우리가 미국으로부터 공격당하게 됐다고 철저히 믿게 되면 지금까지 허리띠를 졸라매고 만들어놓은 무기가 그대로 파괴되는 것을 보고만 있지는 않을 것이다. 미사일을 더 쏘는 것은 얼마든지 가까운 장래에 있을 수 있다고 생각한다. 여러

북한 사람들에게 들었지만 미사일을 쏘는 것은 국제법 위반이 아니다.

그 때문에 국제사회가 북한의 미사일 발사를 제지하려고 하면, 북한은 주권 행사를 과시하기 위해서라도 더욱 미사일을 시험발사할 수도 있다고 박 교수는 말했습니다. 하지만 일각에서 제기하고 있는 북한의 핵연료 재처리 가능성과 관련해서는 북한이 이미 핵보유 선언까지 한 마당에 핵연료 재처리 등으로 더 이상 군사력을 과시할 필요는 없을 것으로 본다고 덧붙였습니다.

박 교수는 북한의 인권문제와 불법행위 문제와 관련해서는 물론 해결해야 할 과제지만 우선순위에서 북한의 핵문제 해결이 선행되어야 한다고 말했습니다. 그러기 위해서 미국은 6자회담 틀안이 아닌 별도의 양자 대화라는 북한의 요청을 수락하고 이것을 6자회담과 병행하면서 문제를 해결해나가야 한다고 말했습니다.

박 교수는 북한이 미국과의 양자 대화를 원하는 것은 특별히 미국으로부터 무엇인가 더 얻어내겠다는 의도라기보다 부시 행정부가 북한을 대등한 협상 상대로 인정해주길 원하기 때문이라고 덧붙였습니다.

박 교수는 또 최근 자신의 기고문을 인용한, 북한이 제2의 한국전쟁을 준비하고 있다는 남한 언론보도와 관련해 그 진의가 다소 와전된 것 같다고 지적했습니다. 북한이 적극적으로 남침을 준비하고 있다는 것이 아니라 미국과 전쟁에 대비하고 있다는 것입니다.

박한식: 북한이 전쟁에 대비를 하고 있다. 악의 축의 일원으로서 공격당할 것을 대비해 만반의 대비를 하고 있다는 뜻이다. 제2의 남침을 준비하고 있다고까지 해석하는데 그것은 내 의도, 또 내가 쓴 것과 다르다.

한편, 박 교수는 최근 남한이 북한의 미사일 발사와 관

련, 보류한 대북 식량지원 문제와 관련해 인도적 차원의 식량 지원은 반드시 계속되어야 한다고 지적했습니다. 오히려 남한이 북한에 압박을 가하길 원한다면 금강산 관광 사업이나 개성공단 사업의 축소해야 한다고 주장했습니다.

워싱턴 - 양성원



## 참조 41.
# 유엔 결의문, 북핵 실험 (2006. 10. 9)

북한이 핵실험 성공을 한 직후 유엔에서 결의문이 나왔다.

### Text of the U.N. Resolution on N. Korea

The text of the U.N. resolution passed Saturday that imposes sanctions on North Korea for its claimed nuclear test: The Security Council, Recalling its previous relevant resolutions, including resolution 825 (1993), resolution 1540 (2004) and, in particular, resolution 1695 (2006), as well as the statement of its President of 6 October 2006 (S/PRST/2006/41), Reaffirming that proliferation of nuclear, chemical and biological weapons, as well as their means of delivery, constitutes a threat to international peace and security, Expressing the gravest concern at the claim by the Democratic Peoples Republic of Korea (DPRK) that it has conducted a test of a nuclear weapon on 9 October 2006, and at the challenge such a test constitutes to the Treaty on the Non - Proliferation of Nuclear Weapons and to international efforts aimed at strengthening the global regime of non - proliferation of nuclear weapons, and the danger it poses to peace and stability in the region and beyond, Expressing its firm conviction that the international regime on the non - proliferation of nuclear weapons should be maintained and recalling that the DPRK cannot have the status of a nuclear - weapon state in accordance with the Treaty on the Non - Proliferation of Nuclear Weapons, Deploring the DPRKs announcement of withdrawal from the

Treaty on the Non - Proliferation of Nuclear Weapons and its pursuit of nuclear weapons, Deploring further that the DPRK has refused to return to the Six - Party talks without precondition, Endorsing the Joint Statement issued on 19 September 2005 by China, the DPRK, Japan, the Republic of Korea, the Russian Federation and the United States, Underlining the importance that the DPRK respond to other security and humanitarian concerns of the international community, Expressing profound concern that the test claimed by the DPRK has generated increased tension in the region and beyond, and determining therefore that there is a clear threat to international peace and security, Acting under Chapter VII of the Charter of the United Nations, and taking measures under its Article 41,

1. Condemns the nuclear test proclaimed by the DPRK on 9 October 2006 in flagrant disregard of its relevant resolutions, in particular resolution 1695 (2006), as well as of the statement of its President of 6 October 2006 (S/PRST/2006/41), including that such a test would bring universal condemnation of the international community and would represent a clear threat to international peace and security;

2. Demands that the DPRK not conduct any further nuclear test or launch of a ballistic missile;

3. Demands that the DPRK immediately retract its announcement of withdrawal from the Treaty on the Non - Proliferation of Nuclear Weapons;

4. Demands further that the DPRK return to the Treaty on the Non - Proliferation of Nuclear Weapons and International Atomic Energy Agency (IAEA) safeguards, and underlines the need for all States Parties to the Treaty on the Non - Proliferation of

Nuclear Weapons to continue to comply with their Treaty obligations;

5. Decides that the DPRK shall suspend all activities related to its ballistic missile programme and in this context re - establish its pre - existing commitments to a moratorium on missile launching;

6. Decides that the DPRK shall abandon all nuclear weapons and existing nuclear programmes in a complete, verifiable and irreversible manner, shall act strictly in accordance with the obligations applicable to parties under the Treaty on the Non - Proliferation of Nuclear Weapons and the terms and conditions of its International Atomic Energy Agency (IAEA) Safeguards Agreement (IAEA INFCIRC/403) and shall provide the IAEA transparency measures extending beyond these requirements, including such access to individuals, documentation, equipments and facilities as may be required and deemed necessary by the IAEA;

7. Decides also that the DPRK shall abandon all other existing weapons of mass destruction and ballistic missile programme in a complete, verifiable and irreversible manner;

8. Decides that:

(a) all Member States shall prevent the direct or indirect supply, sale or transfer to the DPRK, through their territories or by their nationals, or using their flag vessels or aircraft, and whether or not originating in their territories, of:

(i) any battle tanks, armoured combat vehicles, large calibre artillery systems, combat aircraft, attack helicopters, warships, missiles or missile systems as defined for the purpose of the United Nations Register on Conventional Arms, or related materiel including spare parts, or items as determined by the Security Council or the Committee established by paragraph 12 below (the Committee);

(ii) all items, materials, equipment, goods and technology as set out in the lists in documents S/2006/814 and S/2006/815, unless within 14 days of adoption of this resolution the Committee has amended or completed their provisions also taking into account the list in document S/2006/816, as well as other items, materials, equipment, goods and technology, determined by the Security Council or the Committee, which could contribute to DPRKs nuclear - related, ballistic missile - related or other weapons of mass destruction - related programmes;

(iii) luxury goods;

(b) the DPRK shall cease the export of all items covered in subparagraphs (a) (i) and (a) (ii) above and that all Member States shall prohibit the procurement of such items from the DPRK by their nationals, or using their flagged vessels or aircraft, and whether or not originating in the territory of the DPRK;

(c) all Member States shall prevent any transfers to the DPRK by their nationals or from their territories, or from the DPRK by its nationals or from its territory, of technical training, advice, services or assistance related to the provision, manufacture, maintenance or use of the items in subparagraphs (a) (i) and (a) (ii) above;

(d) all Member States shall, in accordance with their respective legal processes, freeze immediately the funds, other financial assets and economic resources which are on their territories at the date of the adoption of this resolution or at any time thereafter, that are owned or controlled, directly or indirectly, by the persons or entities designated by the Committee or by the Security Council as being engaged in or providing support for, including through other illicit means, DPRKs nuclear - related, other weapons of mass destruction - related and ballistic missile - related programmes, or by persons or entities acting on their behalf or at their direction, and ensure that any funds, financial assets or economic resources are prevented from being made available by their nationals or by any persons or entities within their territories, to or for the benefit of such persons or entities;

(e) all Member States shall take the necessary steps to prevent the entry into or transit through their territories of the persons designated by the Committee or by the Security Council as being responsible for, including through supporting or promoting, DPRK policies in relation to the DPRKs nuclear - related, ballistic missile - related and other weapons of mass destruction - related programmes, together with their family members, provided that nothing in this paragraph shall oblige a state to refuse its own nationals entry into its territory;

(f) in order to ensure compliance with the requirements of this paragraph, and thereby preventing illicit trafficking in nuclear, chemical or biological weapons, their means of delivery and related materials, all Member States are called upon to take, in accordance with their national authorities and legislation, and consistent with international law, cooperative action including through inspection of cargo to and from the DPRK, as necessary;

9. Decides that the provisions of paragraph 8 (d)

above do not apply to financial or other assets or resources that have been determined by relevant States:

(a) to be necessary for basic expenses, including payment for foodstuffs, rent or mortgage, medicines and medical treatment, taxes, insurance premiums, and public utility charges, or exclusively for payment of reasonable professional fees and reimbursement of incurred expenses associated with the provision of legal services, or fees or service charges, in accordance with national laws, for routine holding or maintenance of frozen funds, other financial assets and economic resources, after notification by the relevant States to the Committee of the intention to authorize, where appropriate, access to such funds, other financial assets and economic resources and in the absence of a negative decision by the Committee within five working days of such notification;

(b) to be necessary for extraordinary expenses, provided that such determination has been notified by the relevant States to the Committee and has been approved by the Committee; or

(c) to be subject of a judicial, administrative or arbitral lien or judgement, in which case the funds, other financial assets and economic resources may be used to satisfy that lien or judgement provided that the lien or judgement was entered prior to the date of the present resolution, is not for the benefit of a person referred to in paragraph 8

(d) above or an individual or entity identified by the Security Council or the Committee, and has been notified by the relevant States to the Committee;

10. Decides that the measures imposed by paragraph 8(e) above shall not apply where the Committee determines on a case - by - case basis that such travel is justified on the grounds of humanitarian need, including religious obligations, or where the Committee concludes that an exemption would otherwise further the objectives of the present resolution;

11. Calls upon all Member States to report to the Security Council within thirty days of the adoption of this resolution on the steps they have taken with a view to implementing effectively the provisions of paragraph 8 above;

12. Decides to establish, in accordance with rule 28 of its provisional rules of procedure, a Committee of the Security Council consisting of all the members of the Council, to undertake the following tasks:

(a) to seek from all States, in particular those producing or possessing the items, materials, equipment, goods and technology referred to in paragraph 8 (a) above, information regarding the actions taken by them to implement effectively the measures imposed by paragraph 8 above of this resolution and whatever further information it may consider useful in this regard;

(b) to examine and take appropriate action on information regarding alleged violations of measures imposed by paragraph 8 of this resolution;

(c) to consider and decide upon requests for exemptions set out in paragraphs 9 and 10 above;

(d) to determine additional items, materials, equipment, goods and technology to be specified for the purpose of paragraphs 8 (a) (i) and 8 (a) (ii) above;

(e) to designate additional individuals and entities subject to the measures imposed by paragraphs 8 (d) and 8 (e) above;

(f) to promulgate guidelines as may be necessary to facilitate the implementation of the measures imposed by this resolution;

(g) to report at least every 90 days to the Security Council on its work, with its observations and recommendations, in particular on ways to strengthen the effectiveness of the measures imposed by paragraph 8 above;

13. Welcomes and encourages further the efforts by all States concerned to intensify their diplomatic efforts, to refrain from any actions that might aggravate tension and to facilitate the early resumption of the Six - Party Talks, with a view to the expeditious implementation of the Joint Statement issued on 19 September 2005 by China, the DPRK, Japan, the Republic of Korea, the Russian Federation and the United States, to achieve the verifiable denuclearization of the Korean Peninsula and to maintain peace and stability on the Korean Peninsula and in north - east Asia;

14. Calls upon the DPRK to return immediately to the Six - Party Talks without precondition and to work towards the expeditious implementation of the Joint Statement issued on 19 September 2005 by China, the DPRK, Japan, the Republic of Korea, the Russian Federation and the United States;

15. Affirms that it shall keep DPRKs actions under continuous review and that it shall be prepared to review the appropriateness of the measures contained in paragraph 8 above, including the strengthening, modification, suspension or lifting of the measures, as may be needed at that time in light of the DPRKs compliance with the provisions of the resolution;

16. Underlines that further decisions will be required, should additional measures be necessary;

17. Decides to remain actively seized of the matter.

# 연합뉴스 보도자료

## "북미, 연내 '불능화' - 테러지원국 해제 교감"
[연합뉴스] 2007/03/09 23:04
### '관계정상화 조치도 불능화 단계와 연계' 방침
### 불능화까지 6개월~1년 소요 예상

(서울=연합뉴스) 북한과 미국이 올해 안에 핵시설 불능화(disablement)와 테러지원국 지정 해제 및 대 적성국 교역법 적용 종료를 상호 이행하자는 데 교감을 이룬 것으로 9일 알려졌다.

복수의 외교소식통에 따르면 북 - 미는 지난 5, 6일 뉴욕에서 열린 관계 정상화 실무그룹 회의에서 핵폐기 및 북 - 미 관계 정상화 로드맵을 협의하면서 테러지원국 지정 해제와 대적성국 교역법 적용 종료 시점을 북한의 핵 프로그램 신고 및 핵시설 불능화 종료시점에 맞춘다는 데 의견을 같이했다.

양측은 또 궁극적으로 수교를 지향하는 관계 정상화 조치도 불능화를 포함한 핵폐기의 단계적 이행과정을 지켜보며 추진하기로 의견을 모은 것으로 알려졌다.

이 자리에서 북측 수석대표인 김계관 외무성 부상은 '연내에 영변 5MW 원자로를 포함한 핵시설 불능화 조치를 취할 수 있다'는 취지의 언급을 한 것으로 전해졌다.

김 부상은 이와 함께 핵시설 불능화 시점까지 테러지원국 지정 해제와 대 적성국 교역법 종료가 이뤄져야 한다는 입장을 피력한 것으로 알려졌다.

이에 대해 미국 측 수석대표인 크리스토퍼 힐 국무부 차관보는 테러지원국 지정 해제 등을 위해서는 의회가 규정한 절차를 이행해야 하는 점을 설명하면서도 북측 제안에 대해 '추진해볼 수 있다'는 입장을 표명한 것으로 전해졌다.

이에 따라 영변 핵시설 폐쇄 및 봉인, 국제원자력기구(IAEA) 사찰 수용 등 북한이 4월 중순까지 취할 초기단계 조치가 완료된 이후 핵시설 불능화에 이르기 위한 북한 측 행보가 주목된다.

북한은 이미 '2 · 13 합의'에 따라 핵시설 불능화를 마치는 시점까지 중유 100만 톤 상당의 지원을 6자회담 참가국들로부터 받게 돼 있다.

한국 등 회담 참가국들은 2 · 13 합의 시점부터 북한 핵시설 불능화때까지 6개월~1년 정도 소요될 것으로 예상하고 있는 것으로 전해졌다.

이와 관련해 한 · 미 양국은 불능화 조치를 '핵폐기 초기단계'로 규정하기로 의견을 모은 것으로 알려졌다.

한 외교 소식통은 "불능화를 핵폐기 초기단계로 상정할 경우 '돌이킬 수 없는 폐기'를 추진하는 미국의 입장에서도 북한과 대담한 거래를 할 수 있는 논리가 마련된다"면서 "중요한 점은 궁극적으로 핵폐기를 지향하는 불능화 조치를 북한 측이 성실히 이행하느냐 여부"라고 말했다.

한편 김계관 북한 외무성 부상은 8일 한 언론과 인터뷰에서 "테러지원국 해제 문제는 이미 (미국과) 합의한 문제"라며 "두고 보면 뭔가 차차 풀릴 것"이라고 말했다.

이 외에도 김 부상은 조건이 맞을 경우 김일성 주석의 유훈인 '비핵화' 의지와 9 · 19 공동성명의 정신에 입각해 '핵시설은 물론 보유한 핵무기까지 폐기할 수 있다'는 원론적인 입장을 재확인한 것으로 알려졌다.

조준형 기자 jhcho@yna.co.kr

## 고농축 우라늄과 중간 수준의 확신과 북 - 미 갈등

"미국은 북한이 고농축 우라늄 생산프로그램을 가지고 있다고 거의 확신하고 있었던 것에서 후퇴해서, 중간 정도의 신뢰를 가지게 되었다(mid-level confidence)." (셀리그 해리슨)

해리슨은 최근 2007년 12월 말 "북한은 낮은 수준의 우라늄 농축 프로그램을 소유하고 원자력발전소 경수로도 소유하도록 지원해야" 하며, 그에 대응하여 북한의 핵불능화 작업을 동시에 진행하도록 해야 갈등이 해결될 것이라고 주장하고 있다.

미국은 대북 협상에서 갈등을 완화하고 입장을 부드럽게 전환하고 있다.

U.S. Shifts Aims to Ease N. Korea Negotiations

By REUTERS

Published: March 3, 2007

미국은 북한이 완전한 핵프로그램 보고를 해주기를 기대하고 있다.

WASHINGTON (Reuters) - By acknowledging doubts about what it knows of North Korea's uranium enrichment program, the United States aims to set the record straight and ease resolution of an issue that has been a key obstacle to a nuclear agreement since 2002, U.S. officials and experts say.

Under a six - country deal reached on February 13, Pyongyang committed to begin discussions within 60 days to produce a comprehensive list of its nuclear activities, including enrichment.

The issue is expected to be on the agenda when U.S. and North Korean negotiators meet on Monday and Tuesday in New York.

But if the list proves incomplete - reflecting a continued North Korean reluctance to move toward denuclearization while hiding enrichment work - the agreement could unravel.

Chief U.S. negotiator Chris Hill "had to back off the previous U.S. assessment of what North Korea was doing on uranium enrichment to make it easier to get a settlement," said Selig Harrison of the Woodrow Wilson Center thinktank, who first raised questions about the accuracy of the U.S. allegations two years ago.

The administration in recent years used "loose language" and engaged in "incremental analytical leaps of faith" that may have inflated conclusions about North Korea's capability, making the issue harder to solve in negotiations, said Charles Pritchard, a former U.S. negotiator with Pyongyang.

The current U.S. approach tells the North "there is a pathway out of this for you. It is not as dire as you've been led to believe" and agreement is possible, said Pritchard, president of the Korea Economic Institute.

### GAPS DETAILED

The United States has long known Pyongyang was pursuing a plutonium - based nuclear program at its Yongbyon complex.

But in October 2002, it accused the North of pursuing a second covert program to produce highly enriched uranium, another source of fuel for nuclear weapons.

The North initially acknowledged the program but has since denied it.

The CIA reported in 2002 that North Korea began buying large amounts of centrifuge - related equipment in 2001 and was building a plant that could make enough weapons - grade uranium for two or more nuclear weapons a year, perhaps by 2005.

The allegations caused a 1994 U.S. - North Korea nuclear agreement to unravel.

After the February 13 deal, under which Pyongyang promised to disable Yongbyon in return for energy and other benefits, the U.S. administration created a new dynamic for talks by publicly acknowledging gaps in what it knows about the North's enrichment activities.

Hill told a thinktank such a program would require "a lot more equipment than we know that they have actually purchased," as well as "some considerable production techniques that we're not sure whether they have mastered."

A top U.S. intelligence official on North Korea told Congress the administration now has "mid - level" confidence, instead of high confidence, that Pyongyang has production - scale capacity.

But Hill and others remained confident North Korea has bought equipment for a highly enriched uranium (HEU) program.

Michael Green, a former National Security Council senior Asia expert, said that in 2002 "there was an intelligence community consensus that (the North) had been procuring virtually all of the components of the HEU facility design" through Pakistani A.Q. Khan and that stands.

He and other experts said the recent U.S. acknowledgments will give North Korea latitude to offer different explanations for buying enrichment technology, such that it was a "rogue" operation.

Also, given U.S. intelligence failures in Iraq, "the intelligence community and the administration are much more careful to say only what they know" about North Korea and information about its nuclear - related shopping seems to have "dried up," Green said.


U.S., North Korea Set to Talk Under Nuclear Deal


By REUTERS
Published: March 5, 2007
Filed at 11:16 a.m. ET


Skip to next paragraph NEW YORK (Reuters) - U.S. and North Korean negotiators start talks on Monday aimed at eventually normalizing diplomatic ties as part of a agreement under which Pyongyang has pledged to scrap its nuclear arms programs for aid.

The talks at the U.S. mission to the United Nations mark the highest - level meeting on American soil since communist North Korea's leader Kim Jong - il sent a top envoy to Washington in 2000 in an abortive effort to improve relations.

North Korean envoy Kim Kye - gwan will meet his American counterpart, Assistant Secretary of State Christopher Hill, to begin resolving problems between two countries that have been bitter foes since the 1950 - 53 Korean War.

"This is the beginning of the implementation of the agreement of a couple of weeks ago," Secretary of

State Condoleezza Rice said on Friday.

But skepticism runs deep about any dramatic shift in ties between the United States and a country that President George W. Bush in 2002 labeled part of an "axis of evil."

For North Korea, antipathy to the United States, which sent thousands of troops to support South Korea in the war, has been a core element of its identity in five decades of mistrust between the two nations.

State Department spokesman Sean McCormack told reporters Monday's talks would begin with a meeting at 5:30 p.m. EST (2230 GMT) followed by a working dinner. He said Tuesday's working group talks were expected to run all day.

Bilateral issues to be discussed include the U.S. designation of North Korea as a state sponsor of terrorism and American trade sanctions against the North under the Trading with the Enemy Act, the State Department said.

The United States will seek North Korea's assurances that it is committed to following through on an agreement to shut down within 60 days its main nuclear facility and allow inspectors in return for 50,000 tons of fuel oil.

돌파구가 보이지 않는다.
BREAKTHROUGH UNLIKELY

"There's a long list of issues that have to be resolved and I don't think anyone is expecting this set of talks will lead to a breakthrough," said Bruce Klingner, a former CIA Korea expert now at the conservative Heritage Foundation think tank.

Klingner said he expected the two - day session in New York to lay he groundwork for future meetings.

"They certainly will have to tell Hill what are they doing, what is the timetable, and the results of that will indicate how far and how fast this process is going to move," said Don Oberdorfer, a Korea expert at Johns Hopkins University's School of Advanced International Studies.

Oberdorfer was one of several U.S. nuclear and Korea experts and former officials, including former Secretary of State Henry Kissinger, who were attending an informal meeting with Kim Kye - gwan ahead of formal talks on Monday evening.

"There's nothing to wait for here," Kim told reporters as he entered the Korea Society in New York for the five - hour informal meeting.

The New York meeting is part of the first stage in implementing the February 13 deal reached in Beijing by the two Koreas, the United States, Japan, Russia and China after three years of talks that were punctuated by a North Korean nuclear test last October.

Further steps to fully "disable" North Korea's nuclear weapons program will gain the impoverished state another 950,000 tons of oil or other forms of aid of equivalent value.

Before the next round of six - party nuclear talks on March 19, North Korea is set to hold discussions with Japan in Hanoi, as well as separate meetings on energy aid, the denuclearization of the Korean peninsula and regional security.

2007.3.7

U.S., North Korea Deal on Track: Official

By REUTERS

Published: March 6, 2007

NEW YORK (Reuters) - The United States said it had "very good" talks with North Korea on Tuesday and it appeared that a deal on ending North Korea's nuclear ambitions was on track for now.

* 미국은 현재 북한이 바른 길로 접어들어 핵 야심을 종식시키는 협상에 충실히 임하고 있다는 점을 인지하고 희망적인 기사를 쓰고 있다.

# 참조 44.
# 중국과 북한 핵실험

China Warns Distrust Tests N. Korea Nuclear Talks

By REUTERS

Published: March 9, 2007

Filed at 5:55 a.m. ET

BEIJING (Reuters) - Deep distrust is challenging progress toward ending North Korea's nuclear weapons program, China's envoy to six - party disarmament talks said on Friday, following discussions with North Korea on a nascent deal.

Chinese Vice Foreign Minister Wu Dawei, ring - master in the talks on Pyongyang's nuclear future, said he had hopes of progress in implementing a February 13 agreement offering North Korea aid and improved security in return for first steps to dismantling its atomic facilities within 60 days.

But Wu warned that steps forward would not be easy as the two Koreas, China, the United States, Japan and Russia wrangle over how to proceed.

"The countries involved suffer a serious lack of trust among them. That's the biggest problem the six - party talks must face," he told the official Xinhua news agency in an on - line interview (www.xinhuanet.com).

Wu, who rarely makes public comments, likened China to a captain on a fractious ship. "The six - party talks are like a ship. The ship has six captains, and in the current stage we're executive captain."

Wu said that earlier on Friday he had met North Korea's envoy to the talks, Kim Kye - gwan, fresh from New York where he held two - way negotiations with U.S. envoy Christopher Hill.

The New York meeting focused on obstacles to normalization of ties between countries that have been bitter foes since the 1950 - 1953 Korean War. Washington has promised to look to establishing ties and easing financial sanctions on North Korea as part of the February agreement.

This week, Japan and North Korea also held two - way talks aimed at easing the historic foes' current divisions focused on Pyongyang's abduction of Japanese citizens in years past.

Overcoming all that enmity would not be easy, Wu indicated. "Nonetheless, we're still full of confidence in pursuing hope in hardship," he said.

That mistrust also shadows ties between China and the North, a South Korean report suggested.

Long North Korea's biggest aid supplier, China was infuriated last October when Pyongyang tested its first nuclear device, prompting Beijing to back U.N. sanctions against Pyongyang that helped push it back to the disarmament talks.

But according to the Chosun Ilbo newspaper in Seoul, envoy Kim - speaking at a seminar in the United States - discounted Beijing's sway over Pyongyang.

"China has no great influence on North Korea," the report cited Kim as saying. "The U.S. should not pin too great hopes on China in finding solutions to the nuclear problem."

The chief of the International Atomic Energy Agency, Mohamed ElBaradei, is to pass through Beijing next week en route to North Korea for talks on how the nuclear monitoring watchdog will oversee the nascent disarmament deal.

Working groups to hammer out details of the February deal are also due to convene next week, ahead of fresh six - party talks on March 19.

While welcoming this momentum, China's Wu added a note of caution. "The initial actions are just a start to implementing the six - party talks joint statement. There's still a long road ahead."

# 테러지원국 해제 요원

2007년 12월 미국의 여러 정보는 테러지원국 명단에서 북한이 해제되려면, 우선 북한이 핵불능화를 해야 한다고 주장하고 있다. 그러나 북한이 완전하고 돌이킬수 없는 핵의 모든 것을 폐기하기 전에라도 행동 대 행동 원칙에 따라서 북한을 테러지원국에서 즉시 해제하는 것이 필요하다는 주장이 한국에서 나오고 있다.

## 美 국무부, 테러지원국 해제는 '장기 절차'
[연합뉴스] 2007/03/13 05:54

"北, 비핵화하면 관계 정상화 조치 취할 것"
(워싱턴 = 연합뉴스) 이기창 특파원 : 미 국무부는 12일 북한의 테러지원국 지정 제외와 관련, 이는 세심한 검토와 오랜 시간을 필요로 하는 문제로 북한이 비핵화를 이행해야만 관계 정상화를 위한 조치들이 이뤄질 수 있다고 밝혔다.

톰 케이시 국무부 부대변인은 이날 미국이 이미 테러지원국 해제를 약속했다는 김계관 북한 외무성 부상의 발언에 대해 "여기에는 아주 세밀한 검토가 진행돼야 하며, 왜 그 나라가 리스트에 올랐는지와 관련한 의문들에 답할 수 있어야 한다"고 말했다.

케이시 부대변인은 이어 북한의 테러지원국 제외 문제는 "실무그룹 차원에서 논의된 문제들 중 하나임에 틀림없다"고 전제한뒤 "9 · 19 공동성명의 완전한 이행과 북한의 전면 비핵화가 이뤄진다면, 북 - 미 관계 정상화를 위해 필요한 조치들이 취해지는 지점에 이를 것"이라고 강조했다.

이는 북한의 비핵화가 선행돼야만 북한을 테러지원국 명단에서 해제하는 등 관계 정상화를 위한 조치들이 취해질 수 있음을 분명히 한 것으로 풀이된다.

케이시 부대변인은 또 테러지원국 해제는 보통 "아주 세밀하고 상당히 오랜 시간이 걸리는 절차임을 환기시키고자 한다"고 지적했다.

lkc@yna.co.kr

# 리비아와 북한

U.S., Libya Negotiating Nuclear Medicine Project

By REUTERS

Published: March 12, 2007

북한을 리비아 방식으로 비핵화할 수 있는가 하는 문제 제기가 오랫동안 지속되고 있다. 리비아는 어떤 의미에서 핵문제에 성공했다고 볼 수 있으나, 다른 한편 실패했다고 볼 수도 있다. 평가는 3년 이내에 나오게 될 것이다. 미국이 약속대로 할 것인가가 문제다. 미국은 전면적으로 리비아가 핵에너지를 평화적으로 사용할 수 있도록 하는 데는 관심이 없을 뿐 아니라 발전소 등을 지원할 생각이 없고, 단순히 리비아로부터 핵의 전면적인 사용을 차단하고, 극미한 수준의 핵에너지를 병원에서 사용하다든가 하는 등 거의 무의미한 것만 지원하면서 10년 이상 혹은 20년 혹은 30년을 끌어가려는 계획일 수도 있다.

근본적으로는 리비아의 핵 평화적인 능력을 차단해 버리는 것이 보이지 않는 기획일 수도 있다.

WASHINGTON (Reuters) - The United States is close to reaching an agreement with Libya for cooperation on a nuclear medicine center but for now has no plans for the kind of broad nuclear energy development Tripoli has suggested, a U.S. official said on Monday.

Libya's official Jana news agency reported earlier on Monday that an agreement between the two countries that would help Libya generate nuclear electricity would be signed shortly.

But the U.S. official, in an interview with Reuters, said the Jana report "vastly overstates things."

"What we said to the Libyans after they got rid of their nuclear weapons effort (was) we'd be open to talking to them about some aspects of civilian uses of nuclear power," said the official who works on nonproliferation issues and spoke on condition of anonymity.

Toward that end, "we talked to them about a nuclear medicine center and we are engaged in serious discussions about our willingness to assist with that project," which would benefit the health of the Libyan people, he said.

Nuclear medicine uses internally administered radioactive materials, called radioisotopes, to help diagnose and treat a wide variety of diseases. Exact details about the center's cost and specific projects were not immediately available.

The official added that the Bush administration had expected the agreement - negotiated by the State Department and Department of Energy - to be signed by Libyan authorities late last week and was surprised when it was not.

## LIMITED PLANS

He said there were no discussions or specific plans to help oil - and gas - exporting Libya develop or benefit from nuclear energy.

A State Department deputy spokesman, Tom Casey, told a news briefing, "I'm certainly aware of no plans for the United States to participate in nuclear programs with Libya."

Libya in 2003 ended years of international estrangement by accepting responsibility and starting to pay compensation for the bombing of airliners over Scotland and Niger in 1988 and 1989.

It also promised to give up nuclear, chemical and biological weapons and has followed through on those promises.

However, Libyan leader Muammar Gaddafi, said at the time he still hoped to develop a nuclear program for peaceful purposes.

Washington has voiced hopes that Iran and North Korea will follow Libya's example.

On March 3 Gaddafi renewed a recent complaint that Western countries had failed to properly compensate Libya for scrapping its nuclear arms program and as a result countries like Iran and North Korea would not follow his lead.

The Jana report said the U.S. - Libya cooperation would include building a nuclear power plant, helping develop water desalination capacity, joint research and technical projects and training Libyan technicians in the United States.

The official interviewed by Reuters said that nuclear energy cooperation could be explored in the future but is more likely to involve construction of nuclear power - generating plants in neighboring Egypt, a long - time U.S. ally, with the power shared on a grid across country boundaries with Libya.

Talk of nuclear energy cooperation is "very premature," he said, adding, "The only thing of any concrete nature that we discussed with the Libyans that I'm aware of is the nuclear medicine center."

참조 47.
# 한국 종전선언과 핵포기

미국이 근본적으로 북한과 종전 선언을 할 의도가 있는가?

하노이에 부시 대통령이 방문한 것은 역사적인 의미가 있다.

미국은 케네디 대통령 시절에 월남을 본격적으로 침공했다. 공산주의를 확산하지 못하도록 해야 한다는 명분이었다. 당시 도미노 이론이 신빙성을 얻고 있었다. 월남이 공산화되면 아시아, 동남아시아가 공산화된다는 이론이었다. 미국은 55만명 이상의 군대를 투입하고 5만 1000명 이상이 전사하는 거대한 침공을 했으나 패전했다. 프랑스의 드골 전 대통령은 젊은 케네디에게 월남을 침공하지 말라고 간절히 권고했다고 한다. 식민지시대가 지나갔는데 아직도 미국은 월남에 대해 식민지 정복식의 정책을 추진하고, 사실과 관계가 없는 이데올로기 전쟁을 한 것이다. 드골의 권고를 케네디가 받아들였다면 수백만의 인명이 목숨을 잃지 않았을 것이다. 도미노 이론은 틀린 이론이었다. 월남은 현재 공산국가이지만 동남아는 공산화되지 않았다.

1975년 미국은 철수했다. 현재 미국은 월남과 거의 완전한 평화관계와 국교 정상화 수준의 협력을 하고 있다. 1965년에 했어야 할 국교 정상화를 수백만이 죽은 후에야 이룬 것이다. 잘못된 정책은 대량살상을 불러오고 이것을 책임지는 사람은 없다는 역사적인 슬픔을 낳은 것이다. 케네디는 미국이 가장 사랑하는 연인과 같은 젊은 대통령이었으나, 그는 월남의 인간, 문화, 역사를 이해하지 못했다. 프랑스 식민통치가 얼마나 범죄적이었는지도 충분히 인식하지 못했다. 하버드대를 졸업하고 국민들로부터 사랑받던 케네디의 엄청난 실수는 수백만의 희생을 불러온 것이다. 이 역사적인 현장에서 미국 대통령 조지 부시는 무엇을 배워가야 하는가? 북한과 미국의 전쟁이 1953년 이래 휴식을 하기 시작하여 50년이 흘렀으나, 휴식이 아니라 언제 열전으로 활화산처럼 폭발할지 모르는 극도의 위험수위를 달리고 있는 것이다.

미국이 한반도에서 북한과의 전쟁을 종료해야 할 시간은 이미 지나갔다. 또 한번 수백만의 사망자를 불러오지 않고서 평화롭고 정의롭고 행복한 한반도를 만들 수 있는 기회가 지나가고 있는 것이다. 계속되는 대북한 대국적 군사훈련과 군비확장과 핵무기전략의 확장이 지구촌 공격 개념으로 발전되었다. 소위 작전개념 8022(ConPlan 8022)이 나오고 있다. 우주 공간에서 북한을 초토화하고 섬멸하는 공격 개념과 기획들이 진행되고 있는 것이다.

북한을 손바닥처럼 들여다보고 있는 인공위성들이 한두 개가 아니다. 엄청난 수의 토마호크 미사일들과 대륙간탄도 핵탄두들과 핵잠수함들과 항공모함들이 북한 주변을 타깃으로 해서 1년에도 수차례씩 다국적 군사훈련을 하고 있다. 태평양 사령관은 언제든 명령만 떨어지면, 북한을 핵무기로도 초토화할 수 있다고 자신감을 피력하고 있다.

게다가 강대국들의 북한에 대한 경제 봉쇄가 유엔에서 가결되고 있다. 북한의 사업가들은 현금 100만 달러를 손가방에 넣고 국가들을 다니며 물건을 구입해야 하는 사정이다. 언제 강도를 당할지도 모르는 생명을 건 현금 배달을 해야 한다. 금융봉쇄까지 당하고 있기 때문이다.

세계의 수많은 언론 매체는 북한을 비하하고, 나쁜 이미지를 심어주는 코드를 이용해 북한을 소외시키고 있다.

이러한 극도의 갈등은 언제 활화산으로 폭발할지 모르는 불장난처럼 증폭되어 있다.

이 모든 문제를 반전시켜야 한다. 그것은 북한과 미국이 '조건 없이' 종전선언을 하는 것이다. 그것이 대량살상의 전쟁범죄를 막고, 전쟁으로 인권유린을 하는 것을 막는 이성적인 길이다.

부시는 케네디에게서 무엇을 배울 것인가?

## 미(美) "핵 포기할 경우 한국전 종료선언"
[한국일보] 2006/11/19 18:37

북(北) '체제 보장' 유인카드 제시 정전협정→평화협정 전환 가능성

(하노이) 이동국 특파원: 토니 스노 미 백악관 대변인은 18일 "북한이 핵을 포기할 경우 미국이 취할 수 있는 구체적 목록에는 (정전상태에 있는) 한국전의 공식 종료선언이 포함될 수 있다"고 밝혔다.

몇 시간 전 베트남 하노이에서 있은 노무현 대통령과 조지 부시 대통령의 정상회담 결과를 설명하는 자리에서다.

부시 대통령은 회담에서 "북한이 핵무기와 핵 야망을 포기하면 안보협력과 이에 상응하는 유인책을 제공할 것"이라고 말했다.

스노 대변인의 언급은 북한의 핵 폐기 실천을 전제로 1950년부터 3년간 계속되다 평화협정을 체결하지 않고 휴전상태로 종료된 한국전쟁이 완전히 끝났음을 선언하겠다는 뜻이다. 한국전의 종료가 선언되면 정전협정을 평화협정으로 바꾸는 작업이 본격화할 것으로 보인다.

이는 지난해 6자회담 9·19 공동성명 4항(직접 관련 당사국들은 별도 포럼에서 한반도의 영구적 평화체제에 관한 협상을 가질 것)과 맥이 닿아 있는 것이지만, 미국이 '전쟁종료 선언'이라는 직설적 표현을 쓴 것은 처음이다.

큰 틀에서 파격적 제안은 아니나 북핵 폐기를 유도하기 위한 다양한 조치를 적극적으로 제시하겠다는 의사를 시사한 것으로 해석된다.

실제로 1시간 동안 진행된 하노이 한-미 정상회담의

방점은 단연 '북핵 폐기 시 상응조치'에 찍혔다. 북한
이 핵을 폐기하면 경제지원과 체제 안전보장이라는
두 마리 토끼를 잡게 해주겠다는 것은 우리 정부의 일
관된 입장이었다. 그러나 이번만큼은 부시 대통령이
적극성을 보였다.

부시 대통령은 회담 이후 언론 브리핑에서 "북한이
평화적인 길을 택한다면 안보를 보장하는 한편 경제
적 지원과 다른 혜택도 제공할 준비가 돼 있다"는 이
틀 전 싱가포르 국립대 연설내용도 상기시켰다. "당
근을 준비 중"이라는 말도 답변 형식이 아니라 자진
해서 했다.

이 같은 기류에 대해 정부 당국자는 "우리 정부의 끈
질긴 설득의 결과"라고 강조했지만, 중간선거에 참
패로 외교노선 변경 압력에 직면해 있는 미 행정부의
처지가 반영된 게 아니냐는 분석이 우세하다.

아베 신조 일본 총리가 동석해 이어진 한 - 미 - 일 정
상회담에서도 이런 기조는 재확인됐다.

세 정상은 6자회담이 열매를 맺으려면 대북 압력 · 제
재만으론 안되고 핵 폐기에 상응하는 대응조치가 필
요하다는 데 의견을 모았다.

그러나 미국의 분위기가 실행에 옮겨져 북한의 핵 폐
기 실천을 이끌어낼 수 있을지는 미지수다.

그 동안 궤적을 볼 때 미국의 선택지가 그리 많지 않
을 것이란 지적이 적지 않다. 이런 점에서 부시 대통
령의 발언을 단지 외교적 수사로 평가 절하하는 시선
도 엄존한다.



## 참조 48.
# 부시가 더 위험하다(영국 여론)

영국의 여론조사에 의하면, 김정일 국방위원장보다
미국의 부시 대통령이 더 큰 세계 평화의 위협이 되는
것으로 나타났다고 로이터가 보도하고 있다.
네 국가 중 세 국가가 미국이 주도한 2003년 3월의 이
라크 침공이 잘못된 것이 아닌가 하고 의심하고 있다
는 통계도 나왔다.

Britons Wary of Bush More Than Kim Jong - Il : Poll

By REUTERS
Published: November 3, 2006

News, updates and insights on the midterm elections,
the race for 2008 and everything in - between.
LONDON (Reuters) - The United States is seen as a
threat to world peace by its closest neighbors and
allies, with Britons saying President George W. Bush
poses a greater danger than North Korea's Kim Jong -
il, a survey found on Friday.
A majority of people quizzed in three out of four
countries polled also rejected the March 2003 U.S. -
led invasion of Iraq.
The findings came just days before the U.S. mid -
term congressional elections, with a growing number
of U.S. voters wanting their troops in Iraq to be
brought home.
Britain's Guardian newspaper said it carried out the
survey along with Israel's Haaretz, La Presse and
Toronto Star in Canada and Mexico's Reforma.
In Britain, which alongside Israel is traditionally a
close Washington ally, 69 percent of those

questioned said they felt U.S. policy had made the world less safe since 2001.

A majority of Canadians and Mexicans agreed, with 62 percent of those polled in Canada and 57 percent in Mexico saying their neighbor's policy had made the world more dangerous.

As for Israel, just 25 percent of people asked said Bush had made the world safer, while 36 percent felt he had upped the risk of conflict and a further 30 percent said at best he had made no difference.

Israelis alone were in favor of Bush's decision to invade Iraq, with 59 percent for the war and 34 percent against.

The ratio was starkly different in the three other nations.

Some 89 percent of Mexicans felt the invasion to topple Saddam Hussein was unjustified, as did 73 percent of Canadians and 71 percent of Britons, the survey said.

The perceived failings of U.S. foreign policy placed Bush alongside al Qaeda leader Osama bin Laden, North Korean leader Kim Jong - il and Iran's President Mahmoud Ahmadinejad as a cause of global anxiety, it said.

North Korea's nuclear test last month drew worldwide condemnation, while Western powers are trying to force Iran to scale back atomic work they fear may be used to make bombs. Iran says its aims are purely peaceful.

Asked whether they thought the U.S. leader was a great or moderate danger to peace, 75 percent of British people said yes. Some 87 percent felt the same about bin Laden, while Kim scored 69 percent and Ahmadinejad clocked 62 percent.

Just 23 percent of Israelis said Bush he represented a serious danger, with 61 percent disagreeing.

ICM interviewed 1,010 adults from October 27 - 30 in Britain. Professional local opinion polling was used in the other three countries, the Guardian said. In Israel, 1,078 people were asked, 1,007 were quizzed in Canada and 1,010 in Mexico.

참조 49.
# 미국 핵무기 한반도 배치 여부

1991년 미국은 한반도에서 완전히 핵무기를 철수했다고 발표했다. 노태우 전 대통령도 이를 확인하는 발언을 하는 것이 보도되었다. 그 전까지는 엄청난 핵무기가 배치되어 있었다는 보도가 신빙성이 있었다.
그러나 최근에 다시 미국이 한반도 혹은 한반도 해역에, 잠수함과 항공모함에, 스텔스 전투폭격기에, 혹은 괌에 핵무기를 배치하고 있는가 하는 데 대한 관심이 증가되고 있다.
북한은 자국을 보호하기 위해 핵무기 개발을 포기하지 않을 것이라는 의지를 표명했다는 보도가 나왔다. 동시에 김일성 주석의 유훈으로 한반도 비핵화가 목표라고 하는 선언도 동시에 존재하고 있다. 서로 반대가 되는 듯한 이 두 가지 명제는 퍼지 이론으로 설명할 수 있다. 이 두 가지 명제는 상호 갈등을 일으키지 않는다. 이기일원론적 이원론(理氣一元論的 二元論)으로 동사적(動詞的)으로 풀면 된다. 혹은 카이로스(Kairos)와 크로노스(chronos)의 갈등적 융합으로 풀면 된다.

**북(北), "한국에 미(美) 핵무기 배치돼 있다"**
[뉴시스] 2006/12/07 23:03

(모스크바=로이터/뉴시스) 북한은 미국 정부가 한국에 핵무기를 배치해놓고 있는 것으로 알고 있으며 이 같은 위협이 존재하는 한 핵 개발을 중단하지 않을 것이라고 밝혔다고 러시아 이타르타스 통신이 7일 보도했다.
이타르타스 통신은 익명의 북한 소식통을 인용, "북한은 실제로 한반도 남한 지역에 미국의 핵무기가 있다고 확신하고 있으며 (이런 위협 때문에) 핵 억지력을 향상시키고 자위권을 강화할 수밖에 없는 상황에

빠졌다"고 전했다.
이 소식통은 "미국의 위협을 제거하고 적절한 보장이 있기 전에는 북한은 결코 방어용 핵 보유권을 포기하지 않을 것"이라고 말했다.
소식통은 또 6자회담 재개 일정이 구체화되지 못하고 있는 것과 관련, "북한은 원칙적으로 회담에 참여할 준비가 돼 있으나 미국 입장 때문에 회담 개최가 지연되고 있다"고 미국에 책임을 돌렸다.
그는 "미국 정부에 의해 동결된 북한 금융 창구가 풀리는 등 대북 압박 분위기가 완화되기 전까지는 6자회담에 복귀하지 않을 것"이라고 덧붙였다.

나경수 기자 ksna@newsis.com

참조 50.
# 평화 정착 길 안내 지도(로드맵)
## : 2008~2015

＊필자는 평화정착 대안의 로드맵(길 안내 지도)을 아래와 같이 제안한다. 지속가능한 평화를 위한 구조를 만들어 나가는 지도를 그린 것이다.

2008년
1월과 5월 사이에 미국과 북한은 종전선언을 한다.
미국과 북한은 국교를 정상적으로 수립한다.
미국과 북한은 경제제재를 취소한다. 테러지원국에서 북한을 삭제한다. 적성국교역법을 북한에 대해서 적용하지 않는다.
미국은 개성공단에 생산품을 인정하고 정식으로 수입 · 수출을 한다.
미국은 북한과의 평화협정에 서명한다. 양자 혹은 4자 등의 다양성 있는 방식을 활용한다. 단 필요하면 북한과 미국은 우선 양자가 평화협정을 먼저 체결한 후에 다른 나라와의 복합적인 평화협정에 서명하는 방식을 채택할 수도 있다.
미국은 북한 사람들에게 모든 비자를 제공한다. 북한도 이에 동등한 비자를 제공한다.
미국과 북한은 군사적인 적대관계를 청산한다.
미국은 핵무기 선제공격을 하지 않으며, 언어로 위협하지 않는다. 북한을 비하하거나 비방하지 않으며 북한도 이를 준수한다.
미국은 북한이 원자력발전소를 건설하도록 하는 데 방해하지 않는다.
북한은 태천과 영변에 두 개의 핵발전소를 준공하기 위한 공사를 재개하며, 2010~2015년에 준공한다.
북한은 평화적으로 핵에너지를 이용하도록 허용하며, 국제 사회는 이를 지원한다.
일본과 북한은 국교정상화를 하며, 일본인 납치문제를 해결하고, 일본은 북한에 100억 달러 정도의 배상을 함으로써 1945년까지의 피해에 대응한다. 양자를 동시에 해결한다.

**경제통합**
경제통합은 양측의 상호 이익을 준다는 면에서 가장 시작하기가 용이한 부분이어서 먼저 시작할 수 있다. 북한의 GNP를 2000유로에서 3000유로 수준으로 올리는 작업은 조건 없이 추진해야 한다. 남과 북의 개인당 수입이 동일할 필요는 없다. 시간을 들여가면서 할 수 있는 것부터 해 나가는 일의 순서를 추진해야 한다. 북한의 경제가 이 수준으로 발전되는 것을 어떤 조건으로 막는 것은 인권유린이다.

2008년 남과 북은 경제통합의 첫 단계로 들어 간다. 남과 북이 경제 25%를 통합으로 구조화하고 기술 · 경제 통합체제를 운용하도록 기구를 설정하고, 양국 정부는 국가최고위 수준의 경제통합기구 조정위원회를 구성하고 가동한다.
2010년까지 남북 경제의 40% 정도를 통합경제로 성숙시킨다. 2012년까지 70%, 2015년까지 80~100%를 통합시킨다.
남한은 우라늄의 자체적인 이용을 위한 다양한 농축 및 처리시설을 소유한다.
정치통합 구조는 2008년부터 연구하고, 2008년에 부분적으로 통합하기 시작하고, 2010년까지 실효성 있는 구조화에 대한 그림을 그린다. 그 모델로서 미국식 정부구조 사례를 연구대상으로 삼으며, 영국식 콤몬웰스 방식도 참조하며, 중국식 일국양제(一國兩制) 등 다양한 방식을 참조하여 창의적이며 우리 민족에 맞는, 지구촌적으로 신토불이(身土不二) 방식을 만들어나간다. 흑묘백묘의 전략을 활용한다.
인종차별, 성차별, 빈부갈등, 생태존중의 생명공동체로서 재통일을 향한 설계를 할 시점에 도달했다.

참조 51.

# NOAH 연구방법

＊필자가 자체 개발해 사용하고 있는 고유한 연구방법의 일면은 아래와 같다.

2007. 3. 8 수정 보완

NOAH Method

## 1. 제삼세계와 9가지 범주로 확대된 제삼세계 사람들의 분류법

전 세계 국가와 세계인들을 9가지 범주로 분류한다. 제삼세계라는 개념에는 부적절한 면이 지적이었다. 이 부족한 범주를 보완 수정하기 위해서는 적어도 9가지 범주로 세계를 분류하는 것이 도움이 된다. 1세계 국가 내에는 다시 1세계에 속한 개인(1 - 1), 2세계에 속한 개인(1 - 2), 3세계에 속한 개인(1 - 3)이 있으므로 3가지로 다시 구분한다. 2세계 국가 역시 1, 2, 3세계의 개인이 있다. 3세계 국가 역시 1, 2, 3세계의 개인이 있다(3 - 1, 3 - 2, 3 - 3).

3.1 1 - 1과 2 - 1과 3 - 1은 하나의 유기적인 이익 점령의 관계를 유지하고 유기적인 나눔을 통해 이익을 증대한다. 부익부가 되는 것이다. 이들은 세계의 힘을 점령하고 확보한다.

3.2 1 - 2, 2 - 2, 3 - 2는 자급자족하면서 현상을 유지하는 집단이다.

3.3 1 - 3, 2 - 3, 3 - 3은 빈익빈의 고난 곳에서 힘과 돈, 재력, 인력, 땅을 계속해서 잃어버리고 빼앗기고 합법적으로 상실해가는 집단이다. 현재의 지구촌 현실에서 생존의 위협을 매일 당하면서 살고 있다.[6]

## 2. 연구방법

2.1 질적연구(qualitative research)를 하며 양적 연구(quatitative research)는 보조수단으로 사용한다. 질적 연구는 이야기(story)들과 삶의 역사적인 질적인 요인들을 조사하는 것이다. 혹은 집단적인 종족의 이야기, 혹은 집단 이야기(ethnography, social biography)를 연구한다.

2.2 역사적인(historical) 접근을 하며, 집단이나 종족, 민족이나 특정한 그룹의 사회적인 전기(soicial biography), 개인의 자서전적인 역사를 연구한다. 이를 통해서 숨겨진 진실를 폭로하여 어두운 그늘 속에 빛를 비추는 것이다.

2.3 대위법(counter point method)을 사용한다. 과거의 역사적인 사건과 사실을 오늘의 역사 현실과 대비하면서 병렬로 놓고 비교하면서 억압과 해방의 힘의 관계를 노출시키고 폭로한다.

## 3. 노아(NOAH) 연구방법

NOAH 연구방법의 접근은 15가지로 구분된다.

1.0 집단

연구 대상이 되는 집단의 이름을 적고 묘사한다.

2.0 명분과 교리연구집단의 존재의 명분을 조사하고, 합리적인 존재 이유를 밝힌 교리를 추적한다.

3.0 집단성원의 내적인 구성(social composition), 남녀 비례, 교육수준, 사회지위(social status) 등을 조사한다. 경제수준을 상상류, 상중류, 상하류, 중상, 중중, 중하, 하상류, 하중, 하하류 등 9가지로 분류한다. 지역 출신을 조사하고 종족, 인종을 분류한다.

4.0 이야기 분석

숨겨진 이야기까지 찾아내면 좋다. 지그문트 프로이트, 신포이트주의, 에리히 프롬, 칼 메닝거의 『정신분석 기술의 이론(*The Theory of Psychoanalytic*

---

6) 노정선, 『통일신학을 향하여』, 서울: 한울, 1989; Noh, Jong Sun, *Liberating God for Minjung*, Seoul: Hanul, 1997. 영문과 한글로 아홉 가지 분류법을 상세히 설명하고 있다. 후자가 더 발전된 이론을 추가하여 설명한 것이다.

*Technique)* 등을 활용하여 접근할 수 있으며, 불교의 정신세계 분석 등 다른 방법을 활용할 수 있다.

5.0 공식화된 이야기

정경화된 이야기(canonized story)를 조사할 수 있다.

6.0 조직 분석

상부구조, 하부구조, 내부구조, 숨겨진 구조를 밝혀낸다.

7.0 자료

인쇄, 영상 등의 자료를 조사한다.

8.0 대화 기록(verbatim)

통상의 거친 대화체(vernacular)로 된 구어체적인 자료를 기록한다.

9.0 종교적 · 문화적 · 전통적 · 종족적

역사적으로 축적된 전통(cumulative tradition)[7]으로서의 예식, 의식, 예절, 예배 등을 조사한다.

10.0 종합적인 평가(holistic evaluation)

위의 기초조사 후 종합적인 평가를 한다.

10.1 사회적 평가

계층 변동, 계급 변동, 인종적 요인을 조사한다.

10.2 문화적인 평가 기능 역할

문화적인 지배, 피지배, 문화 식민화, 신식민화, 문화 통치, 문화 말살, 문화 회복, 문화 창조를 조사한다.

북한 문화에 남한 문화가 침투하는가? 붉은색 글자를 흰색 글자로 바꾼 금강산 봉우리들, 언어 말살과 하와이, 뉴질랜드/아오테오리아, 미국 원주민 언어 살해, 한국어를 못하게 한 일본의 문화통치와 이광수의 5단계(통신향) 등을 연구한다. 일본의 문화통치전술과 서구의 식민지 문화통치전술 등을 본다. 신식민지 문화전술과 동시에 탈신식민지 문화전략을 본다.

10.3 경제적인 역할 요인

희년의 경제, 재화축적의 방식, 분배의 방식과 규모, 논리, 빈익빈 부익부, 이자 처리 방식, 빚 탕감, 빚 지불의 스케줄(일정과 과정) 조정 방식, 재화 이동의 액수 규모, 유형 등을 조사한다. 마르크시즘과 네오마르크시즘의 경제, 봉건경제, 시장경제, 정글경제, 투기경제, 카지노경제, 신해적경제 등을 본다.

분식 회계, 경제 통계 조작 기술들을 폭로한다.

10.4 교육적인 역할 요인

교육의 해방적 성격, 지배수단으로서의 교육, 성숙의 수단, 노예화 교육, 통치수단으로서의 교육, 파울로 프레이레(Paulo Freire)의 은행식 교육이론(Banking Theory of Education), 문제를 제기하는 교육이론(Problem Posing Education)을 분석한다.

파울로 프레이레 이후의 이론을 발전시킨다.

10.5 심리적인 역할 요인들

마음의 평정, 안정, 정신질환의 전염, 이동, 전파, 마약 기능, 마취 기능, 심리적인 조종, 조작, 노예화, 고문 방식으로서의 심리 조작 등을 연구 · 조사한다.

10.6 의학적 · 의료적인 요인

질병 치유, 전염, 유발을 조사한다.

줄기세포연구, 인간복제의 문제, 14일 성장된 배아의 인권문제 등, 고엽제(에이전트 오린지)의 피해문제, 핵전쟁 방사능 등의 피해

10.7 생태환경적인 요인

생태 유지, 회복, 파괴, 생태살해(ecocide)를 조사하고 지속가능한 생태(ecologically sustainable society)를 본다.

10.8 신학적인 요인

에른스트 트뢸치(Ernst Troeltsch)의 3가지 유형, 리처드 니부어(H. Richard Niebuhr)의 5가지 유형, 주역의 64가지 유형, 아시아의 6가지 유형을 본다.[8] 다양한 신의 개념, 마녀사냥신학, 마약과 아편으로서의 신학들을 본다.

10.9 실천행동적인 요인

---

7) 윌프레드 캔트웰 스미스(Wilfred Cantwell Smith)를 참조
8) 노정선의 「통일신학을 향하여」에서 6가지 아시아 유형을 말한다.

노출된 행동(overt action), 숨겨진 행동(covert action)을 조사한다.

10.91 규범적인 요인

정의, 평화, 정의로운 평화, 사랑, 아가페, 에로스, 필리아, 자비(인), 나눔의 덕, 충성, 절제, 효도, 사회주의적 규범, 마오쩌둥주의의 규범 등을 본다.

10.92 이데올로기적인 요인

자유주의, 신자유주의, 자유시장 중심주의, 자본주의, 사회주의, 공산주의, 인간의 얼굴을 한 자본주의(리영희), 인간의 얼굴을 한 사회주의(고르바초프, 밀란 오포첸스키), 토니 블레어가 말하는 제삼의 길, 피압박 피식민지 사람이 말하는 제삼의 길, 아메리카 등의 원주민의 이데올로기, 시장경제형의 공산주의(중국), 실질사회주의(북한 2003) 등을 본다.

10.93 인상(감성적인 요인)

10.94 연구일지, 답사, 인터뷰 등

10.95 해당되지 않는 항목 처리, 연구가 불가능한 부문 등을 기록한다.

11. 전략

연구의 결과를 놓고, 전략을 구상한다.

11.1. 전봉준, 논개, 이순신, 권율 전략의 비교와 적용

11.2. 산타페 I, II(1980, 1988)의 전략

11.3. 브레튼우즈 협의회(Bretton Woods Conference)의 전략

11.4. 핵전략

NPT, IAEA, CTBT의 전략, 핵무기의 전 세계 시장 판매 우려(미국의 럼스펠트, 제임스 레이니 등), 인도 모슬렘의 핵무기 소유(경계를 넘다), 흑인의 핵무기소유 제지를 위한 남아공의 해체 등을 연구한다. SALT I, SALT II 등을 본다. 벙커 버스터(Bunker Buster), DU의 전략 등을 본다. 일본의 핵전략, 이스라엘의 핵전략, 핵과 악의 축을 본다.

Oplan 5026, Oplan 1000, etc.

nuclear imperialism

Noam Chomsky's critique on nuclear powers.

11. 5. 경제전략

WTO, 자유방임자본주의를 주장하는 집단의 부자유, 비민주적 전략 등을 연구한다.

사회주의 경제전략, 통제경제전략, 미래사회에 대한 경제 패러다임을 분석한다.

11. 6. 문화전략

문화지배, 문화를 통한 통치전략, 문화종속화 문화말살전략, 언어말살전략, 약소민의 언어회복전략, 파울로 프레이레, 최현배의 전략, 이름 없애기 전략, 창씨개명전략, 매스 미디어를 통한 정복전략 등을 조사한다.

11. 7. 종교전략

종교를 지배 수당으로 사용하는 전략, 종교로서 마약으로 취하게 하는 무의식화전략, 종교가 인간을 해방시키고, 구원하게 하는 전략, 종교로서 인간이 성숙되게 하는 방안, 종교로서 정의 실현 평화실현, 인권회복을 위한 방안에 대해 조사한다.

11. 8. 이데올로기전략

이데올로기의 3가지 종류를 분류하고 분석한다.

지배이데올로기, 해방이데올로기, 부도덕한 이데올로기, 성숙한 이데올로기 등을 분석하고 올바른 세계관과 이데올로기 구축을 대안으로 분석한다.

이러한 연구방법을 통해서 얻은 결과를 현재의 문제를 해결하기 위해서 토론할 수 있다.

더 자세한 자료는 www.freechal.com/nohjong 〈자료실〉에서 참조할 수 있다.

## 참조 52.
# 유엔 안보리 1718

북한에 대해서 군사 공격을 제외한 총체적인 압박을
가하는 결의안이 통과되었다.
북한의 삶의 질을 향상시키고 인권을 보장하기 위해
서 이 결의는 신속히 해제되어야 할 것이다.
핵실험을 한 것에 대한 결의를 북한에만 적용하는 것
은 불공정하며, 핵실험을 한 모든 국가와 집단들에 대
해 모두 공정히 적용하는 것이 유엔의 정신이다. 유
엔은 불공정한 조직이 될 수 있으며, 이를 극복하기
위해서 유엔은 전면적인 개혁과 혁신이 필요하다. 그
렇지 못할 경우에는 유엔을 견제할 수 있는 또 다른
조직을 구성해야 한다.

**SECURITY COUNCIL CONDEMNS NUCLEAR
TEST BY DEMOCRATIC PEOPLE'S REPUBLIC OF
KOREA, UNANIMOUSLY ADOPTING RESOLUT-
ION 1718 (2006) 14 October 2006
Security Council
SC/8853**

**Department of Public Information, News and
Media Division, New York
Security Council
5551st Meeting (PM)**

**SECURITY COUNCIL CONDEMNS NUCLEAR
TEST BY DEMOCRATIC PEOPLE 'S REPUBLIC
OF KOREA,**

**UNANIMOUSLY ADOPTING RESOLUTION 1718
(2006)**

Action Prevents Provision of Nuclear Technology,
Large - Scale Weapons, Luxury Goods to Country;
Permits Inspection of Cargo to Ensure Compliance
Expressing the gravest concern over the claim by the
Democratic People Republic of Korea (DPRK) that it
had conducted a nuclear weapon test, the Security
Council this afternoon condemned that test and
imposed sanctions on the DPRK, calling for it to
return immediately to multilateral talks on the issue.
Acting under Chapter VII of the United Nations
Charter, but barring automatic military enforcement
of its demands under the Charter Article 41, the
Council unanimously adopted resolution 1718
(2006), which prevents a range of goods from
entering or leaving the Democratic People Republic
of Korea and imposes an asset freeze and travel ban
on persons related to the nuclear - weapon
programme.
Through its decision, the Council prohibited the
provision of large - scale arms, nuclear technology
and related training to the Democratic People
Republic of Korea, as well as luxury goods, calling
upon all States to take cooperative action, including
through inspection of cargo, in accordance with their
respective national laws.
The Council stressed that such inspections should
aim to prevent illicit trafficking in nuclear, chemical or
biological weapons, as well as their means of delivery
and related materials.
Regarding the freezing of assets, the Council
provided specific exemptions for the transfer of
monies to meet various financial obligations and
humanitarian needs, specifying humanitarian
exemptions for the travel ban, as well.

To monitor and adjust the sanctions imposed on the Democratic People Republic of Korea, the Council decided to establish a committee consisting of all 15 members of the body, which would provide a report every 90 days, beginning with the passage of the resolution.

Following the vote, several members of the Council condemned what many called an irresponsible step by the Democratic People Republic of Korea, stressing the importance of the Council swift and decisive action and emphasizing that, should the country implement the provisions of the new resolution, the sanctions could be lifted.

The United States representative said the test posed one of the gravest threats to international peace and security that this Council has ever had to confront.

The resolution adopted today would send a strong and clear message to North Korea and other would - be proliferators that they would meet with

serious repercussions should they choose to pursue the development of weapons of mass destruction. Further, it would send an unequivocal and unambiguous message for the Democratic People Republic of Korea to stop its procurement programmes and to verifiably dismantle existing weapons of mass destruction programmes.

All of us find ourselves in an extraordinary situation, which requires the adoption of extraordinary measures? the representative of the Russian Federation said. Today text contained a set of carefully considered and targeted measures, aimed at resolving the main issue: to make the Democratic People Republic of Korea reconsider its dangerous course, come back to the Treaty on the Non -

Proliferation of Nuclear Weapons, and resume, without preconditions, its participation in the six - party talks. That could be done only through political and diplomatic means. He insisted on the Council strong control over the measures against the Democratic People Republic of Korea and noted that the resolution reflected concern over the humanitarian consequences of strict measures.

China representative agreed that the Council actions should both indicate the international community firm position and help create conditions for the peaceful solution to the DPRK nuclear issue through dialogue. As the resolution adopted today basically reflected that spirit, his delegation had voted in favour of the text. However, sanctions were not the end in themselves. China did not approve of the practice of inspecting cargo to and from the Democratic People Republic of Korea, and urged the countries concerned to adopt a responsible attitude in that regard, refraining from taking any provocative steps that could intensify the tension. China still believed that the six - party talks were the realistic means of handling the issue. It also firmly opposed the use of force.

Japan representative said that the combination of ballistic missile capability and, now, the claim of nuclear capability in the hands of a regime known for reckless irresponsible behaviour, created nothing less than a grave threat to peace and security. He not only supported the Council sanctions, but also outlined a set of national measures undertaken by his country, including closure of Japanese ports to DPRK vessels; denial of imports from the DPRK; and prohibition of entry for DPRK nationals into Japanese territory.

The representative of the Democratic People Republic of Korea, however, totally rejected the text, saying that it was angster - like of the Security Council to adopt such a coercive resolution against his country, while neglecting the nuclear threat posed by the United States against the Democratic People Republic of Korea. It was a clear testament that the Council had completely lost its impartiality and was persisting in applying double standards to its work.

Also taking the floor today were representatives of France, the United Kingdom, Argentina and the Republic of Korea.

The Council was called to order at 1:42 p.m. and adjourned at 2:25 p.m.


Statements


JOHN BOLTON ( United States) said that the Democratic People Republic of Korea (DPRK) proclamation that it had conducted a nuclear test had posed the gravest threat to international peace and security that the Security Council had ever had to confront. The resolution just adopted would send a strong and clear message to the DPRK and other would - be proliferators that they would meet with serious repercussions should they choose to pursue the development of weapons of mass destruction. Further, it would send an unequivocal and unambiguous message for the DPRK to stop its procurement programmes and to verifiably dismantle existing weapons of mass destruction programmes.

He said resolution 1695 (2006) had demonstrated to North Korea that the best way to promote the livelihood of its people and end its isolation was to stop playing games of brinksmanship, comply with Security Council demands, return to the six - party talks and implement the terms of the joint statement from the last round of those talks. But sadly, the regime in Pyongyang had chosen a different path, answering the Security Council demands with an announcement that it had conducted a successful nuclear test. North Korea had thus broken its word, provoking a crisis and denying its people a better life. He said that, three months ago, the United States had counselled other Member States to prepare for further action in the event that the DPRK failed to comply with resolution 1695. His country was pleased, therefore, that the Security Council was united in its condemnation today, proving that it was indeed prepared to meet threats to international security with resolve. Acting under Chapter VII, the Council would impose punitive sanctions on Kim Jong Il regime. By today resolution, Member States would also agree not to trade in materials that would contribute to nuclear weapons - and other weapons of mass destruction - programmes, as well as to ban the trade in high - end military equipment. In doing its part to implement that provision of the resolution, the United States would rely on a number of control lists already in place, as published by the Nuclear Suppliers Group, the Missile Technology Control Regime and the Australia Group.

He said the resolution would prevent the travel of officials known to be involved in weapons of mass destruction efforts, as well as target the way Kim Jong Il financed his related weapons programmes, including through money - laundering, counterfeiting and selling narcotics. By the resolution, Member

States were bound to take action against those activities and freeze the assets of involved entities and individuals of the DPRK. It would provide for an inspections regime to ensure compliance with its provisions, building on the existing work of the Proliferation Security Initiative.

It would impose strict demands on the DPRK not to conduct further nuclear tests or launch ballistic missiles, he said, as well as to abandon all weapons of mass destruction programmes, whether nuclear, chemical or biological, in a complete, verifiable and irreversible manner. The Council would lift the measures imposed by the resolution if the DPRK complied fully with all its provisions and resumed the six - party talks. However, Member States must be prepared if the country again ignored Security Council demands; in that event, measures must be strengthened and Member States must return to the Council for further action.

As the United States pursued a diplomatic solution, it was also reassuring its allies of its commitment to security, he said. It would seek to increase its defence cooperation with allies, including on ballistic missile defence and cooperation to prevent the DPRK from importing or exporting nuclear missile technology. The goals were clear: a nuclear - free Korean peninsula, and to work with other countries to ensure that the DPRK faced serious consequences if it continued down its current path. The resolution provided a carve - out for humanitarian relief efforts in the country, however, because the concern was with the regime and not the starving and suffering people of the DPRK.

Hopefully, the country would implement the resolution so its people could enjoy a brighter future.

JEAN - MARC DE LA SABLÈRE ( France) said that the Council, by adopting resolution 1718 today, had provided a firm reply to the announcement last Monday of a nuclear test by the Democratic People Republic of Korea. That reply voiced the international community unanimous condemnation of that extremely grave act, and unanimous determination in the face of Pyongyang behaviour. Adopted under Chapter VII of the Charter, the resolution contained a number of strong measures, in particular regarding missile and weapons of mass destruction programmes. It also contained provisions to prevent exporting and importing of products associated with those programmes by the DPRK.

It was necessary to ensure the effectiveness of those measures by proceeding under international law with inspections of cargo to and from the DPRK, he said. Given the challenge posed by North Korea, it was essential for the international community to be united and extremely firm. The Council had clearly demonstrated that the behaviour of North Korea would not be tolerated. His delegation also understood that full compliance with the resolution by the DPRK and successful resumption of six-party talks would prompt the Council to lift the sanctions imposed by the resolution.

WANG GUANGYA ( China) said that, on 9 October, the Democratic People's Republic of Korea had flagrantly conducted a nuclear test in disregard of the common opposition of the international community. China Foreign Ministry had issued a statement on the same day, expressing firm opposition to that act. Proceeding from the overall interests of brining about denuclearization of the Korean peninsula and maintaining peace and stability there and in North - East Asia, China supported the Council in making a firm and appropriate response. The action of the Security Council should both indicate the firm position of the international community and help create enabling conditions for the final peaceful solution to the DPRK nuclear issue through dialogue. As the resolution adopted today basically reflected that spirit, his delegation had voted in favour of the text.

He reiterated that sanctions were not the end in themselves. As stipulated in the resolution, if the DPRK complied with its requests, the Council would suspend or lift sanctions against the country. At the same time, China did not approve of the practice of inspecting cargo to and from the DPRK, and he had reservations about related provisions of the resolution. China strongly urged the countries concerned to adopt a prudent and responsible attitude in that regard, and refrain from taking any provocative steps that could intensify the tension.

China's Government had committed itself to brining about denuclearization of the Korean peninsula and to maintaining peace and stability both on the peninsula and in North - East Asia, he said. It had always advocated seeking a peaceful solution to the nuclear issue on the Korean peninsula through diplomatic means. China had made enormous and unremitting efforts towards that end, initiated the six - party talks and pushed parties concerned to implement the Joint Statement of September 2005. Though there had been the negative development of the DPRK nuclear test, those policies remained unchanged. China still believed that the six - party talks were the realistic means of handling the issue. He also firmly opposed the use of force. China noted with satisfaction that, in condemning the DPRK nuclear test, the parties concerned had all indicated the importance of adhering to diplomatic efforts.

Under the current circumstances, it was necessary to unswervingly stick to the objective of de-nuclearization of the Korean peninsula, oppose nuclear proliferation, adhere to the general direction of resolving the issue through peaceful dialogue and negotiations, avoid any acts that might cause escalation of tension and maintain peace and stability on the Korean peninsula and in North - East Asia. That was in the common interest of all the parties concerned. All the parties should take vigorous and positive action towards that end. China was ready and willing to strengthen consultations and cooperation with other parties concerned, so as to ensure a cool - headed response, push forward the six - party talks and continue to play a constructive role in realizing denuclearization of the Korean peninsula and North - East Asia.

EMYR JONES PARRY ( United Kingdom) welcomed the strong signal sent to the Democratic People Republic of Korea, saying the Council had acted decisively and quickly under Chapter VII to ask for an end to that country provocative and irresponsible act. The resolution was important because it reiterated the international community condemnation of such actions, and made clear to the DPRK and all States concerned that they had a legal obligation to carry out its provisions.

He said the United Kingdom condemned the 9

October test as an irresponsible act, because it had raised tensions both regionally and internationally. Despite the repeated urging of its neighbours, the DPRK had contravened its commitments under the Nuclear Non - proliferation Treaty and had ignored resolution 1695 (2006). Indeed, the test had been a direct provocation to the international community and constituted a threat to peace and security. As such, the Council had duty to condemn the act, and had done so by sending a strong message to Pyongyang.

The resolution contained robust terms, he said, but its purpose was to bring about a stop to the DPRK weapons of mass destruction and missile programmes and to change the behaviour of the leaders in Pyongyang, not to hamper the lives of people who were already suffering.

The United Kingdom would lift the measures imposed today if the DPRK returned to the six - party talks. It was that country choice to flout or accept the obligations contained in it.

VITALY I. CHURKIN (Russian Federation) said that, even before the Democratic People Republic of Korea statement of its intention to conduct a nuclear test and then following that irresponsible step, his country had emphasized that such actions could complicate the settlement of the nuclear problem on the Korean peninsula, pose a threat to international peace and security and undermine the non - proliferation regime. His country had always advocated a strong, but carefully vetted, response from the Council, aimed at preventing further escalation of tension. He could only regret that North Korean authorities had ignored the warnings contained in the Council presidential statement of 6 October about the negative consequences that would flow from a nuclear test, primarily for the DPRK itself. All of us find ourselves in an extraordinary situation, which required adoption of extraordinary measures, he said. Having supported the text - as a result of tense negotiations, in which all members of the Council had participated? He noted that the resolution reflected concern over the humanitarian consequences of strict measures. At the same time, as a matter of principle, it was necessary - as envisioned by relevant decisions of the United Nations to - carefully weigh such consequences on a case - by - case basis. Any sanctions introduced by the Council should not go on indefinitely and should be lifted upon implementation of the Council demands. In that connection, he also emphasized that sanctions unilaterally adopted by States did not facilitate resolution of such problems, when the Council was working on joint approaches, with the participation of all relevant parties.

He added that today text contained a set of carefully considered and targeted measured, aimed at resolving the main issue: to make the DPRK immediately review its dangerous course, come back to the Treaty on the Non - Proliferation of Nuclear Weapons and resume, without preconditions, its participation in the six - party talks. That could be done only through political and diplomatic means. The measures against the DPRK must be implemented under strict control of the Council and its Sanctions Committee set up by today resolution. It was very important that, under the text, full implementation of its provisions by the DPRK would lead to the lifting of the sanctions. He hoped Pyongyang would adequately understand the collective position of the international community and take practical steps to achieve denuclearization of the Korean peninsula, as well as peace and stability in North - Eastern Asia.

CESAR MAYORAL(Argentina) supported resolution 1718(2006), which condemned the Democratic People Republic of Korea following its proclamation of having held a nuclear test. That act had shown that the country possessed nuclear devices and had withdrawn from the Nuclear Non - Proliferation Treaty, in addition to having launched ballistic missiles. Such acts had endangered international peace and security.

He said the Security Council unanimous, firm and rapid message, under the Japanese presidency, clearly demonstrated the international community position towards the Government of the DPRK. Argentina hoped the DPRK authorities would hear that message, and that it would prompt their return to the six - party talks so that a solution could be found for all parties involved. Indeed, it was an issue that affected not just in the Asia - Pacific, but the rest of the world, as well.

Argentina had agreed to implement all the provisions of the resolution, he said. However, with regard to the list of items, materials, equipment, goods and technology to be banned from the DPRK as stipulated in paragraph 8, Argentina did not intend to legislate the control of material for dual use.

The Council President, KENZO OSHIMA (Japan), speaking in his national capacity, welcomed the resolution adopted today as one of the most important decisions the Council had taken in recent times. It was essential that such an important decision be taken by a unanimous vote, and that was a welcome outcome. The resolution strongly condemned the irresponsible act on the part of the Democratic People Republic of Korea, which had proceeded to conduct a nuclear test in total defiance of the calls to refrain from doing so by all its immediate neighbours and, indeed, by the entire world. That was unacceptable behaviour, which deserved to be met not only with a strong admonishment, but also with necessary measures prescribed in Chapter VII of the Charter. Under the circumstances, the Council had acted in the discharge of its responsibilities by responding to the grave situation created by the DPRK, swiftly and in unity.

The situation created by the DPRK had caused widespread and deep concern in East Asia and beyond, he continued. The danger presented by Pyongyang total disregard of the non - proliferation regime was clear and present. Last July, when the DPRK had resorted to the launching of ballistic missiles, the Council had unanimously adopted resolution 1695, condemning that action. It had also unequivocally urged the DPRK not to go forward with the test, through a strong presidential statement. Only two days after the Council's call, however, the DPRK had claimed that it had conducted a nuclear test. The combination of ballistic missile capability and, now, the claim of nuclear capability in the hands of a regime with a record of known and reckless irresponsible behaviour, created a situation that was nothing less than a grave threat to peace and security. Japan also regretted that the DPRK actions were in contravention of the Japan - DPRK Pyongyang Declaration, the Joint Statement of the six - party talks and several other agreements.

Along with other concerned countries in the region, Japan expected that the DPRK would act as a responsible Member of the United Nations, by implementing this and other Security Council resolutions and decisions, including resolution 1695, in good faith. At the same time, the security issue was not the only point of contention between the DPRK and the international community. The resolution underlined the importance for the DPRK to responding to the humanitarian concerns of the international community, which included the abduction issue. He demanded that the issue be resolved as soon as possible.

He said that, on 11 October, his Government had announced that it would take a set of national measures in strong protest against the claimed nuclear test, recognizing the need to take firm measures in response. Those measures included denial of permission to enter Japanese ports to all DPRK vessels; denial of import of all items from the DPRK; and denial, in principle, of entry by DPRK nationals into Japanese territory. Japan would also implement in good faith the measures under the resolution.

The resolution contained strong measures, he added, but sanctions were not invoked for the sake of sanctions. The goal of the resolution was to remove the threat to international peace and security, by ensuring discontinuation of the DPRK nuclear testing and ballistic missile launchings, as well as the abandonment of its nuclear and missile programmes. It was up to the DPRK whether that opportunity

would be utilized. That country compliance with the resolution and addressing the concerns of the international community would open the way for the international community to consider actions for the benefit of the DPRK as made clear in paragraph 15 of the resolution. Japan had not closed the door on dialogue and urged the DPRK to respond sincerely for a diplomatic solution to the issues between the two countries.

PAK GIL YON (Democratic People Republic of Korea) said that his country totally rejected resolution 1718 and found it unjustifiable. It was angster - like for the Security Council to adopt such a coercive resolution against the Democratic People Republic of Korea, while neglecting the nuclear threat posed by the United States against his country. It was a clear testament that the Council had completely lost its impartiality and was persisting in applying double standards to its work. The Democratic People Republic of Korea was disappointed that the Council was incapable of offering a single word of concern when the United States threatened to launch nuclear pre - emptive attacks, reinforced its armed forces and conducted large - scale military exercises near the Korean peninsula.

He said that, on 9 October, the Democratic People Republic of Korea had successfully conducted underground nuclear tests under secure conditions, as a way of bolstering the country self - defence. His country nuclear test was entirely attributable to United States threats, sanctions and pressure, and every possible effort had been expanded to settle the nuclear issue through dialogue and negotiation.

The Democratic People Republic of Korea indeed

wished to denuclearize the Korean peninsula, he said; yet, the Bush Administration had responded to his country patient and sincere efforts with sanctions and blockades. His country had, therefore, felt compelled to prove its possession of nuclear weapons to protect itself from the danger of war from the United States. Also, although his country had conducted a nuclear test - due to American provocation - it still remained unchanged in its will to denuclearize the Korean peninsula through dialogue and negotiation, as that had been President Kim Il Sung last instruction.

He said the test did not contradict the Joint Statement of the six - party talks to dismantle nuclear weapons and existing nuclear programmes. Rather, it constituted a positive measure for its implementation. The Democratic People Republic of Korea had clarified more than once that it would have no need for even a single nuclear weapon as long as the United States dropped its hostile policies towards his country, and as long as confidence was built between the two countries. Instead, the United States had manipulated the Security Council into adopting a resolution pressurizing Pyongyang.

He said the Democratic People Republic of Korea was ready for both dialogue and confrontation. If the United States persisted in increasing pressure upon his country, it would continue to take physical countermeasures, considering it as a declaration of war.

CHOI YOUNG - JIN (Republic of Korea) said that, last Monday, the Democratic People Republic of Korea had announced that it had conducted a nuclear test, which his Government had warned it about. That act posed a grave threat to the situation on the Korean peninsula and the whole of North - East Asia. North Korea conduct constituted a failure to implement the Joint Statement of September 2005. It also represented outright defiance of the Security Council resolution adopted in July 2006 and a breach of the Joint Declaration that the DPRK had signed with his country in 1991.

Such acts should never be condoned, he said. His Government appreciated the Council efforts to address that common challenge and supported the resolution just adopted. He urged North Korea to heed the voice of the international community and refrain from any actions that would further aggravate the situation. It should return to six - party talks and abandon its nuclear programmes once and for all. His Government would continue its endeavours to achieve those goals.

Mr. BOLTON(United States) said it was the second time in three months that the DPRK, having asked to participate in Security Council meetings, had rejected its resolutions and walked out of the Chamber. It was akin to Nikita Khrushchev pounding his shoe on the podium, and raised questions about the DPRK adherence to Chapter II of the United Nations Charter - an issue the Council should consider in due course.

Mr. CHURKIN(Russian Federation) asked the President to call on members of the Council to, even in the heat of emotion, refrain from using inappropriate analogies.

# 후세인과 알카에다는 관련 무

## Hussein's Prewar Ties To Al - Qaeda Discounted
## Pentagon Report Says Contacts Were Limited

By R. Jeffrey Smith
Washington Post Staff Writer
Friday, April 6, 2007; Page A01

Captured Iraqi documents and intelligence interrogations of Saddam Hussein and two former aides "all confirmed" that Hussein's regime was not directly cooperating with al - Qaeda before the U.S. invasion of Iraq, according to a declassified Defense Department report released yesterday.

The declassified version of the report, by acting Inspector General Thomas F. Gimble, also contains new details about the intelligence community's prewar consensus that the Iraqi government and al - Qaeda figures had only limited contacts, and about its judgments that reports of deeper links were based on dubious or unconfirmed information. The report had been released in summary form in February.

A report criticizes an intelligence assessment by the office of Douglas Feith, then a Pentagon official, before the 2003 invasion of Iraq. (By Elizabeth Dalziel - Associated Press)

The report's release came on the same day that Vice President Cheney, appearing on Rush Limbaugh's radio program, repeated his allegation that al - Qaeda was operating inside Iraq "before we ever launched" the war, under the direction of Abu Musab al - Zarqawi, the terrorist killed last June.

"This is al - Qaeda operating in Iraq," Cheney told Limbaugh's listeners about Zarqawi, who he said had "led the charge for Iraq." Cheney cited the alleged history to illustrate his argument that withdrawing U.S. forces from Iraq would "play right into the hands of al - Qaeda."

Senate Armed Services Committee Chairman Carl M. Levin (D - Mich.), who requested the report's declassification, said in a written statement that the complete text demonstrates more fully why the inspector general concluded that a key Pentagon office - run by then - Undersecretary of Defense Douglas J. Feith - had inappropriately written intelligence assessments before the March 2003 invasion alleging connections between al - Qaeda and Iraq that the U.S. intelligence consensus disputed.

# 대북제재안과 미국의 제안

미국은 북한에 대한 경제제재안 초안을 유엔에 제출했
다. 그 전문을 수록한다(2006. 10.)

## Draft UN resolution on North Korea
## Saturday 14 October 2006

World powers ponder North Korea sanctions

The Security Council, Recalling its previous relevant resolutions, including resolution 825 (1993), resolution 1540 (2004) and, in particular, resolution 1695 (2006), as well as the statement of its President of 6 October 2006 (S/PRST/2006/41), Reaffirming that proliferation of nuclear, chemical and biological weapons, as their means of delivery, constitutes a threat to international peace and security, Expressing the gravest concern at the reports that the DPRK has conducted tests of a nuclear weapon on 9 October 2006, and at the challenge such test constitutes to international efforts aimed at strengthening the global regime of nonproliferation of nuclear weapons, and the danger it poses to peace and stability in the region, Deploring the DPRK's announcement of withdrawal from the Treaty on Nonproliferation of Nuclear Weapons (the Treaty) and its pursuit of nuclear weapons, Deploring further that the DPRK has refused to return to the Six - Party talks without precondition, Stressing the importance of the Joint Statement issued on 19 September 2005 by China, DPRK, Japan, Republic of Korea, the Russian Federation and the United States, Expressing profound concern that the test by the DPRK will generate increased tension in the region and beyond, Determining that the situation in the DPRK constitutes a threat to international peace and security; Acting under chapter VII of the Charter of the United Nations;

1. Condemns the nuclear test conducted by the DPRK on 9 October 2006 in flagrant disregard of the statement of the Council's President of 6 October 2006 (S/PRST/2006/41), including the statement that such a test would bring universal condemnation of the international community and would represent a clear threat to international peace and security, and demands that the DPRK refrain from any further nuclear tests;

2. Demands that the DPRK return immediately to the Six - Party Talks without precondition, and return at an early date to the Treaty on Nonproliferation of Nuclear Weapons and International Atomic Energy Agency safeguards;

3. Recalls its previous demand that the DPRK suspend all activities related to its ballistic missile program and in this context re - establish its pre - existing commitments to a moratorium on missile launching, and underscores that the DPRK is required to do so under Article 25 of the Charter of the United Nations;

4. Decides further that the DPRK shall eliminate its nuclear weapons and nuclear programs, to be verified by the IAEA, and shall act strictly in accordance with the obligations applicable to parties under the Treaty on Nonproliferation of Nuclear Weapons and the terms and conditions of its IAEA safeguards agreement (IAEA INFCIRC/403);

5. Decides further that all Member States shall take the necessary measures:

(a) to prevent the direct or indirect supply, sale or transfer to the DPRK, from their territories or by their nationals, or using their flag vessels or aircraft, and whether or not originating in their territories, of any -

(i) arms or any related material;

(ii) nuclear - related or ballistic missile - related items, materials, goods, and technology, including dual - use items, covered by relevant multilateral treaties and arrangements, or included on national control lists, not covered by (i) above; and

(iii) luxury goods;

(b) to prevent any transfers to the DPRK by their nationals or from their territories of technical training, advice or assistance related to the provision, manufacture, maintenance or use of items in subparagraph (a) above;

(c) to prevent the procurement of items described in (a) above from the DPRK; and

(d) to prevent the transfer to or from their territory, or to or by their nationals or persons in their territory, of any financial or other assets or resources in relation to the DPRK's missile or weapons of mass destruction (WMD) programs, or in relation to illicit activities such as those related to counterfeiting, money - laundering or narcotics, including by freezing any financial or other assets or resources on their territories that are associated with such programs or activities, and to prevent any abuses of the international financial system that could contribute to the development of such items by, or transfers of such items to or from, the DPRK, and that the provisions of this paragraph shall supersede the requirements of paragraphs 3 and 4 of resolution 1695 (2006), and calls upon all Member States, consistent with international law, to undertake and facilitate inspection of cargo to or from the DPRK as necessary to ensure compliance with the requirements of this paragraph;

6. Calls upon all Member States to report to the Security Council within 30 days of the coming into force of the measures imposed by paragraph 5 above on the steps they have taken with a view to implementing effectively paragraph 5 above;

7. Decides that the provisions of paragraph 5(d) above do not apply to financial or other assets or resources that have been determined by relevant States:

(a) to be necessary for basic expenses, including payment for foodstuffs, rent or mortgage, medicines and medical treatment, taxes, insurance premiums, and public utility charges, or exclusively for payment of reasonable professional fees and reimbursement of incurred expenses associated with the provision of legal services, or fees or service charges, in accordance with national laws, for routine holding or maintenance of frozen funds, other financial assets and economic resources, after notification by the relevant States to the Security Council of the intention to authorize, where appropriate, access to such funds, other financial assets and economic resources and in the absence of a negative decision by the Security Council within five working days of such notification,

(b) to be necessary for extraordinary expenses, provided that such determination has been notified by the relevant States to the Security Council and has been approved by the Security Council, or

(c) to be subject of a judicial, administrative or arbitral lien or judgment, in which case the funds, other financial assets and economic resources may be used to satisfy that lien or judgment provided that the lien or judgment: was entered prior to the date of the present resolution, is not for the benefit of a person referred to in paragraph 5(e) above or an individual or entity identified by the Security Council, and has been notified by the relevant States to the Security Council;

8. Affirms that it shall review DPRK actions within 30 days of the date of adoption of this resolution, and that it shall be prepared to take such further action as may be needed at that time;

9. Decides to remain actively seized of the matter.

## 참조 55.
## 유엔 안전보장이사회 대북한 결의안 (2006. 7. 15)

북한이 미사일 7발을 실험 발사한 직후에 결의안이 발표되었다.

미국과 태평양 여러 나라는 태평양과 하와이에서 월남전 이후 최대 규모로 대북한 전쟁 연습을 했다. 3척의 항공 모함이 동원되었고, 그 중 하나는 2003년 이라크전에서 동원된 것이었다. 전투기, 폭격기 등이 1993회 출격했다. 이 훈련에서는 미사일 발사 실험도 있었다. 이 태평양 훈련이 끝나는 시점에 북한이 미사일을 발사한 것은 그에 대한 대응이라고 해석된다. 북한은 이라크 침공을 북한 침공과 같은 맥락으로 해석하고 있다. 미국은 두 곳의 전쟁에서 이긴다는 전략을 발표하기도 했다. 소위 윈 - 윈(win - win)이라고 했다. 승리 - 승리 작전이다. 혹은 윈 - 홀드 - 윈(win - hold - win) 작전이라고 해서 이라크에서 승리하는 동안 북한을 묶어놓았다가 공격해서 승리한다는 작전을 공공연히 발표했다. 북한 전선을 교착시켜 놓았다가 이라크전에서 승리하고 북한도 공격해 승리한다는 작전이라고 했다. 이러한 대북전략을 알고 있는 북한이 이에 대응하는 반응을 보인 것이 7발의 미사일 실험 발사 훈련이었다고 해석된다.

유엔 안전보장이사회는 북한을 견제하는 결의를 하면서 동시에 미국과 주변국들의 대규모 태평양 훈련에 대해서도 자제하도록 하는 결의를 했어야 한다. 그것이 공정한 일이다. 북한을 놀라게 하는 핵무기 능력을 동원한 대규모 훈련은 북한을 극도의 긴장과 피습의 공포 속으로 몰아넣을 수도 있다는 것을 상상해본다면, 평화를 이끌어내는 좀 더 나은 전략이 나올 수 있을 것이다. 미국 태평양 사령관은 언제든지 적을 괘멸시킬 수 있다는 발언도 했다. 이런 발언은 군사력에 있어서 진실을 말하는 것이다. 북은 긴장 속

에서 자위책을 구사하려고 할 것이다. 유엔 안보리는
공정성을 유지하지 못한 채 강대국의 이익만 반영하
고 약소국이 차별당하도록 버려두는 역할을 하지 말
아야 한다.

### U.N. Security Council's resolution on North Korea
- Jul 15, 2006

### U.N. Security Council's resolution on North Korea
Saturday, July 15, 2006; Posted: 7:05 p.m. EDT
(23:05 GMT)

The Security Council, Reaffirming its resolutions 825
(1993) of 11 May 1993 and 1540 (2004) of 28 April
2004, Bearing in mind the importance of maintaining
peace and stability on the Korean peninsula and in
north - east Asia at large, Reaffirming that proliferation
of nuclear, chemical and biological weapons, as well
as their means of delivery, constitutes a threat to
international peace and security, Expressing grave
concern at the launch of ballistic missiles by the
Democratic People's Republic of Korea (DPRK),
given the potential of such systems to be used as a
means to deliver nuclear, chemical or biological
payloads, Registering profound concern at the
DPRK's breaking of its pledge to maintain its
moratorium on missile launching, Expressing further
concern that the DPRK endangered civil aviation and
shipping through its failure to provide adequate
advance notice, Expressing its grave concern about
DPRK's indication of possible additional launches of
ballistic missiles in the near future, Expressing also its
desire for a peaceful and diplomatic solution to the
situation and welcoming efforts by Council members

as well as other Member States to facilitate a peaceful
and comprehensive solution through dialogue,
Recalling that the DPRK launched an object
propelled by a missile without prior notification to the
countries in the region, which fell into the waters in
the vicinity of Japan on 31 August 1998, Deploring
the DPRK's announcement of withdrawal from the
Treaty on Non - Proliferation of Nuclear Weapons
(the Treaty) and its stated pursuit of nuclear weapons
in spite of its Treaty on Non - Proliferation of Nuclear
Weapons and International Atomic Energy Agency
(IAEA) safeguards obligations, Stressing the
importance of the implementation of the Joint
Statement issued on 19 September 2005 by China,
DPRK, Japan, Republic of Korea, the Russian
Federation and the United States, Affirming that such
launches jeopardize peace, stability and security in
the region and beyond, particularly in light of the
DPRK's claim that it has developed nuclear weapons,
Acting under its special responsibility for the
maintenance of international peace and security. 5
July 2006 local time;
1. Condemns the multiple launches by the DPRK of
ballistic missiles on 5 July 2006 local time;
2. Demands that the DPRK suspend all activities
related to its ballistic missile programme, and in this
context re - establish its pre - existing commitments to
a moratorium on missile launching;
3. Requires all Member States, in accordance with
their national legal authorities and legislation and
consistent with international law, to exercise
vigilance and prevent missile and missile - related
items, materials, goods and technology being
transferred to DPRK's missile or WMD programmes;

4. Requires all Member States, in accordance with their national legal authorities and legislation and consistent with international law, to exercise vigilance and prevent the procurement of missiles or missile related - items, materials, goods and technology from the DPRK, and the transfer of any financial resources in relation to DPRK's missile or WMD programmes;

5. Underlines, in particular to the DPRK, the need to show restraint and refrain from any action that might aggravate tension, and to continue to work on the resolution of non - proliferation concerns through political and diplomatic efforts;

6. Strongly urges the DPRK to return immediately to the Six - Party Talks without precondition, to work towards the expeditious implementation of 19 September 2005 Joint Statement, in particular to abandon all nuclear weapons and existing nuclear programmes, and to return at an early date to the Treaty on Non - Proliferation of Nuclear Weapons and International Atomic Energy Agency safeguards;

7. Supports the six - party talks, calls for their early resumption, and urges all the participants to intensify their efforts on the full implementation of the 19 September 2005 Joint Statement with a view to achieving the verifiable denuclearization of the Korean Peninsula in a peaceful manner and to maintaining peace and stability on the Korean Peninsula and in north - east Asia;

8. Decides to remain seized of the matter.

## 참조 56.
## 근거 없다/위조 세탁

Banco Delta Asia

**From Wikipedia, the free encyclopedia**

The bank has been accused of engaging in money laundering and distribution of Superdollars for the government of North Korea. In 2005, after sanctions were imposed on it by the United States, the bank's executive board resigned and was replaced by government appointees.[1][2] As a result of this, several North Korean companies in Macao which had accounts with the bank, including Zokwang Trading, had their accounts frozen.[3]

However, an audit by Ernst & Young revealed no evidence that the bank had facilitated money laundering and according to the 2006 - 10 - 18 filing by the bank's U.S. attorneys there was almost no way that North Korea could have laundered counterfeit U.S. currency through the bank.[4] The audit indicated that the only time Banco Delta Asia had knowingly handled counterfeit money was in 1994 when it discovered and turned over $10,000 in counterfeit $100 bills to local authorities.[5] The allegations against the bank were levied under a provision of the PATRIOT Act that provides for an administrative procedure that doesn't permit the bank to see the evidence of the accusations or defend itself in court while allowing the United States to freeze a foreign bank out of the U.S. financial system.[4]

On 2007 - 03 - 14, the U.S. Treasury Department ordered all U.S. banks and companies to sever ties with Banco Delta Asia, following an 18 - month investigation. The bank plans to challenge this ruling. U.S. Treasury Under - Secretary Stuart Levey stated that the investigation confirmed the bank's "willingness to turn a blind eye to illicit activity, notably by its North Korean - related client". Both the People's Republic of China and the Macau Monetary Authority expressed "deep regret" at the development, but the ruling also allowed the bank to be removed from receivership and return some of North Korea's money. Banco Delta Asia's chairman, Stanley Au, stated that he was not worried about the ruling.[6]

[edit] Six - Party Talks

Christopher Hill, lead negotiator for the U.S. at the Six - Party Talks of March 2007, stated that despite the ruling, he was "confident" that the talks would continue.[6][7] However, North Korean negotiator Kim Kye - gwan has warned that North Korea will not abandon its nuclear programme unless its funds are released by the U.S.[8]

On 2007 - 03 - 19, the U.S. announced that the $25 million held in Banco Delta Asia would be transferred to a Bank of China account in Beijing. But delegates from North Korea refused to attend the talks the next day, citing that they would not participate until North Korea can confirm that it can access the money.[9] The transfer of funds was subsequently delayed due to unexplained problems, and North Korea's chief negotiator left Beijing for North Korea on 2007 - 03 - 22, ending the round of Six Party Talks.[10]

PUBLIC LAW 107 - 56 - OCT. 26, 2001
UNITING AND STRENGTHENING AMERICA BY PROVIDING APPROPRIATE TOOLS REQUIRED TO INTERCEPT AND OBSTRUCT TERRORISM (USA PATRIOT ACT) ACT OF 2001
VerDate 11 - MAY - 2000 19:15 Nov 05, 2001 Jkt 099139 PO 00056 Frm 00001 Fmt 6579 Sfmt 6579 E:\PUBLAW\PUBL056.107 APPS24 PsN: PUBL056 115 STAT. 272 PUBLIC LAW 107 - 56 - OCT. 26, 2001
Public Law 107 - 56
107th Congress

An Act To deter and punish terrorist acts in the United States and around the world, to enhance law enforcement investigatory tools, and for other purposes. Be it enacted by the Senate and House of Representatives of the United States of America in Congress assembled,

SECTION 1. SHORT TITLE AND TABLE OF CONTENTS.
(a) SHORT TITLE.
This Act may be cited as the "Uniting and Strengthening America by Providing Appropriate Tools Required to Intercept and Obstruct Terrorism (USA PATRIOT ACT) Act
of 2001".
TITLE III - INTERNATIONAL MONEY LAUNDERING ABATEMENT AND ANTITERRORIST FINANCING ACT OF 2001

# 애틀랜틱 보고서:
# 북 - 미 관계 설계도 해설

2007년 4월쯤 미국에서 보고서가 작성되었다. 21세기에 미국이 주도권을 행사하며, 동시에 대서양권의 지도력을 구사하기 위한 전략을 수립하는 데 참고하도록 추천하는 문서이며, 대서양 보고서(애틀랜틱)라고 이름 지어졌다.

유럽, 아시아, 남미, 북미 그리고 미국의 지도자들이 권력행사를 하기 위해서 무엇을 할 것인가가 제안되었다.

The Atlantic Council promotes constructive U.S. leadership and engagement in international affairs based on the central role of the Atlantic community in meeting the international challenges of the 21st century. The Council embodies a nonpartisan network of leaders who aim to bring ideas to power and to give power to ideas by:

● stimulating dialogue and discussion about critical international issues with a view to enriching public debate and promoting consensus on appropriate responses in the Administration, the Congress, the corporate and nonprofit sectors, and the media in the United States and among leaders in Europe, Asia and the Americas;

● conducting educational and exchange programs for successor generations of U.S. leaders so that they will come to value U.S. international engagement and have the knowledge and understanding necessary to develop effective policies.

the Atlantic Council of the united states

북한에 대한 대안제시를 위해서 아래 인사들이 협의했다.

A Framework for Peace and Security in Korea and Northeast Asia Report of the Atlantic Council Working Group on North Korea

Co - Chairs 공동의장

Ambassador James Goodby

General Jack N. Merritt

Project Director

Donald Gross

Policy Paper

April 2007

워싱턴의 주소는 아래와 같다.

11th Floor, 1101 15th Street, N.W.

Washington, DC 20005

the Atlantic Council of the united states

http://www.acus.org

보고서의 순서

iii. 들어 가는 말

This report continues a series of Atlantic Council
studies since the early 1990s that analyzeUS. relations
with "adversary states" and recommend measures for
improving relations with them to achieve strategic
U.S. policy goals. The value of such work was made
clear to us in 2004 when U.S. officials, implementing
the historic agreement leading Libya to abandon its
nuclear weapons program, leaned on our report U.S.
- Libyan Relations: Toward Cautious Reengagement.
We are currently updating similar work done
regarding Cuba for the day improved relations with
that country may be possible.

vii. 실무그룹 참여자 명단

존스 홉킨스대학, 조지 타운대학 등의 교수ㆍ학자들,
부르킹스연구소 등의 전문연구원, 미군의 연구원, 미
국 군사대학교 등의 방대한 전문가들로서 실무 연구
토론을 거쳐서 정책대안을 제시하고 있어서 대단히
중요한 정책입안 문서로서 현 조지 부시 행정부와 국
무성이 채택하여 활용하고 있는 문서다. 1975년쯤 평
양을 방문하고 김일성 주석을 서방기자(워싱턴포스
트)로서 거의 처음 인터뷰를 했고, 이후 북한의 핵문
제 등에 가장 전문적인 해설가 중 한 사람으로 알려진
셀리그 해리슨도 참여하고 있다. 리오 시걸도 참여하
고 있으나 실제로 이들의 견해가 얼마나 무게 있게 존
중되고 있는지는 앞으로도 계속 주시할 필요가 있다.
전환적인 정책을 수립하기에는 적절한 선택이라고
볼 수 있으나, 분명 미진한 점도 있다. 조지아대학의
명예교수 박한식이 참여하지 않은 것은 이 문서의 약
점이라고 판단된다. 에모리대학 명예총장 제임스 레
이니, 코넬대학의 서재정 교수, 노암 촘스키, 에드워
드 베이커, 켄 퀴노네스 등이 참여하고 있지 않은 것
또한 이 문서의 약점이다.

그럼에도 불구하고, 이 문서는 북한에서 핵무기와 핵
발전소 등의 모든 핵프로그램을 제거하는 데 초점을
맞추어서 제안하고 있다는 점이 특징이다. 반면 핵을
평화적인 이용함으로써 빈곤국가들이 절대빈곤에서
탈출할 수 있도록 하라고 제안하는 드와이트 아이젠
하우어 전 미국 대통령의 정신을 수용하지 못하고 있
다는 한계점이 있다.

셀리그 해리슨은 북한에 원자력발전소, 경수로를 제
공하고, 낮은 수준의 우라늄 농축 프로그램을 허용해
서, 우라늄을 북한이 자체 힘으로 생산해서 평화적인
에너지로 쓸 수 있도록 하고, 북한이 무기급의 핵을
개발하는 것을 막도록 하자고 하는 데 대해 긍정적으
로 검토할 것을 제안하는 글을 2007년 12월 초 〈한겨

레 신문〉에 기고했다.

The members of the working group believe that the recommendations stated in this paper promote overall U.S. interests. While there may be some parts of the report with which some participants are not in full agreement, each participant believes that the report, as a whole, provides a sound basis for future actions by the government of the United States. The views of the working group members do not represent the official position of any institution. Co - Chairs Ambassador James Goodby, The Brookings Institution, former U.S. Ambassador for Nuclear Security & Dismantlement and U.S. Ambassador to Finland
General Jack N. Merritt, U.S. Army (Ret.), Atlantic Council of the United States, former Director of the Joint Staff and Commandant of the U.S. Army War College
Project Director
Donald Gross, Atlantic Council of the United States
Senior Project Consultants
Banning Garrett, Institute for Sino - American International Dialogue, University of Denver
C. Richard Nelson, Atlantic Council of the United States
Assistant Project Director
Patrick deGategno, Atlantic Council of the United States

Members
Jonathan Adams, Institute for Sino - American International Dialogue, University of Denver
Daniel Bob, Canonbury Group

Richard Bush, The Brookings Institution
Paul F. Chamberlin, Center for Strategic and International Studies
Jay G. Cohen, Duane Morris LLP
Ralph Cossa, Pacific Forum, Center for Strategic and International Studies
Steve Costello, ProGlobal Consulting
William Drennan, U.S. Air Force (Ret.)
Gordon Flake, The Mansfield Foundation
Banning Garrett, Institute for Sino - American International Dialogue, University of Denver
Brad Glosserman, Pacific Forum, Center for Strategic and International Studies
Michael Green, Center for Strategic and International Studies, Georgetown University
Elisa D. Harris, Center for International and Security Studies, University of Maryland
Selig Harrison, Center for International Policy
Ambassador Thomas Hubbard, Kissinger McLarty Associates, former U.S. Ambassador to Korea
Frank Jannuzi, Council on Foreign Relations, Senate Foreign Relations Committee
David C. Kang, Dartmouth College
Frederick Kempe, Atlantic Council of the United States
Franklin Kramer, Atlantic Council of the United States
Kenneth Lieberthal, University of Michigan - Ann Arbor
Jan Lodal, Atlantic Council of the United States
Rear Admiral Eric McVadon, (U.S. Navy, Ret.), Institute for Foreign Policy Analysis
Marcus Noland, Peterson Institute for International Economics, Yale University
Donald Oberdorfer, SAIS, The Johns Hopkins

University
Katy Oh, Institute for Defense Analyses
Aloysius O'Neill, Former foreign service officer
W. DeVier Pierson, Hunton & Williams
Daniel Poneman, The Scowcroft Group
Scott Rembrandt, Korea Economic Institute
Alan Romberg, The Henry L. Stimson Center
Michael Schiffer, The Stanley Foundation
General Robert W. Sennewald, U.S. Army (Ret.),
former Commander in Chief, U.S. Forces Korea
Leon Sigal, The Social Science Research Center
Anne - Marie Slaughter, Woodrow Wilson School of
Public & International Affairs, Princeton University
Helmut Sonnenfeldt, The Brookings Institution
Paul Stares, U.S. Institute of Peace
David I. Steinberg, Georgetown University
James Steinberg, Lyndon B. Johnson School of Public
Affairs, The University of Texas at Austin
David Straub, SAIS, The Johns Hopkins University
Robert Sutter, Georgetown University

## viii 결론과 정책제안

Conclusions and Recommendations

The United States has few more important policy goals than eliminating North Korea's nuclear weapons program. The risk that the repressive Pyongyang regime could transfer nuclear weapons and materials to rogue states or terrorist groups weighs particularly heavy on the minds of U.S. policymakers.

U.S. negotiators in February 2007 achieved a breakthrough in the Six Party talks towards the goal of reversing Pyongyang's nuclear ambitions. The "joint agreement" - among the United States, North Korea, South Korea, China, Japan and Russia - set in motion a process for dismantling Pyongyang's nuclear weapons program. But this agreement still leaves the arties a long distance from denuclearizing North Korea or resolving other fundamental security, political, and economic issues on the Korean peninsula. The report that follows describes a path and the elements of a comprehensive settlement to achieve the full range of U.S. strategic goals in Korea.

2007년 2월 6자 합의서에 기초하여 북한이 핵무장국가로서의 자부심을 포기시키기 위해서, 북한에서 핵을 폐기시키기 위한 과정을 장기적인 과정으로 파악하며, 그 목표를 달성하기 위한, 미국의 전면적인 전략 목표를 제안하고 있는 것이 이 문서의 내용이다.

## 정책제안

워킹그룹은 미국이 아래와 같은 단계를 밟아나갈 것을 제안한다.

한반도에서의 경제 · 정치 · 안보문제들과 비핵화 협상을 성공적으로 이끌어 가기 위한 총체적인 해결안을 도출하는 데 미국이 강력히 참여하고 있다고 하는 것을 말해야 한다.

The working group recommends that the United States takes the following steps:

Express a strong U.S. commitment to achieve a comprehensive settlement in Korea both to facilitate the success of the denuclearization talks and to resolve other critical security, political and economic issues on the Korean peninsula. Peace arrangements would take the form of a series of measures, outlined in further detail below, which includes a Denuclearization Agreement, a Four Party Agreement that replaces the 1953 Armistice, a U.S. -

North Korea agreement for normalizing relations, a trilateral U.S. - South Korea - North Korea agreement on military measures, and an agreement establishing a multilateral organization for security and cooperation in Northeast Asia that could grow out of the current Six Party arrangement.

비핵화 합의 도출, 1953년 휴전을 4자합의로 종전합의로 대체하는 문제, 동북아시아 다자간안보체제구축 등을 6자회담으로 도출하는 문제를 통해서 평화를 정착시켜나갈 것이다.

Proceed reciprocally and step - by - step in a Denuclearization Agreement toward the complete, verifiable and irreversible dismantlement of North Korea's nuclear weapons program, including the removal of spent nuclear fuel, the destruction of existing bomb and warhead stockpiles, and the implementation of a full protocol for verification and inspection to ensure ongoing compliance.

상호주의적으로 단계별로 완전하고 증명할 수 있고 되돌이킬 수 없는 방식으로 북한의 핵무기 프로그램을 비핵화하도록 하는 합의를 도출하고, 이미 사용한 핵연료에 대한 처리, 이미 존재하는 폭탄을 파괴하는 일, 계속적으로 북한이 이러한 지침에 따라서 신뢰할 수 있게 실천해가는 것을 조사해야 한다.

Pursue a Four Party agreement among South Korea, North Korea, China and the UnitedStates to replace the 1953 Armistice with a new overall political and legal structure for long - term peace and stability on the Korean peninsula. Among other measures, this agreement would provide for a formal cessation of hostilities in Korea, recognize the sovereignty and territorial integrity of both Koreas, extend U.S. and Chinese security guarantees to North and South Korea, and affirm the goal of eventually achieving Korean national reunification. This agreement should be endorsed by a resolution of the UN Security Council.

4자, 즉 남한 · 북한 · 미국 · 중국은 한국전쟁을 잠시 쉬게 한 1953년의 휴전협정(전쟁을 휴식하는 협정)을 한반도의 장기적인 평화 안보체제로 만들어나가도록 하는 정치적 · 법적 구조를 만들려고 할 것이다. 한반도의 적대관계를 공식적으로 종식시키기 위한 합의를 이루게 될 것이며, 남과 북의 영토를 인정하고, 주권국가를 인정하게 될 것이다. 중국과 미국은 남과 북의 안보를 보장하게 될 것이며, 결국 한반도의 통일을 성취하게 하는 데 동의할 것이다. 이 조치는 유엔 안전보장이사회의 결의에 의해서 제안될 것이다.

Negotiate a bilateral agreement with North Korea - in close coordination with South Korea - to settle outstanding political and legal issues, normalize diplomatic relations, and provide U.S. assistance to foster economic development and economic reform in North Korea. The bilateral agreement would address the steps to facilitate a change in existing U.S. laws regulations, and policies that inhibit normal U.S. relations with North Korea, as described in the companion volume to this report, "U.S - North Korea Relations: An Analytic Compendium of U.S. Policies, Laws and Regulations." (Rather than negotiating a single agreement, the U.S. and North Korea might instead negotiate several agreements that, taken together, adjust and normalize the overall bilateral relationship).

남한과 적절히 조절과 협력해나가면서, 미국과 북한과 쌍방이 합의를 도출하도록 해야 할 것이다. 미국은 북한이 경제 발전을 해나갈 수 있도록 지원해야 한다. 미국과 북한은 외교관계를 정상화하고, 현재 대두하고 있는 정치적·법적인 문제들을 해결하기 위해서 합의를 도출해야 할 것이다. 쌍방의 합의에 의해서 미국의 현재 법률, 규정, 정책들 가운데 미국과 북한관계를 정상화할 수 없도록 하는 조항들을 찾아내서 이들을 개정해야 하고 또한 이를 활성화할 필요가 있다. 이러한 법적인 조항이나 정책들은 이미 「미국과 북한의 관계: 미국정책, 법, 규정 개요」 보고서에 기술되어 있다. 북-미 쌍방관계를 전면적으로 정상화하기 위해서는 다수의 합의를 이끌어내야 하며, 단 하나의 합의만 도출하려고 해서는 안될 것이다.

xi 결론과 정책제안

Negotiate a trilateral agreement among the United States, South Korea and North Korea to implement military confidence - building measures as well as to adjust deployments and force levels on the Korean peninsula. In these talks, the U.S. and South Korea would first agree between themselves and then negotiate the implementation of military measures with North Korea.

한반도에서의 군사 규모나 군사 배치 등을 조정하고 동시에 군사적인 신뢰를 구축하기 위해 남한·북한·미국이 3자 합의를 도출하기 위한 협상을 해야 한다. 남한과 미국은 먼저 군사적인 합의를 하고 나서 북한과 협상해야 할 것이다.

Aggressively explore establishing a new multilateral organization for security and cooperation in Northeast Asia both to manage North Korea - related issues and to help realize U.S. strategic policy goals for the region as a whole. Modeled on OSCE and other existing multilateral security frameworks, the new multilateral organization would pursue an agenda focused on security, economic and humanitarian issues.

이 지역 전체의 미국 전략 목표를 실현하는 데 도움을 주고 북한 관련 문제들을 처리하기 위한, 동북아지역 협력과 안보을 위한 새로운 다자간 기구 설립을 공격적으로 추진해야 한다. OSCE와 그 외에 현재 존재하고 있는 다른 다자간 안보체제들을 표본으로, 인도적인·경제적인 문제, 안보에 관련된 문제에 초점을 맞추어 계획들을 추진하는 새로운 다국적 조직을 만들어야 한다.

Convene an on - going series of meetings of foreign ministers of the countries involved in negotiating a comprehensive settlement - South Korea, North Korea, China, Japan, Russia and the United States - for the purpose of overseeing these negotiations and forming the nucleus of a new multilateral organization for regional security and cooperation. An initial meeting of foreign ministers, agreed to in the Six Party "joint agreement" of February 13, 2007, should take up these issues.

2007년 2월 13일 "합의서"를 토대로 6자, 즉 중국·미국·러시아·일본·북한·남한이 외무장관급회담을 지속적으로 열어가면서, 핵심 문제들을 관리하고, 동북아 지역의 공동안보 협력 구조를 관리해야 한다.

Immediately propose interim military confidence - building measures, from among those contemplated for a trilateral agreement, to foster the necessary political confidence among the parties for negotiating a comprehensive settlement.

총체적이고 종합적인 해결을 도출해내기 위한 협상

을 하는 데 필요한 6자 간의 정치적인 신뢰관계를 증진시키고, 3자 합의를 위해서 군사적인 신뢰 구축을 위한 조치들을 즉시 제안해야 한다.

Seek bipartisan consensus in the Congress on U.S. diplomatic objectives regarding Korea. While leadership on North Korea issues remains firmly with the administration, bipartisan Congressional support will be critical for realizing a comprehensive settlement and funding for any arrangements agreed with the North.
코리아에 대한 미국의 외교적인 목적들에 대해서 의회에서 초당적인 합의를 이끌어내도록 노력해야 한다.

Synchronize U.S. strategy more effectively with South Korea. Clearly, a strong U.S. effort to achieve a comprehensive settlement on the Korean peninsula, in and of itself, would significantly improve U.S. relations with South Korea.
미국과 한국의 전략들을 하나로 묶어 한반도 문제를 총체적으로 해결하기 위해서는 남한과 미국의 관계를 확실하게 증진시켜야 할 것이다. 미국의 전략과 한국의 전략을 손발을 맞추어서 하나로 묶어나가도록 하여야 할 것이다.

Nevertheless, because a U.S. leadership role in pursuing a comprehensive settlement would once again thrust the U.S. to the forefront in determining a historical political outcome in Korea, Washington should exert all possible efforts to coordinate its negotiating positions with Seoul and strengthen cooperation through the Strategic Consultation for Allied Partnership (SCAP), a new set of diplomatic meetings agreed upon in January 2006.

2006년 1월에 새로이 구성 합의된 외교협의회, 즉 동맹국동반관계 전략협의회(SCAP)를 통해서 협력을 강화시키고 미국 정부는 서울과 더불어 협상 위치를 조정하기 위해 힘써야 한다.

미국의 전략 목표들
The working group believes that pursuing the elements of a comprehensive settlement for the Korean peninsula will significantly help the U.S. achieve the following strategic policy goals:
Denuclearizing the Korean peninsula and curtailing the threat of North Korean nuclear proliferation
북한의 핵확산 방지와 한반도의 비핵화가 전략적인 목표다.

xii 동북아와 코리아의 평화 안보 구조

Consistent with U.S. policy going back to the early 1990s, the working group reaffirmed the policy priority of managing, containing, reducing and, ultimately, eliminating the nuclear threat from North Korea.
북한의 핵 위협을 궁극적으로 제거하기 위해서 1990년대의 미국 한반도 정책들과 정책적인 일관성이 있어야 한다.
그러기 위해서 비무장지대지역(DMZ)에서 재래식 무기의 감축, 군감축, 재배치 협상을 성공시켜야 한다.

Establishing regional peace and stability while avoiding a war on the Korean Peninsula This broader U.S. strategic goal would be facilitated by normalizing relationships among the nations concerned, negotiating significant redeployments and reductions of conventional forces on the Korean peninsula to establish stable military postures on both sides of the DMZ, and replacing the 1953 Armistice with a comprehensive settlement that engenders both North - South and multilateral cooperation on security, economic and humanitarian issues. Significant progress in resolving North Korearelated issues would strengthen the U.S. relationship with China and by so doing, help to stabilize Northeast Asia.

1953년의 휴전협정을 대치시키는 각종 위험요소를 제거함으로써 다자간 · 남북 간 문제를 총체적으로 해결해야 한다.

Transforming the behavior of the North Korean regime The United States has a strong interest in transforming the behavior of the government of North Korea, both by encouraging it to proceed with economic reform and by loosening controls over its people. Economic reform in North Korea will open its society to international norms of conduct and beneficial outside influences.

북한의 행동을 변화시켜야 한다. 이 문서는 북한 인민들에 대한 통제를 느슨하게 풀어주도록 하고, 경제개혁을 하도록 격려하고, 국제적인 행동규범에 맞게 북한 사회를 개방하도록 해야 한다는 것을 제안하고 있다. 북한은 개혁과 개방을 하라는 미국의 제안에 상당한 거부 의사와 거부 반응을 보이고 있다. 그 까닭은 북한은 '스스로 선택하고' '스스로 사회를 혁신하고 혁명하고 발전시켜나가는 것이지 누가 개방하라고 하거나 개혁하라고 해서 하는 나라가 아니라'는 것을 강조하고 있다. 따라서 북한은 이러한 미국의 주문을 반갑지 않은 참견과 간섭, 내정간섭으로 생각하고 있는 듯하다. 북측이 스스로 알아서 할 일이라는 것이다.

이러한 북측의 입장을 긍정적으로 존중하고 이해하

면, 협상은 아주 쉽게 풀릴 것이다.

Enhancing Japanese security Japan is more at risk from a North Korean nuclear attack than the United States because Pyongyang potentially possesses the means for delivering a weapon at a short to medium range, while it still lacks long - range missile delivery systems. A settlement with North Korea which furthers peace and stability in Korea would strongly advance Japan's national interests.

Strengthening the U.S. - Korea alliance South Korea plays a critical role in the U.S. strategic alliance structure in the Asia Pacific.

장거리 미사일이 부족한 북한의 사정상 단거리와 중거리 미사일의 사정권에 있는 일본이 미국보다 더 위험에 노출되어 있다. 일본의 안보를 위해서, 미국과 한국의 협력이 필요하다.

The non - military component of the U.S. - South Korea alliance has been expanding as well, based on common political values and the mutual desire to strengthen economic ties through a free trade agreement. A major policy goal of the U.S. should be consciously to promote measures that harmonize U.S. and South Korean policies and, in so doing, strengthen the alliance.

자유무역협정을 미국과 한국 사이에 타결시키는 것은 미국과 한국의 비군사적인 요인 측면에서의 동맹을 강화시킬 것이다. 미국과 한국은 동맹관계를 강화해야 한다.

북한에 대한 애틀랜틱협회의보고서: 동북아와 코리아의 평화 안보의 틀

I. The Context: Before and After the Six - Party "Joint Agreement" 6자회담 합의 이전과 이후의 상황분석

For more than fifty years, U.S. relations with North Korea have been marked by hostility, misunderstanding and deep mutual suspicion. Along the demilitarized zone (DMZ), U.S. and South Korean forces face off against North Korean long - range artillery and missiles that have the power to devastate Seoul, only thirty - seven miles to the south. North Korean officials and media regularly accuse the U.S. of preparing to attack and use the fear of a U.S. military strike to mobilize support for their draconian regime.

Despite U.S. assurances that it has "no intention" to invade North Korea, fear of a U.S. military action drives North Korea's preparations for war and for achieving a nuclear deterrent. Against the virtually unanimous opposition of the international community, Pyongyang conducted its first nuclear test in October 2006, making good on its longstanding determination to become a nuclear weapons state.

North Korea's intransigence and its unwillingness to bow either to U.S. pressure or the will of the international community have long made it a thorn in the side of U.S. policymakers in both Democratic and Republican administrations. At times, North Korea almost seems to take pleasure in defying the entire outside world and sinking deeper into its political isolation.

북한은 때로 미국에 굴복하지 않고, 스스로를 정치적으로 고립시킴으로써, 이를 오히려 즐기고 있는 듯하다. 미국의 공화당과 민주당계 양측의 정책입안자들에게 가시처럼 통증을 주는 것을 즐기는 듯하다.

In the United States, North Korea's behavior often inspires anger, dampens enthusiasm for creative diplomacy, causes officials to question the rationality of Pyongyang's policymaking, generates worst - case intelligence assessments, and most importantly, spurs worst - case military planning for an uncertain future.

With the harsh reality of a dangerous and ongoing military stand - off, it is perhaps not surprising that the United States and North Korea are still legally in a state of war and have lived under a mere ceasefire - the 1953 Armistice - since the end of the Korean War. While some observers argue that the 1953 Armistice has contributed to stability - and South Korea's astounding economic growth - it has proven incapable of ending the heavy and highly threatening deployment of North Korean forces just north of the DMZ or significantly lowering the threat of accidental and unintended war on the peninsula.

미국과 북한은 아직도 법률적으로 전쟁 중이다. 현재의 휴정협정은 남과 북의 군사적 긴장 상태를 축소시키지 못하고 있으며, 오히려 북측의 군비 강화를 촉진하고 있다. 남한은 놀라울 정도의 경제성장을 이룩하고 있음에도, 한반도의 우발적이거나 의도하지 않은 전쟁 발발의 위험을 극적으로 축소시키는 데는 실패하고 있다.

A Framework for Peace and Security in Korea and Northeast Asia Needless to say, the Armistice has also failed to supply a framework for addressing North Korea's programs to develop nuclear weapons or ballistic missiles.

휴전협정은 북한의 대륙간 탄도미사일들과 핵무기

개발 프로그램에 대해서 이를 저지시키는 틀거리가
되고 있지 못하다.

Over the past fifteen years, North Korea's potential
nuclear and missile capabilities have been the
primary factors driving U.S. diplomacy toward
Pyongyang. To a large extent, U.S. policy has
subordinated other interests and issues to its
overriding concern with rolling back North Korea's
nuclear and missile programs. It has too often
ignored the larger political considerations that
motivate most of the other regional players,
especially North Korea, but also China, Russia and
South Korea.

Over this period, diplomatic successes such as the
1994 Agreed Framework, which froze North Korea's
nuclear weapons program, have been few and the
ongoing difficulty in reaching resolution of the
preeminent nuclear issue has continued to aggravate
relations between Washington and Pyongyang. On
several occasions, it has appeared that a new war on
the Korean peninsula could break out, despite all
parties' realization that this event would likely cause
hundreds of thousands of deaths and massive
destruction.

1994년 합의에도 불구하고, 한반도에서는 대량살상
과 수십 만의 사망자를 발생시키는 전쟁이 발발할 뻔
하기도 했으며, 평양과 워싱턴의 관계는 계속해서 악
화되기도 했다.

＊사실 미국은 북한에 대한 핵 선제공격을 선언적으
로 말한 것이 2002년 2월이었으며, 1994년에도 북한
을 선제공격할 계획을 고려했다는 설이 있다.

Obstacles in US - North Korean Relations 미국과 북한

관계에 있어서의 장애물들

II. Obstacles in U.S. - North Korea Relations
The working group has identified a number of factors
that continue to impede U.S. - North Korea relations,
as of early 2007: North Korea's Nuclear and Missile
Tests and its Declared Status as a Nuclear Weapons
State

In July 2006, North Korea test launched seven
missiles, including a long - range Taepo Dong 2 that
was theoretically capable of hitting the United States.
Although the long - range ICBM failed after 40
seconds and may not have been capable of carrying a
nuclear payload, the test was a graphic reminder of
the North Korean threat.

These missile tests were soon overshadowed on
October 9 by North Korea's test of a nuclear device.
Despite its small size, less than one kiloton, the test
confirmed Pyongyang's nuclear capability and
demonstrated the partial success of its nuclear
weapons program.

북한은 2006년 7월 대포동 2호 등 7발의 미사일을 실
험발사하고, 비록 장거리 탄도미사일은 발사 40초 후
에 실패했으나, 그 후 2007년 10월 9일 1 킬로 톤 이하
의 작은 핵무기 실험에 성공했다. 이는 북한의 핵실
험이 부분적으로 성공했음을 시사한다.


＊북한이 미사일 7발을 발사하기 직전 약 한 달간 괌
과 오키나와, 하와이 등의 태평양지역에서는 3척의
최대급 항공모함 에이브러햄 링컨 등과 1993회의 전
투폭격기, 전술기 등이 출격하는 대규모 훈련이 있었
다고 보도되었다. 이 훈련은 월남전 이후 최대의 훈
련으로 평가되었으며, 한국 해군도 미사일 발사 실험
을 하였다고 보도되었다. 이런 대규모 훈련이 있은

후 북한도 이에 대응하는 미사일 발사 실험을 연례적
으로, 7월 4일 미국의 국경일에 맞추어서 했다.
CNN은 미국 전역에서 미국 개국일의 불꽃놀이가 있
었고, 평양도 7발의 불꽃놀이를 했다고 논평해서, 이
를 '해학적으로' 언급했다(www.cnn.com).

According to a 2006 U.S. National Intelligence
Estimate, North Korea has likely fabricated material
for six or more nuclear weapons since 2000 and is
continuing to produce enough plutonium for
approximately one bomb each year.
미국은 북한이 매해 한 개 정도의 핵무기를 생산할 능
력이 있다고 평가하고 있다. 2000년 이후 북한은 6개
이상의 핵무기를 생산한 것으로 2006년 미국 정부는
평가하고 있다.

North Korea's tests significantly harmed U.S. - North
Korea relations and cast grave doubt on the
possibility that North Korea would ever decide to
dismantle its nuclear weapons program - now the
primary U.S. diplomatic goal in negotiations with
Pyongyang. Despite strong sanctions imposed by the
United Nations Security Council, the North Korean
regime seemed bent on resisting international
pressure and continuing with its build - up of nuclear
weapons
유엔안전보장위원회의 강력한 제재에도 불구하고,
북한은 계속해서 핵무기 생산을 추진하고 있는 듯하
며, 이것은 북 - 미 간 현안 협상 대상이 되고 있다.
＊2007년 4월 현재의 언급이며, 12월에는 북 - 미 간
협상이 계속 진행되면서, 북한은 영변의 50메가와트
핵실험로에서, 핵연료봉을 제거하고 있으며, 불능화
과정을 적극적으로 추진하고 있고, 국제원자력 에너
지 기구 등은 이에 만족하고 있다.

The Atlantic Council working group welcomed the
"joint agreement" of February 13, 2007 - which was a
follow - on agreement to the September 2005 "Joint
Statement of Principles" - as the first serious effort
since 2002 to test ultimate North Korean intentions.
Yet the group's differences mirror those within the
administration and Congress - with some members
feeling that Pyongyang's agreement as a tactical
maneuver to gain energy assistance and relieve
financial pressure while it plays for time to further
develop its nuclear weapons program, while others
believed that given the right combination of
pressures and incentives, that North Korea would be
willing to move toward disarming.
혹자는 북한이 압박과 당근을 적절히 조합해서 운용
하기 때문에, 결국에는 군비해체로 나가고 있다고 평
가하고 있으나, 혹자는 북한은 계속해서 핵무기프로
그램을 발전시켜나가면서 전략적으로 에너지 원조
를 얻어내고 있으며, 재압박으로부터 벗어나려 한다
고 평가한다.
애틀랜틱협회의 실무그룹은 2005년 공동선언과
2007년 2월 13일 공동합의문을 환영한다.

중국의 역할

지난 4년간 미국은 중국에 의존해서 북한 문제를 추
구했다. 북한이 석유 등을 중국에 의존하고 있기 때
문이기도 하지만 중국의 국경에서 핵전쟁이 일어나
는 것에 대해서 중국이 이를 방지해야 한다고 하는 미
국의 속내가 깔린 것이다.

For the last four years, the U.S. has relied heavily on
China to prod North Korea toward a diplomatic
resolution of the nuclear issue. Because North Korea

is heavily dependent on China for oil and other vital materials, Washington has argued that Beijing possesses significant leverage that it could and should apply against Pyongyang in diplomatic negotiations. China also has a strong self - interest in preventing the emergence of another nuclear weapons state on its border.

A Framework for Peace and Security in Korea and Northeast Asia

At least until recently, however, China had adopted a less confrontational approach to North Korea than the U.S. originally desired or expected. China reaps growing economic benefits from trade and investment in North Korea (though small in comparison to the benefits it receives from more than $100 billion in trade with South Korea), but China's principal motivation for holding back appeared to be fear of destabilizing North Korea and triggering refugee flows toward China.

Within its own analytical policy framework, China holds the view that a hardline U.S. approach toward North Korea was counterproductive and reduced the chances of reaching a negotiated resolution of the nuclear issue. Consequently, China has urged the U.S. to be more flexible in its approach while avoiding confrontation with North Korea. China implemented this policy approach by convening the Six Party talks and providing the opportunity for the U.S. and North Korea to negotiate a path toward denuclearizing the Korean peninsula.

However, China's unwillingness, until recently, to threaten or impose strong measures was seen by the U.S. administration as effectively undercutting U.S. diplomatic strategy in dealing with North Korea.

Some working group members believe that China sees some benefit in keeping a manageable level of tension between Washington and Pyongyang, especially if it serves to move Seoul closer to Beijing's camp.

Nevertheless, China played an important role in brokering the September 2005 "joint statement of principles", mobilizing Security Council support for UN sanctions, and helping to achieve the February 2007 "joint agreement" at the Six Party talks. China accepted the basic premises of the U.S. position that the regime in Pyongyang must not only denuclearize but must change its behavior internationally and internally.

Toward these ends, Beijing has pushed North Korea to implement Chinese - style economic and social reforms as well as abandon its nuclear weapons program. At the same time, China has urged the U.S. to provide security guarantees and economic and diplomatic incentives for North Korea to change its behavior while opening up its economy and society to the outside world. Washington praised Beijing particularly strongly for its recent efforts at the Six Party talks in gaining Pyongyang's support for the "joint agreement" on denuclearization.

Tension between U.S. and South Korean Negotiating Positions on North Korea Since the late 1990s, South Korea has pursued an engagement policy with North Korea that conflicted with the policy approach adopted by the Bush administration. Although Seoul shares a commitment to denuclearizing the North, South Korea's major policy goal has been to avoid war or a flood of refugees by seeking to lower tensions on the Korean peninsula while maintaining a strong U.S. - Korea alliance.

Looking ahead to possible future Korean reunification, South Korea has strived to jumpstart North Korea's economic development to lessen the potential economic burdens it would have to bear if North Korea is no longer an independent state. Seoul and Pyongyang Obstacles in US - North Korean Relations have attempted to establish rail and highway links across the DMZ, created the Kaesong industrial zone in North Korea and promoted South Korean tourism to an important cultural site in North Korea, Mount Kumgang.

From time to time - most recently after the October 2006 nuclear test - the Bush administration has sought to discourage these South Korean efforts and curb Seoul's engagement policy. Seoul has resisted this pressure and pointedly refused to join with the U.S. in implementing measures like the Proliferation Security Initiative (PSI) which was designed to put pressure on North Korea. It did, however, curtail emergency food and fertilizer shipments after North Korea's nuclear test. (Since the February 2007 joint agreement, Seoul reaffirmed its aid commitments to the North while tailoring the actual delivery of assistance to progress in the nuclear talks).

From South Korea's standpoint, the U.S. does not fully appreciate the benefits to South Korea from the abatement of Cold War tensions on the peninsula. To some U.S. policymakers, on the other hand, South Korea's "engagement" is a self - defeating approach that props up a despotic regime and effectively allows North Korea to continue its nuclear weapons program and maintain a threatening military posture. While South Korea and the United States regularly reaffirm both the strength of their alliance and their mutual commitment to ending North Korea's nuclear weapons program, the truth is that their priorities diverge and their diplomatic measures often run at crosspurposes.

By means of U.S. sanctions, some in Washington hoped to bring North Korea to its knees.

South Korea, on the other hand, greatly feared North Korea's collapse - with the refugee and economic crises that would ensue - and thus often found itself supporting China's more gentle diplomacy toward Pyongyang. South Korea also believed, along with China, that engagement is ultimately the best way to bring about needed change in the North. Leaving aside the damage that these contrary views did to the U.S. - South Korea alliance, they also weakened the impact a more coordinated approach might have had on North Korea. Deep U.S. Distrust of North Korea's Regime and its Intentions U.S. distrust of North Korea stems from abhorrence of its repressive regime, belief that Pyongyang uses diplomacy as a cover to build a nuclear and missile deterrent, and strong aversion to North Korea's brinkmanship tactics and offensive anti - American rhetoric.

Nevertheless, it is hardly a secret that within the U.S. administration and Congress, two views - that cut across party lines - compete in how to deal with North Korea.

One faction feels deep contempt and animosity for North Korea's regime and would like to hasten its collapse. This group reluctantly accepts the Six Party talks but rejects bilateral negotiations with Pyongyang and focuses on maintaining harsh sanctions to contain North Korea for the indefinite future.

A Framework for Peace and Security in Korea and Northeast Asia Another faction in the administration and Congress believes North Korea will likely survive for the foreseeable future and seeks to reach a diplomatic resolution of the threat that the nuclear issue represents to American national security. This faction supports giving U.S. negotiators more flexibility in dealing with Pyongyang, including through bilateral talks and, while not abandoning pressure, also using various incentives that the other faction finds repugnant.

One faction often argues that it is in the best interests of the United States to negotiate with adversary states like North Korea, no matter how reprehensible their regimes may be to American values. The other faction frequently contends that negotiating with a repressive, communist regime betrays weakness and an unwillingness "to do what it takes" to protect American security.

Despite this difference in factional views, neither U.S. faction has any sympathy for the North Korean regime. Both are willing to use military force if North Korea crosses certain U.S. "red lines" (such as by transferring nuclear weapons or materials), though both recognize that military solutions would likely take a terrible human toll on South Korea's people, while triggering significant regional instability and undermining U.S. relations with both South Korea and China.

Differing U.S. views on how to deal with North Korea significantly contributed to seventeen - month impasse in U.S. - North Korea nuclear negotiations that preceded the February 2007 joint agreement at the Six Party talks. After political infighting, the administration effectively limited the flexibility of U.S. diplomats, for example, by preventing Ambassador Christopher Hill from traveling to North Korea and, until recently, blocking the bilateral talks that North Korea seeks outside a Six Party setting. The administration also insisted on implementing financial sanctions against North Korea (for reported counterfeiting of U.S. currency) in a manner that led Pyongyang to boycott the nuclear negotiations from November 2005 to December 2006.

In effect, the factional clash of political opinions within the administration and Congress has weakened U.S. resolve, policy coherence, and ability to take a prominent leadership role in dealing with North Korea. Unable to speak with unified convictions and views, the administration has often settled for tactical measures and passive diplomacy. It was compelled to issue highly circumscribed instructions to U.S. diplomats because this was the only basis on which it could obtain interagency consensus.

North Korea's Deep Distrust of the U.S. and its Intentions The working group believes that at the base of North Korea's strong distrust of the United States, as expressed through its anti - American rhetoric and nuclear programs, is a deepseated fear of U.S. military power. North Korea launched the Korean War and, as a consequence, U.S. airpower leveled Pyongyang and other North Korean cities, to the point where virtually no significant structure was left standing. Though armed combat ended more than fifty years ago, the memory of this destruction is fresh in the minds of many North Koreans - and especially those senior officials who lived through it.

Obstacles in US - North Korean Relations 미국과 북한
관계에 있어서의장애물들

North Korea's view of the United States as its leading adversary was only magnified by the Cold War, when Pyongyang sought to cultivate close ties with both Russia and China.

During this period, North Korea competed fiercely with South Korea, which even today it terms a U.S. "puppet state." Pyongyang knew that any new war on the Korean peninsula would entail an immediate confrontation with the United States.

Aside from fear of U.S. military power, a second factor engendering North Korea's deep distrust of the United States, in recent years, is its certain knowledge that one faction in the U.S. administration seeks the regime's collapse. North Korea views the financial sanctions that the U.S. imposed for reported counterfeiting, for example, as a sign of U.S. "hostile intent" toward its regime. Fear that the U.S. might exploit any possible weakness leads North Korea to observe great caution in security negotiations and to withdraw from negotiations altogether when it believes the U.S. is taking active measures to cause its collapse.

North Korea's view of the United States as a fundamental threat to its existence, leading to its severe distrust, obviously contributes to the difficulties in U.S. - North Korea relations.

North Korea's insecurity spurs negotiating tactics designed to keep the U.S. "off balance" and discourages Pyongyang from striving to implement a settlement of the nuclear issue in the Six Party talks.

This awareness of its own vulnerabilities also explains why North Korea reacted so sharply to U.S. financial sanctions in the fall of 2005 by withdrawing from the nuclear talks. Interpreting these sanctions as an effort to cause the regime's collapse, Pyongyang chose to "hunker down" and exert counter - pressure, rather than negotiate. Much to the detriment of U.S. interests, this negotiating impasse culminated in North Korea's nuclear test on October 9, 2006.

미국과 북한의 핵문제협상에 있어서 미국의 주안점

Since the early 1990s, U.S. policy toward North Korea has focused mainly on curtailing its programs to develop nuclear weapons and ballistic missiles. In negotiations with North Korea, other issues have risen to the surface from time to time, but have had a much lower priority until the nuclear issue is first resolved. During this period, North Korea has insisted that ending "hostile relations" with the United States was a key condition for abandoning its nuclear weapons programs.

For example, in the October 1994 "Agreed Framework", where North Korea obligated itself to shut down and "eventually dismantle" its graphite - moderated reactors, the U.S. and North Korea agreed to:

Move toward full normalization of political and economic relations

'Open a liaison office in each other's capital

Upgrade bilateral relations to the ambassadorial level

A Framework for Peace and Security in Korea and Northeast Asia

Work together for peace and security on a nuclear - free Korean peninsula

'Reduce barriers to trade and investment2

2000년 10월 북한은 1994년 합의구도에 따라서 공동
코뮤니케를 발표했다.
이는 클린턴 행정부의 전 국방장관 윌리엄 페리가 북
핵문제 해결을 위해서 주도했다.
In an October 2000 "joint communiqué" North Korea
affirmed its moratorium on longrange missile tests
and its commitment to the 1994 Agreed Framework.
This communiqué' was the high - water mark of the
Clinton administration's efforts, led by former
Secretary of Defense William J. Perry, to negotiate a
resolution of the nuclear issue with North Korea. In
the communiqué the U.S. and North Korea agreed
to:

미국과 북한은 아래와 같이 합의했다.
북한과 미국은 근본적으로 쌍방관계를 증진시키기
위해서 과거의 적대관계로부터 자유로워지는 새로
운 관계를 정립한다. 북한과 미국은 상호경제 협력과
교류로 상호이익을 발전시킨다. 테러주의에 대항하
여 국제적인 노력을 경주하도록 지원하며 격려한다.

Fundamentally improve their bilateral relations
Build a new relationship free from past enmity
without "hostile intent"
Develop mutually beneficial economic cooperation
and exchanges
Exchange visits by economic and trade experts at an
early date
Support and encourage international efforts against
terrorism3

In the September 19, 2005 "joint statement" at the Six
Party talks, where North Korea committed for the first
time in a negotiation with the United States to
"abandoning all nuclear weapons and existing
nuclear weapons programs," the U.S. and North
Korea agreed to "take steps to normalize relations
with Pyongyang."
All Six Parties also agreed to:
Promote international economic cooperation with
North Korea
Negotiate a permanent peace regime on the Korean
peninsula at an appropriate separate
forum
Explore ways and means for promoting security
cooperation in Northeast Asia
Most recently, in their February 13, 2007 "joint
agreement" at the Six Party talks, the U.S. and North
Korea joined the other parties in reaffirming "their
common goal and will to achieve early
denuclearization of the Korean peninsula in a
peaceful manner" and agreed to:
Start bilateral talks aimed at resolving bilateral issues
and moving toward full diplomatic relations
Begin the process of removing the designation of the
DPRK as a state sponsor of terrorism and advance the
process of terminating the application of the Trading
with the Enemy Act with respect to the DPRK
Cooperate in economic, energy and humanitarian
assistance to the DPRK
Join with the other four parties to explore ways and
means for promoting security cooperation in
northeast Asia Obstacles in US - North Korean
Relations
Hold a Six Party meeting at the foreign - minister level
Negotiate a permanent peace regime on the Korean

Peninsula at an appropriate separate forum5 Despite these many mutual promises by the United States and North Korea over more than fifteen years, the major issue on which the two countries have seriously negotiated - with great difficulty - is North Korea's programs to develop nuclear weapons and ballistic missiles (although the U.S. has not seriously discussed the missile issue with Pyongyang since November 2000).

Because moving ahead on other major issues has effectively been conditioned on first resolving the nuclear question, overall U.S.-North Korean relations have largely remained frozen. Much of the blame for this situation, of course, falls on North Korea, which has consistently failed to take advantage of opportunities for improving relations with the United States, beginning with the 1994 Agreed Framework.

## 6자회 담합의 이후의 시대

While the "joint agreement" of February 2007 at the Six Party talks once again revives the diplomatic track for nuclear negotiations - and is therefore a promising development - its implementation is highly uncertain and it by no means resolves all the major difficulties in U.S.-North Korea relations.

Today, on the Korean peninsula, hundreds of thousands of combat troops, artillery and short - range missiles are still poised along the DMZ - the most heavily armed border in the world. While deterrence of North Korea is robust, North Korea has its own credible deterrent - the capability of using its forward - deployed missiles and artillery to carry out a devastating attack on Seoul, a city of more than ten million people.

Although this mutual deterrence posture greatly reduces the chance of surprise attack or premeditated war, it increases the chance of accidental war. Fearing a possible attack, each side has an incentive to mobilize quickly, causing the other to move as rapidly as possible to take preemptive military action. As the negotiating impasse in U.S. - North Korea relations continued until early 2007, the nuclear problem has only grown worse. Each year, Pyongyang has added to its stockpile enough nuclear material to make approximately one bomb, and the risk of proliferation - $ through North Korea's sale of nuclear material or a nuclear weapon to rogue states or terrorist groups - is ever - present.

North Korea currently remains outside the nuclear nonproliferation treaty (NPT) regime and inspectors of the International Atomic Energy Agency (IAEA) were long ago expelled from the country. As time goes on, the likelihood rises of North Korea developing a long - range ballistic missile capable of hitting the United States. 10

## 동북아와 한국의 평화 안보의 틀

Now that North Korea has exploded a nuclear device, the risk of a nuclear arms race in Northeast Asia has also increased. Following the October 2006 test, some opinion leaders in Japan called for reopening discussion on the feasibility of developing a nuclear deterrent to counter the North Korean threat.

Although the government rejected this option - and the likelihood of Japan going nuclear is slim as long as U.S. "extended deterrence" remains credible - public debate will certainly increase if Pyongyang carries out further nuclear tests, couples them with anti - Japanese rhetoric, and refuses to settle the issue of Japanese citizens kidnapped to North Korea during the Cold War. Heightened tensions in the region that result from a political debate in Japan on acquiring nuclear weapons are manifestly not in the U.S. interest.

The difficulties in U.S. - North Korea relations continue to take a serious toll on the U.S.- South Korea alliance. While both countries have issued frequent affirmations of the centrality and strength of the alliance in the last several years, negative attitudes arising from their difference of views toward North Korea persist and have eroded mutual confidence.

Despite obvious friction, the U.S. - South Korea alliance has endured because it is in the strong strategic interest of both countries.

But the difficulty in U.S. - North Korea relations clearly contributes to tension between the U.S. and South Korea, and could fatally undermine their alliance if it continues for the indefinite future. Allowing relations to deteriorate could permit Pyongyang to achieve its long - time goal of "driving a wedge" between Washington and Seoul, which is clearly not in the U.S. interest.


US. Strategic Goals 11
미국의 전략 목표


III. U.S. Strategic Goals
In the course of analyzing U.S. - North Korea relations, the working group found it valuable to review the U.S. strategic goals toward North Korea. These strategic goals include the following:

Denuclearizing the Korean Peninsula and Curtailing the Threat of North Korean Nuclear Proliferation
Among all the strategic U.S. goals toward North Korea, dismantling its nuclear weapons program and eliminating its nuclear arsenal as well as preventing it from selling nuclear material, know - how, equipment or actual weapons to other countries or terrorist groups is preeminent in the eyes of the working group. Consistent with U.S. policy going back to the early 1990s, the working group reaffirmed the policy priority of managing, containing,reducing and, ultimately, eliminating this threat.

Establishing Regional Peace and Stability While Avoiding a War on the Korean Peninsula
A broader U.S. strategic goal, to which the dismantling of North Korea's nuclear weapons program would contribute, is establishing peace and stability on the Korean peninsula and in the region as a whole. Significant progress in resolving North Korea - related issues would also strengthen the U.S. relationship with China and by so doing, further stabilize Northeast Asia.

Transforming the Behavior of the North Korean regime The United States has a strong interest in transforming the behavior of the government of North Korea, both by encouraging it to proceed with economic reform and by loosening controls over its people. The working group believes that establishing a comprehensive settlement on the Korean peninsula would help create conditions necessary for political liberalization in North Korea. Following this settlement, the Pyongyang regime would no longer be able to justify its repressive rule as necessary for dealing with the threat of imminent military attack by the United States. Its exposure to the outside world will lead, over time, to internal changes that will foster a more open climate.12

A Framework for Peace and Security in Korea and Northeast Asia Enhancing Japanese Security 일본의 안보 확보를 위하여 동북아와 코리아에서의 평화와 안보의 틀

Japan is the target of even more frequent and harsher rhetoric from North Korea than the United States. North Korea's missile tests have been directed toward Japan and were designed, in part, to intimidate its government. Japan is more at risk from North Korean nuclear attack than the United States because Pyongyang potentially possesses the means for delivering a weapon at a short to medium range, while it still lacks long - range missile delivery systems.

In keeping with the U.S. - Japan alliance, a major goal of U.S. policy toward North Korea should be to enhance Japanese security and assist Japan in achieving its policy goals in the region. The U.S. should continue to support Japan in seeking resolution of the abduction issue, while encouraging Tokyo to frame its negotiating approach more realistically, so it will lead to actual diplomatic progress (rather than being an impediment to a comprehensive settlement).

미국과 코리아의 동맹강화

＊미국과 코리아 동맹강화라는 영어 표현에서는 남한을 코리아라고 부르고 있는 것인데, 코리아는 남과

북을 모두 합쳐 부를 수도 있기 때문에 미국과 사우스 코리아 동맹이라고 표현하는 것이 정확하다.

좀 더 바람직한 것은 미국과 북한이 동맹을 맺는 것이다. 그리고 미국과 남북한이 함께 동맹이 되는 모델을 실현시키면, 한반도의 전쟁 요인을 절대적으로 축소시키게 될 것이다. 그런 의미에서 '미국과 코리아의 동맹'을 성사시키는 것, 미국과 남한·북한이 동맹을 성사시키는 것이 미래에는 궁극적으로 평화 정착에 도움이 될 것이다. 미국과 북한을 적대관계에게 동맹관계로 전환하는 것은 새로운 평화 패러다임이 될 것이다.

Despite the high value both the United States and South Korea place on their alliance, it remains at serious risk over the medium to long term, largely due to differences between Washington and Seoul over the best strategy for dealing with North Korea. At the root of these differences is the broad - based aspiration in South Korea for reconciliation with Pyongyang as a means of realizing the national goal of eventual Korean reunification. One major policy goal of the U.S., therefore, should be consciously to promote measures that harmonize U.S. and South Korean policies and, in so doing, strengthen the alliance.

Without a positive effort in this direction, nationalist opinion in South Korea and skepticism about South Korea's "reliability" in the United States could lead to the Alliance's demise, sooner rather than later. U.S. leadership, in seeking, together with South Korea, a comprehensive settlement for the Korean peninsula would go far to solidifying the alliance for the long term.

한반도의 총체적인 해결 실현방안 13

IV. Realizing a Comprehensive Settlement on the Korean Peninsula

The working group's analysis of both causes of difficulty in U.S. - North Korea relations and U.S. policy goals toward North Korea thus lead to its major overall conclusion: building upon the administration's February 2007 political decision to move ahead on the nuclear negotiations with North Korea, the United States should seek a comprehensive settlement for the Korean peninsula. 6 In the working group's view, putting in place a comprehensive settlement - and thus reaching an agreement to replace the 1953 Armistice - is the best means of achieving strategic U.S. policy goals on the peninsula.

By offering the prospect of a fundamental settlement of all outstanding disputes with North Korea (and by expressing a willingness to negotiate the nuclear issue alongside other military, political and economic issues), the U.S. would radically improve the political conditions for the negotiations. As the history of negotiating with North Korea demonstrates, improvements in political conditions almost always precede and facilitate agreements on security - related issues. The working group believes that an effective denuclearization agreement is the most critical component of a comprehensive settlement on the peninsula.

Clearly, North Korea will be required to make major concessions in the course of negotiations on a comprehensive settlement. Pyongyang will be far more likely to do so if it perceives that its concessions will help bring about a settlement of all major security issues, thus reducing the overall threat it faces from combined U.S. and South Korean forces, while fostering economic development in North Korea and normalizing political relations with the United States. The working group considered the view that North Korea may refuse to abandon its nuclear weapons program, even in the context of a larger settlement, no matter what incentives and pressures the U.S. brings to bear in negotiations. However, the working group concluded that it is currently uncertain whether North Korea will take a strategic decision to trade its nuclear weapons program for security, political and economic returns in a larger negotiation. It may well be that Kim Jong Il and his leadership faction will only be in a position to make this decision when faced with accepting a historic peace settlement and calculating the cost of its rejection.

In sum, to resolve the nuclear issue itself as well as to lay the foundation for a reliable and lasting peace on the Peninsula and in the region, the working group believes the U.S. must try to negotiate a comprehensive settlement with North Korea, despite the uncertainty about Pyongyang's intentions. A diplomatic approach focusing primarily on the nuclear issue has thus far proved inadequate, and the alternate military options are highly risky, costly and uncertain of achieving their intended results.

In the working group's view, pursuing the path of parallel negotiations alongside the denuclearization talks offers the best means of realizing strategic U.S. policy goals on the peninsula. Seeking the elements of a comprehensive settlement through parallel negotiations will provide the United States with significantly greater leverage for achieving a denuclearization agreement. By so doing, the U.S.

would be able to assert a variety of additional pressures on North Korea as well as provide new incentives.14

동북아와 코리아의 평화 안보의 틀

Taken together, a larger diplomatic arsenal of "sticks and carrots" will facilitate both the denuclearization of North Korea and the favorable resolution of other critical security issues on the Korean peninsula, much to the benefit of the United States and its regional allies.

총체적인 해결책이 되는 요인들 15

V. Components of a Comprehensive Settlement Denuclearization Agreement

A Denuclearization Agreement would implement the September 19, 2005 "joint declaration" at the Six Party talks in which North Korea committed to "abandoning all weapons and existing nuclear weapons programs" 7. The carefully crafted language on 'existing nuclear weapons programs' in this statement covered both Pyongyang's declared plutoniumgenerating graphite - modified reactors and its suspected, but unacknowledged, potential program to enrich uranium as material for nuclear weapons, as well as existing fissile material and weapons.

The "joint agreement" of February 13, 2007 at the Six Party talks outlined two phases for progressively dismantling North Korea's nuclear weapons program.8 A Denuclearization Agreement would certify the actions that North Korea has taken to implement the "Initial Phase" of procedures and

reaffirm the remaining procedures that North Korea must still carry out. Actions in the Initial Phase (which extends 60 days) include:

Shutting down and sealing the Yongbyon nuclear facility, including the reprocessing facility

• Ensuring the presence of IAEA personnel for conducting all necessary monitoring and verification North Korea's "discussion" with other parties of a list of all its nuclear weapons programs?ncluding its stockpile of weapons - grade plutonium which has been extracted

from spent fuel rods ?that are to be abandoned pursuant to the joint agreement

North Korea's actions in the second phase of the February 2007 joint agreement include:

• Complete declaration of all nuclear weapons programs to ensure a full accounting

Disablement of all existing nuclear facilities including graphite - moderated reactors and reprocessing plants

A Denuclearization Agreement would also cover additional steps to ensure the complete, verifiable and irreversible dismantlement of North Korea's nuclear weapons program:

• Removal of spent nuclear fuel from North Korea

Destruction of existing bomb and warhead stockpiles

• Implementation of a full protocol for verification and inspection to ensure ongoing compliance9

16 A Framework for Peace and Security in Korea and Northeast Asia

A Denuclearization Agreement would further reaffirm the 1992 " Joint Declaration on theDenuclearization of the Korean Peninsula", which required both South and North Korea not to "test, manufacture, produce, receive, possess, store, deploy or use nuclear weapons." 10

In parallel with a Denuclearization Agreement, the U.S. and South Korea could negotiate with Pyongyang to establish payload and range limitations for North Korean missiles consistent with the Missile Technology Control Regime, which prohibits testing a missile payload of more than 500 kilograms beyond a range of 300 kilometers.

4자 합의

The objective of a Four Party Agreement is to put in place a new overall political and legal structure for long - term peace and stability on the Korean peninsula. This agreement would replace the 1953 Armistice ?a mere military cease - fire that has lasted more than fifty years.

In addition to formally ending the technical state of war in Korea, a new Four Party Agreement would outline mutual security obligations, provide security guarantees, describe stable geographic boundaries between South and North Korea. This agreement should be endorsed by a resolution of the UN Security Council.

The working group believes a prospective Four Party Agreement for Korea should include the following specific elements: Designated Parties

The parties that enter into a peace agreement which replaces the 1953 Armistice should be the "principal belligerents" that fought in the Korean War - China, the United States, North Korea and South Korea. 11 The support of both China and the U.S. for the agreement will be essential. They are the two outside

powers with the greatest influence over events on the peninsula and whose interests must primarily be taken into account for the agreement to be stable over time. Endorsement of this agreement by the UN Security Council will ensure that other interested states remain invested in its positive implementation.

Legal Measures for Final Settlement of the Korean War 코리아전쟁의 최종 해결을 위한 법적인 조치들

As a document settling the Korean War under international law, a Four Party Agreement could model itself on provisions of the 1990 Final Settlement with Respect to Germany. 12

In this short agreement, East and West Germany were joined by France, the Soviet Union, Britain and the United States in establishing a unified German state and terminating all the " rights and responsibilities" of the four outside powers "relating to Berlin and to Germany as a whole."

Although Korean reunification would not be the subject of the negotiations to replace the Armistice with a comprehensive settlement, the 1990 Final Settlement on Germany contains a number of measures that are conceptually relevant to Korea, including denuclearizing German territory, establishing stable external borders, instituting military force ceilings and Components of a Comprehensive Settlement

17 reductions, and reaffirming provisions of the United Nations Charter,

the Nuclear Nonproliferation Treaty and the Conference on Security and Cooperation in Europe (CSCE). Consistent with the 1990 Final Settlement for Germany, a Four Party Agreement should include provisions that affirm:

• Formal cessation of hostilities among the parties 당사자 간의 적대적인 감정의 공식적인 종식
Recognition of the sovereignty and territorial integrity of both Koreas 남과 북이 주권과 국토에 대한 인정

• Obligations not to use force or threaten the use of force 무력 사용 위협과 무력 사용을 금지할 의무 사항들
Renunciation of the manufacture, possession and control of nuclear, biological and chemical weapons as well as the stationing of such weapons on the Korean peninsula 반도 내에서의 생화학 핵무기의 소유 및 생산을 금지하고, 배치 및 비치하는 것을 금지하는 방안

• The need for conventional force reductions and redeployment of forces on the Korean peninsula
Security guarantees that the United States and China would extend to both Koreas13

• The right of the parties to adhere to alliance relationships and to station allied forces on their territories
The goal of achieving peaceful Korean national reunification under conditions acceptable to the people of both South and North Korea
Establishing Geographic Boundaries Between North and South Korea
The parties to the 1953 Armistice established a cease - fire line known officially as the Military Line of Demarcation (MDL) between North and South Korea. The line bisects the DMZ and runs about 248 kilometers roughly along the 38th parallel. In the Basic Agreement of 1992, both North and South Korea accepted the MDL as their border, prior to a peace settlement.

A new Four Party Agreement for the peninsula should reaffirm a mutually agreed boundary between South and North Korea pending reunification. As part of this arrangement, the parties might well want to adopt cooperative monitoring arrangements which have been developed by the Cooperative Monitoring Center (CMC) at Sandia National Laboratories. Cooperative monitoring utilizing advanced sensor technologies can be put in place at the DMZ and along the NLL to build habits of cooperation while minimizing potential conflicts.

북한과 미국의 합의

While a Four Party Agreement will go far to settle outstanding political and legal issues between the United States and North Korea, a bilateral agreement is a critical part of the series of measures for establishing a comprehensive settlement on the peninsula. The 18 A Framework for Peace and Security in Korea and Northeast Asia objective of this agreement is to normalize relations between the two countries, end their deep distrust of each other, and lay the basis for future political and economic cooperation.

In so doing, it would provide means for addressing U.S. grievances against North Korea that go beyond the scope of the Four Party Agreement - such as prohibiting counterfeiting and resuming joint - recovery operations for U.S. servicemen missing since the Korean War.

More than any other measure, a bilateral agreement will directly improve U.S. - North Korea relations and assist the U.S. in achieving its strategic policy goals in Korea. (Rather than negotiating a single agreement, the U.S. and North Korea might instead choose to negotiate several agreements that, taken together, adjust and normalize the overall bilateral relationship).

## 북 - 미 외교관계 정상화

The U.S. - North Korea agreement would significantly reduce legal, political and economic barriers that currently inhibit relations. Formally establishing diplomatic relations and exchanging ambassadors, while setting up embassies in each country's capital, would be the most significant political step, both practically and symbolically. The new diplomatic relationship would facilitate communication between the two governments and enhance cooperation on various initiatives. (Currently, the State Department must rely on a limited, informal diplomatic channel through the North Korean representative to the United Nations in New York for most of its direct contacts with Pyongyang).

The bilateral agreement would address the steps that need to be taken by both sides to facilitate a change in existing U.S. laws regulations, and policies that inhibit normal U.S. relations with North Korea in the following areas. (A full discussion of these and other U.S. strictures can be found in the companion volume to this report, "U.S - North Korea Relations: An Analytic Compendium of U.S. Policies, Laws and Regulations" 14 )

Easing the remaining restrictions and licensing procedures for trade with North Korea, including those contained in the "Trading with the Enemy Act"

• Removing North Korea from the U.S. "Terrorism List" which currently requires the U.S. to oppose

lending by international financial institutions to North Korea Deleting North Korea from the list of countries barred from receiving U.S. foreign aid under foreign aid appropriations laws 해외원조법하에서의 미국의 해외 원조문제

• Creating a process for returning frozen assets to North Korea Trade Relations

The working group noted that in June 2000 the U.S. removed all but a few of the trade restrictions on North Korea while retaining prohibitions on the sale of weapons, missilerelated technology, unlicensed exports of dual - use technology, and militarily useful items.

For the most part, U.S. citizens may invest in, export to or import from North Korea15. Even with the removal of North Korea - specific restrictions, however, North Korea still faces formidable obstacles to improving economic relations with the U.S. As a component

Components of a Comprehensive Settlement 19 of diplomatic normalization, North Korea would demand that the U.S. grant it "Normal Trade Relations" status so that Pyongyang can avoid the very high, so - called "column 2" tariff rates imposed by U.S. law.16 Even then, as a non - market economy, North Korea would still be subject to potentially onerous U.S. anti - dumping regulations.17 In the view of the working group, the U.S. can best move toward normal, mutually beneficial economic relations by helping North Korea undertake major economic reform. The U.S. could assist North Korea in obtaining both technical and financial assistance from the World Bank, Asian

Development Bank and International Monetary Fund to open its economy and become eligible for membership in the World Trade Organization (WTO). Vietnam has successfully followed this path and is a good model for North Korea. 18 In the context of a bilateral agreement that establishes normal diplomatic relations, Washington's cooperation to promote economic reform would be invaluable to Pyongyang.

북한에 대한 인도적 지원 및 개발 원조

Even during the tensest periods in U.S. - North Korea relations, over the past twenty years, the U.S. has provided humanitarian aid to the people of North Korea, mainly in the form of food through contributions to the UN's World Food Program (WFP) and fuel distributed by KEDO. This humanitarian aid has helped stabilize Washington's relations with Pyongyang and has given North Korea's regime a direct sense of American generosity. It helped relieve the disastrous famine that caused an estimated 600,000 to 2 million deaths in the mid - 1990s.

19 Since North Korea is a poor country, the U.S. would want to provide continued humanitarian aid as well as long - term development assistance under its bilateral agreement, as part of a comprehensive settlement. In so doing, the U.S. would likely insist upon greater control than it has previously obtained over the distribution of aid.

Trilateral Agreement among the U.S., South Korea and North Korea on Military CBMs and Force Dispositions Since all arrangements on military CBMs, force levels and deployments south of the 38th parallel require approval by both the United States and South Korea, a trilateral negotiation among the U.S., South Korea and North Korea is necessary to implement CBMs as well as changes in force dispositions. The U.S. would coordinate closely with South Korea throughout these talks to determine a jointly - held position that would subsequently be discussed with North Korea.

In the view of some working group members, initial agreements on military confidencebuilding measures among the three parties with troops on the ground - the U.S., South Korea and North Korea - could serve as interim steps toward both a Four Party Agreement and a U.S. - North Korea accord. Such agreements could give "face" to Pyongyang and thus provide some political leverage to the U.S. for achieving North Korea's denuclearization.

20 동북아와 코리아에서의 평화 안보의 틀

Among the prospective military measures that could be contained in a trilateral agreement are the following: CBMs Similar to Those Identified in the North - South Agreement of 1992

In their "Agreement on Reconciliation, Nonaggression, Exchanges and Cooperation" 20 which became effective in February 1992 but was never meaningfully implemented, South and North Korea agreed on extensive confidence - building measures. The CBMs in this "Basic Agreement," as it came to be known, included "control of major movements of military units and major military exercises, the peaceful utilization of the DMZ, exchanges of military personnel and information, phased reductions in armaments including the elimination of weapons of mass destruction and attack capabilities and verifications thereof." 21 The "civilian" articles of the Basic Agreement promised sweeping exchanges in many fields, including reunions of families separated during the Korean War.

A few significant confidence - building measures have, in fact, have been implemented since the historic summit meeting of June 2000 between South Korean President Kim Dae Jung and North Korean leader Kim Jong Il. The most well - known CBM has been a series of highly - publicized reunions of families that were separated for more than fifty years following the Korean War.

The other important and durable CBMs now in place have characteristically conferred some economic advantage on North Korea, while diminishing tensions on the peninsula. These include a 2004 agreement to avoid naval confrontations in the Yellow Sea/West Sea (which have frequently arisen during the profitable crab - fishing season) and cease propaganda activities.

개성공단을 활성화하기 위해서 남과 북이 철도를 연결하고 금강산관광을 강화하고 있다.

The most significant agreement opens unprecedented rail and highway links between the two Koreas across the DMZ to facilitate building a new industrial zone in Kaesong (north of the DMZ) as well as travel by South Korean tourists to Mount Kumgang in North Korea. 22

That agreement - which required extensive de - mining operations in border areas - has not been fully implemented by North Korea, although a recent North - South ministerial meeting agreed to take further steps to activate these links.

Conceptual breakdown and types of confidence - building measures CBMs that should be contained in a U.S. - North Korea Agreement would significantly lower the risk of surprise attack, enhance crisis management capabilities, increase warning time, reduce risk of miscalculation, bolster communications, build trust, resolve disputes, and address the "military asymmetry" of forward - deployed North Korean artillery and missiles, just north of the DMZ. Taken together, CBMs, including the following, would help create a more stable, defensively - oriented force relationship: - Minimizing the danger of surprise attack

• Exchange of liaison officers and stand - by monitoring teams at military headquarters and field units Components of a Compr ehensive Settlement 21

• Advance notice of, and observers at, military exercises involving significant numbers of troops or capabilities

Deployment of sensors to monitor the movement of heavy equipment in areas near the DMZ

• Measures for monitoring the use of storage sites for military equipment - Reducing the likelihood of accidental war

Hotlines between various security organizations including ministries of defense, armed forces, etc.

• Provisions for an "open skies" regime (allowing unarmed observation flights over each country's territory) as well the exchange of information on military capabilities such as organization, size, capabilities, and locations of military forces

Crisis management modalities, including formal agreement on the prevention of provocative military exercises and dangerous military activities, along with periodic exercises to test the effectiveness of these arrangements

• An agreement modeled on the U.S. - Soviet "incidents at sea" agreement23

상호군축과 군사 재배치
Mutual Reduction and Redeployment of Forces
The working group believes that a comprehensive settlement will have to address the current array of forces on both sides of the DMZ. At the same time, it believes that a long - term presence of U.S. military forces in and around the Korean peninsula is necessary to achieve the U.S. policy goal of peace and stability in the region. In this regard, the working group noted South Korean President Kim Dae Jung's assertion that North Korea's leader Kim Jong Il agreed with South Korean President Kim Dae Jung, at their June 2000 summit, on the importance of a U.S. military presence in Korea "not just until [Korean] unification, but also thereafter." 24
A trilateral agreement on military CBMs and force dispositions should not preclude a continued U.S. military deployment in Korea. Meanwhile, Washington and Seoul should adjust the level and types of U.S. and South Korean forces in a manner consistent with a comprehensive settlement and reciprocal North Korean actions.

최근 미국은 주한미군의 수를 축소하고 있으며, 비무장지대 지역에 배치된 미군을 후방으로 이동시키고 있으며, 미국이 전 세계 군사 재배치 전략의 일환으로 서 한반도에서의 지구촌 전체의 미군 군사 배치 및 전략을 재검토하고 있는 틀에서 재조정하고 있다.
Currently, the United States is moving unilaterally to reduce the size of USFK and redeploy it away from the DMZ, as part of the global transformation of the U.S. military (through the Global Posture Review) and the global war on terrorism. The Pentagon is also taking into account the domestic political environment in which USFK operates, particularly, the lower tolerance of the South Korean public for military - related accidents and military exercises held close to civilian areas. At the same time, South Korea is seeking a stronger self - defense capability while reducing the overall size of its forces. The U.S. has agreed to turn over to South Korea the wartime operational control of South Korean forces in Korea (which is currently assumed by the commander of the Combined Forces Command) by 2012.

22 A Framework for Peace and Security in Korea and Northeast Asia
While the working group has no settled opinion on what the ultimate size and deployment of U.S. forces should be under a comprehensive settlement, it believes the U.S. should insist on major reductions and redeployments from North Korea which relate not only to what the U.S. is already doing unilaterally, but also to negotiated force balances for the Peninsula as a whole. The goal of this mutual restructuring of forces, preceded by CBMs, is to create a more stable, defensively - oriented force. 25
The normally - applied principle of reciprocity in force reductions and redeployments needs to be modified to reflect the asymmetrical threat that

forward - deployed North Korean forces pose to Seoul. It will be essential to initially redeploy far to the rear and ultimately eliminate North Korea's forward - deployed artillery and short - range missiles so they are no longer a threat to Seoul. Merely thinning out or pulling back deployments of troops and tanks would do little to enhance South Korea's security.

3자 합의

미국, 북한, 남한 3자간의 합의를 도출해야 한다. 현재 재래식 무기 중 공격용 헬기, 탱크, 장거리포, 장갑차, 전투기 등을 유럽합의서에서 취급한 수준을 참조해서 군비축소를 하도록 해야 한다.

Beyond setting new force ceilings and mandating force redeployments, a trilateral U.S. - South Korea - North Korea agreement should provide for reductions in military equipment in specified categories. In addition to the five categories of Treaty - Limited Equipment (TLE) utilized in the Conventional Armed Forces in Europe Treaty (CFE) - anks, artillery, armored combat vehicles, combat aircraft and attack helicopters - a trilateral agreement should include a categories for short - range missiles and air defenses. (North Korea possesses an air defense system that poses a major threat to the U.S. and South Korean air forces in the event of war). At some point, the U.S., South Korea and North Korea will also have to reach a phased agreement on removing landmines from broad swaths of the DMZ, to foster normalization of relations.

새로운 조직: 과거의 조직을 파기하고 신뢰 구축을 위해, 중립국감시위원단과 군사정전협정위원회를 대치하는 새 조직을 구성해야 한다.

Finally, it will be essential to establish a body for supervising the intrusive measures that will be required to verify a trilateral agreement on conventional forces. This body could be conceptually similar to the "military commission" established in the Basic Agreement of 1992 for implementing CBMs, arms control measures, and redeployments of forces.

A new military commission would replace and perform the functions of "what has worked" in the past, specifically the consultative frameworks provided by the Military Armistice Commission and the Neutral Nations Supervisory Commission (NNSC). Created under the 1953 Armistice, the MAC has previously served as an open channel of communications, tension reduction and problem - resolution, while the NNSC served as an inspection and compliance organization. Although the MAC and NNSC are currently moribund, a replacement mechanism would assist greatly in verifying and monitoring the military provisions of new a comprehensive settlement.

Cooperative Threat Reduction

Three U.S. administrations and successive U.S. Congresses have been strong supporters of the program of "cooperative threat reduction" initiated in 1991 by former Senator Sam Nunn (D - GA) and Senator Richard Lugar (R - IN). The Nunn - Lugar program provided financing at the level of $600 to $700 million or more per year to help nations of the former Soviet Union expedite dismantlement of nuclear weapons systems and prevent proliferation Components of a Compr ehensive Settlement 23 of weapons of mass destruction. The original Nunn -

Lugar program has been amended so that it can be utilized for the solution of security problems in Northeast Asia.

The Nunn - Lugar precedent should be applied to dismantling ballistic missile launch sites and steering North Korea away from the export of missiles and missile technology.26 It would help convert weapons production facilities in North Korea to peaceful pursuits, for example, by encouraging (and providing incentives for) scientists engaged in weapons research to shift their research toward civilian activities.

Although less appealing to Congress, there has been budgetary support for converting whole cities (in the former Soviet Union) to civilian industry. This "Nuclear Cities Initiative" should be applied to Yongbyon, the site of North Korea's known reactors. Funding for programs like these need not depend just on the United States or South Korea. The European Union, Japan and even China or Russia should also be involved.

Agreement on a Multilateral Organization for Security and Cooperation in Northeast Asia

The final critical component of a comprehensive settlement in Korea is a multilateral organization for security and cooperation. Although broader in scope than Korea, and likely to be formed with a larger set of nations, taken together with a Denuclearization Agreement, Four Party Agreement, and a U.S. - North Korea agreement, a regional multilateral forum would serve to improve U.S. relations with North Korea while meeting the need for strengthened security arrangements among the major powers in Northeast Asia. Thus, a multilateral organization of this kind will help realize U.S. strategic policy goals for the region as a whole.

The tasks of a new multilateral security organization in Northeast Asia are numerous. They include:

• Promoting the peaceful resolution of disputes 분쟁 해결 방안
Resolving misunderstandings and preventing miscalculations 착오와 오해 방지

• Encouraging transparency in the mutual relations of the member states 해당 국가들간의 투명성 보장
Affirming a joint commitment not to use or threaten force in mutual relations 상호 군사적으로 위협하거나 군사력을 사용하지 않도록 하는 상호간의 철저한 약속과 참여를 천명한다.
Enhancing regional economic cooperation within the larger framework of the global economy 지구촌 경제의 큰 틀거리 안에서 지역경제협력을 확장한다.
Contributing to higher living standards of all the people living in the area 지역에 사는 모든 사람의 삶의 수준을 더 향상시키는 데 기여한다.

• Promoting the free movement of people, information, and ideas among their nations 해당 국가들 간의 사상과 정보, 아이디어, 자유로운 인적 교류와 움직임을 증진시킨다.
Fostering an improved mutual understanding of each other's histories and cultures27 해당 국가간의 역사와 문화를 상호 이해하도록 증진시키는 일을 격려하고 배려한다.

24 A Framework for Peace and Security in Korea and Northeast Asia 동북아와 한반도의 평화 안보의 틀 President George W. Bush and South Korean President Roh Moo - hyun underscored the potential value of a multilateral security and cooperation organization in Northeast Asia in their joint declaration of November 17, 2005, when they agreed

"to make common efforts to develop a regional multilateral security dialogue and a cooperation mechanism so as to jointly respond to regional security issues." 28 President Roh recently reaffirmed the importance he attaches to such a mechanism as a follow - on to the Six Party talks. 29

6자회담에 대해서 노무현 대통령은 지역 공동안보 협력구조(mechanism)의 중요성을 인식하고 아래 사항들을 추가했다.

A Multilateral Forum and North Korea 다자간 포럼과 북한
북한이 국제적인 규범들을 수용하고, 행동을 개혁하도록 유도하는 데 도움이 되도록 함으로써 한반도에서의 총체적인 문제 해결을 확실하게 강화시킬 수 있는 다자간 포럼을 구성하는 것이 필요하다.

*국제적인 규범이라고 하는 것을 애틀랜틱협회는 미국의 이익을 전제로 한다는 점을 주시해야 한다. 규범은 미국의 이익에 배치되거나 관련이 없는 것도 많으며, 북한은 현재 그런 의미에서 국제적인 규범들을 나름대로 해석하면서 수용하고 있다고 해석할 것이다. 반대로 미국이 국제적인 규범들을 수용하거나 인정하지 않는 면도 있다는 것을 주시해야 한다. 특히 국제적으로 온난화를 방지하려는 노력에서 사용되고 있는 환경 관련 국제 규범들을 미국은 수용하지 않고 있는 점, 미국이 핵무기를 계속해서 생산 재개발, 첨단 핵무기 제조 등을 해나가고 있는 점은 국제적인 핵 관련 규범을 어기고 있거나 수용하지 않고 있다고 평가받고 있는 사항들 중 일부다. 애틀랜틱협회가 주장하는 규범에 대한 검토가 있어야 할 것이다.

A multilateral forum would significantly strengthen a comprehensive settlement in Korea by helping induce North Korea to adopt international norms and thus transform its behavior.

A forum would assist in integrating Pyongyang into the regional and global economy, furthering its internal economic reform. Overall, a regional forum would give substance to promises that North Korea will benefit from a future of peace and prosperity through abandoning its nuclear weapons program, ending its largely self - imposed isolation, and cooperating closely with its neighbors.

이 문서는 북한이 스스로 고립화하는 정책을 수행하고 있는데 이를 중지하고 이웃들과 함께하는 데 협력해야 하며, 그렇게 하기 위해서는 핵무기 프로그램을 폐기하여야 한다고 주장하고 있다.

*북한이 스스로 고립화정책을 쓰고 있는 면도 있을 수 있으나, 여러 국가가 북한을 고립시키고 소외시키고 있는 점이 더 큰 요인이라고 할 수도 있다.

A multilateral organization for security and cooperation bears specific importance for the current nuclear negotiations with North Korea. A multilateral forum would confer valuable strategic benefits on the U.S. if the Six Party talks either succeed in reaching a resolution of the nuclear issue or if these negotiations ultimately fail.

If the Six Party talks are successful, a multilateral forum that includes Pyongyang could play a critical role in managing the dismantlement of North Korea's nuclear weapons program, ensuring it adheres to international nonproliferation norms, and cooperates with inspectors seeking to verify the agreement. With the demise of KEDO (the Korean Peninsula Energy Development Organization), a new multilateral mechanism is necessary for performing these important functions.30

＊이 애틀랜틱 문서는 북한이 핵 비확산을 하도록 유도하고 종용하고 있다. 그러나 사실 세계에서 핵프로그램과 핵무기를 가장 많이 확산하는 국가는 미국, 러시아, 영국 등이라는 것이 역사적으로 나타나고 있는 현실이다. 미국은 일정한 국가들에는 핵을 적극적으로 확장시키고 제공했다는 의심을 받고 있다.

On the other hand, if the Six Party talks enter another long impasse or collapse, a regional five party multilateral security structure which excludes Pyongyang would provide an institutional framework for maintaining effective sanctions, preventing proliferation and managing a potentially hostile North Korea. North Korea would certainly object to this arrangement whose purpose would be to further Pyongyang's isolation from the international community and contain its disruptive behavior.

A Multilateral Forum and the Northeast Asia Region 동북아 지역 다자간의 포럼
More broadly, a new multilateral forum - which has also been termed a regional "peace and security mechanism" - would help realize U.S. policy goals for Northeast Asia as a whole, especially by helping establish long - term peace and stability in the region. Dangerous balance - of - power politics have begun taking hold in Northeast Asia to offset the rising

power of China. As part of its quest for "normal nation" status, Japan has been moving simultaneously to improve diplomatic relations with Russia and to align itself more strongly against China on the incendiary Taiwan issue. Some nationalists in South Korea have called for their country to move closer to Beijing. They foresee conflict with Korea's traditional enemy, Japan, and an end to the U.S. - South Korea alliance. 31
남한의 일부 민족주의자들(국수주의자들 혹은 국가이익 중심주의자들)은 미국, 일본, 한국의 동맹관계를 종식시키고, 중국과 강력하게 결합하라고 주장한다.

Additionally, lingering territorial disputes and "history" issues create the potential for serious regional conflict.

Components of a Comprehensive Settlement 총체적 해결의 요건들 25
The United States still plays a critical role in Northeast Asia, although its influence is less than in the past. 동북아에서 미국의 역할은 과거에 비해 감소하고 있다.

Both South Korea and Japan, for example, have obliged the Bush administration by sending troops to Iraq. However, the United States is reducing its military presence in South Korea and it has encouraged Japan to take on additional roles and missions within the U.S. - Japan security alliance.
미국은 주한미군 수를 감축하면서 미 - 일동맹의 틀에서 일본에 그 역할을 떠맡기고 있다.

＊이 보고서는 한반도의 안보를 일본에 맡긴다는 것을 인정하려는 남한과 북한 사람들은 거의 없거나 엄청난

불만을 가지고 있다는 것을 인식하고 있지 못하는 듯하다.

남북한 사람들은 일본이 과거에 침략세력이었으며, 수십 수백 만의 인명을 죽이고 강제로 성폭행했으며, 재산을 탈취하고 고문했던 부도덕한 세력이라고 보고 있으며, 그들의 잘못을 과거에도 인정하려고 하지 않았으며, 앞으로도 이를 근본적으로 인정하지 않을 것이며, 향후에도 이와 같은 악한 일을 한반도인들에게 행할 수 있는 세력이라고 보기 때문에 일본이 한반도 안보에 큰 책임을 지도록 미국이 정책적으로 계획해나간다는 사실에 경악을 금하지 못할 것이다.

심각한 경제 전선에서 미국과 중국의 무역과 재정적인 문제가 축적되고 있다. 미국과 정치·안보문제에 대한 중국의 갈등이 심화되어가고 있다.

Political and security issues between China and the United States continue to generate frictions while on the crucial economic front, U.S. - China trade and financial problems are multiplying. All three major economic powers of Northeast Asia - China, Japan, and South Korea - are seeking to diversify their currency holdings, looking to have relatively fewer dollars in their reserves. All three are thinking about a trade bloc of Asian nations. 중국·한국·일본은 아시아 국가 무역블록구조를 만들 것을 고려 중이다.

＊이것은 미국에 대한 경제적인 압박이 되고 있다고 평가할 수 있다. 이미 유럽연합의 통화단일화, 즉 유로의 사용 등은 세계 최고 경제력을 지니고 있는 미국에 대한에 대한 압박이 되고 있다.

A multilateral security and cooperation forum would significantly assist in developing a regional security community which could mitigate tensions, resolve disputes and engender all - important "habits of cooperation." By fostering communication, promoting common interests and creating greater transparency, a multilateral forum would help manage inevitable crises and lessen the chance of military confrontation. Modeled on existing multilateral security frameworks in both Europe and Asia - including the Organization for Security and Cooperation in Europe (OSCE) and the Shanghai Cooperation Organization - 'a new multilateral forum in Northeast Asia would have an agenda organized around three areas: security, economics and humanitarian issues. 32 In the security basket, the parties would develop new region - wide transparency and confidence - building measures.

유럽의 안보협력조직(OSCE)과 상하이 협력조직(SCO)은 유럽과 아시아의 다자간 안보구조로 자리 잡고 있다. 동북아의 안보포럼도 경제·안보·인도적인 문제에 대해서 새로운 조직으로 발전될 것이다. 이 조직을 통해서 지역 투명성과 신뢰 구축 조치들이 성사될 수 있을 것이다.

Nuclear nonproliferation issues should be included as well as terrorism, plans for military modernization and missile defenses. In the economic basket, the parties would promote regional development, for example by discussing plans for constructing natural gas pipelines to meet pressing future energy needs as well as developing transportation infrastructure and forming an energy cooperation network. In the humanitarian basket, the parties would discuss implementing international norms of behavior (including human rights standards), alleviating poverty and poor medical care, and assistance to refugees. They should also address ways to end the pervasive trafficking in women and children. 인권기준들을 포함한 국제 행동 규범들이 논의될 수 있을 것이다.

A new multilateral forum in Northeast Asia need not have a large bureaucracy. In fact, the Conference on Security and Cooperation in Europe, the forerunner of today's OSCE, did without any international bureaucracy for the first 15 years of its existence.33 Governments of the host countries arranged regular meetings including major Review Conferences and other important conferences which developed and expanded upon the general prescriptions of the Helsinki Final Act. It was only in 1990 that regular, inter - governmental summits and ministerial meetings began to take place pursuant to the Paris Charter for a New Europe. At that point, CSCE became OSCE and acquired a permanent secretariat based in Vienna.34

미국의 지도력을 강화하기 위해서는 동북아포럼을 구성해서 다자간의 안보 협력을 실현해야 할 것이다. 워싱턴 백악관은 이 구상을 허락했다.

U.S. leadership will be required to realize a multilateral security and cooperation forum in Northeast Asia. In recent years, Washington has endorsed the idea of a regional security framework (e.g., in the November 2005 joint presidential declaration noted previously) but, as noted previously, has not put real diplomatic and political muscle behind it. Given the important role that a multilateral forum could play in a comprehensive settlement for Korea, the U.S. now has an even more compelling rationale for mobilizing the necessary regional support to implement this new security framework.

## VI. 기타 다른 지역 간의 합의들

Although North and South Korea would both play central roles in negotiating a Four Party Agreement, they would also require - and insist upon - a separate, direct negotiation to take up issues of deep bilateral concern. Similarly, Japan and North Korea will want to conclude an agreement for resolving issues central to the normalization of their bilateral relations, specifically including the question of Japanese citizens abducted by North Korea during the Cold War.

Although these additional agreements are not explicit components of a comprehensive settlement in Korea, they are critical to its success. The U.S. should strongly support South Korea and Japan in negotiating these important bilateral agreements with North Korea.

## 남북 합의

1972년 박정희와 김일성 공동 코뮤니케는 현재까지 의 통일의 기본틀을 제공하고 있다.

The history of North - South agreements dates to 1972 when then South Korean President Park Chung - hee and North Korean leader Kim Il - Sung approved a Joint Communiqué which set out broad principles of Korean unification - the long - standing goal of both governments. Only one concrete result followed from the Communiqué - a military hotline which North Korea unilaterally severed in 1976 after a military confrontation with U.S. and South Korean forces at the DMZ.

1992년 기본 합의서는 휴전협정을 항구적인 평화체 제로 전화시켜나가는 데 효력을 발생하고 있다.

The "Basic Agreement" between South and North Korea, which became effective in February 1992, called explicitly for both governments to "together endeavor to transform the present state of armistice into a firm peace between the two sides…." 35 Unlike the 1972 pact, the Basic Agreement outlined a number of security - related CBMs as well as measures concerning North - South reconciliation, nonaggression, exchanges of people, and economic cooperation.

South and North Korea also negotiated a "Joint Declaration for the Denuclearization of the Korean Peninsula," 36 which prohibited plutonium reprocessing and uranium enrichment facilities. It became effective at the same time as the Basic Agreement - and, like the Basic Agreement, was never implemented. 남한과 북한은 플루토늄 재처리와 우라늄 농축시설을 금지하는 '비핵화선언'에 합의했다.

＊그러나 일본은 엄청난 규모의 핵 재처리 시설을 소유하고 있다. 전기생산 등을 위해서 일본은 엄청난 양의 핵을 재처리하고 축적해놓고 있다. 따라서 남한과 북한도 동일한 시설을 보유하도록 해서 평화적으로 이용해야 할 것이라는 점은 객관적인 사실이다.

The other important measure which would contribute to the framework of a new North - South agreement is the "North - South Declaration" of June 15, 2000. Signed by South Korean president Kim Dae Jung and North Korean leader Kim Jong Il at their historic summit meeting, this declaration underscores the deeply - felt aspiration of Koreans, on both sides of the DMZ, for "the peaceful reunification of the country." 37

The first of five points in the June 2000 declaration stresses the independent role of the two governments in reaching a resolution of fundamental national issues: "the North and the South agreed to solve the question of the country's reunification independently by the concerted efforts of the Korean nation responsible for it." Other points in the declaration call for work on the political aspects of reunification, settlement of "humanitarian issues" including the separation of families, "balanced development of the national economy

28 A Framework for Peace and Security in Korea and Northeast Asia through economic cooperation", and building " mutual confidence by activating cooperation and exchanges in all fields, social, cultural, sports, public health, environmental and so on." 38

A new North Korea -South Korea agreement, as one component of a comprehensive settlement, would likely draw on or reaffirm all these prior agreements. In the working group's view, the United States should support its South Korean ally in negotiating any such agreement with North Korea while not attempting to dictate its terms. Consistent with the U.S.-South Korea Alliance, South Korea can be expected to work closely with the United States in order to assure respect and protection of U.S. "equities" in pursuing a direct agreement with North Korea.

Following the outlines of the Basic Agreement, among the provisions that a new North Korea - South Korea agreement might contain are the following: 남

북이 새로운 기본 합의를 하는 데 포함될 사항들은 아래와 같다.

'Declarations regarding common efforts toward peaceful reunification, non-interference in internal affairs, non-aggression, peaceful resolution of disputes, and pursuing cooperation to promote the "interests of Korea in the international arena" 39 "국제사회에서 북한의 이익"을 증진시키기 위하여 협력을 추구하고, 분쟁을 평화적으로 해결하기 위하여, 그리고 불가침, 국제정치에 대해서 불간섭, 그리고 평화적인 재통일을 위해서 공동노력을 경주하기 위한 선언을 하여야 한다.

Establishing a "South-North Political Committee" to consider political measures for furthering national reunification 국가 재통일을 위해서, 정치적 조치를 하기 위해서 "남북 정치위원회"를 설립해야 한다.

'Engaging in accelerated economic exchanges and cooperation to allow joint development of resources and industrial zones 산업지역들과 자원의 공동개발을 허용하기 위한 경제 협력과 경제교류를 강력하게 증진시켜야 한다.

Promoting cooperation in various fields such as science and technology, education, literature and the arts, sports, environment and media 미디어, 환경, 스포츠, 예술, 문학, 교육, 기술, 과학 등 다양한 분야의 협력 증진

• Reconnecting rail and highway links as well as opening sea and air routes 항공, 바다, 고속도로, 철도의 재연결

Linking facilities for post and telecommunications 우편 전신 시설의 연결

• Permitting greater freedom of movement on the Korean peninsula, especially to facilitate reunions of divided families and resolve other humanitarian issues 인도주의적인 문제들을 해결하고 이산가족의 재상봉을 위해서 한반도에서의 좀 더 활발한 이동의 자유를 허용하여야 한다.

Japan - North Korea Agreement 북한과 일본의 합의 일본은 북한 핵공격의 위험을 안고 있다. 북한은 1910~1945년 일본의 식민지 지배에 대해 강력한 비난을 하고 있다. 일본과 북한 사이에 국교정상화, 북 - 일 합의 등을 포함하지 않고서는 북 - 일관계를 정상화할 수 없다.

Japan is often the target of harsh North Korean rhetoric, reflecting enmity arising from Japan's colonization of the Korean peninsula between 1910 and 1945. North Korea's missile tests have been directed toward Japan and Japan is clearly at risk from a possible North Korean nuclear attack. A settlement with North Korea which furthers peace and stability in Korea would strongly advance Japan's national interests, from both a security and economic perspective. But this settlement cannot be complete without a bilateral Japan - North Korea agreement that normalizes relations between the two countries.

At present, the primary issue in Japan - North Korea negotiations is the repatriation of Japan's citizens abducted by North Korea during the Cold War. North Korea admitted in 2002 to kidnapping thirteen Japanese for the purpose of training its spies, and then returned five Other Regional Agreements 29 abductees to Japan, while claiming that the remaining eight people had died. To move forward with normalization of diplomatic relations, Japan requires a full accounting beyond what North Korea has provided to date.

For its part, North Korea seeks promised reparations for the period of Japan's colonization.

In the working group's view, the U.S. should strongly support Japan's efforts to resolve the abduction issue, while encouraging Tokyo to frame its negotiating approach so it leads to diplomatic progress and does not hinder reaching broader policy goals.

미국은 일본의 납치문제 해결을 위한 노력을 지원하여야 하며, 동시에 일본이 외교적으로 협상해나가는 틀을 견지하도록 해야 할 것이다. 북한은 식민지시대에 대한 배상을 요구하고 있다.

＊일본은 북한의 자료 제공에 대해서 검토하되 현 수준에서 인정할 것은 인정하고 수용하는 것이 현명한 처사이며, 북한에 대해서 100억 유로 수준으로 배상을 하고, 평화협정을 맺어서 국교정상화하는 것이 일본의 이익에 부합하는 일일 것이다. 그리고 북한에 대한 경제제재를 취하하는 것이 도움이 될 것이다.

정책제안 31

## VII. Recommendations

To achieve its strategic goals in Korea and Northeast Asia, the Atlantic Council working group believes the U.S. should seek a comprehensive and durable settlement for the Korean peninsula. Pursuing a set of parallel negotiations on political, economic and security issues, alongside the denuclearization talks, will specifically facilitate reaching a nuclear agreement as well as other strategic U.S. policy goals.

An enlarged negotiating agenda that addresses all underlying security concerns will provide the United States with significantly greater diplomatic leverage. By enabling the U.S. to assert a variety of additional pressures on North Korea as well as provide new incentives, it would strengthen the U.S. hand in achieving a denuclearization accord. The aim of this broader negotiation would be not just a nuclear - free North Korea, but also long - term peace and stability on the Korean peninsula and in the region as a whole, strongly furthering U.S. interests.

The working group recommends the following steps that the U.S. should take:

• Express a strong U.S. commitment to achieve a comprehensive settlement in Korea both to facilitate the success of the denuclearization talks and to resolve other critical security issues on the peninsula. Peace arrangements would take the form of a series of measures which includes a Denuclearization Agreement, a Four Party Agreement that replaces the 1953 Armistice, a U.S. - North Korea agreement, a trilateral U.S. - South Korea - North Korea agreement on military measures, and an agreement establishing a multilateral organization for security and cooperation in Northeast Asia.

Proceed reciprocally and step-by-step in a Denuclearization Agreement toward the complete, verifiable and irreversible dismantlement of North Korea's nuclear weapons program, including the removal of spent nuclear fuel, the destruction of existing bomb and warhead stockpiles, and the implementation of a full protocol for verification and inspection to ensure ongoing compliance.

Pursue a Four Party agreement among South Korea, North Korea, China and the United States to replace the 1953 Armistice with a new overall political and legal structure for long - term peace and stability on the Korean peninsula. Among other measures, this agreement would provide for a formal cessation of hostilities in Korea, recognize the sovereignty and territorial integrity of both Koreas, extend U.S. and Chinese security guarantees to North and South Korea, and affirm the goal of eventually achieving Korean national reunification. This agreement should be endorsed by a resolution of the UN Security Council.

• Negotiate a bilateral agreement with North Korea - in close coordination with South Korea - to settle outstanding political and legal issues, normalize diplomatic relations, and provide U.S. assistance to foster economic development and economic reform in North Korea. The bilateral agreement would address the steps to facilitate a change in existing U.S. laws regulations, and policies that inhibit normal U.S. relations with North Korea, as described in the companion volume to this report, "U.S - North Korea Relations: An Analytic Compendium of U.S. Policies, Laws and Regulations." Rather than negotiating a 32 A Framework for Peace and Security in Korea and Northeast Asia single agreement, the U.S. and North Korea might instead negotiate several agreements that, taken together, adjust and normalize the overall bilateral relationship.

• Negotiate a trilateral agreement among the United States, South Korea and North Korea to implement military CBMs as well as to adjust deployments and force levels on the Korean peninsula. In these talks, the U.S. and South Korea would first agree between themselves on appropriate military measures and then negotiate their implementation with North Korea.

Aggressively explore establishing a new multilateral organization for security and cooperation in Northeast Asia both to manage North Korea - related issues and to help realize U.S. strategic policy goals for the region as a whole. Modeled on OSCE and other existing multilateral security frameworks, the new multilateral organization would pursue an agenda focused on security, economic and humanitarian issues.

• Convene an on - going series of meetings of foreign ministers of the countries involved in negotiating a comprehensive settlement - South Korea, North Korea, China, Japan, Russia and the United States - for the purpose of overseeing these negotiations and forming the nucleus of a new multilateral organization for regional security and cooperation. An initial meeting of foreign ministers, agreed to in the Six Party "joint agreement" of February 13, 2007, should take up these issues. Immediately propose military confidence - building measures, from among those contemplated for a trilateral agreement, to reduce the risk of unintended war as steps toward a comprehensive settlement. These interim measures would contribute to the necessary political confidence among the parties for negotiating a comprehensive settlement.

• Seek bipartisan consensus in the Congress on U.S. diplomatic objectives regarding Korea. While leadership on North Korea issues remains firmly with the administration, 40 bipartisan Congressional support will be critical for realizing a comprehensive settlement and funding for any arrangements agreed with the North.

문제 해결을 위해서 미국은 전면적인 노력을 기울여야
할 것이다.

Synchronize U.S. strategy more effectively with
South Korea. Clearly, a strong U.S. effort to achieve
a comprehensive settlement on the Korean
peninsula, in and of itself, would significantly
improve U.S. alliance relations with South Korea.
Nevertheless, because a U.S. leadership role in
pursuing a comprehensive settlement would once
again thrust the U.S. to the forefront in determining
a historical political outcome in Korea, Washington
should exert all possible efforts to coordinate its
negotiating positions with Seoul and strengthen
cooperation through the Strategic Consultation for
Allied Partnership (SCAP), a new set of diplomatic
meetings agreed upon in January 2006.

## 결론 33

VIII. Concluding Note

이 제안서는 미국이 북한과 앞으로의 협상에 필요한
제안을 하고 있다.

The working group believes that pursuing a
comprehensive settlement in Korea through parallel
negotiations on political, security and economic
issues, alongside the denuclearization talks, will
specifically facilitate reaching a nuclear agreement
as well as other strategic U.S. policy goals in Korea
and Northeast Asia. This report outlines the
prospective elements of a comprehensive
settlement in Korea in the hope that it will assist and
guide U.S. policymakers and diplomats.

Given the unpredictable nature of diplomacy with
North Korea, it may well be that only some of the
proposed elements are necessary and they should
be implemented in a sequence that is best
determined at a future time. Nevertheless, the
working group believes that all these elements are
ripe for current consideration and the U.S. should
move now toward a comprehensive settlement of
security, political and economic issues on the
Korean peninsula.

## 뒷풀이 말

Annex A. Comments on the Report

It is very difficult to negotiate with North Korea and
limiting the focus of negotiations, in my opinion,
helps get results. I agree that to reach a final
agreement on nuclear issues, the United States very
likely will have to proceed toward normalization of
relations with the North, which is on the table in the
context of the February 13, 2007 "joint agreement."

북핵 해결을 위한 경제 지원과 에너지 지원에 있어서
일본은 중요한 배려와 역할을 해야 한다.

＊그러나 현재로서는 일본이 납치문제가 풀리지 않
으면 더 강력히 제제한다는 정책을 쓰고 있고, 반기
문이 유엔사무총장이 되는 것을 반대하는 등 지역 안
보에 오히려 큰 장애가 되고 있다. 따라서 실제로 일
본에게 큰 기대를 하는 구도는 현실적으로 실현성이
낮다고 볼 수 있다.

To reach an agreement on nuclear issues, North
Korea will want some economic/energy assistance
and Japan will have to be player in the overall
arrangements. Both of these issues are also on the
table as part of the February 13 agreement. Taken

together, these various elements offer the prospect
of a realistic agreement which meets the diplomatic
objectives of both Washington and Pyongyang.

I do not think adding more issues to the negotiations
in the short - term - such as onfidence building
measures and force disposition issues or a possible
agreement to replace the 1953 Armistice and a North
- South agreement - will assist considerably in
reaching an immediate nuclear agreement with
North Korea. We can deal with these issues later,
and trying to do so soon could make reaching
agreement on the core nuclear questions more
difficult than it is already.

I recognize that the February 13 agreement also put
a Northeast Asia "peace and security mechanism"
on the table. While I favor such a mechanism and
would like to see it succeed, it potentially involves
many more issues than just those involving North
Korea and I believe it is better to keep discussions
on it outside the nuclear talks. I also think it is
necessary to take up important missile issues with
Pyongyang.

Over time, if the nuclear negotiations succeed, I
think we may well be able to affect significantly
North Korea's force dispositions, replace the
Armistice, and facilitate a North - South agreement.
However, I am doubtful that we should let these
issues become part of the current effort. So, in
substance, my critique goes both to questions of
timing and effectiveness of negotiation. My
judgment is that it is better to put less on the table at
the outset and address other important issues as the
second step of a two - step process.

Franklin Kramer
Atlantic Council of the United States36
A Framework for Peace and Security in Korea and
Northeast Asia

이 애틀랜틱 문서는 북 - 미 간의 관계를 발전시키기
위해서 좀 더 넓고 다양한 것을 담을 수 있는 보따리
속에 합의사항들을 담을 수 있도록 하는 것을 제안한
다. 그러나 북한 정권이 항구적으로 지속되도록 하면
서도 그에 대한 상대적인 전략적인 목표들을 달성시
킬 내용이 무엇이냐 하는 데 대해서는 명확한 답을 제
공하지 못하고 있다.

＊북한과의 평화 정착의 길은 북한과 친구가 되고 즉
시 조건 없이 종전선언을 하고, 평화협정을 맺고, 국
교정상화 역시 조건 없이 하는 것이다. 핵문제는 우
선순위가 아니다. 미국은 이미 수많은 핵보유국들과
도 국교정상화를 하고 있다는 점을 북한에도 적용하
는 것이 현명한 길이다. 애틀랜틱 문서는 이 점을 제
대로 지적하거나 제안하지 못하고 있다. 모든 조건에
우선하는 것은 종전선언이며, 평화협정, 국교정상화
다. 핵문제가 이것을 앞설 수는 없다. 핵은 극히 일부
의 문제다. 지구촌 전체의 평화를 핵 몇 개가 막을 수
있는 것은 아니며, 핵보다 더 큰 것이 분명히 있다는
점을 생각할 수 있어야 한다. 인간이 잘못되어 있고,
인간이 제대로 가치를 깨닫지 못하고, 인간이 불의한
행동을 계속하면서, 회개하고 중생하지 못하면, 핵
없이도 얼마든지 세계 평화를 파괴할 수 있다. 그것
이 인간이 만들어온 역사인 것이다.

This report provides a very thoughtful analysis of
U.S. relations with North Korea and some very
desirable policy elements. In particular, its emphasis
on the need for a broad package of agreements is a

welcome move toward achieving a range of US strategic goals. However, the report does not fully come to grips with the difficult policy tradeoffs in terms of U.S. willingness to take steps that could have the effect of prolonging the current North Korean regime in return for achieving other strategic goals. 애틀랜틱협회의 프랭클린 크래머는 북한이 완전히 비핵화하리라고 생각하지 않는다고 평가하고 있다. Specifically, while the report identifies 'transforming the behavior of the North Korean regime' as one of the strategic US policy goals, the recommendations may well lead to reducing the incentives for political reform at least in the near term. Moreover, there is, in my judgment, very little prospect of complete denuclearization by North Korea absent a dramatic change in the political environment both in North Korea itself and in the region.

이 보고서는 만약 북한이 핵을 동결만 하고 현재의 수준을 유지할 경우에 어떻게 할 것이냐는 답은 말하지 않고 있다. 과거의 핵 개발 노력에 대해서 볼 수 있고 증명할 수 있는 방식으로 핵을 제거하지 않을 경우 어떻게 할 것인가에 대해서 대안을 말하지 않고 있다. 그렇다고 해서 완전하고도 돌이킬 수 없으며 증명할 수 있는 방식으로 핵을 모두 폐기하지 않으면 아무것도 하지 않겠다는 식의 흑백논리로는 동북아의 평화와 안보에 진전을 이룰 수 없을 것이다. 오히려 평화는 후퇴할 수도 있다. 지난 6년 동안의 노력이 수포로 돌아갈 수도 있다.

*따라서 전부냐 아니냐 식의 흑백논리 방식의 접근보다는 '퍼지(fuzzy) 접근'을 사용할 것을 제안한다. 퍼지 접근법이란 지금 할 수 있는 것부터 조금씩 해나가는 방식이다. 비록 절대로 안 되는 것이 존재한다고 해도, 지금 할 수 있는 부분에 대해서 허용하는 자

세로 계속해서 조금씩 진전을 해나가는 방법이 좋을 것이라는 말을 이 보고서는 조금 불충분하게나마 아래와 같이 표현하고 있다.

북한과 미국의 관계는 3만 단계 정도로 나누어서 접근해야 한다. 5단계나 10단계 정도에서 완결하겠다는 생각은 위험하다. 이라크와 북한에 대해서 미국이 동시에 승리하겠다는 윈 - 윈(win - win) 작전이나, 북한은 교착상태로 묶어놓았다가 북한에 대해서도 이라크에서 승전한 후에 북한에 대해서 승전한다고 하는 윈 - 홀드 - (win-hold-win) 작전은 너무나 좁고 단순한 전술이어서 전 세계를 지옥으로 끌고 갈 확률이 매우 높다.

이러한 정신적인 자세로는 매년 미국 시민들이 총기로 1만 명 이상씩 죽이는 병적인 상황을 막을 방법이 없으며, 이러한 일들이 세계 최강인 미국의 암적인 요소다. 근본을 치료하지 못하고서 다른 나라의 행동을 교정하겠다는 것은 주객이 전도된 것이다. 북한의 행동을 교정하겠다고 생각하면 스스로의 행동도 교정해야 한다.

미국이 과거 원주민들을 점령해 땅과 자원을 뺏고, 대량살상했던 작전과 흡사한 작전을 북한에 대해서 하겠다는 발상은 범죄적인 것이다. 미국은 운디드 니의 원주민들을 살렸어야 하며, 그들과 함께 잘 사는 미국을 만들었어야 한다. 〈나의 마음을 운디드 니에 묻어주오(Bury my Heart in Wounded Knee)〉라는 영화는 유럽에서 이주해온 백인 이주민들의 권력과 정부가 얼마나 잘못된 가치관을 가지고 있었는지 잘 말해준다. 그것을 철저히 반성하는 마음이 있어야 한다. 원주민들을 살렸다면, 세계는 지금 안정과 평화를 누리고 있을 것이다. 아메리카 원주민들의 생명존중 사랑 사상이 얼마나 고귀한지 아직도 깨닫지 못하면서, 세계 곳곳에서 대량살상을 하고 있는 집단범죄는 종식시켜

야 한다.

The report does not address what we should do in the case of partial North Korean compliance e.g., a freeze on production of new fissile material, but not complete and verifiable elimination of past nuclear efforts. An all-or - nothing approach contributed to the deterioration of the security situation in North East Asia over the past six years and we should be wary of replicating it again.

James Steinberg

Lyndon B. Johnson School of Public Affairs, the University of Texas at Austin

Endnotes 미주

1 David Sanger, "Bush Says U.S. May Have Been Able to Intercept North Korean Missile," New York Times, July 8, 2006

2 Agreed Framework between the United States of America and the Democratic People' Republic of Korea, Geneva, October 21, 1994;

http://www.armscontrol.or/documents/af.asp

3 US - DPRK Joint Communiqué, Washington, D.C., October 12, 2000;

http://www.nautilus.org/DPRKBriefingBook/agre ements/CanKor- VTK - 2000 - 10 - 12 - joint-communiqueusa- dprk.pdf

4 Joint Statement of the Fourth Round of the Six - Party Talks, Beijing, September 19, 2005;

http://www.state.gov/r/pa/prs/ps/2005/53490.htm

5 "Point Agreement on North Korea' Nuclear Disarmament"

6 Several papers discussed by the working group offer compelling arguments on the importance of negotiating permanent peace arrangements for the Korean peninsula: Alan Romberg, "Permanent Peace on the Korean Peninsula," Korea and World Affairs, vol. 3, no. 3 (fall 2006): 309 - 326; Leon V. Sigal, "Building a Peace Regime in Korea: An American View," International Journal of Korean Unification Studies, Vol. 15, No. 1 (2006): 30 - 52; David Straub, "U.S. Viewpoint toward a Peace Forum on the Korean Peninsula," June 9, 2006 (paper presented to the International Conference on a Peace Forum on the Korean Peninsula, Seoul, Korea)

7 Donald Gross, "U.S. - Korea Relations: A Breakthrough at the Six Party Talks," Comparative Connections, (Honolulu: Pacific Forum CSIS, October 2005)

8 "Point Agreement on North Korea' Nuclear Disarmament"

9 David Albright and Corey Hinderstein, "Dismantling the DPRK' Nuclear Weapons Program: A Practicable, Verifiable Plan of Action," Peaceworks Series (Washington: United States Institute of Peace January 2006)

10 Joint Declaration on the Denuclearization of the Korean Peninsula, effective February 19, 1992;

http://www.fas.org/news/dprk/1992/920219 - D4129.htm

11 Patrick M. Norton, "Ending the Korean Armistice: the Legal Issues," (1997);

http://www.nautilus.org/fora/security/2a_armistic elegal_norton.html

12 Treaty on the Final Settlement with Respect to Germany, September 12, 1990;

http://usa.usembassy.de/etexts/2plusfour8994e.htm

13 William M. Drennan, "Special Report: A Comprehensive Resolution of the Korean War," Special Report 106 (Washington: United States Institute of Peace, May 2003). See also Paul B. Stares, "So Ban the Bomb, Sign the Peace," New York Times, January 30, 2007, for the view that the permanent five members of the UN Security Council should extend security guarantees to both Koreas.

14 Kenneth Katzman, "U.S. - North Korea Relations: An Analytic Compendium of U.S. Policies, Laws and Regulations" (Washington: Atlantic Council of the United States, 2006)

15 Marcus Noland, "The Legal Framework of US - DPRK Trade Relations" (Washington: Institute for International Economics, 2006)

16 Noland, The Legal Framework

17 Noland, The Legal Framework

18 Noland, The Legal Framework

19 Reuters Foundation Alert Net, "North Korea Famine at a Glance," December 28, 2006; http://www.alertnet.org/printable.html/URL=/db/crisisprofiles/KP_FAM.htm

20 Agreement on Reconciliation, Nonaggression, and Exchanges and Cooperation between South and North Korea, Effective February 19, 1992. http://www.isop.ucla.edu/eas/documents/koreaagreement.htm#CHAPTER%202

21 Agreement on Reconciliation

22 Aloysius M. O'eill, "Enter - Korean CBMs and Their Role in a Peace Regime" (working paper, Atlantic Council working group on North Korea, 2006)

23 William Drennan, "Military Implications of a Peace Regime for the Korean Peninsula" (working paper, Atlantic Council working group on North Korea, 2006)

24 "North Korea Reportedly Backs U.S. Military Presence," CNN, September 12, 2000; http://archives.cnn.com/2000/ASIANOW/east/09/11/korea.usa.reut/index.html

25 James Goodby and William Drennan, "Koreapolitik," Strategic Forum No. 29, Institute for National Strategic Studies (Washington: National Defense University, 1995)

26 See Rose Gottemoeller, "Cooperative Threat Reduction Beyond Russia" (Washington: Washington Quarterly, vol. 28, no. 2, spring 2005)

27 James Goodby, "The Six - Party Talks: Opportunity or Obstacle," (Washington: The Woodrow Wilson International Center for Scholars, 2005): 2.; James Goodby, "Enlarge the Korean Problem" International Herald Tribune, June 21, 2005

28 Joint Declaration on the ROK - US Alliance and Peace on the Korean Peninsula, November 17, 2005; http://www.whitehouse.gov/news/releases/2005/11/20051117 - 6.html

29 "Six - Way Talks Should be Permanent Peace Regime: Roh," Chosun Ilbo, March 13, 2007.

30 Michael Schiffer, "Time for a Northeast Asian Security Institution," PacNet Newsletter #59 (Honolulu: Pacific Forum CSIS, December 8, 2006)

31 These nationalist voices in South Korea were especially strong during 2004. See Robert Sutter, "South Korea Re - Calibrates Relations with the U.S. and China - Implications for a Prospective Peace Regime with North Korea," (working paper, Atlantic Council working group on North Korea, 2006)

32 James Goodby and Donald Gross, "From Six - Party Talks to a Regional Security Mechanism," PacNet Newsletter #13 (Honolulu: Pacific Forum CSIS, March 24, 2005)

33 Goodby, The Six - Party Talks: Opportunity or Obstacle:

34 The organization also established a Forum for Security Cooperation in Vienna, an Office for Human Rights and Democratic Institutions (OHRDI) in Warsaw, and a High Commissioner for National Minorities in The Hague. See Goodby, The Six - Party Talks: Opportunity or Obstacle: 32

35 Agreement on Reconciliation, Article 5

36 Joint Declaration on Denuclearization

37 South - North Joint Declaration, June 15, 2000; http://www.usip.org/library/pa/n_skorea/n_skorea06152000.html

38 South - North Joint Declaration

39 Agreement on Reconciliation, Article 6

40 Daniel Bob, "Congress and North Korea Policy" (working paper, Atlantic Council working group on North Korea, 2007)

참조58.
# 제20차 남북장관급회담 결과 해설자료

2007. 3. 2 통일부

## 1. 개 요

o 제20차 남북장관급회담을 2007. 2.27~3.2 평양에서 개최

- 전체회의 2회, 수석대표 접촉 4회, 실무대표 접촉 4회 진행

o 남과 북은 향후 남북관계 발전방향과 남북 간 제반 현안에 대해 협의하고, 6개항의 합의사항을 공동보도문으로 발표

**〈합의사항〉**

1. 남북관계와 관련된 모든 문제를 민족공동의 의사와 이익에 맞게 쌍방 당국 사이의 회담을 통해 협의 해결

2. 한반도 비핵화와 평화보장을 위해 제5차 6자회담 3단계 회의에서 이룩된 합의들이 원만히 이행되도록 공동 노력

3. 민족적 화해와 단합 실현을 위한 실천적인 조치들을 적극 취해나가기로 하고, 6·15와 8·15를 계기로 평양과 남측 지역에서 진행하게 될 민족통일대축전에 적극 참가

4. 인도주의 분야의 협력사업을 재개하고 이산가족 문제의 실질적 해결을 위해 협력

① 제5차 화상 상봉을 3. 27~29, 제15차 이산가족 상봉 행사를 5월 초순 금강산에서 실시

② 이산가족 면회소 건설사업을 빠른 시일 안에 추진하기로 하고 쌍방 적십자 간 실무 접촉을 3. 9 금강산에서 진행

③ 제8차 적십자회담을 4.10~12까지 금강산에서 개최하고, 전쟁시기와 그 이후 소식을 알 수 없는 사람들의 문제를 비롯하여 상호 관심사항들을 협의 해결

5. 민족공동의 발전과 번영을 위한 경제협력을 확대 발전

① 남북경제협력추진위원회 제13차 회의를 4.18~21까지 평양에서 개최

② 군사적 보장조치가 취해지는 데 따라 올해 상반기 안으로 열차시험운행 실시, 3.14~15 개성에서 경추위 위원 접촉 진행

③ 개성공단 활성화를 위해 필요한 조치를 취해 나가기로 함.

6. 제21차 남북장관급회담을 2007. 5. 29~6. 1까지 서울에서 개최

## 2. 성과와 의의

□ **남북관계 정상화를 위한 노력 경주**

o 우리 측은 남북대화가 중단된 지 7개월 만에 열린 이번 회담에서 '남북관계 정상화'에 중점을 두고 임함.

- 남북관계 정상화를 위해 금년도 분야별 남북대화 · 주요 사업 일정을 구체화하고 기합의 · 약속하고 이행되지 않은 사항을 점검, 이를 진전시키는 방안 협의

- 남북관계 발전방향과 남북대화 정례화 · 제도화 문제도 논의

o 6 · 15 공동선언의 기본정신을 바탕으로 남북관계를 한 차원 확대 · 발전시킬 수 있는 전기를 마련하기 위해 적극 노력

- 우리 측은 먼저 합의한 사항들을 신속하고 원활하게 이행하는 한편, 현재 진행되고 있는 한반도 주변 정세의 변화와 국제적인 흐름에 보조를 맞추어 나갈 것을 촉구

o 또한 북측의 특정 정당 및 후보자 비난은 내정간섭 행위임을 명백히 밝히고 중지할 것을 요구

- 남북기본합의서 상의 상호 존중과 신뢰의 정신에도 배치될 뿐더러 건강한 남북관계 발전에도 전혀 도움이 되지 않음을 강조

o 스무 번째 장관급회담으로서 형식적 · 내용적 측면에서 성년(成年)으로 업그레이드되는 회담으로 자리매김

- 형식적 측면에서는 장관급회담 정례화 추진

- 내용적 측면에서는 남북협력 제도화, 인도적 사안 실질 해결 노력 등 남북관계 발전방향 제시

□ **남북대화 – 6자회담의 선순환적 관계 강화**

o 이번 회담은 '2 · 13 합의' 이후 열리는 첫 남북장관급회담이라는 점에서 의미가 있음.

- 6자회담을 통한 한반도 비핵화 초기단계 조치사항의 이행을 가속화하고 남북교류협력을 촉진시키는 역할 수행

- 6자회담과 남북대화를 병행 추진함으로써 북핵문제 해결과 남북관계 발전의 선순환적 진전 강화

o 비핵화 초기단계 조치사항의 이행 가속화에 대한 남북 간 공동인식을 담은 합의 도출

- 우리 측은 기조발언 · 수석대표 접촉을 통해 '9.19 공동성명 이행을 위한 초기조치' 합의의 신속하고 원만한 이행 촉구

* "한반도 비핵화와 평화 보장을 위해 제5차 6자회담 3단계 회의에서 이룩된 합의들이 원만히 이행되도록 공동 노력한다"는 합의문 도출

- 북한이 6자회담의 초기단계 조치 이행 약속을 지키도록 측면 지원하는 데 중점

o 이번 회담은 남북대화가 '한반도 비핵화'와 '남북관계 진전' 양쪽에 기여한다는 것을 보여준 것으로 평가

- 6자회담 진전상황과 상호 긴밀하게 조율하면서 남북대화가 추진되는 체계를 마련함으로써

- 남북대화가 핵문제 해결에 유용한 틀임을 확인

□ **국군 포로 · 납북자 문제의 해결 노력 경주**

o 분단이 초래한 비극적 결과를 해소하는 것은 진정한 남북 화해를 위한 출발점

- 역대 정부는 국군 포로 · 납북자 문제를 해결하기 위해 노력해왔으나, 가시적 성과를 거두지 못함.

o 우리 측은 국군 포로 · 납북자 문제 해결의 시급성과 중대성을 감안, 기조발언 · 수석대표 접촉 등을 통해 이번 회담의 핵심적 사안으로 지속 설득

o 회담 기간 내내 집중적인 설득 결과 국군 포로 · 납북자 문제를 비롯한 상호 관심사항을 제18차 적십자회담(4.10~12, 금강산)에서 협의 해결하기로 합의

o 이는 제18차 장관급회담에서 동 문제를 실질적으로 해결하기로 합의한 토대에서 금번 적십자회담을 통해 납북자 · 국군 포로 문제의 해결방안을 계속 논의할 수 있는 틀을 마련했다는 점에 의미

# 3. 주요 합의내용



o 지난 7개월여 동안 남북대화의 소강국면이 지속됨으로써 여러 분야에서의 남북관계가 지체되는 등 어려움이 있어왔음.

- 이러한 상황의 반복은 남북관계의 꾸준한 발전에도 도움이 되지 않을 뿐 아니라 민족공동의 이익에도 부합하지 않는 결과를 초래

o 스무 번째를 맞는 이번 장관급회담에서 우리 측은 기조발언 등을 통해

- 현재 진행되고 있는 한반도 주변 정세의 변화와 국제적인 흐름에 남북만이 뒤처져서는 안 된다는 점을 강조하고

- 6.15 공동선언의 기본정신과 그동안 쌓아온 남북 간 신뢰를 바탕으로 남북대화 복원과 정례화를 위해 노력해나갈 것을 설득

o 그 결과 남과 북은 앞으로는 어떠한 정세변화가 있더라도 남북 당국 사이의 대화가 중단되어서는 안 된다는 점을 재확인하고

- 남북관계와 관련된 모든 사안에 있어서는 민족 공동의 이익에 맞게 남북 당국 간 정례적인 대화 틀을 통해 협의 해결해나갈 것에 합의

o 남북대화의 정례적인 개최 시 남북협력사업이 추동력을 받게 될 것이며, 제도화된 남북협력사업은 궁극적으로 남북관계 확대 · 발전에 기여하는 '선순환 구조'가 확립될 것임.



o '9 · 19 공동성명 이행을 위한 초기조치'는 핵문제의 평화적 해결과 한반도 평화 정착에 대한 전환점을 마련했다는 점에서 큰 의미

- '행동 대 행동 원칙'과 '평등과 형평의 원칙'에 입각,

모든 참가국에 책임과 의무를 규정

- 비핵화뿐만 아니라 북측의 제반 우려와 관심사항 해소를 위한 관련국들의 조치가 균형 있게 포함되어 있음을 설명

o 우리 측은 초기조치 합의의 이행과 관련하여 북측의 관심사항이 합리적인 방향에서 협의 · 해결될 수 있도록 최대한 지원해나갈 것이며 유관국들의 적극적인 태도를 잘 활용하도록 설득

* 김영남 상임위원장은 우리 측 수석대표 면담(3.1) 시 한반도 비핵화가 김일성의 유훈임을 강조하며 핵문제 해결을 위해 노력한다는 의지 표명



o 우리 측의 꾸준한 설득 끝에 비핵화 초기단계 조치 사항의 이행 가속화에 대한 남북 간 공동인식을 담은 합의 도출

- 이로써 남과 북이 새로운 정세 변화를 선도하면서 한반도에 항구적 평화를 정착시키는 데 기여할 것이며

- 향후 6자회담과 남북대화 병행 추진으로 북핵문제 해결과 남북관계 발전의 선순환적 진전의 추동력이 강화될 전망



o 여러 해 전부터 6 · 15, 8 · 15 등 의미 있는 시점에 민간을 중심으로 공동행사를 개최해왔음.

- 2005년부터는 6 · 15 공동선언의 주역인 남북 당국이 이러한 행사에 적극 참여함으로써, 남북 당국 간 협의채널의 다양화 및 신뢰 제고, 교류 확대에 기여

해왔음.

o 이번 회담에서 북측은 평양에서 개최하기로 되어 있는 6·15 공동행사와 우리 측 지역에서 개최하기로 되어 있는 8·15 민족통일대축전에 남북 당국이 적극 참가할 것을 제의

- 우리 측은 전례를 감안하고, 남북관계 발전에 미칠 긍정적인 효과 등을 고려하여, 올해 6·15, 8·15 계기 민족통일대축전에 당국이 적극 참여하기로 했음.

o 앞으로 동 행사에 따른 민간 차원의 협의 결과를 감안하여, 당국 대표단 구성 및 체류 일정 등을 위한 남북 간 실무협의를 진행해나갈 계획

※ 6·15 / 8·15 우리 측 당국대표단 참여 현황

〈2005년도〉

o 6·15 남북공동행사(2005.6.14~17, 평양) : 정동영 통일부 장관 등 40명

o 8·15 남북공동행사(2005.8.14~17, 서울) : 정동영 통일부 장관 등 22명

〈2006년도〉

o 6·15 민족통일대축전(2006.6.14~17, 광주) : 이종석 통일부 장관 등 13명

o 2000년 6·15 공동선언 이후 14차례 이산가족 상봉 행사, 4차례 화상상봉 등을 실시했으나, 이산가족들의 아픔을 해소하기 위해서는 이산가족 교류를 더욱 확대해나갈 필요성 절실

o 우리 정부는 이산가족들이 고령화 및 질병 등으로 인해 해마다 4000~5000명이 유명을 달리하고 있는 상황을 설명하고, 이산가족 교류를 획기적으로 확대하는 것만이 유일한 해결책임을 강조

o 협의 결과 남과 북은 7개월여 중단된 인도주의 협력 사업들을 재개하고, 관련 대화와 교류를 적극 추진해나가기로 합의

- 우선 지난해 실시하려다 하지 못한 제5차 화상상봉을 3.27~29 추진하고, 제15차 이산가족 상봉행사를

5월 초순 금강산에서 개최

※ 14차례 이산가족방문단 교환으로 남북 총 2991가족 14,471명이 상봉

※ 4차례 화상상봉으로 남북 총 279가족 1876명이 상봉

- 중단된 이산가족 금강산 면회소 건설사업을 빠른 시일 안에 추진하기로 하고, 이와 관련한 쌍방 적십자사 사이의 실무 접촉을 3.9 금강산에서 진행

o 또한 우리 측은 전체회의, 수석대표 접촉 등 다양한 접촉 계기를 통해 납북자·국군 포로 문제 해결의 중요성과 시급성에 대해 지속적으로 설명

- 우리 측은 민족 분단이 초래한 비극의 상처를 치유하고 진정한 민족의 화해와 협력을 위해서는 남북 당국만이 이 문제를 해결해나갈 수 있음을 강조하고, 북측의 전향적인 호응을 촉구

- 북측은 우리 측의 취지에는 충분히 공감하면서도, 구체적인 실천에 있어서는 적십자회담을 통해 논의하자는 입장을 견지

o 우리 측의 지속적인 설득 노력을 통해, 제8차 적십자회담을 4.10~12, 금강산에서 개최하기로 하고, 납북자·국군 포로 문제를 포함한 인도적 현안들을 협의 해결해나가기로 합의

- 납북자·국군 포로 문제를 남북 간 대화의 협의 의제로 두고 지속적으로 협의해나가기로 합의한 점은 성과

- 아울러 제8차 적십자회담에서는 지난 여러 차례의 적십자회담과 18차 장관급회담(2006.4.21~24) 등에서도 지속적으로 논의한 바 있는 화상상봉 정례화, 생사 주소 확인 확대, 우편물·영상물 교환 사업 등도 다뤄나갈 예정

5. 민족공동의 발전과 번영을 위한 경제협력을 보다 확대 발전
① 남북경제협력추진위원회 제13차 회의를 4.18~ 21까지 평양에서 개최
② 군사적 보장조치가 취해지는 데 따라 올해 상반기 안으로 열차시험운행 실시, 경추위 위원급 접촉을 3.14~15까지 개성에서 실시

o 2000년 6 · 15 남북공동선언 이후 개성공단 개발, 남북 철도 · 도로 연결, 금강산 관광 등 남북 경제협력 사업이 지속적으로 발전, 남북관계의 진전과 한반도 평화를 견인
- 남북은 이러한 경협사업의 유용성을 감안, 민족 공동의 발전과 번영을 위한 경협사업의 확대 추진 문제를 협의

〈 차기 경제협력추진위원회 개최 〉
o 남북 공동의 이익이 되는 이러한 남북경협사업의 확대 · 발전 문제를 협의하기 위한 '남북경제협력 추진위원회 제13차 회의'를 4.18~21까지 평양에서 개최하기로 합의
- 차기 경추위 회의에서는 △남북 철도 · 도로 개통 △개성공단 건설 활성화 △한강하구 골재채취 사업, 경공업 및 지하자원 개발협력 문제 등 남북 경협사업의 구체적인 이행 문제들을 협의해나갈 예정

〈 열차시험운행 실시 〉
o 특히 이번 회담에서는 남과 북이 올해 상반기 안으로 열차시험운행을 실시하기로 합의한 바,
- 이는 우리 측이 "남북 철도 · 도로 연결은 양 정상이 합의한 사항이며, 막대한 예산을 들여 완공한 것으로 조속한 시일 내에 열차시험운행을 실시하고, 철도 개통에 필요한 조치들을 완료해야 한다"는 점을 누누이 강조하고 설득한 결과
- 앞으로 군사적 보장조치를 위한 문제, 관련 실무 접촉 추진 등 구체적인 사항은 3.14~15 개성에서 경추위 위원접촉을 통해 협의해나갈 예정
※ 남북 간 열차시험운행 관련 협의 경과

〈 개성공단 사업 활성화 〉
o 한편, 개성공단 1단계 추가분양 등 개성공단 사업의 본격적인 활성화에 대비

- 앞으로 통행 · 통관절차 간소화, 노무관리 개선, 통신공급 문제 등 필요한 사항들을 협의하기 위해, 경추위 및 관련 실무 접촉을 진행해나갈 계획

o 제11차 철도도로 연결 실무 접촉(2006. 2. 27~28)
- 남과 북은 경의선 및 동해선의 철도 연결구간에서의 열차 시험운행을 5월 25일 진행하기로 하며, 이와 관련한 절차와 방법은 본 합의서 부록 1에 따르며, 열차 시험운행 행사와 관련된 세부적인 문제는 빠른 시일 안에 문서로 협의, 확정하기로 하였다.
o 제4차 경추위 위원급 실무 접촉(2006. 5. 18~19)
- 남북은 '열차시험운행 행사계획' 에 합의
o 5.22 행사진행 관련 실무 접촉(2006. 5. 22)
- 남북은 행사 관련 구체적인 사항 협의
o 판문점 연락관을 통해 시험운행 연기 통보(2006. 5. 24)

6. 제21차 남북장관급회담을 2007.5.29~6.1까지 서울에서 개최

o 정부는 남북대화의 정례화를 위해 지속적인 노력을 경주
- 특히 남북장관급회담이 분기별로 3월마다 주기적으로 개최될 수 있도록 정례화 실현 노력
o 우리 측 지역에서 개최될 제21차 장관급회담을 5.29~6.1까지 서울에서 개최할 것에 합의함으로써 장관급회담이 분기별로 정례화될 수 있는 토대 마련
- 앞으로도 장관급회담의 정례적 개최를 통해 당면한 남북관계 현안을 협의 · 해결함으로써 장관급회담이 남북관계 제반 문제를 총괄 · 조정하는 중심협의체로서 위치를 확고히 하도록 노력

《역대 장관급회담 개최 현황》
· 제1차 : 경의선 철도 연결 등 6개항 합의(2000. 7. 29~31, 서울)
· 제2차 : 이산가족방문단 교환 등 7개항 합의(2000. 8. 29~9. 1, 평양)
· 제3차 : '경추위' 설치 등 6개항 합의(2000.9.27~30, 제주도)
· 제4차 : 경협합의서 서명 · 교환 등 8개항 합의(2000. 12. 12~16, 평양)
· 제5차 : 경의선 철도 연결 등 13개항 합의(2001. 9. 15~18, 서울)
· 제6차 : 합의사항 없음(2001. 11. 9~14, 금강산)
· 제7차 : 철도 · 도로 착공 등 10개항 합의(2002. 8. 12~14, 서울)
· 제8차 : 북핵문제 해결 등 8개항 합의(2002. 10. 19~23, 평양)

· 제9차 : 교류·협력 지속 추진 등 합의(2003. 1. 21~24, 서울)
· 제10차 : 북핵문제 해결 등 6개항 합의(2003. 4. 27~29, 평양)
· 제11차 : 적절한 대화방법으로 핵해결 등 6개항 합의(2003. 7. 9~
  12, 서울)
· 제12차 : 당면 문제 입장 표명, 7차 경추위 개최 등 합의(2003. 10. 14
  ~17, 평양)
· 제13차 : 군사당국자회담 조속 개최 등 6개항 합의(2004. 2. 3~6,
  서울)
· 제14차 : 군사당국자회담 개최 등 합의(2004. 5. 4~7, 평양)
· 제15차 : 8·15행사 당국대표단 파견 등 12개항 합의(2005. 6. 21~
  24, 서울)
· 제16차 : 한반도의 공고한 평화보장 노력 등 6개항 합의(2005. 9. 13
  ~16, 평양)
· 제17차 : 군사당국자회담 개최 등 9개항 합의(2005. 12. 13~16, 제주)
· 제18차 : 국군 포로·납북자 문제 실질 해결 등 8개항 합의(2006. 4.
  21~24, 평양)
· 제19차 : 합의사항 없음(2006. 7. 11~13, 부산)

## 4. 향후 주요 일정

(* 2007년 12월 현재 열차가 매일 남과 북을 다니고 있
다.)

| 회담·행사명 | 일자 | 장소 |
| --- | --- | --- |
| 이산가족 면회소 건설사업 재개 및 쌍방 적십자 실무 접촉 | 3. 9 | 금강산 |
| 남북경제협력추진위원회 위원 접촉 | 3. 14~15 | 개성 |
| 제5차 화상상봉 | 3. 27~29 | 자기 측 지역 |
| 제8차 적십자회담 | 4. 10~12 | 금강산 |
| 남북경제협력추진위원회 제13차 회의 | 4. 18~21 | 평양 |
| 제15차 이산가족 상봉행사 | 5월 초순 | 금강산 |
| 제21차 남북장관급회담 | 5. 29~6. 1 | 서울 |
| 열차시험운행 | 상반기 | |

＊후기: 필자가 참여하고 있는, 북한에 밤나무를 150
만 헥타르(150억 제곱미터)에 심어서 200만 톤이상
의 밤과 100만 톤 이상의 꿀을 생산하기 위한 한민족
어깨동무의 프로젝트는 계속되고 있다. 이 일이 기술
적인 사고 없이 진행되면, 2011년 이후에는 절대식량
은 충분히 자급자족할 수 있다. 그러기 위해서는 초
기 작업이 북측 토양과 기후에 맞도록 묘목과 접목이
지켜져야 할 것이다. 그리고 신속하게 6억 본의 묘목
을 심어야 한다. 그러나 6억 본의 묘목을 준비하는 데
큰 과제가 남아 있다. 국민 전체가 참여하면 도움이
될 것이다.

참조 59

# 헬싱키 인권과 안보 합의문
## 1975 유럽 안보협력협의회

＊총 59여 쪽 분량이며 전문 중에 일부를 발췌함

CONFERENCE ON SECURITY

AND CO-OPERATION IN EUROPE

FINAL ACT

HELSINKI 1975

Contents

1. (a) Declaration on Principles Guiding Relations
       between Participating States

I. Sovereign equality, respect for the rights inherent in
   sovereignty

II. Refraining from the threat or use of force

III. Inviolability of frontiers

IV. Territorial integrity of States

V. Peaceful settlement of disputes

VI. Non-intervention in internal affairs

VII. for human rights and fundamental freedoms,
     including the freedom of thought,

(b) Matters related to giving effect to certain of the
    above Principles

2. Document on confidence-building measures and
   certain aspects of security and disarmament

I. Prior notification of major military manoeuvres
   Prior notification of other military manoeuvres
   Exchange of observers
   Prior notification of major military movements
   Other confidence-building measures

II. Questions relating to disarmament

family ties

(b) Reunification of families

(Human Contacts continued)

(c) Marriage between citizens of different states

(d) Travel for personal or professional reasons

(e) Improvement of conditions for tourism on an

Individual or collective basis

(f) Meetings among young people

(g) Sport

(h) Expansion of contacts

2. Information

(a) Improvement of the circulation of, Access to, and

exchange of information

(i) Oral information

(ii) Printed information

(iii) Filmed and broadcast information

(b) Co-operation in the field of information

(c) Improvement of working conditions for

journalists

3. Co-operation and Exchanges in the Field of Culture

Extension of relations

Mutual knowledge

Exchanges and dissemination

Access

Contacts and co-operation

Fields and forms of co-operation

National minorities or regional cultures

4. Co-operation and Exchanges in the Field of

Education

(a) Extension of relations

(b) Access and exchanges

(c) Science

exact and natural sciences

medicine the humanities and social sciences

(d) Foreign languages and civilizations

(e) Teaching methods

National minorities or regional cultures

Follow-up to the Conference


About the text of the Helsinki Final Act


The Conference on Security and Co-operation in Europe, which opened at Helsinki on 3 July 1973 and continued at Geneva from 18 September 1973 to 21 July 1975, was concluded at Helsinki on 1 August 1975 by the High Representatives of Austria, Belgium, Bulgaria, Canada, Cyprus, Czechoslovakia, Denmark, Finland, France, the German Democratic Republic, the Federal Republic of Germany, Greece, the Holy See, Hungary, Iceland, Ireland, Italy, Liechtenstein, Luxembourg, Malta, Monaco, the Netherlands, Norway, Poland, Portugal, Romania, San Marino, Spain, Sweden, Switzerland, Turkey, the Union of Soviet Socialist Republics, the United Kingdom, the United States of America and Yugoslavia.

Recognizing the indivisibility of security in Europe as well as their common interest in the development of cooperation throughout Europe and among selves and expressing their intention to pursue efforts accordingly;

Recognizing the close link between peace and security in Europe and in the world as a whole and conscious of the need for each of them to make its contribution to the strengthening of world peace and security and to the promotion of fundamental rights, economic and social progress and well-being for all peoples;

Have adopted the following:

1

(a) Declaration on Principles Guiding Relations between Participating States The participating States,

Reaffirming their commitment to peace, security and justice and the continuing development of friendly relations and co-operation;

Recognizing that this commitment, which reflects the interest and aspirations of peoples, constitutes for each participating State a present and future responsibility, heightened by experience of the past;

3

Reaffirming, in conformity with their membership in the United Nations and in accordance with the purposes and principles of the United Nations, their full and active support for the United Nations and for the enhancement of its role and effectiveness in strengthening international peace, security and justice, and in promoting the solution of international problems, as well as the development of friendly relations and cooperation among States;

Expressing their common adherence to the principles which are set forth below and are in conformity with the Charter of the United Nations, as well as their common will to act, in the application of these

principles, in conformity with the purposes and principles of the Charter of the United Nations;

Declare their determination to respect and put into practice, each of them in its relations with all other participating States, irrespective of their political, economic or social systems as well as of their size, geographical location or level of economic development, the following principles, which all are of primary significance, guiding their mutual relations:

VI. Non-intervention in internal affairs
The participating States will refrain from any intervention, direct or indirect, individual or collective, in the internal or external affairs falling within the domestic jurisdiction of another participating State, regardless of their mutual relations.

VII. Respect for human rights and fundamental freedoms, including the freedom of thought, conscience, religion or belief
The participating States will respect human rights and fundamental freedoms, including the freedom of thought, conscience, religion or belief, for all without distinction as to race, sex, language or religion.

They will promote and encourage the effective exercise of civil, political, economic, social, cultural and other rights and freedoms all of which derive from the inherent dignity of the human person and are essential for his free and full development.

Within this framework the participating States will recognize and respect the freedom of the individual to profess and practice, alone or in community with others, religion or belief acting in accordance with the dictates of his own conscience.

The participating States on whose territory national minorities exist will respect the
right of persons belonging to such minorities to equality before the law, will afford them the full opportunity for the actual enjoyment of human rights and fundamental freedoms and will, in this manner, protect their legitimate interests in this sphere.

The participating States recognize the universal significance of human rights and fundamental freedoms, respect for which is an essential factor for the peace, justice and wellbeing necessary to ensure the development of friendly relations and co-operation among
themselves as among all States.

6
They will constantly respect these rights and freedoms in their mutual relations and will endeavour jointly and separately, including in co-operation with the United Nations, to promote universal and effective respect for them.

They confirm the right of the individual to know and act upon his rights and duties in this field.

In the field of human rights and fundamental freedoms, the participating States will

act in conformity with the purposes and principles of the Charter of the United Nations and with the Universal Declaration of Human Rights. They will also fulfil their obligations as set forth in the international declarations and agreements in this field, including inter alia the International Covenants on Human Rights, by which they may be bound.

VIII. Equal rights and self-determination of peoples
The participating States will respect the equal rights of peoples and their right to self-determination, acting at all times in conformity with the purposes and principles of the Charter of the United Nations and with the relevant norms of international law, including those relating to territorial integrity of States.

By virtue of the principle of equal rights and self-determination of peoples, all peoples always have the right, in full freedom, to determine, when and as they wish, their internal and external political status, without external interference, and to pursue as they wish their political, economic, social and cultural development.

The participating States reaffirm the universal significance of respect for and effective exercise of equal rights and self-determination of peoples for the development of friendly relations among themselves as among all States; they also recall the importance of the elimination of any form of violation of this principle.

IX. Cooperation among States

The participating States will develop their co-operation with one another and with all States in all fields in accordance with the purposes and principles of the Charter of the United Nations. In developing their co-operation the participating States will place special emphasis on the fields as set forth within the framework of the Conference on Security and Cooperation in Europe, with each of them making its contribution in conditions of full equality.

They will endeavour, in developing their co-operation as equals, to promote mutual understanding and confidence, friendly and good-neighbourly relations among themselves, international peace, security and justice. They will equally endeavour, in developing their cooperation, to improve the well-being of peoples and contribute to the fulfillment of their aspirations through, inter alia, the benefits resulting from increased mutual knowledge and from progress and achievement in the economic, scientific, technological, social, cultural and humanitarian fields. They will take steps to promote conditions favourable to making these benefits available to all; they will take into account the interest of all in the narrowing of differences in the levels of economic development, and in particular the interest of developing countries throughout the world.

동북아 평화를 위한 패러다임의 전환

초판 인쇄 2008년 3월 21일
초판 발행 2008년 3월 28일

지은이 노정선
펴낸곳 동연출판사
펴낸이 김영호
편  집 조영균, 신선경
관  리 이영주

등  록 제2-1383호 1992년 6월 12일
주  소 서울시 마포구 망원동 472-11 2층
전  화 02-335-2630
팩  스 02-335-2640
홈페이지 www.y-media.co.kr
이메일 yh4321@empal.com




ISBN 978-89-85467-61-2 93309